李健吾 传

韩石山 著

人民文学出版社

图书在版编目(CIP)数据

李健吾传/韩石山著.—北京:人民文学出版社,2016
(民国名人传记:插图本)
ISBN 978-7-02-011724-6

Ⅰ.①李… Ⅱ.①韩… Ⅲ.①李健吾(1906—1982)—传记 Ⅳ.①K825.6

中国版本图书馆CIP数据核字(2016)第123574号

责任编辑　刘　伟
装帧设计　李思安
责任校对　杨益民
责任印制　王景林

出版发行　人民文学出版社
社　　址　北京市朝内大街166号
邮政编码　100705
网　　址　http://www.rw-cn.com

印　　刷　三河市鑫金马印装有限公司
经　　销　全国新华书店等

字　　数　408千字
开　　本　710毫米×1000毫米　1/16
印　　张　26　插页9
印　　数　1—6000
版　　次　2017年4月北京第1版
印　　次　2017年4月第1次印刷

书　　号　978-7-02-011724-6
定　　价　58.00元

如有印装质量问题,请与本社图书销售中心调换。电话:010-65233595

◎ 1928年7月25日摄于中山公园,左起李健吾、程鹤西、董鲁安、朱大枬(李卓吾摄)

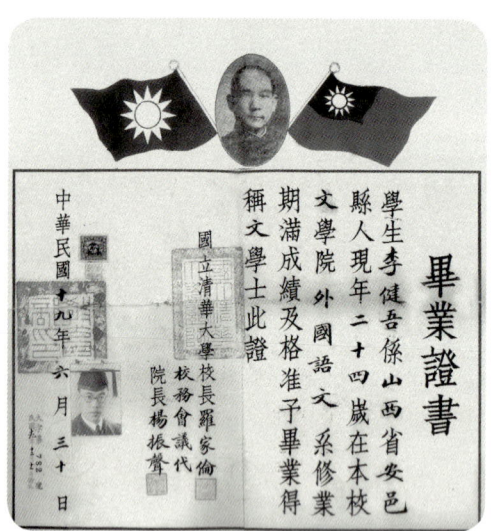

◎清华大学毕业证书

◎在法国留学期间

◎ 1933年，与尤淑芬结婚照

◎ 婚后合影

◎ 1935年，自导自演的三幕喜剧《委曲求全》，在剧中饰演校董（左）

◎ 上世纪三十年代，与马彦祥（左一）、曹禺（右二）等在一起

◎ 1955年，在上海剧专导演培训班上讲述莫里哀喜剧

◎ 1964年，与煤矿工人在一起

◎ 1979年，参加《读书》座谈会后与季羡林（左五）、朱光潜（右六）等合影

◎ 1982年,与妻子尤淑芬在外出讲课途中合影

◎全家福,前排为李健吾的岳父母

◎与沈从文（右二）等友人在一起谈论

◎伏案工作中

◎李健吾画像（丁聪作）

目 录

新版小记 ·· 1

第一章　少年时期（1906.8—1921.8）·················· 1
  父亲的功业 ·· 1
  在村学念书 ·· 6
  在西安东木头市 ·· 9
  在马堪村 ·· 12
  在良王庄火车站 ·· 15
  父亲的再次入狱与被害 ·································· 18
  最初的戏剧活动 ·· 23

第二章　中学时期（1921.9—1925.8）·················· 26
  文学三少年 ·· 26
  曦社与《爝火》 ·· 28
  请徐志摩演讲 ·· 32
  "吃瘪塞先艾" ·· 35
  多事的兄弟 ·· 40
  那个"川针" ·· 42

第三章　清华时期（1925.9—1931.7）·················· 47
  朱自清先生 ·· 47
  王文显先生 ·· 50

戏剧社社长 ·································· 53
　　清华园里的才子 ······························ 55
　　驰骋在北平文坛上 ···························· 61
　　情在师友间 ·································· 68
　　还乡与大莫 ·································· 74
　　相恋与订婚 ·································· 77

第四章　留法时期(1931.8—1933.8) ················ 80
　　赴法途中 ···································· 80
　　"火线之外" ································· 83
　　日夜研读福楼拜 ······························ 87
　　在鲁昂和克洼塞 ······························ 90
　　在意大利漫游 ································ 98

第五章　北平时期(1933.9—1935.7) ················ 110
　　双喜临门 ··································· 110
　　进入太太客厅 ······························· 114
　　批判的锋芒 ································· 119
　　《这不过是春天》 ··························· 125
　　心灵的探险 ································· 131
　　艺术的良心 ································· 137
　　删削的情书 ································· 145
　　孤寂的心志 ································· 149
　　《福楼拜评传》 ····························· 156

第六章　暨大时期(1935.8—1937.11) ··············· 163
　　初来乍到 ··································· 163
　　情谊与纠缠 ································· 168
　　信任与驳难 ································· 174
　　一场"滥官司" ······························ 180
　　《十三年》与《新学究》 ····················· 189
　　不可或缺的一员 ····························· 193
　　战乱中的情谊 ······························· 197

第七章　孤岛时期(1937.12—1941.11) ········· 202
　　寂苦中的挣扎 ····················· 202
　　走出书斋 ······················· 208
　　悬念周作人 ····················· 211
　　舞台上下 ······················· 217
　　《黄花》和《草莽》 ················· 222
　　剧坛盟主 ······················· 226
　　师生之间 ······················· 230
　　学术研究 ······················· 233
　　艺术的囚徒 ····················· 235

第八章　沦陷时期(1941.12—1945.8) ········· 240
　　做了李龟年 ····················· 240
　　独具特色的改编 ··················· 243
　　蛰伏中的译述 ···················· 246
　　毁誉难说的《青春》 ················· 249
　　轰动一时的《金小玉》 ················ 251
　　被捕与逃亡 ····················· 255

第九章　复兴时期(1945.9—1949.5) ·········· 262
　　当了编审科长 ···················· 262
　　在胜利的喜悦中 ··················· 264
　　创办上海实验剧校 ·················· 270
　　编辑《文艺复兴》 ··················· 274
　　奔走呼号 ······················· 279
　　与石挥的争论 ···················· 282
　　与田汉的商讨 ···················· 286
　　旁敲侧击 ······················· 289
　　未酬的心志 ····················· 291
　　《和平颂》引发的不和平 ··············· 296
　　退守书斋 ······················· 303
　　惶惑中的期待 ···················· 309

第十章　剧专时期(1949.6—1954.6) ………………… 312
　　小心翼翼地步入新社会 ………………………………… 312
　　学会了自我批评 ………………………………………… 318
　　在抗美援朝的热潮中 …………………………………… 321
　　平明出版社 ……………………………………………… 325
　　黯然离去 ………………………………………………… 327

第十一章　北京时期(1954.7—1966.6) …………… 332
　　"来了,回来了" ………………………………………… 332
　　拔了这面"白旗" ………………………………………… 339
　　下乡接受社会主义教育 ………………………………… 346
　　沉浸在看戏与评戏中 …………………………………… 348
　　雨中登泰山 ……………………………………………… 356
　　西北之行 ………………………………………………… 359
　　在"整风"与"四清"中 …………………………………… 361

第十二章　"文革"时期(1966.7—1976.9) ………… 364
　　被揪出来 ………………………………………………… 364
　　"送饭的人也去了" ……………………………………… 368
　　黄金般的心 ……………………………………………… 371

第十三章　晚年时期(1976.10—1982.11) ………… 374
　　重新握笔 ………………………………………………… 374
　　"风过去了,脚印消失了" ……………………………… 377
　　老而弥深的情感 ………………………………………… 381
　　东南之行 ………………………………………………… 389
　　故乡之行 ………………………………………………… 393
　　西南之行 ………………………………………………… 396
　　倒在书桌旁 ……………………………………………… 401

附　录
　　初版后记 ………………………………………………… 405
　　二版序 …………………………………………………… 408

新版小记

自卑,有时候还是需要的。

上世纪九十年代初,不知吃错了什么药,一向自信满满的我,突然发现自己,应着专业作家的名分,实则没有多少文学的才能。老大不小的了,做什么好呢?毕竟在历史系待过五年,一想便想到了现代作家的研究,人物传记的写作。

几经掂量,选定了李健吾这位前辈乡贤。搜集资料,编撰年谱,完成书稿,于今已二十年矣。

这是我写的第一部人物传记。若说有什么特点的话,用李健吾的笔法,写李健吾的一生,该是一个小小的得意。

感谢人民文学出版社的雅量,使拙著能够修订再版。

韩石山　2015年3月16日于潺湲室

第一章　少年时期

（1906.8—1921.8）

父亲的功业

　　不像郭沫若那样,出生时先伸出一只脚,预示着后来要推翻一个旧世界,也不像周作人那样,出生前有位白须老人在院内站过,倏忽而逝,遂有了"老和尚转世"的传言。没有异位也没有异兆,李健吾的出生平平常常。见诸他《自传》①的文字记载是:"1906年8月17日,我生于山西省运城县北相镇西曲马村,幼年逃亡在外。"另一处说得较为含蓄,还带点自责的成分:"我生在前清末年,很不巧,和那位出卖民族荣誉的末代王孙宣统同岁。"②

　　这平常的出生,不免叫人遗憾,然而,他的父亲,他的家族,他少年时的种种经历,弥补了这个亏欠。

　　他的祖父是个有本事的农民,靠在口外(今内蒙古一带)贩马发家,广置田产,成为西曲马村的财主。先后娶有两房妻室,生有子女九人,八男一女。其中长子、三子、四子、五子、七子及女儿为大夫人所出;二子、六子、八

---

① 李健吾一生共写有两篇《自传》,一篇写于1958年8月,存中国社科院档案室;一篇写于1979年9月,收入《中国现代作家传略》(上),四川人民出版社1981年出版。后一篇又改写为《李健吾自传》,刊于《山西师院学报》1981年第四期。此处系指收入《中国现代作家传略》者。

② 李健吾《我学习自我批评》,1950年5月31日《光明日报》。

子为二夫人所出。

长子李岐山即李健吾的父亲,名鸣凤,字岐山,以字行世。生于1878年,清末秀才,曾在邻县教书,后来又考入山西大学。毕业后在太原工业学校任职。也先后娶有两房妻室,生有子女六人,除一女早夭外,长子卓吾、长女立萍(乳名香草)、次子健吾为大夫人所出;次女香菊、幼子养吾为二夫人所出。养吾为遗腹子,出生时李岐山已遇害去世。次女大约在十二三岁时亦夭亡。

1905年夏,李岐山与同乡同盟会员景梅九(定成)以制作戒烟药为名,在运城北大街开设回澜公司,经常奔走于猗氏(今临猗)、万泉(今万荣)等县,宣传戒鸦片烟的好处。在公司内暗设机关,商讨革命策略,传播进步书刊。1907年,经景梅九介绍,加入同盟会,担任宣传工作,曾被清政府扣押安邑县监狱月余。第二年,与景梅九同赴陕西,联络西北革命志士。返晋后,将回澜公司交好友张士秀接办,又回太原工业学校任职,同时在校旁开设大亨客栈,广结军界人士,积极筹划武装起义。

1911年10月10日,武昌起义爆发,李岐山立即赶往陕西关中,联络同志,力谋响应。路过家乡,密嘱四弟李九皋招兵买马,制造军器,以图大举。10月29日太原光复,阎锡山任都督。清军进犯山西,李岐山率部东征,与清军激战于娘子关附近的雪花山。娘子关失守,太原不保。阎锡山率残部退往晋北,副都督温寿泉与景梅九等率千余人向晋南退却。太原失守前,李岐山召集了学生队,又收编了从娘子关败退回来的散兵两个营,在太谷借到一批枪支弹药,组成一支队伍,与温景二人的队伍在霍县会合后,从洪洞渡汾河,下襄陵,克汾城,12月底到达河津。温景二人渡河赴陕,联络陕西民军。各路义军公推李岐山为五路招讨使,兼任哥老会改编的国民革命军司令,分两路向运城进兵。

在温景赴陕之前,河东革命党人已派张士秀于12月20日赴陕乞援。陕西都督张凤翙乃派陈树藩、井勿幕等率秦陇复汉军,随张士秀渡河,于12月29日攻占运城。次日,李岐山大军赶到。于是组织起河东军政分府,温寿泉总领一切,张士秀主管民政,李岐山主管军事,为协统(旅长)。

此时绛州以北,仍为清军占领。次年1月,军政分府决定北进,委任李岐山为"南路招讨行军都督",统军北上。先下绛州,俘清兵八百余人,杀统领陈正诗,后围攻临汾。城将陷,适清帝退位,共和告成,阎锡山回到太原。4月阎锡山被正式委任为山西督军。7月河东军政分府撤销,张士秀转任河东观察使,李岐山任山西第一混成旅旅长,少将军衔。其时全国统一部队编制,山西仅一师两旅,李部仍驻军运城。另一位旅长为续西峰,驻军雁北。

当父亲奔走于运城太原之间,率部南征北战之际,李健吾,这个年仅五岁,乳名叫跟娃的小孩童,正在西曲马村里无忧无虑地玩耍嬉乐。

李家的院落,在西曲马村中间一条南北向的巷子里,大门朝东,北头巷口,有一个大车门。大车不外出时,就停歇在车门底下。有一天,李健吾正跟姐姐在大车门下玩耍,忽然起了一阵旋风,黑了天,黑了地,小姐弟俩吓得躲在大车底下,紧紧地抱在一起,单怕黑旋风把他俩刮走了。不一会儿工夫,黑旋风过去了,天又亮了,他才和姐姐从大车底下钻出来。李健吾后来说,他一辈子没见过那么黑的风,一刹那间,宇宙为之易色。那座大车门,已不复存在,只有山墙的砖柱,至今还在李家巷子的北口挺立着。

夏秋之间,常跟上姐姐或家人去村外地里打枣虫。路上,姐姐在前面走,他提着一个小瓦罐,蹒蹒跚跚地跟在后头。说是枣林,实则是庄稼地,枣树长在畦垄上,两三丈远才一棵,并不妨害庄稼。成百上千的枣子,青里透红,挂在枝头。姐姐举着竿子,学大人的样子打枣虫,那些过早红透了的枣子,常是枣虫的栖身之所。所谓打枣虫,就是将这类病态的红枣打下来,免得上面的枣虫再去祸害别的枣子。枣虫落了地,健吾就捡起来放在有水的瓦罐里。捡或不捡,全看他的兴致,倒是不捡的时候多些,他的兴致差不多全在姐姐错打下来的好枣子上。边拣边吃,回家时小兜里还要装上许多。

北相镇自古就以出产"相枣"闻名,《史记》上曾有"安邑千树枣"的记载。安邑是古地名,解放前很长一个时期,运城市这片地方,就叫安邑县。因此,在一些文章中,李健吾说自己是安邑人。旧县城所在地,现为安

3

邑镇。

　　李健吾的母亲相氏,是北相镇人。北相镇在西曲马村的东北方,相距约五华里远。母亲从小就是个孤儿,北相镇上没有什么直系的亲人。虽是这样,一年之中,三两次不等,也会回北相镇走走,看看本家的亲戚。去时总要带上健吾这个小儿子。车夫赶着大车,母子俩坐在车上。路两旁全是柿子树,秋天,柿子红了,枝丫低垂着,健吾就站在行走的车上够柿子吃。有时够不着,就下车跑,这下子反而更够不着了,惹得他又急又气。车磙子琅琅响着,他馋得不得了,可偏偏还是够不着。

　　像一般农家小孩子一样,偶或地,小健吾也会生这样那样的病。有一年,脖子底下长了一个大脓包,疼,也烦,又哭又吵了整整十天。不看大夫不行了,妈妈便带他去北相镇。也是坐大车去的,这回不欢蹦乱跳了。妈抱着他,哄着他,说是北相镇有个土大夫,会治好他的。他靠着妈,直担心,妈也直拍他,怕他哭闹,碰了那个大脓包。到了那位土大夫家里,大夫用扎鞋的长针在油灯上烤了烤,往大脓包里一刺,吓得他赶紧歪开头,偎在妈怀里。大夫赶忙拿过一个大碗来,猛地将针一拔,就见脓和血流出来,流了整整一大碗。他提心吊胆,妈也提心吊胆,谢天谢地,几天后,那个包收回去了,也不疼了。

　　成年后,李健吾的脖子底下还有个明显的疤痕,就是那次生病的留念。

　　晚年回想起来,他最喜欢的,是春节前后的几天。村民们吵嚷着,争抢着,抬出关帝爷的神像来,看谁先把神像抬到村外的舜帝庙里。那个快,那个跑！赶到舜帝庙,往神座上一搁,就开戏了。

　　他高高地坐在叔叔的肩膀上看戏。戏名字一个也不记得了,也不记得是哪个叔叔扛他了,反正是人山人海,热闹得很。

　　1912年夏,父亲正式驻军运城后,将健吾母子两人,还有姐姐,接到运城旅部居住。在李健吾的著作中,没有提到这一时期在运城上过学,仅几个月的时间,且是一个六岁的孩子,想来是没有上过。若上过,晚年回运城时,依他的性情,会寻访旧地,至少也会对人说起。亦未提及兄长卓吾是否随母亲到了运城,想来留在老家与爷爷奶奶在一起,没有来。其时养吾尚未出生,健吾是家中最小的孩子,父母对他最为钟爱。将女儿带出来,怕也是为了照料健吾,或与健吾做伴。

这次在运城,大约住了半年,太小,长大后记得的只有——

> 忽然一天,父亲——我很少见到他,他干什么我也不知道——把我和妈、姐姐,全接到一个大城——就是运城——里,住在一个有兵把着大门的衙门里。我神气得什么也似的,一下子变成了"少爷"。我神气到这种田地,打哭了一个和我同岁的"阔"娃娃。我也不知道他是谁,原来是张实生的"少爷"! 打得那份得意呀,好像老早就知道他爸是后来暗害我爸的陕西主谋似的! ①

这个有兵把守的大衙门即第一混成旅旅部,原兵备盐法道衙门。张实生即张士秀。这位被李健吾打哭了的孩子,李张两家定亲后,成了李健吾的姐夫,未及成亲,因张士秀参与了暗杀李岐山的阴谋,两家结怨,便退了婚。

1912年底,因为阎锡山的迫害,李岐山与张士秀同时被押解到北京,投入陆军监狱。

阎锡山与张李二人的仇恨,起于辛亥年间,阎逃往晋北后,张李诸人在运城组织军政分府,阎以为张李意在最终取他而代之。阎复位后,总认为河东不属于自己的地盘,便以统一全省粮饷为名,派心腹南桂馨为河东筹饷局局长,伺机篡夺河东政权。李岐山握有重兵,更是志在必除。

南桂馨到运城后,厚结李部团长景蔚先,计划以景代李,景向李告密,张李闻报,将南扣押,并公布了南与阎锡山来往的电文。这正好给了阎一个口实,便呈报中央,袁世凯遂命参谋、陆军两部行文,勒令交出南桂馨,查办李岐山与张士秀,并命豫军赵倜部进攻运城。张李未抵抗,赵部进入运城后,将张李解到北京。袁世凯下令组织特别法庭,以京畿军政执法处处

---

① 李健吾《梦里家乡》,《李健吾散文集》,宁夏人民出版社1986年出版。

长陆建章兼庭长,审理此案。

在村学念书

　　父亲被捕入狱后,李健吾随母亲回到西曲马老家,六岁的孩子,该上学了,爷爷送他进了设在关帝庙里的村学念书。

　　开蒙念的是《孟子》。老师是本家的一位长辈,称老舅,净让他背死书,背不下就打,用板子打手心,还罚他跪。他很害怕,想了办法逃学,要不就故意迟到。一路上磨磨蹭蹭,实在不愿意去,又不敢不去,怕挨打,又怕同学笑话。那些日子,他不怕关帝爷,也不怕正殿里的那个关平、周仓什么的,顶怕的就是这个给他开蒙的老爷爷。

　　怕归怕,淘起气来却是那样的无法无天。关帝庙里有树,他常会爬在树上,任年迈的老舅前后蹒跚着,呼唤,顿拐杖,只是装聋作哑不下来。庙门关着,这小家伙会躲到哪儿呢?

　　"跟娃!跟娃!"老舅前后大声喊着健吾的乳名。

　　健吾很是开心,一位同学不时往树上张望的目光暴露了他,在老舅的厉声呵斥下,只得乖乖地溜了下来。手心挨一顿板子,自是免不了的。

　　书背不会,感兴趣的是那些神奇的民间传说。比如有这样一个故事他就记得挺牢,说是一个年轻的樵夫去终条山上打柴,与同伴失散,在一个山洞里待了一夜,第二天下得山来,只说了一句"金头,银身,铁尾巴",便气绝而亡。后来有个叫张世芳的农夫,无意中走进了这个山洞,得到许多金银财宝。终条山也叫中条山,是山西省南端的屏障,站在西曲马村口朝南望去,就能看到那青青的峰峦。

　　清代庚子年间(1900年),八国联军攻入北京,慈禧太后与光绪皇帝在逃往西安的路上,曾路经当时还叫潞村的运城,许多人都见过皇上与皇太后的龙颜,当地还流传着一些两宫的传说。

　　这一虚一实两件事,十八岁时成了他写《终条山的传说》的材料。记得烂熟的,是那些众口相传的童谣,如——

豌豆角儿黑拉拉,

我和小姐一起嫁;

小姐嫁到东关里,

我就嫁到门边里;

小姐嫁个好女婿,

我就嫁个老母鸡;

小姐骑的好骡马,

我就骑的蚂蚱蚱;

小姐拿的马鞭儿,

我就拿的枣杆儿;

小姐抱的好娃娃,

我就抱个泥疙瘩;

小姐娃娃长大啦,

我的娃娃摔碎啦! ①

纵是少不更事,在西曲马,他也感受到了人世间的欺凌与屈辱。

一天,先生正在给他们几个孩子讲"国家兴亡,匹夫有责"的道理;未必是那个讲《孟子》的老舅,此时村学已非往昔,有教师数名。张家的长工老牛,趄手趄脚地蹭进学房,先生从窗口远远喝住他道:"你干什么来了?"

老牛结巴了两句,从身后揉出一个八九岁的孩子,求先生给起个官名。先生觉得他的念头不伦不类,因为像他这样身份的人,通常用不着给儿子起正经名字的。既然来了,不便有负他那番敬重的至诚,也就答应下来。望着那孩子的秃头灵机一动,先出问那父亲:

"你姓牛,嗯?"

---

① 《爝火》创刊号,1923年2月10日出版。谣末注明"山西安邑",当为李健吾提供无疑。

"是啊,老师。"

"他是秃子,嗯?"

"可不是!就是这破相,所以请老师起个名儿压压。"

先生恶意似的一笑,郑重其事地说道:

"那么,就叫牛小山吧。大小的小,泰山的山。看他身子顶结实,活像一座小山,就叫小山好了。没有比山再重的东西了,一压就把邪气压掉。"

那老实人一脸的喜欢,向先生又是作揖又是谢,一面吩咐儿子给先生磕头。先生得意之下,就向那父亲商议,只要他出一半的学费,就准他的儿子来听讲。这难为了那老实人,盛意之下,也就接受下来。

事后,先生为班上的学生解释,他取名的典故是"牛山濯濯"。过了几天,那孩子来学堂上学了。明知他已有了牛小山这个官名,同学们仍叫他牛秃子。没有一个孩子愿意和他玩,他孤零零的,就和关帝庙当院的那座半截石碑一样。先生也随即丢掉对他的兴趣,同学们把惹下的乱子全往他身上推,先生的板子蝴蝶一样围着他转。好些同学拿晒干的牛粪朝他身上扔,叫他和它认宗,其中不会少了李健吾。半个月后,他不来了,父亲病了,他要去张家帮工。正是春天,田里等着用人。父亲死了,他用一口棺木的代价,立了一张身契,给主家当了长工。

万没有料到的是,就是这样一个卑屈的小长工,抗战初期竟以身殉国,成了一位民族英雄。也是在村学里,李健吾"爱透了"一个比他大三岁的女孩子。

同在村学念书的,有三个女孩子,都在十岁左右。一个是他的表姑,一个是他的姐姐,还有一个是家住村子西头,名叫叶儿的女孩子。老舅总在夸叶儿,总在骂他。他一年念破十本《三字经》,念不完《三字经》,常常挨打,好些大孩子也常常挨打,只有这三个女孩子是神仙,动也动她们不得。表姑挨过一次手心,还是另一位教师(她父亲)打的。姐姐挨过一次骂,不是因为背不下书,是早晨帮妈妈烧饭来晚了一步。三个里头,最聪明的还要数叶儿。得到夸奖,她低着头,脸红红的,弄着小辫子,只是抿嘴笑。她长得实在好看。"我攀不上她。我心里爱透了她。她象征着人间精神和物质的美丽。我恋了她两年,然后跨过一条大河,就和她永别了。"①

这能叫爱恋么?怕只能说是"知慕少艾"吧。

跨过那条大河时,李健吾八岁,时为1914年。

在西安东木头市

这条大河就是黄河,从此也就告别了童年生活的故乡。这是因为,李岐山已被陆建章释放,来陕西做事了。

李岐山与张士秀在北京陆军监狱关了半年之后,主审官陆建章,不安于京畿军政执法处长的职位,想外放做陕西省都督,知道李岐山、张士秀在晋陕一带很有威望,于1913年夏,草草审理后,将二人释放,委以名义,派往陕西。让他俩利用旧有关系,疏通当地的各派势力,为他下一步主政陕西做好准备。

1914年春,袁世凯任命陆建章为第七师师长,派往陕西督办西路剿匪事宜,同年6月,正式任命为陕西都督。同月裁撤各省都督,于京师设将军府,以陆建章为威武将军,督理陕西军务。其时,李岐山已回到山西老家赋闲,陆建章便邀他抵陕襄赞军务。李抵西安后,安排好住处,便派六弟接家眷来西安团聚。

此番去西安,除母亲和健吾兄弟外,还有两个姐姐、叔叔、大祖母,另有两三位亲友随行。人多,家里只有一辆轿车,不敷用,安邑县政府知道了,知李岐山将复出,特意派了两辆轿车,连车夫也一并派来。李家的那辆轿车,由健吾的六叔赶着。一路上,健吾印象最深的,是从风陵渡过黄河时的情景。一条长长的大坡,很陡,路又疙里疙瘩,不顾母亲和大祖母的嚷叫,他跳下车,在前头风也似的跑着,差点摔倒。下到河滩,大祖母揪住他的手,呵斥道:"是不是要寻死?"再也不松手了。

足足用了半晌午,连人带马带车都上了船,渡过黄河,到了对岸的潼

---

① 李健吾《经国美谈》,《李健吾散文集》。

关。再走半天的山路，就到了目的地西安。"这条有百害而无一利的大河，在我的生命上，是一个终点，也是一个起点。第一次回来的时候，父亲已经闹革命把命闹掉了。第二次回来的时候，母亲已经含着辛酸下了世。"①

在西安，一家人住在东木头市的一所小公馆里。其时河东的一批辛亥革命党人，如景梅九、张士秀等，因不容于阎锡山，都聚集在西安。李岐山的大女儿许配（订婚）给张士秀的儿子，两人结为儿女亲家，也在这一时期。

在陆建章的将军府里，李岐山仅是位少将谘议，并无实权。不甘心寄人篱下，他平日广结各方豪杰，以图将来能有自己的部队。

对这位英雄父亲，幼小的健吾，又害怕又崇敬，"我敢说，我生下来就好像怕一个人，一个修短适度，白面书生的中年男子——不用说，是我父亲。我怕他。现在叫我回忆从哪一天怕起，我实在没有力量做到，反正我可以相信，好像一落娘胎，我第一声的啼哭就是冲着他来的。我真怕他。他并没有络腮胡子，也不永久绷着面孔，我还瞥见他背着我们摸摸母亲的脸，但是一听见他咳嗽，或者走步，我就远远溜开，万一没有第二个门容我隐遁，只好垂直了一双黑漆漆的小手，站正了，恨不得脚底下正是铜网阵的机关隧道。我想不出他有多大的生杀之权，不过我意识到这是我眼前惟一的人物；他吩咐人，差遣人，从来没有被人差遣，被人吩咐，母亲背地埋怨他两句，然而也只是背地罢了。"②

虽说曾带兵打仗，李岐山并非一介武夫，他"是前清一个呱呱叫的秀才。他会写一手何子贞的大字，会诌几句气贯长虹的古体，同时他的相貌，真正说得上一个儒雅，藏着无数妇女的梦想"。③

从小就知道父亲对他特别钟爱，然而，起初领受的，却是父亲的严厉。在家里，一见父亲的面，就赶紧溜了出去。溜得迟了些，被父亲叫住，只好自认倒霉，百无一失，父亲总是问："今天书讲到哪儿了？"

嗫嗫嚅嚅地回答了。

---

① 李健吾《经国美谈》，《李健吾散文集》。
② 李健吾《家长》，《李健吾散文集》。
③ 李健吾《"牛皋"》，《李健吾散文集》。

"背给我听。"

不等父亲的话说完,已面无人色。在父亲凌厉的目光的注视下,结结巴巴地背上几句,自然是背不下来。

"跪去!"

不用指点,低着头去墙边跪下,一跪就是半晌午。

有一次,当着许多客人的面,父亲让健吾背《孟子》中的某一章,他不争气,背了上句忘了下句,一怒之下,父亲打了儿子一记耳光,让他跪在砖地上挨饿。一家人吃中午饭,父亲和朋友们饮酒猜拳,还是大祖母发现小孙子不在桌面,赶到前头像贾母救宝玉似的把他救了出来。

怕父亲,仅仅是当着父亲的面才怕,一不在面前,他就活像开了锁的猢狲,连跳带蹿,简直能蹦到房上去。不光健吾,哥哥和姐姐也都是一样的。父亲走了,一声喧哗,四面八方全是回应,兄弟姐妹几个凑在一起,要多热闹有多热闹。什么都变了。玻璃砸了一块,瓶子豁了一角,桌子坏了一条腿,墙上多了几道铅笔印子。最后也许钩针扎进姐姐的手指,姐姐疼哭了,健吾也吓哭了。忽然听见,父亲回来了,正在前院说话呢,一霎间,一切归于平静,甚至于姐姐忘掉疼,不哭了,健吾更是一溜烟儿往后园里窜,提心吊胆地藏在一丛丁香花后头。

父亲找见了,又是一记耳光。

景梅九一家也住在东木头市。李岐山和景梅九是结拜兄弟,李家的孩子给景叫"景爸",健吾自然也不例外。景爸有个女儿,当时也就是十六七岁,个子不高,健壮,还会骑马,是健吾心目中的女英雄。一次,这位景小姐来了,李家姐弟几个和她打架玩,有的扳腿,有的揪大襟,有的想跳起来抓住她的胳膊,不到三五回合,便人仰马翻,一个个落花流水,仓皇逃遁。有的溜上炕的犄角,有的躲在门背后,有的跑出屋子,爬在窗底下听动静。而这位腰粗力大的女煞神,威风凛凛地站在屋子中间,高声喝道:

"谁敢来?你,香草?"

香草摇摇头。

"你,香菊?"

香菊白了脸。

仿佛知道窗外藏着人,特意提高声音嚷道:

"你,跟娃?"

健吾屏住气,只怕弄出什么响声。

于是这位女豪杰大踏步迈出屋子,活似一只趾高气扬的大公鸡,后面遥遥地跟着香草、香菊、健吾三位心胆俱裂的败将。景小姐一口气跑到马房,顺手牵过一匹小红马,不等马僮备好鞍鞯,一耸身跳了上去,向健吾姐弟三个笑着,摆着手,一扬鞭子,哒哒哒,奔上了东木头市。

公馆里人来人往不安静,健吾也太淘气,这样下去会惯坏孩子的。爱子心切的父亲,决定将健吾送到乡下去读书。正好他当年的一个部下,曾当过团长的史可轩,是兴平县马堪村人,在老家为亡父守墓。史家是当地的大户人家,有家塾。主要还是信赖史可轩的为人。

史可轩十七八岁时,只身跑到太原,因言论过激,被抓进监狱,是李岐山等人将他救出。辛亥年间,随李岐山起兵,从太原到运城,参加过无数次的战斗,极其勇敢。父亲病了,捎来口信,及至赶到家,父亲已入了土,他带着一把菜刀,跑到坟地,跪下就照自己的头上砍去。亲友们慌忙拦住,他不依,定要自戕,亲友们拗不过,说,不妨斫掉一个小指头,表表心迹就行了。于是当即斫断一个小指头,恸倒在坟前。这愚直的孝心,很得李岐山的赞赏。将健吾交给这样一位忠孝之士管教,肯定错不了。

平日见了父亲就害怕,这回听说要将他送到外地读书,健吾满口答应,不光不难受,还有点兴奋。

同时送去的,还有健吾的七叔与八叔。这已是史可轩守坟的第三个年头了。

在 马 堪 村

李岐山亲自送健吾和两个小弟弟去马堪村。

夏季的一天,轿车套好了,要动身了,避过人,母亲在健吾的小箱子里,塞了两块钱红纸包好的铜元。父亲提起小箱子,往车里放时,奇怪这小家伙给里面搁了些什么,这么重。健吾的打扮挺时髦,短衫短裤,戴着一顶时兴的小白盔。只在临分手的那一阵儿,瞅瞅母亲,不由得眼里潮潮的,噙满了泪水,随后就高高兴兴地上了车。

出了西安城,往西,过了咸阳古渡,路过马嵬坡,李岐山还去杨贵妃墓前凭吊了一番。日暮时分,便到了坐落在渭水西岸的马堪村。

史可轩是个二十多岁的小伙子,健吾一下车,就留神史可轩的右手,是不是缺一个小指,果然只有四个指头。母亲曾给他讲过史叔叔的故事。

父亲走了,健吾和两个小叔叔就住在史家的学塾里。

一群念书的孩子中,数他最小,数他最阔,也数他最有来头。人人都哄着他,将就他,不管念多少书,只要别出事就行。上课了,人多,屋里坐不下,打开风门,凳子一直排到院子里。健吾没固定的座位,总是在风门外面玩耍,先生也不干涉。有时史可轩也来听讲,先生的嗓子便分外响亮起来。健吾的功课是填字对句,十有八九是叔叔们替他作好了写上。有时连课也不上,整天在村口麦场上的麦秸堆里捉迷藏玩。

下午,不那么热了,史可轩便带着十来个小学生,来到光光的麦场上,围成一圈,坐在麦秸堆之间的夹道里,听他讲《经国美谈》里的故事。每天一章,先念,再讲解。口才好,热情更高,每讲完一章,看着这一圈目瞪口呆的孩子们,希望从他们身上寻出爱国志士的身影。而这些小听众,不能说没有那样天真烂漫的野心,但他们更其崇拜眼前这位决然切断手指的演说家。

这是一部写古希腊人爱国事迹的白话小说,从日文翻译过来。石印本,商务印书馆出版。书中那些动人的情节,给少年李健吾留下了极其深刻的印象。一群年轻人,黑旋风似的马留司,多情重义的巴比陀,沉毅刚强的威波能,最足为人表率的却是沉默寡言的玛留,英勇抗争,立志要解除斯巴达人的束缚,让他们的祖国——齐武共和国——获得独立。《孟子》让他烦躁也让他屈辱,《三字经》滋润不了他的心性,惟有这本翻译过来的白话小说,打开了他孩提的想象的园囿,"我就是善于辞令的巴比陀。威波能沉毅的儒将风度吸了我去。我崇爱巴比陀,我敬佩威波能,可是玛留,你一脚把奸党踢下台,只有你,你这天性鲁直的莽汉,得到我的眼泪。"①

眼看全书只有七八页了,健吾不住向史可轩打听玛留的下文。史叔叔告诉他,此后书里没一字再提到这位人物。你一定做了一辈子清道夫了,健吾心里愤愤不平,竟不由得抽抽噎噎地哭了起来。他诅咒邪恶的奸党,诅咒不公平的法律,甚至诅咒让玛留不得善终的写书人。任凭史叔叔和小朋友们千言万语地譬解,他只是不听,听不懂,也不要听。

值得玩味的是,胡适少年上私塾时,也读过这部书,在他的《四十自述》一书中,有这样的记载:"二哥有次回家,带了一部新译出的《经国美谈》,讲的是希腊的爱国志士的故事,是日本人做的,这是我读外国小说的第一步。"美国学者贾祖麟在《胡适之评传》中对此事的解释是:"到上海,他对西方的了解仅仅是靠中译本的政治小说所得的那点儿知识。那本小说的作者是日本杰出的自由主义者,假爱情故事为宪政辩护,所根据的是普鲁塔克(Plutarch)作的Epamindas传。"②

李健吾一生,对这本书的感情极深,曾三次买过它。第一次是十一岁,到北京后,跟上父亲去投考北师大附小时买的。能半通不通读它了。父亲去世后,这本《经国美谈》也就失了下落。第二次约在上清华大学期间,一次在东安市场的青云阁,好像猛然见了多年不遇的老朋友,一言不发,丢下老板说的价钱,抄起就走。眼眶高了,理智发达了,并不看它,却打发不走它。晓得书架上有这样一本书在,就像有自家在,心里就充实,就安静。

清华大学毕业后,他去了法国,两年后回到北平(北京),发现又丢掉了它。年龄大了,学会了达观,不复留恋这样一本过时的读物。然而,鬼使神差,一天,在南新华街的一家旧书店里,又碰见了它。肯定要买,但不像第一次那样痴情,也不像第二次那样急不可待。耐着性子,他跟老板扳价。

"多少钱,这本破书?"他淡淡地说。

---

① 李健吾《经国美谈》,《李健吾散文集》。
② 贾祖麟《胡适之评传》,南海出版公司1992年出版。

"不算破,不算破,您看,还很新。"老板明显地带着讥笑。

"多少钱?"他装作不耐烦地说。

"不多,四毛钱。"

他还了对方两毛。

"太少了,不够本钱。"

他假装要走的样子,一面还小声嘟哝着:"爱卖不卖,一个子儿也不添。"他知道它跑不了的。

老板将他叫回来,诉着苦,说有钱人都不念书了,没钱人念不起书,他能卖两角钱进来也是好的。李健吾没有听完他的唠叨,放下钱,拿起书就走了。对着这部《经国美谈》,他没别的感觉,好像自己一辈子就读了这么一本书似的,好像他和这本书已合为一体了。不是书,不是人,只是一种记忆。这是一面镜子,照见了他儿时的一切。

是对这本书的记忆,也是对在渭水西岸那个村庄度过的时光的怀念,1933年起,李健吾开始大量写文学评论时,不愿意让人知道是他,便起了个别致的笔名叫"刘西渭"。当时好多人不知刘西渭为何许人也,以为是个新冒出来的陕西籍的作家。虽说笔名不过是个符号,却不能说没有他的一片情意在里面。

在良王庄火车站

李健吾说自己"幼年逃亡在外",去马堪村不过是父亲的钟爱,去良王庄火车站待的那一年,才是真正的逃亡在外。

1915年夏秋间,袁世凯帝制自为的迹象已很明显,李岐山在陕西,积极筹备讨伐袁世凯的军事行动。估计将有一场恶战,怕爱子遭遇不测,派了两名部下,赶着一辆骡马轿车,千里迢迢地,将年仅九岁的健吾,送往天津附近的良王庄火车站,隐藏在一位当站长的赵姓朋友家里。

知道儿子爱看历史小说,临行前,父亲特意送了他一部《东周列国志》,全套十六册,分装在两个蓝布书函中。

这是一次漫长的旅行。与阎锡山不睦,想来不会取道太原,而从西安到天津,取道郑州、保定,有两千多华里,至少要走一个月。

旅途是漫长的,也是愉快的。护送健吾上路的两名部下,一位名叫希伯,是个风趣的年轻人。中等身材,胖胖的圆脸,腮边布满了荆棘似的短髭,鼻梁虽高,眼睛却不大,毛发浓密,皮肤却白净。结实的身躯里,藏着一个比鸡胆还小的小胆,处处给人一种矛盾的印象。初相识,不免叫小孩子望而生畏,三言两语之后,便会感到这是个有赤子之心的好人。

另一位是个有名的二愣子,一句话就瞪眼,两句话就打架,属李逵一流的人物。一路上,两人经常发生冲突,健吾夹在中间,像一道坝,又像一位判官,末后再排难解纷。他俩也很乖巧,不管一路上在轿车里吵得多凶,临到歇店的时候,只要健吾插一句:

"叔叔,回头喝酒吗?"

马上都不吭声了。在这一点上,两人永远是一致的,看着健吾矜矜在意地打开随身携带的小箱子,一枚一枚地数着铜元,彼此望了望,眼睛全闭小了。母亲怕孩子路上受苦,特意给健吾的小箱子里放了十块钱的铜元。这是一个不小的数目。

走了几日,健吾才发觉他们不是真正的吵架,只是寻开心,故意激逗而已。希伯的性格先不允许。看出对方真要霸道的时候,他会笑笑脸,寻个机会躲开。

将健吾送到良王庄后,两人回西安复命,健吾便在赵叔叔家住了下来。

对这位护送自己去天津的同乡,李健吾很有感情。多年后,曾以《希伯先生》为题,写过一篇散文,记述了这次路上的一些事,主要写了希伯后来的变化。他是个有文化的人,能写一笔圆润的毛笔字。他将自己的功名,完全寄托于李岐山的飞黄腾达。李岐山遇害后,也就收起自己的野心,回到家乡,在一所职业学校里教书度日。运城沦陷后,当过几天的维持会长,又设法逃到外县。有一个儿子被日本兵打死了。"我宝贵我过去的生命,希伯先生是它一个寂寞的角落。他属于我的生命,他的悲哀正是我的悲哀。"①

良王庄是津浦铁路上的一个小站,站旁有街市,健吾常去街上买小人书看。有时,也去火车站附近玩耍。几年后,在北师大附中上学期间,根据这一段生活经历,写了一个反映铁路工人生活的独幕剧本,名叫《工人》。

藏匿期间,九岁的李健吾,用心读了父亲送他的《东周列国志》。这本书与在马堪村听讲过的《经国美谈》,对李健吾后来喜好历史,乃至很长一个时期的为人,都深有影响——

> 小时候,我最得意的功课,从小学到中学,没有一个同学能够抢先的,是历史这门津津有味的东西。我没有历史癖,而且说来贻笑大方,我的历史知识全是从历史小说里面来的。假如我告诉你,我启蒙的小说是一部外国历史小说,你也许要惊诧。但是,这算不了什么。一切有人给我讲解。你真正应该惊奇的,是我不久独自看的一部小说,一部大人看了也要眼花缭乱的《东周列国志》。这是父亲送给我的礼物,一晃二十来年了。他预备起兵讨伐洪宪,把我交给两个朋友,一直远迢迢送到天津郊外一个叫做良王庄的村子隐藏。送这部历史小说给我,自然因为发现了我的历史小说癖。然而单单送一套十六巨册的《东周列国志》,如今想来,他一定还有深意蕴在里面。不顾历史小说的凌乱生涩,我用心探索其中的情趣和造成这种情趣的有力的少数人物和事迹。我活在他们中间,出入于他们的进止,苦乐于他们的机遇。阖上书,我小小的心灵奇特地膨胀着。我丢了些什么,我拾了些什么。是什么,我说不上来。也许是做英雄的念头。我用他们做榜样,雕画我的未来。我恨不生在他们那个时代。②

1915年12月1日,袁世凯接受"推戴"宣布帝制,人神共愤,与蔡锷在云南起兵讨袁的同时,李岐山也在陕西正式树起讨袁的义旗,具体对象是

---

① 李健吾《希伯先生》,《李健吾散文集》。
② 李健吾《匹夫》,《李健吾散文集》。

依附袁政权的山西督军阎锡山。事先曾与胡笠僧、景梅九、杨虎城、续西峰等人商定在三原起兵，未果，又赴西安劝说陆建章独立，陆意颇动，未决，乃返至富平县，发动陕西民军揭起讨袁义旗。率师东渡黄河，深入山西境内，一举攻克猗氏县城，并命四弟李九皋率偏师袭取介休、平遥，不幸兵败被俘，李岐山只得率余部退守中条山，不保，遂单身逃往北京。

1916年3月，袁世凯宣布取消帝制，6月病逝，段祺瑞执掌北京政权，李岐山官复原职，任陆军部少将谘议。生活安定下来，妻子与大儿卓吾及女儿都来到北京，又派人去良王庄，将隐藏近一年的次子健吾接回。

从此李健吾结束了战乱中的逃亡生活，与家人在北京定居下来。

父亲的再次入狱与被害

李岐山一家到北京后，先住在北平西河沿的大成店，随即迁至达智桥附近的代郡会馆。第二年7月，李健吾曾听到北京城内纷乱的枪声，后来知道是张勋复辟。不久，又搬到粉房琉璃街五十号的解梁会馆。这是家乡会馆，不用出房钱。

在这儿，李健吾经历了父亲的惨死，姐姐的出嫁，母亲的去世，也经历了小学、中学，直到清华大学毕业留校任教，共住了十五个年头。

无论在西曲马，还是在马堪村，李健吾只上过私塾和村学，并未上过正规学校。虚龄已十一岁了，不能再耽搁下去，一到北京，父亲便送他去厂甸北师大附小三部报名上学。就是从大成店去厂甸或是返回的路上，经过青云阁时，买下了第一部《经国美谈》。

这是个合级班，二、三、四年级合在一起上课。中途插班，不知根底，老师先将他编在二年级班里，不久，发现这孩子懂事多，又调到三年级班。就这样，他的年龄还是比同班的学生大一些。待全家搬到宣武门内的解梁会馆，离附小三部远了，又转学到附小二部。

谘议是个闲官，平日无事，李岐山便在家里饮酒下棋，与朋友谈叙，像在西安东木头市一样,也要管教管教淘气的健吾。

李岐山实在是个命途多舛的人。1918年夏,健吾上小学四年级时,他又一次被捕,关押在陆军部看守所里。

阎锡山在山西已站稳脚跟,对那些在北京闹事的辛亥革命派恨之入骨,派人来抓续西峰和李岐山。续西峰翻墙跑掉,正巧李岐山有事去找续,遂被捕,押送到北京西车站。李岐山知道,火车一开,他的命就完了,急中生智,高声大喊:

"我是陆军部现任官员,不能随便抓,有官司可以在北京打嘛。"

车站上的巡警一听,将这伙人拦住,打电话问陆军部。阎锡山的密探们知道理亏,只能听任巡警摆布。这样,陆军部就把李岐山扣留下来,送到军法司看守所关押,说是留部待审。

当天黄昏,军警来李家搜查,"一家惶惶,罔知所为。食客皆引去,男子避溷幽处,惟妇孺数辈,噎泪待命,听逻者之检查"。李健吾放学回来,见此情景,"酬对于此虎虎者之间,心寒胆壮,间作辩难,以示我非怯者,而家人亦不暇顾及"。①

第二天派人打听,方知事情真相,所谓"留部待审",实则是一种保护措施,一家人这才放下心来。

确也是的。官阶高,名望大,案情又不明不白,关押期间,待遇并不太差。看守所在陆军部西边一僻院内,南面是墙,其余三面是平房,同时关押的还有数人,每人一室,以李岐山的待遇最优。平日读书写字吟诗,逢节日还可以从外面买来酒菜,与看守的宪兵共饮。这些宪兵,都很敬重李岐山的为人与功业,知道此人必将东山再起,侍奉得很是周到。李岐山无罪释放后,看守他的宪兵大多随他去了西安。遇害时,还有两三人为护卫他而殉命。

父亲关押不久,老家传来口信,说四叔李九皋被阎锡山枪毙,三叔李瑞生在被捕的路上吓出了病,放回家没几天就死了。阎锡山仍不解恨,派兵

---

① 李健吾《〈铁窗吟草〉后记》,1989年《运城文史资料》第一辑《纪念李健吾专辑》。

放火烧了李家的宅院,大部分被烧毁,能住人的只剩下不多的几间。罪名是勾结土匪,阴谋造反。

前一年,哥哥卓吾跟父亲闹翻,和陈独秀的儿子陈延年一起去法国留学去了。十二岁的健吾,乃家中惟一的男子,像去天津良王庄送信这样的事,也得他独自完成。探监这类事,女人不便出面,更得健吾前去。每星期日下午一点多钟,母亲和姐姐为他束扮停当,嘱咐再三,送至门外,看着他上路。起初往返都是坐洋车,后来路熟了,也是家境艰窘,就徒步往返。看守所在城北的铁狮子胡同,解梁会馆在宣武门外,这样,每次探监,几乎要穿过整个北京城。一点多钟离家,三点多钟才能赶到。每次去了,总要待到天黑上灯时才离去。临走时,父亲必拉着健吾的手,送到门口,交给宪兵,叮嘱路上小心,伫立门内,久久方返。夏天去探视时,遇上暴雨,浑身衣服湿透,回来常常生病。下次照常去,去了也不说,怕父亲知道后伤心,不让他去探视。父亲也让他传递些消息,每次都小心在意,从未出过差错。

纵使身陷囹圄,对健吾学业的督责,父亲仍像在家时那样严厉。孩子来了,必先查询近日的学业是否有所长进。为此,每次探视前,健吾总要认真温习功课,有所问,如实回答,绝不撒谎,若有差错,总是恳求父亲垂谅,说到痛心处,每每潜然泪下。父亲好言慰勉,相信他下次会用心改正。不光是查询,有根底也有闲暇,利用探视的时间,父亲还要亲自讲授。预先选好五六条典故,多是《世说新语》上的,写在一种长宽各三寸的浅黄色纸笺上,一条一张,待儿子来后,查询过学业,再将这些典故一一讲解清楚,带回去熟记乃至背诵。一年下来,这样的纸笺,竟积存到数百张之多。

钟爱归钟爱,严厉起来仍是那么可怕。某日,是父亲的生日,家里煮好饺子,放在一个大碗里,用布袱裹好,让健吾给父亲送去,并嘱咐去后别忘了给父亲磕头。健吾来了,献上饺子,父亲很是高兴,正巧这天晚餐,看守的宪兵也要为岐山将军祝寿,父亲便留健吾用餐。太兴奋了吧,用餐前竟忘了给父亲磕头,父亲大怒,抽了健吾一记耳光,令跪在屋角受罚。将军震怒，连祝寿的宪兵也不敢劝阻。过了一个钟头，才婉言劝将军息怒，念其年幼饶了这次。饭后回到家里，已满天星辰，说了缘由，母亲和姐姐既怜惜他痴憨，又心疼他受苦，笑个不住。

有时去了，父亲正在吟诗，健吾就站在旁边观赏，不知诗为何物，惟知其为世上最整齐入耳的短文章。父亲作诗，起初仅是微吟，推敲渐熟，吟诵的声音也渐高，到最后常是泪盈眶睫，泣不成声。每当这时，健吾常觉得自己胸臆间似乎有一种什么东西将要跳跃而出。虽不理解父亲的事业，对父亲这个人却更加敬佩了。

李岐山在狱中所写诗稿，取名《铁窗吟草》，去世后一直珍藏在家中，直到1929年，李卓吾在南京创办岐山书店，才将这批诗稿整理出版。当时在清华大学上学的李健吾用文言写了情辞真切的《后记》。《铁窗吟草》中有首诗，名为《立秋日次子健吾送酒食书刊》——

　　夏去秋来衾觉寒，平明稚子适来看。
　　手持美酒古书并，口报家人问我安。
　　开瓶立饮百忧消，展卷朗吟意气豪。
　　席地幕天同造化，窈观泰山等鸿毛。①

李岐山被关押了整整一年，1919年夏，被无罪释放。出狱后，冯玉祥几次来电邀他去湖南襄赞军事，已经准备前往，当时靖国军围攻西安甚急，陕西督军陈树藩急电邀他前往调解。援陕的张颰民旅长，也因李岐山在西北潜势甚大，邀其同往。遂以一念之差，改道而西。至陕西后，靖国军司令于右任及胡笠僧、岳维峻、邓宝珊诸将领均表欢迎，嘱相机行事，以达革命目的。叶荃部下卢占魁与李岐山有旧交情，即将赴湖南，便留下一支部队，归李岐山指挥，驻扎西安郊外的遇济屯，颇有左右陕局之势。这样一来，原来诚心邀他来陕的陈树藩，便萌生了杀他的念头。

---

① 李岐山《铁窗吟草》，《山西文史资料》第十九辑。

1920年中秋节前夕,陈树藩假借要与靖国军议和,托李岐山的好朋友,也是儿女亲家的张士秀,邀李岐山来西安城内商议。中秋节这天,陈设宴热情招待,还答应赠给李部许多枪械。李不知是计,三天后,就在回防地的路上,经过西安郊外的十里铺时,被陈树藩的伏兵暗杀。时为农历八月十八日,公历9月11日。

　　李岐山去世后,由续西峰出面,冯玉祥、孙岳、张锡元三人捐赠两千块银元,存北京某钱庄,每月生息二十元,作为赡养遗属的生活费。李岐山的女儿原来许配给张士秀的儿子,李岐山死后,两家也就解除了婚约。凡李家保存的书信文件中,有张士秀之名者,均用墨笔涂去,足见结怨之深。1926年国民二军打下河南后,张士秀取道河南回晋,在新乡的一家旅店里留宿。适逢史可轩驻军河南,其部属武士敏将张士秀捕获,解往郑州,在李岐山的灵前砍头活祭,为李岐山报仇雪恨。

　　在解梁会馆,李岐山在世时,全家住着一座院子,李去世后,留下三间北房,其余均退掉。从此以后,李健吾与母亲、姐姐三人在北京城里过起了穷苦人家的日子。每月的生活,仅靠那二十元利息维持,实在支撑不下去了,续西峰等人也会周济一点。

　　纵然家里出了这样大的变故,李健吾的学习仍很出色。1919年夏,附小二部初级小学毕业后,考入附小一部的高级小学,开始上五年级。在班上,他的作文,经常受到国文教员王老师的夸奖。有一回,他写了一篇文言文,王老师很欣赏,油印出来,在别的班里讲。他的白话文也写得很好,常贴在教室后面的墙上,谓之贴堂。

　　家庭的变故,促成了李健吾的早熟。"父亲在民国短短八年中间,①坐过两次监狱,最后被人暗杀,虽说我是一个小孩子,但是人情冷暖和世道变化,把我逼得早熟了。"

---

① 李健吾《我学习自我批评》。文中"短短八年中间",应为九年,李健吾一直以为父亲是1919年被暗杀的,故有此说,实为1920年。

最初的戏剧活动

是环境的诱惑,也是心性的企求,父亲去世后,十四岁的小学生李健吾,开始了他最初的戏剧活动。

解梁会馆离南下洼不远,从靠近南横街那头出去,朝南走上一截就到了。每天早晨,常有一队一队的小孩子,在教师的指导下,在城墙根吊嗓子,练把式。这情景,对路经此地上学的健吾留下很深的印象。朝东,就是城隍庙那边,再往东北去的香厂路上,有个新近落成的娱乐场所,名为"新世界"。是座六层高的大洋楼,里面演京戏、文明戏、魔术,还有哈哈镜,五花八门,很是热闹。

新世界的落成开业,在当年的北京是件大事,住在附近的人家,还是第一次看到那样高耸入云的六层大楼。母亲和姐姐曾不止一次带健吾去里面游玩过,样样都那么惊心动魄,勾引一个少年的好奇心。然而,众多的游乐项目中,真正吸引李健吾的,是当时正时兴的文明戏。文明戏还不是真正意义上的话剧,只能说是话剧的一种初期形式,"与京剧戏班中所演的新戏,没有什么两样,所差的,没有锣鼓,不用歌唱罢了。但也说不定内中有几个会唱几句皮黄的学生,在剧中加唱几句摇板,弄得非驴非马,也是常有的"。①

当时新世界舞台演文明戏最出名的两个演员,一个是李悲世,专扮放空炮的讲演人物,说起话来滔滔不绝,咒天咒地。再一个是胡恨生,也是男的,长得小巧玲珑,专演落难的小姐,他的绝活是会哭。只看了一两次,李健吾就深深地迷上了胡恨生。

此后,每逢星期六,从母亲那儿领上一张四十枚铜元票,约好一两个同伴,直奔新世界。不看别的,专看文明戏。剧场里有座位,嫌远,不坐,就倚住台下一旁的方柱,痴痴地看到散戏。台上,胡恨生一哭,他就心软,胡恨

---

① 徐半梅《话剧创始期回忆录》,中国戏剧出版社1957年出版。

生流泪了,他也跟着流泪。

有时放学回来的路上,若戏还没完,连票也不用买,就站在入场处,远远地看上一会儿。能站着听胡恨生哭一场,陪着"小姐"流泪,对他来说,真可说是幸福之至了。

正是这位男扮女装的胡恨生,激起了李健吾模仿——演戏的兴致。这只是个过渡,不久,他的兴致就转到新兴的话剧上了,"它迷了我一年的辰光,我终于把它摔开,无情地,反感地,把它摔开了。我发现了一个真的,一个切近真实的人生,而又满足我模仿本能的更好的东西。我打进话剧。但是,没有文明戏这个摆渡,我怎么过到河这边,过到话剧这边,实在是一个疑问。我应当谢它一声才是。它让我晓得人世有一种东西,可以叫一个孩子在舞台上表现自己"。①

小学五年级时,王老师建议孩子们演戏,李健吾头一个响应。没有剧本,他们就自己编。那时的女角都由男性扮演,天遂人愿,李健吾饰了剧中的女角色,一招一式,尤其是哭,都学胡恨生。尽管不那么地道,他的这次演出,还是引起了来看戏的正在北师大读书的封至模的注意。

封至模几个人,当时想演出陈大悲的剧本《幽兰女士》,苦于找不到扮演女角的演员,看了李健吾的演出后,封至模便邀李健吾与他们合作演出。封扮剧中的小姐,李扮剧中的丫鬟,演出的效果出人意料,观众的叫好全在李健吾这边。此后北京各大学演戏,大都来找这位小学生扮女角。

父亲去世了,母亲不愿难为孩子,愿意演戏就让他演吧。演出的服装,全是在女附中上学的姐姐为他准备的,量好尺寸,精心修改,只是从来不去看弟弟的演出,怕老师见了训斥。李健吾经常登台演出,父亲的一个姓周的朋友知道了,大为反对,将健吾叫去臭骂了一通。可是不起作用,他还是演他的戏。所幸的是,他与会馆里的孩子没什么来往,姐姐又不给人说,没有大的风声。否则,李岐山的孩子演戏,仅此一点,就会遭人白眼。

这还只能说是兴趣,真正演话剧,是陈大悲从上海来到北京,提倡"爱

---

① 李健吾《文明戏》,《李健吾散文集》。

美的"戏剧之后。爱美的,英文 Amateur 一词的音译,即"业余的"之意。此时,能扮女角的男性原本不多,而像李健吾扮得这样好的,更少,陈大悲自然要邀他参加演出。太小,不会化妆,由着陈大悲在脸上描来描去。李健吾离不开他,更离不开他从上海带来的高妈。高妈很喜欢李健吾,每次演出前,必将最合适的头套留下让他用,并帮他梳头、戴头套。有位北京大学学生叫郭增恺的,是李健吾的戏迷,曾在北京的报纸上不止一次写过剧评,为李健吾捧场。1921年11月,陈大悲、陈晴皋、封至模等人组织北京实验剧社,年仅十五岁的李健吾也列名为发起人。六年级时,在燕京大学上学的熊佛西,写了一部话剧《这是谁之罪》,邀李健吾饰剧中的女主角。虽是个小学六年级学生,名气大了,也端起名演员的架子,答应是答应了,却有个条件,便是不去排戏。熊佛西也只好同意。戏幕拉开,演了一阵,观众反应相当冷淡。熊佛西很焦急。临到李健吾出场,按照剧情的发展,他哭开了。哭是他的拿手好戏,观众马上被吸引住了。熊佛西是个痛快人,幕一落下,赶到后台,朝着李健吾扑通跪下,说道:"健吾,你救了我的戏,谢谢你。"

1921年夏天,李健吾以文科总分第一名的成绩,考入北师大附中。

第二章　中学时期

（1921.9—1925.8）

文学三少年

北师大附中在厂甸,俗称厂甸附中。

李健吾所在的这个班全是男生。这一年也招了女生,另编一个班,是北师大附中第一次男女同校。

班上爱好文学的有几个人,除了李健吾外,还有后来成了作家的蹇先艾,成了诗人的朱大枏。

李健吾与蹇先艾是终生不渝的好朋友,然而,最初的相识,却是歧视与竞争。用李健吾的话说是,"不打不相识,我们的友谊最初是建立在嫉妒上面的"。①

推想那时的学生,也和现在的学生一样,初入学时存在着校际的隔阂。北师大附小考入的学生多些,有七八个,又是"自己的学校",对外校考入的同学,不免会以老大自居。小学时期,李健吾的国文和历史总是名列前茅,好胜心强,上了中学,自然不肯认输。这样一来,从北京师范附小考入,学习用功,国文成绩也很好的蹇先艾,便成了他

---

① 子木(李健吾)《蹇先艾》,《作家笔会》,1938年上海春秋杂志社。

的竞争对手。当时的风气不太注重数理化,李健吾的数理化也不怎么好。

不像李健吾那样张扬,蹇先艾本分而敦诚。贵州遵义人,父母早逝,跟随叔父蹇念益(字季常)在北京读书。

蹇念益是贵州的名士,与梁启超、蔡锷等均有交往。蔡锷病逝后,北洋政府为纪念这位再造共和的功臣,拨巨款在北京建立松坡图书馆(蔡锷字松坡),梁启超任馆长,蹇念益为总务部主任,图书部主任为著名的军事学家蒋百里。梁与蒋都是大忙人,馆务由蹇念益负全责,梁启超去世后,蹇念益便是馆长了。第一馆在北海公园里的快雪亭,专藏中文书籍,第二馆在西单石虎胡同七号,专藏西文图书,又为办公所在地。蹇先艾便随叔父住在石虎胡同七号的第二馆里。

论根基,蹇先艾在李健吾之上,然而,天不公道,几乎每次国文考试,总以一分或半分之差败在李健吾手下。

一年级上学期国文考试前,蹇先艾全力以赴,立志雄居榜首,一雪前耻,不料分数公布出来,仍比李健吾略低一点。自尊心受到伤害,忍不住伏在课桌上,足足哭了半个钟头。

七八个师大附小来的同学,其中当然有李健吾,却远远地、奚落地、骄傲地看着痛不欲生的蹇先艾,心里别提有多得意了。因为他们中间,毕竟有一个同学超过了外校来的同学。国文教员梅先生知道了此事,下节课一上堂就说:

"蹇先艾,哭什么,一定要第一做什么,下次好好考。"

在这个班里,李蹇二人只能在国文课上争长论短,真正的才子,则是朱大枬。

李健吾的入学成绩是文科第一名,蹇先艾也只能以根基深厚自许,而朱大枬的入学成绩是总分第一名,在教室里的座位也是第一号。更得服气的是,蹇先艾与李健吾同岁,都是1906年出生,而朱大枬1907年出生,比他俩还小一岁。"那时,他才十五岁,瘦长的脸,略带褐色,头很大,好像有点土里土气,说话一口四川腔。他平素沉默寡言,喜欢坐在座位上深思,不大活动,也不爱体育,打篮球、排球,都是旁观者。"①

赌气只是初相识的事,到了第二学期,共同的爱好,很快将这三位少年联结在一起了。

李健吾真正佩服了蹇先艾,是在去石虎胡同松坡图书馆,看望过蹇先艾之后。

松坡图书馆总管的侄儿,想来生活上该多么优裕,实际的情形,大大出乎李健吾的意料。大门开了,说明来意,一个中年人指指门房,喊了声"先艾"就进去了。蹇先艾从门房出来,将李健吾迎了进去。小小的一间房,仅仅容下一个小床,一张小几,还有两张小凳。他一下子愣住了,原来这个小小的门房,就是蹇先艾的寝室、小书房和客室。他家虽说穷苦,沾父亲过去的名声和地位的光,在会馆里还保住了三间正房,宽而且大,显出一些不凡的气势。

不久,便知道了蹇先艾的身世。听一位接近蹇的同学说,蹇虽出身书香世家,却是一个姨太太的儿子,且父母早已过世,全凭叔叔哥哥的好意提携,才能来北京读书。李健吾顿时明白过来——

>你能够活着已经不易。一个无父无母的孤儿,仗着自己一腔上进的热血,每天埋在字句里面挣扎。我不能够和你相比。我的穷苦,在你的心目中正是富贵。我明白你为什么考不了第一要哭,赚了稿费要一文一文地计算。你的身世折服了我。你把"知足"教给了我。②

曦社与《爝火》

第二学年上学期,也就是1922年冬天,这三个爱好文学的少年,联络一些同学,组织了一个文学团体,名叫曦社。并于1923年初,创办了不定

---

① 蹇先艾《记朱大枬》,1982年《新文学史料》第二期。
② 子木(李健吾)《蹇先艾》。

期刊《爝火》,发行两期后停刊;又创办《爝火旬刊》,随《国风日报》发行,期数不定,估计不会很多。

对曦社的《爝火》,茅盾在《中国新文学大系·小说一集·导言》中曾提及。先分析了1922年至1926年间的文化背景:"这一时期,是青年的文学团体和小型的文艺定期刊蓬勃滋生的时代。从民国十一年(1922)到民国十四年(1925),先后成立的文学团体及刊物,不下一百余。"接下来便说,"在北京,有曦社(民国十一年),发刊了不定期刊《爝火》"。

对茅盾的介绍,蹇先艾在《我的老友与畏友》一文曾做过更正,说"他把时间提早了一年,应当是民国十二年",即1923年。茅盾是对的。他说的是"文学团体及刊物",《爝火》创刊号是1923年2月10日出版,而曦社的成立,确在1922年冬。

《爝火》创刊号上载有《社务报告》一文,详尽地叙述了曦社的成立经过及初期成员。

最初酝酿此事的,只有李健吾、蹇先艾、朱大枬三人,商议略有规模后,就在同学中征集会员,得萧伯瑜、孟广喆、张秉礼、赵德洁四人赞成,开筹备会时又通过滕沁华(滕树谷)加入。于是就认定这八人为发起人。过后,又经蹇先艾介绍傅希圣,李健吾介绍傅晨晖、彭国昌,朱大枬介绍汪锡年入社,这样该社就是十二人了。

成立会是什么时间召开的呢?《社务报告》中无记载,但有这样一句话:"本社成立已两个月,开了七次的会。"写《社务报告》的时间,当在第七次会之后,刊物付印之前。刊物付印日期为2月10日。据此可推定,曦社的成立时间为1922年12月上旬。

然而,到了12月30日开第四次常会时,孟广喆、张秉礼、赵德洁三人退会,到第六次常会时,又有彭国昌退会。这样曦社早期的成员,就只有李健吾、蹇先艾、朱大枬、萧伯瑜、滕树谷、傅希圣、傅晨晖、汪锡年八位了。这是现在见诸公开文字的,最早的曦社成员的名录。

孟广喆等三人为何退出,蹇先艾在致笔者的信中是这样解释的:"我回忆了一下,孟广喆、张秉礼、赵德洁三位都是当时同班中家庭比较富裕的,本着'有力出力,有钱出钱'的精神,第一期《爝火》出版,他们都捐助了一些印刷费,因此我们邀请了他们入社;但他们又都是数理化见长的同学,对文艺写作兴趣不大,很快就退社了。"

曦社最后发展到多少人,蹇老致笔者信中说,他查对过自己的日记,曦社成员,除了上面提到的八人外,尚有赵景深(天津绿波社社员)、万曼(天津绿波社社员)、刘韵裳(健吾友人)、王伯农(北师大附中同班)、蹇劳山(蹇先艾堂兄)、李良庆(蹇先艾亲戚)、曹智官(来历已记不清)、张海鳌(来历已记不清)、朱伯衡(朱大枬本家)、章质夫(蹇先艾邻居)、张寿林(北师大附中同学)、彭革陈(朱大枬友人)。括号中的注释为蹇老原加。这样,连同最初的八人,就是二十人了。

曦社中为何又有身在天津,且为绿波社社员的赵景深、万曼呢?

据蹇老致笔者信中说:"至于我们同天津绿波社的联系,是滕沁华与赵景深通信开始的;我与赵景深也有书信往还,还在他们的刊物上发表了一些习作,遂被邀请入该社,后来赵也参加了曦社。"

李健吾等人也加入了绿波社。

曦社名义上有这么多人,实际办事的,也就是李健吾、蹇先艾、朱大枬、滕沁华四人。因此,李健吾在晚年所写的《"五四"期间北京学生话剧运动一斑》中说,"考上中学后,我们班上有四个爱好文学的同学,组织了一个'曦社'","曦社只有四个人,即朱大枬、蹇先艾、滕树谷和我",这也是实情。

成立曦社,并不是他们的目的,他们的目的是要办刊物。在成立后的几次常会上,这伙少年郎,主要研讨的也是怎样办个刊物。那时办个刊物,花不了多少钱,在第四次常会上,议决"经费三十元,仍由社员分担"。社中,蹇先艾任文牍,李健吾与萧伯瑜任庶务,而办刊物的分工则是,"出版事务由庶务负责,校对由文牍担任"。

刊物起名《爝火》,典出《庄子·逍遥游》"日月出矣,而爝火不息",是朱大枬的主意。

1922年到1927年,是中国新文学第一个十年的后半期,茅盾称这一时期为"青年的文学团体与小型的文艺定期刊蓬勃滋生的时代",而《爝火》堪称报春的第一声莺啼。七十多年前的刊物,搜寻不易,有必要做翔实的介绍。

创刊号于1923年2月10日出版,十六开本,七十二个页码。白纸封面,"爝火"二字为印刷体。在《发刊词》中,他们把自己的作品比作无名的野花——

> 真的,这些无名的野花我们也并不加以修理:没用过井水灌溉,没用过肥料培养,只是任着她的性往上生长。干了有天雨湿着,湿了有阳光晒着;肥料少了,也是长着;肥料多了,更要长着。请不要讥笑我们将这些良莠不分的野花,一齐搬运到这千红万紫的花园里!不要紧,花儿如果开得不丑,也是大家的幸运!花儿如果开得真丑,大家肯牺牲点来缮种,更好!不然当作野地乱草,不值一赏,也好!我们实在可笑,都是十八岁以下的孩子,也不配谈学问,也不配讲经验;只恃着天真烂漫的童心,写出自鸣天籁的文字。好了,是我们几个小孩子的成绩,坏了,还是我们几个小孩子的成绩。原是我们自己清脆的哈哈笑声和哇哇的哭声!①

这样的文字,热情,欢畅,又不免稚嫩,想想不过是几个十六七岁的中学生的心声,其诚挚又不能不叫人感动了。

创刊号上,发表的主要作品有朱大枏的小说《人类底同情心》,蹇先艾的小说《哀音》,李健吾(署名仲刚)的童话《萤火虫》、剧本《出门之前》,萧伯瑜的小说《病中》,此外还有《曦社宣言》、《社务报告》、《简章》等曦社文件。

每册售价二角,印刷者为燕京书局,总售处一为粉房琉璃街五十号,乃李健吾的家,一为西城二龙坑麻豆腐作坊一号,该是朱大枏或滕树谷的住处吧。

第二期于同年7月1日出版,发表的主要作品有蹇先艾的小说《乡间的

---

① 《爝火》创刊号,1923年2月10日出版。

回忆》、《月夜》,李健吾的小说《母亲的心》、剧本《私生子》,朱大枬的童话《夜来香的复活》,长诗《冷箭》,赵景深的剧本《车站之原》等。①

中学生自费办的刊物,印数大概不过几百册,销路不怎么好,办了两期,就难以为继了。

《爝火》停刊后,李健吾找到正在北京办《国风日报》的父执景梅九,得到允许,随该报发行副刊,名为《爝火旬刊》,每隔十天出一期,没有报酬。对这几个中学生来说,只要能发表作品,就心满意足了。不久《国风日报》停办,这个小刊物也随之停办,现在已很难找到了。

请徐志摩演讲

组织起曦社,出版了刊物,李健吾他们兴致勃勃,不满足于此,还想搞些文学活动,让人们见识见识他们的本领。徐志摩回国后初露头角就文名大噪,不久在清华学校的演讲传得玄玄乎乎,引起了这些孩子的好奇心。能不能以曦社的名义请徐志摩来班上演讲一次呢?若来了,该是多大的轰动。

不是没有这种可能。蹇先艾去请或许能请来。徐志摩就住在松坡图书馆,蹇先艾也住在松坡图书馆。蹇先艾的叔父是总务主任,他徐志摩名气再大,不给蹇先艾面子,能不给蹇主任面子吗?

先要征得班任老师的同意。这等好事,老师自然同意。蹇先艾放学回去跟徐志摩一说,原以为诗人总要推诿一下的,没想到痛痛快快就答应了。

时间定在5月底的一天。演讲就在李健吾这个班的教室里。老师有安排,全班同学都来听讲。朱大枬作记录。讲了一个小时,题为《诗人与诗》。一开始,徐志摩对这些中学生们说,他不愿意一个人站在高高的讲坛上演讲,让同学们随时提出问题,互相讨论。这种方式太新鲜了,中学生们接受不了,傻呵呵地坐着没人作声,后来还是徐志摩一人从头讲到尾。诗

---

① 蹇先艾先生致笔者信。

人的演讲,深深地吸引了全班同学,李健吾、蹇先艾、朱大枏这些文学爱好者,更是大开眼界。像这样的话,是他们最爱听的——

> 外来的感觉不能刺激我们的灵性怎样深。天赋我们的眼睛,我们要运用他能看的本能去观察;天赋我们的耳,我们要运用他能听的本能去谛听;天赋我们的心,我们要运用他能想的本能去思想;此外还要依赖一种潜识——想象化,把深刻的感动让他在潜识内融化,等他自己结晶,一首诗这才能够成功。所以写诗单靠Inspiration是不行的。
>
> 我们还要有艺术的自觉心。写我们有价值的经验,不是关于名人的价值,应该把他客观化——就是由我写出来,别人看了也要有同情的感动。
>
> 诗是极高尚极纯粹的东西,不要太容易去作,更不要为发表而作。我们得到一种诗的实质,先要溶化在心里;直至忍无可忍,觉得几乎要迸出我的心腔的时候,才把他写出。那才算一首真的诗。

孩子们太激动了,以致怠慢了尊贵的诗人而不自知。第二天蹇先艾来上学,见了李健吾转述徐志摩的话说:"徐志摩笑咱们这群孩子,连一杯白开水也没为他准备,他讲得口干舌燥,竟没有人为他敬上一杯白开水,让他润润喉咙。"

讲演的内容,随后由朱大枏整理成文,发表在天津《新民意报》朝花副刊第六期上。朱在文后加一小跋,落款为"五、三○、整理后记"。整理的时间不会太长,那么徐志摩的演讲该是5月下旬的某一天。

事情至此,也就过去了。不意两个多月后,引发了一场关于"算学与诗人"的风波。是由《晨报副刊》上的一篇文章引起的。

文章题为《算学与诗人》,载8月6日的《晨报副刊》,署名桐伯,其中说——

> 某中学的成绩是颇有名的,它这里面有一个什么诗社,有一天请

了一位思想昏乱的什么先生去讲演。这诗社的社员，大都是算学不及格的，这位先生在讲演时不知是有意的呢，还是无意的，迎头便恭维他们一句，说是世界上的大文学家没有一个不讨厌数目字的，没有一个在学堂里考算学考得及格的。于是下边掌声如雷一样的动。

"听说中学时代的小诗人竟竞买中国的旧诗集了。"桐伯的文章最后说，"这样幼弱的年龄，居然抛了代数几何买旧诗集，这是民族灭亡的征候。我只有干干脆脆劝告他们一句，不看代数几何，或代数几何不及格的少年人，根本不配作新诗，也不配做什么文学家。"

徐志摩真的说过那些话吗？

在朱大枏整理的《诗人与诗》中，徐是这样说的——

诗人不能兼作数学家。如像德国的Goethe，他的政治，历史，哲学，文学……都好，只有数学一种学科不行。你们数学不见长的，来学诗一定是很适宜的；因为诗人的情重于智，数学家却只重印板式的思构；数学不好的人，他的想象力一定很发达，所以他不惯受拘于那呆板的条例。

Goethe即歌德。

两相对照，应该说桐伯的转述，大致意思还是不错的，但却容易造成误解。至于是否如桐伯先生说的那么严重，就是另一回事了。

桐伯文章见报后，蹇先艾当天就写了一篇辩诬的文章，名为《读了〈算学与诗人〉以后》，在8月12日《晨报副刊》上刊出。直言不讳地承认，那个什么诗社就是曦社，那位什么诗人就是徐志摩。谈到"算学与诗人"时，徐志摩仅说了一句话："Goethe各样学科都好，只是数学不见长，诸君算学考不及格，也许可以作诗作得好。"至于掌声如雷，是没有的事，"徐君讲演除最后，完结鼓掌外，中间我实在没有看见或听见一个人的掌声"。

又说："我们曦社社员以算学特别见长的，很有几位。不大高明的，仅一二人。桐伯君居然就武断我们社员的资格'大都是算学不及格的',这种诬蔑不知从何说起?"

这也是实情,比如曦社的中坚分子朱大枬,这年夏天,才是三年级结束,就以同等学力考入北京交通大学,数学该是很好的了。

《晨报副刊》发行很广,很快,北京不用说了,济南、河南、天津、太原的读者,都写了文章参加讨论。

遗憾的是,始终没见徐志摩出来说话,或许是辩论的层次太低,不愿意瞎掺和,更大的可能,怕是觉得自己随意说的几句话,确有考虑不周之处,再说什么,反而会弄巧成拙,默不作声乃是最好的处置。

虽说讨论没有什么结论,虽说有些人的话确实让他们生气,李健吾和曦社的同学还是很兴奋的。不管怎么样,总是他们的文学活动引起了社会的关注。

后来他们还请王统照来班上讲过一次。

据李健吾回忆,鲁迅来师大附中作《未有天才之前》的演讲,最初也是曦社提议,鲁迅答应后,学校才作为全校活动安排的。

"吃瘪蹇先艾"

目标远大,眼前的对手却是蹇先艾,同班同学,再好不过的文学朋友。远处的高山固然令人神往,可你得先跨越眼前的沟壑,才能抵达高山的脚下。高远不免空泛,切近更能得实战的快乐。

《爝火》与《爝火旬刊》停刊后,李健吾与蹇先艾,还有朱大枬便不约而同地向《京报副刊》、《晨报副刊》和《文学旬刊》投稿。《文学旬刊》也是《晨报》的一个副刊,1923年6月起,由王统照编辑。与如今的报纸副刊不同,这些副刊大多自成格局,相当于一种刊物,不过是薄些,随报纸发行罢了。

以实力而论,朱大枬更强些,何以偏偏只与蹇先艾争个高下呢?一则朱大枬是个早熟的天才,学业优秀,很早就显示了文学上不同常人的悟性,比如在《爝火》上发表的作品,数量多尚在其次,风格的早熟就不能不叫人惊异。李健吾对他一直取"半师半友"的恭谨态度,自然不会与他一争高下。再则,1924年夏,还差一年才毕业,朱大枏便考入北京交通大学。人不在眼前了,也就不存在竞争的可能了。

早在1923年底,李健吾就在上海出版的《文学周报》上发表过一篇散文诗《献给可爱的妈妈们》。这是现在看到的,李健吾最早在他人主编的刊物上发表的作品。全诗用了妈妈的口吻,写了他的父亲,他的叔叔,他的哥哥,他的家世的悲酸。排列颇奇特。共三节,第二节是——

> 孩子,你们根根算着,我如今是银发稀稀了。
> 那是清朝的宣统,革命的一年:
> 老迈的槐树半夜落下一枝,荧荧小灯灭了重燃,
> 村外军鼓渐渐消隐;
> 我心里念着你们的文弱爸爸,
> 怀里乳抱二岁的女娃娃。
> 野外的狗儿吠断了丈夫的战思,
> 村旁小河也哀哀的呜咽;
> 你们那有能的四爹呀,
> 只剩下指挥刀挂在空帐帷;
> 我心里一跳一跳的,不要只剩下我们孤寡。
> 信鸽并不在我家屋瓦栖宿,
> 你们却在床上顽皮,
> 伤心呀,瞎眼奶奶给我要爸爸,
> 从今夜,我每夜烧了一柱香,
> 虽然回来是不认识的黑瘦爸爸。
> 孩子呀,北斗星不停笔勾妈妈的岁数,
> 这一年,足足添上额纹十画。①

---

① 李健吾《献给可爱的妈妈们》,1923年12月31日《文学周报》第一〇三期。

这是儿子代母亲拟的训词。少年失怙,情感必然向母亲偏倚。事实上,李健吾一生都在怀念着,感激着苦命的母亲,他的一切努力,也正是要让母亲的爱心落在实处。

中学时期,李健吾的学习是非常刻苦的。他发奋自强,要给死去的英雄父亲争气,要让苦命的母亲舒心,不再靠父执们的周济过日子。他的书从来是自己读的,抱着一部《辞源》,轻易不肯向人启齿。"孤傲"二字是人情世故赏给他的性格,幸而父亲传给他更多的气质,于无形中时时加以纠正。这样的家境,这样的性格,不难想象出,在与蹇先艾的竞争中,李健吾是怎样的狠毒。究其实,这样的竞争,也是相互的勖勉。能挣到一点稿费,李健吾回到家里分外地体面,好像这是一种表白:

"妈!你看,我会赚钱了!"①

不像平日的考试,李健吾可独占鳌头。蹇先艾的家境与心性,正可与李健吾匹敌。棋逢对手,互有胜负,却都显示了自己的才华。

李健吾写小说也写剧本。1924年6月11日,独幕剧《工人》在《文学旬刊》的发表,无疑让他棋先一着。这是他在大报刊上第一次发表的剧本。

1924年10月,蹇先艾写了短篇小说《到家的晚上》,在《晨报副刊》发表。同年12月,李健吾写出短篇小说《终条山的传说》,也在《晨报副刊》发表了。这时,两人都是十八岁的中学四年级学生。

除了小说、剧本外,李健吾还写散文和诗。蹇先艾主攻诗与小说。勤奋而专一,写的又是僻壤的生存状态,相比之下,蹇先艾的作品不光多,也更引人关注,尤其是那些写贵州乡间生活的小说作品。

1925年10月,他们中学刚毕业,好事天降,徐志摩接办了《晨报副刊》,蹇先艾、朱大枏全有诗文在上面发表。他俩还参加了徐志摩主持的"新月社",朱湘、闻一多、刘梦苇全在里面。李健吾也有文章给徐发表,徐特别称赞他的一篇《一个妇人的堕落》,还将一本英文的游记书借给他看。然而,

---

① 李健吾《怀念王统照》,《名人纪念与回忆》,贵州人民出版社1994年出版。

不知为什么,李健吾不太愿意与这些诗人们来往,据他说是,"我气质里面有些理智的成分,不愿意叫我向徐志摩低头"。

这理智的成分究竟是什么呢？细细考按,怕是一种微妙的自卑心理。

虽说是辛亥革命先烈的后代,毕竟离得太远,不光他人谈不上对先烈的敬仰,就是自家,情感纵然真挚,对父亲的事业也未必有足够的认识。困苦的生活境况,加上桀骜不驯的个性,必然铸就了对富贵与权势的排拒心理。缘于此,徐志摩的才情与教养,在一个时期让他钦羡,感激,在另一个时期让他反感,嫉恨,也就毫不奇怪了。

这一时期,李健吾仍参加陈大悲组织的演剧活动。一次,陈大悲告诉李健吾,周作人曾对陈说,现今有两个年轻人的散文引起他的注意,一个是徐志摩,一个是李健吾。周作人是当时文坛上的权威,他的话是最高的评价,听到这话,李健吾顿时有种一雪前耻的快意,不仅是对徐志摩,也是对蹇先艾——

> 他一个留学生,我一个中学生。我的得意就不必形容了。我吃瘪蹇先艾。因为好朋友是好朋友,文学的妒忌永远不会泯灭。副刊的刊载成为你我价值的市场,稿费的多少是你我竞争的目的。①

正是这种朋友间的妒忌与竞争,促进了两人共同的多产与提高。一两年间,李健吾与蹇先艾,还有朱大枬,均成为北京文坛上崭露头角的青年作家。

彼此可以告慰的是,两人在小说创作上的成就,后来都得到鲁迅的首肯。1935年,鲁迅编选《中国新文学大系·小说二集》,精选1917年到1927年间的短篇小说,选入了蹇先艾的《到家的晚上》《水葬》,李健吾的《终条山的传说》,且在"序言"中对两人作品的特色都有评述,还是挨着说的——

---

① 子木(李健吾)《蹇先艾》。

> 蹇先艾的作品是简朴的……诚然,虽然简朴,或者如作者所自谦的"幼稚",但很少文饰,也足够写出他心中的哀愁。他所描写的范围是狭小的,几个平常人,一些琐屑事,但如《水葬》,却对我们展示了"老远的贵州"的乡间的习俗的冷酷,和出于这冷酷中的母性之爱的伟大,——贵州很远,但大家的情境是一样的。
>
> 这时——1924年——,偶有作品发表的还有裴文中和李健吾……后者的《终条山的传说》是绚烂了,虽在十年以后的今日,还可以看见那藏在用口碑织就的华服里面的身体和灵魂。
>
> 蹇先艾叙述过贵州,裴文中关心着榆关,凡在北京用笔写出他的胸臆来的人们,无论他自称用主观或客观,其实往往是乡土文学,从北京这方面来说,则是侨寓文学的作者。

这里,鲁迅显然将蹇先艾的小说当作一个文学流派,乡土文学或说是侨寓文学的代表,这评价不能说不高。以鲁迅的标准,李健吾的作品也应视作乡土文学。

在对李健吾的小说作评价时,鲁迅用了"偶有作品发表"几字,是囿于见闻,也是公允的界定。在1935年以前,蹇先艾已出版了四本短篇小说集,李健吾仅出版过两本短篇小说集。再则1931年到1933年两年间,李健吾赴法国留学,很少有作品在国内发表,名气自然要逊于蹇先艾。虽是简单的一句评语,鲁迅对李健吾这篇小说的评判还是深中肯綮的。

在郁达夫编选的《中国新文学大系·散文二集》中,收入朱大枏的散文三篇,并在《导言》中,对朱大枏的文学成绩作了肯定。

不单是读书,投稿,他们还踊跃参加社会运动。在中学的最后一年里,李健吾当选为附中的学生会主席。为反对当时的教育部次长马叙伦(教育总长王九龄未到任,马以次长主持部务),曾去国务院抗议,与北京各大学的代表一起,在国务院被关了一天两夜。

1925年"五卅惨案"发生,李健吾与蹇先艾等同学,一起走上街头,向群众宣传抵制日货,揭露日本资本家对中国工人的暴行。

李健吾还是个球类运动的积极分子。据中学同班同学贝璋衡回忆,小学毕业的前一年,李健吾曾作为北师大附小的篮球代表队队员,来北京师范学校附小参加比赛。中学时期,他的爱好更广泛了,不光是篮球,还有排球和足球。那时排球队的组成是十二个人,李健吾与贝璋衡都是学校代表队的成员。李健吾打二排左中位置,贝璋衡打二排左边位置。三年级时,他们还成为1924年北京市的中学锦标队。那时中学排球运动的水平还不高,参加比赛的只有三个队,附中队算是得了第一名。①

1925年夏天,李健吾从北师大附中毕业,考入清华学校大学部中国文学系。清华原为留美预备学校,本年春天,始创办国学研究院与大学部,原留美预备部停止招生。这是清华改为大学之始,正式更名为国立清华大学,则是数年后的事。

第二年,蹇先艾考入北京大学法学院经济系。

北京大学在市内,清华大学在西郊,两个好朋友不能再像先前那样时常见面了。想来分手时,定是一面互道珍重,一面暗暗憋着股子劲儿,要压倒对方。至少李健吾是这样的。

多事的兄弟

李健吾的英语基础较差,1925年初,四年级下学期开学时,家里为他请了一位家庭教师,北京高等师范英语系的在校学生朱厚锟。月薪二十元,每天下午三点来,五点离去。

朱老师没来之前,李健吾曾作过设想,这会是个什么样的人呢?也许是满脸麻斑,也许是跛腿拱腰,也许是害第一期肺结核的,出乎意料,这位家庭教师竟是个性情温和,相貌周正的年轻人。

更没想到的是,这个家庭教师,后来会成了他的姐夫。

---

① 贝璋衡《悼亡友李健吾》,1994年5月30日《太原晚报》。

健吾的姐姐,就是那个比他大两岁,小时候常常带他玩耍的香草,学名李立萍,这时也是北师大附中四年级学生。既然请了家庭教师,反正立萍的英语也不怎么好,妈妈便让立萍也跟着朱老师一起补习。

　　六个月下来,健吾的学年考试成绩很好,姐姐却没有大的长进。他向姐姐微笑,骄傲,讥诮,有时甚至眼角轻轻地向她一望,怎样的荣耀!那位大学生,几乎每次改完健吾的作业后,总要夸奖一番:"我没有见过比你聪明的!"他很喜欢这位教师,觉得朱老师不仅长得体面,还那么和善。

　　他并不知道这一切都是为了什么,以为自己就是比姐姐聪明,这位老师就是好。

　　直到有一天晚上,差不多快要睡了,姐姐才向他吐露了心曲。

　　会馆北房正中的一间,北墙上挂着父亲的遗像,姐弟俩坐在桌前,姐姐正在灯下绣着勿忘草,或许是玫瑰花,忽然欠了一下身子,向弟弟叹了口气,要说什么又噎住了。淡黄的灯光正映在她的身上,和挂在墙上的父亲的遗容上,姐姐的目光也正射向父亲那可爱的肖像。

　　"明天我再不上他的课啦!"姐姐突兀地说。

　　"为什么?逃懒吗?"弟弟问。

　　"不,我恨……我不喜欢他。呵,我真怕他!"

　　"你?"弟弟完全糊涂了,姐姐为什么怕他呢?固然有几次姐姐倔强地不好好回答他的提问,也不见得就怎样厌腻这位教师呀?于是他顽皮似的亲切地问道:"为什么?为什么?"

　　"我……他时常当你不在的时候,向我说不好听的话……好弟弟,你要明白我的意思呵!"说到这儿,姐姐的两颊像新熟的苹果一般,弟弟怎能不明白呢。

　　于是,姐姐慢慢地将朱老师所讲的话全告诉弟弟,求弟弟给她一个妥当的主意。健吾说,这个人很不错,在大学生中要算一位难得的,人品好,学问也好。说到最后,健吾笑嘻嘻地做个鬼脸问道:"小姐,你爱这个癞蛤蟆吗?"

　　下边的话就不用说了。第二天,那位朱老师也腼腆地把心里的话全告诉了健吾,要他这个做弟弟的帮帮忙。于是这位老师,更加夸赞健吾的天分,无论他说什么调皮话,都觉得有几分道理。

此后一段时间,也就是姐姐和朱老师恋爱期间,姐姐什么事也不瞒弟弟,即使是羞于说出的,但凡能办到的,弟弟都乐于从命。为此,姐姐还请健吾看电影,听旧戏。做这些事的时候,他心里感到莫大的快乐和骄傲。为什么不自傲呢。他们的幸福是他造成的,他们会感谢他,一辈子不会忘记他这个小兄弟。

1925年夏天,姐姐成婚后,李健吾写了一篇散文,名叫《多事的兄弟》。①

这是一篇很别致的散文。不正面写自己所参与的姐姐与家庭教师的恋爱故事,而是采用小说的笔法,写一个青年朋友,向他讲述自己怎样帮姐姐和姐夫的忙。在一个"天上只有几片海绵似的云彩舒散着,没有迷眼的狂风"的好日子,作者的我,正要到郊外去,忽然门环响了,走进一位年轻的朋友,他的样子好像很懒散、无聊,有什么石块坠在他的心上似的,自己搬了把椅子在我对面坐下。我很欢迎他的过访,但也很诧异,我以为他如今正像考中了状元似的喜忙着,却竟出乎意外的这般闲雅。在我的追问下,他讲了自己的功劳和苦恼。

若仅是这样,将自己的事,化作别人向自己讲述,收不必避讳的便利,不过是一种纯粹的技巧而已。《多事的兄弟》的别致更在于,这"多事的兄弟",不光指那个来向他一诉衷肠的朋友,也是指作者所遇到的一个女孩的兄弟,作者与女孩相恋,后来与那女孩的弟弟相识,并帮助他补习功课,他也有那位朋友的精神,结果却完全相反。

这另一个也有着"多事的兄弟"的姐姐又是谁呢?

这里,隐约透露了李健吾在中学时期的一场不成功的恋爱。

那个"川针"

非是猎奇,仅是要弄清一件事实的真相,以索解李健吾这一时期某些

---

① 李仲刚(李健吾)《多事的兄弟》,1925年《晨报副刊》第六十八期。

作品的蕴含。事实是清晰的,却不无蹊跷之处。

清晰在于,均有文字根据。

1925年3月21日,还在中学四年级时,李健吾写了一首新诗《邻花》,同年7月25日刊于《文学旬刊》,署名李健吾,落款除了写明作于何时外,又写"醉于川针"。

1925年11月8日,即考入清华大学的当年,在《清华文艺》第一卷第三号上发表短篇小说《贼》,署名川针。

1927年9月,在《清华文艺》不定期刊第一期上发表散文《乘驴》,署名川针。

同年11月,在《清华文艺》不定期刊第三期上发表新诗《过巴沟桥西行》,署名川针。

作家发表作品的署名,有时是很随意的,并无特别的含义,有时却是有含义的,不能一概而论。从各种迹象上看,李健吾取这一笔名是有含义的。《邻花》不用说了,是写一个邻居女孩子的。从1925年到1927年三年间,李健吾在《清华文艺》上共发表了八篇作品,三篇署名川针,五篇署名李健吾。署名川针的,多是些抒情的作品,署名李健吾的,多是些凝重的作品,如评蹇先艾的小说集《朝雾》的文章,中篇小说《一个兵和他的老婆》的前两章。1928年以后发表的文章,从未署名川针。

据此可以推断,这是李健吾在这一时期写某类作品时专用的一个笔名。

再一根据是,李健吾的同乡,大学同学徐士瑚曾说过:"我又看了一遍《西山之云》,我想知道健吾在大学一年级时失恋的痛苦是否有所反映。原来健吾在附中时曾爱过一个漂亮的女生。他上清华后,她便中断了和他的往来。这使他非常痛苦。我曾劝他痛下决心,割断情丝,或者另找女友,或者仿效歌德将自己的失恋痛苦发泄在小说上。我重读了《西山之云》后,没有发现如歌德在《少年维特的烦恼》中所抒发的那种直接的失恋描述。"[①]

---

① 徐士瑚《李健吾的一生》,1983年《新文学史料》第三期。

蹊跷在于字面意义的不可索解,"川针"且"醉于川针",何义?

笔者曾访问过李健吾的夫人尤淑芬老人,承告知,这是一个女孩名字的谐音。又函询徐士瑚先生,承复函示知,此女孩系北洋政府司法总长张国淦的女儿,名张传真,甚俊秀,中学时与李健吾同级,相恋,李健吾考入清华大学前后,两人断绝关系。

对李健吾来说,这是一次痛苦的相恋,具体情形,从《多事的兄弟》末后几段文字中不难寻出踪迹——

> 我猛从幻想里醒过来,摇了摇头,他不住的逼问着。于是我让他坐下,很简短的向他说道:
>
> ——小伙计,你是有福的,因为你所希望的昨天已然实现了。从前我曾爱上一位如仙的女郎,我却不认识她,两年已经跑掉,我还挣扎在失望的深渊里。对于她,我有一种精神上的神秘的爱,她的一动一笑全含着我的灵魂;但是我不晓得她,我不知她是否也爱我。我祈天帝的显灵。忽然,在无意间我和她兄弟认识,交好,并且我有时也给他补习功课;后来,我把所有的情形全告诉他。他有你的精神,有你的义气,他的可称赞也和你一样。他也如你一样是兄弟——唉,我的故事和你的所差有限,但是我的配角却连我一起拖进悲剧里了。
>
> ——如今呢,因为这位多事的兄弟,我的精灵上的幻想的愉乐也都消失了。

在清华读书的最初两年,李健吾的许多作品中,都有着张传真的影子。如《影》,虽说后来收在小说集里,最初发表,却是在专刊载散文的《语丝》上。写"我"与一位心爱的女郎去一个有山有水的地方游玩,歇息于某旅馆,两人正在情意绵绵之际,旅馆的男仆借送冰激凌来窥探,弄得他俩意兴全无。所谓的"影",实则是他俩亲热时投在窗帘上的影子,正是这影子泄露了他们的秘密,吓得他几乎发狂。①

1927年发表的《最后一信》,或许是向这位心上人的诀别——

这里尚余一滴泪,
　洒向雪色的纸上:
在你眼下它干了,
　〇,我亲爱的姑娘!

〇,我亲爱的姑娘,
　你的心定会摧伤,
你的珠泪要落下,
　重湿了干底地方:

重湿了干底地方,
　勿须惜悼与哀唱;
当你我心泪如一,
　我的最后是芬芳!

我的最后是芬芳,
　将它揭在我墓旁:
夜时银露要落下,
　永湿着干底地方!②

诗中的两个圆圈,当是代表姑娘的名字吧。

1925年夏天,四年的中学生活结束了。入学时有多少学生不知道,毕

---

① 李健吾《影》,1927年10月1日《语丝》第一五一期,后收入小说集《坛子》,1931年上海开明书店初版。
② 李健吾《最后一信》,1927年《现代评论》第六卷第一三七期。

业时这个班共二十九人。其时正当新旧鼎革之际,年轻人的变化在各方面都有表现。最显著的变化该是头发了。"一年级时只有一个人是分头,大家每天取笑他。过了暑假,留起头发的已有四五位,和推光头的数目差不多了。不知不觉,又过了第二个暑假,推光头的只剩两位,平头的六七位,海军头的六七位,其余都变为入时的学士头。如今呢,从前讥笑别人的,也多留发上发油,爱美起来;只余下两位固执先生还是'光光如也'。"①

毕业时,出了本《毕业纪念册》,除了记述学校生活的文章、全班合影的照片外,对每个同学都有一段评价。对李健吾的评价是这样的——

张建侯先生云:"李健吾者,犹良骥也。当其奋迅奔驰,骏发用命时,才气旁溢,若无能及者;特须防其误驰歧途与跅驰泛驾耳。聪颖者宜自韬晦,自检约,子应在一重字上作工夫。"兹语明矣。

或以为李君,一寄情于自然者,而人每多惜其肆迈过甚。每读书,辄露自负之意,误者讥其为慢。是或皆然欤?

然侪辈皆曰:"此章疯子之流,名以李疯子可矣。"

---

① 李健吾《本班轶事琐录》,见附中《毕业纪念册》。下文提到的章疯子指章炳麟(太炎)。

第三章 清华时期

（1925.9—1931.7）

朱自清先生

考入清华中文系,第一天上课,国文教授朱自清先生走进教室,拿起花名册点名,当念到李健吾的名字时,朱先生问道:

"你就是那位常在报上发表作品的李健吾吗?"

"是学生。"他站起来回答。

朱先生高兴地说:

"看来你是有志于创作的喽？那你最好去读西语系。你转系吧……"

这一情节,是李清安在《从舞台到书斋》①一文中写到的。作者系李健吾生前所带硕士研究生,文中所述史实,得之李先生口述,该是可信的。

李健吾本人的话亦可印证:"我报的是中文系,分在朱自清先生的班里,他认出了我,劝我改读西洋文学系。"②

清华的系名,前后有些变化。国文系在1929年后,改称中国文学系。西洋语文系,俗称西洋文学系,1928年后改称为外国文学系。为一致起

---

① 李清安《从舞台到书斋》,1982年《语文教学与研究》杂志第三期暨《外国文学研究史料特刊》。
② 李健吾《自传》。

见,本书均用后来的系名。

从以上的记述中,很容易造成一种印象,即李健吾一考上清华就转到了外文系。

实际不是这样。他在中文系读了两年的书,只是不那么正规,有时上课,有时不上,——患了肋膜炎又并发肺病,基本上是休养。

文学院院长兼中文系主任是著名的新文学作家杨振声先生。朱自清先生也是这一学期才来清华任教的,二十八岁,比一般学生大不了多少。

朱先生待人谦和有礼,平日对学生,每每称"先生"或"您",绝少直呼其名。讲课很认真,每门课都发有讲义,参考书目,厚厚的一大叠。只是讲课时常爱脸红,"一手拿着讲稿,一手拿着块叠起的白手帕,一面讲,一面看讲稿,一面用手帕擦鼻子上的汗珠,他的神色总是不很镇定,面上总是泛着红。他讲的大多援引别人的意见,或是详细地叙述一个新作家的思想与风格。他极少说到自己的意见,偶尔说及,也是嗫嗫嚅嚅的,显得要再三斟酌词句,惟恐说溜了一个字,说不上几句,他就好像觉得已越出了范围,极不妥当,赶快打住。于是连连用他那叠起的白手帕抹汗珠"。[①]

这样谦和而认真的先生,自然深得学生的喜爱。

刚考入清华,李健吾意气风发,要大展宏图,不幸的是,第二学期便患了重病,原本生龙活虎般的小伙子,一下子成了个有气无力的病秧子。致病的原因,还是因了经济的窘迫。

上清华的费用是很高的。头一学期马马虎虎对付过去了,临到第二学期不成了。李健吾到天津去看父亲的老朋友续西峰,续给了他五十块钱,帮他解决了第二学期的经济问题。续西峰是过惯了夜生活的,夜很深了还躺在烟盘子旁边,和两三位朋友有一搭没一搭地谈天,偶尔转过身子问他一句。一整夜没有睡好,第二天清早赶八点钟火车回来,车厢里挤满了人,只好冒着大风站在车厢外头的过道上,身上穿得挺薄,一站就站了三个钟头。回到家里跟母亲交代一声,当天赶到学校,第二天缴清费用,第三天就

[①] 吴组缃《佩弦先生》,《完美的人格》,三联书店1987年出版。

躺下起不来了。在医院一住就住了两个月。体温始终不退,最后检查出来,左胁有了肋膜炎。这回治好了,但是隔不到几个月,帮小学时一位同学家里办丧事,一劳碌,右胁又有了肋膜炎。同时又引发了肺病。这样的病,需要大量的时间休养,晒太阳,幸好是在清华,鱼肝油以及医药费用都由学校供给。也曾转往协和、首善等大医院治疗。严重时,就在家里卧床静养,母亲通宵守候在床边。

学校后面的假山上有座天文台,每天的第一节课,李健吾就到台上没人去的地方晒太阳。没课自然用不着请假,若是朱先生的课,则不用请假,朱先生允许他缺课。头两年的课程,大部分是朱先生指导的。他的国文卷子和旧诗词,也都是朱先生亲自批改。

养病期间,李健吾写了许多作品,大多是小说,如中篇《一个兵和他的老婆》、《西山之云》等。这些作品,私下里,都让朱自清看过。每次李健吾拿来作品,朱先生总是认真地阅读,提出中肯的意见。《一个兵和他的老婆》发表后,朱先生还写了书评。

不光是指点,推荐,朱自清还跟李健吾合译过一篇文章《为诗而诗》,分两次发表在上海出版的《一般》杂志上。①这是英国著名的文艺批评家Bradley在就任牛津大学诗学教授典礼上的讲演,收入他的《牛津诗讲》一书中。翻译时,曾得到清华外文系教授,美国人翟孟生(R. D. Jameson)的帮助。

《一般》是上海立达学会编辑出版的综合性月刊,立达学会的主要成员夏丏尊、匡互生、丰子恺等人,都是朱自清在春晖中学的同事和朋友。《为诗而诗》能在这个杂志上发表,显然是朱自清推荐的。作品的署名,李健吾在前,朱自清在后,一则可看出朱自清的胸襟,再则可推测,这篇文章是李健吾初译出,而经朱自清修改润色的。

1927年秋季开学后,病情有所好转,李健吾主动要求转到外文系读书,朱自清当然同意。凡转往外文系的,只有一个硬条件,即外语必须在七

---

① 李健吾、朱自清《为诗而诗》,1927年《一般》第三卷第三号、第四卷第五号。

十分以上。这一点自然不会成为李健吾的障碍。

虽说不在中文系上课了,每当写下作品,还是拿去向朱先生请教。

对朱先生,李健吾终其一生都是怀念的。晚年,在为《李健吾散文集》写的序中,他说,讲到写散文,对他影响最大的,头一个是鲁迅先生,而对他影响最深的,是朱自清先生。这样说鲁迅,不过是受时势的影响,甚至不无"大处着眼"的嫌疑。实际上,仅是在上中学时,听过鲁迅的一次演讲,此后怕连鲁迅的面也没见过。至于他的文风,更是与鲁迅相去甚远。而说到朱先生,却是实实在在的——

另一位对我影响最深的,就是我的中文系老师朱自清先生。当时我在清华大学念书,他总是字斟句酌地帮我修改文章。后来我上了西洋文学系,念了些法国东西、英国东西,可是私下里总要找朱老师请教。我是在他的熏陶之下成长起来的。①

王文显先生

李健吾转到外文系,退了一级,从二年级上起。这个班里,连上李健吾,不过四个学生,其中一位是山西同乡徐士瑚。

外文系的教师,真可谓人才济济,计有王文显、吴宓、温源宁、叶公超、赫则德(F. S. Hazard)、吴可读(A. L. Pollard)、普来僧(Vonplessen)、瑞恰慈(I. A. Richards)、毕莲女士(Miss Bille)、翟孟生(R. D. Jameson)、温德(R. Winter)。有的是稍后两年来的,如温源宁、叶公超。外文系的教授,同时担任别的系的外文课程,人数自然要多些。

这些教授中,系主任王文显对李健吾的影响最大,两人的友谊也是深厚的、漫长的。

王文显,英文名字为Wong Quincey,江苏昆山人,这大概也就是他取那

---

① 李健吾《李健吾散文集·序》。

么个英文名字的来由。幼年即去英国读书,当清华还是"留美预备部"时,就已然是负责英语教学的教师。从改成大学起,一直担任外文系的主任,直到抗战爆发,学校南迁,才离开清华,去上海圣约翰大学任教。

在清华园里,王文显是个奇特的人物。他的同事温源宁教授,在其英文著作《不完全的理解》(*Imperfect Understanding*)一书中,有专文介绍这位清华外文系主任,说他是个不倒翁,是一种定影液,没有他,清华就不成其为清华,有了他,尽管经历过各种变革,清华照样是清华,正如寻常人系着一块婴儿的涎巾,和长着须与髭的寻常人一样。

王文显连续当过清华学堂的教授、主任,副校长与代理校长。清华提高到大学以后,王先生就成了外文系的系主任。作为教员来看,王先生不是一个逗得起学生热爱的人,也就是羡慕与尊敬之情。没有学生去看望王先生。学生拜访他也只是为了同他谈论公事。公事一谈完,拜访结束。没有人逗留,也没有人希望延长约会的时间。学生走开了,觉得如释重负;王先生也感到如释重负,总算办完了什么不舒服的事。他讲课的方式更绝,上课了,准时走进教室,不多说一句话,照他编的讲稿读下去,直至下课铃响。每年如此,从不增删。① 若据此以为王文显是个平庸的大学教授,那可就错了。

当年清华大学共有五位特级教授,一位是梁启超,一位是王国维,一位是陈寅恪,一位是赵元任,再一位就是这个王文显。前四位是研究院的导师,仅王文显为外文系的教授。

他还是个戏剧家,用英文写话剧的戏剧家。

幼年即赴英国留学,英语水平极高。1927年,利用一年的教授休假,去美国耶鲁大学,师从美国戏剧权威贝克教授(G. P. Baker),专攻编剧,并在那儿完成两部剧作,《北京政变》(*Peking Politics*)和《委曲求全》(*She Stoops to Compromise*)。1927年5月,《北京政变》由贝克亲自导演,在耶鲁大学剧院演出,获得成功。同年12月,《委曲求全》又由贝克导演,在耶鲁

---

① 温源宁《王文显先生》,李健吾译,1982年《新文学史料》第三期。

大学剧院演出,反响更在前者之上。后来由马萨诸塞州的福莱特俱乐部排演,引起更大的轰动,一时间评者鹊起,深为赞美。作为一个戏剧家,他在国外的名声,比在国内要大得多。

李健吾所以转系,朱自清的劝告仅是起因,王文显的声名才是决定,不妨说,他所以转到外文系,就是冲着这位戏剧家来的。

然而,起初他并没有上王文显的课;王先生讲的两门课,《外国戏剧》和《莎士比亚》,都是在三四年级才开的。这一时期,他的主要精力放在温德教授开的法文课上,这是他选的第二外语。中文系一年级时,已选法语为第二外语,教师就是温德教授,到了外文系,不过是跟上继续学罢了。按规定,第二外语只需念两年,老师愿教,学生愿学,他们几个同学都学了四年。

教他们《近代诗歌》的,是温源宁。吴宓也教过他们。

李健吾上王文显的课,当在1928年秋季开学,也即是王文显从美国休假归来半年之后。

好也罢,坏也罢,先前听到的只是传闻,只有上了王先生的课,才能体会到这位特级教授的魅力。确也如传言所说,他上课只是照本宣讲,可他那本几年一贯制,从不增删的讲稿,编得也真叫好。对于刚刚接触西方戏剧的人来说,是个非常适合的入门基础。

当年清华,有个非常好的习惯,或说是制度。任课的教授,总要指定许多参考书,放在图书馆的参考书架上。每天晚饭后,一放下饭碗,学生们就挤在图书馆门口,等一开门好捷足先登,抢到自己想看的书籍。选了王先生的那两门课,至少就得把欧美戏剧史上的名著和莎士比亚的主要剧作通读一遍。

学校每年都有一大笔购书款,主要由系主任支配。王先生自己是研究戏剧的,购置的戏剧书籍必然多些,从西洋戏剧理论到剧场艺术到现代名剧的剧本,应有尽有。这一举措,对李健吾这样酷嗜戏剧的学生来说,无疑是极大的便利。

受其泽惠的,非徒李健吾一人而已,可说,中国现代戏剧史上的名家,大多出自王先生的门下。李健吾之前之后,毕业于清华学堂或清华外文系,后来在戏剧方面各有造诣者,计有洪深、陈铨、陈麟瑞(石华父)、张骏祥、曹禺、杨绛诸人。

这些成了名的学生中,与王文显师生情谊最深,后来对王文显帮助最大的,还要数李健吾。赴法留学前,曾译出王先生的英文剧本《委曲求全》,交内弟尤炳圻办的人文书店出版。抗战期间,知道王先生生活困难,又译出王先生的另一个英文剧本《北京政变》,组织演出,收取上演费给以接济。

也不必说李健吾的品质多么高尚。若仅是尊师的古道热肠,李健吾后来写过剧本《新学究》,讥刺他的另一位老师吴宓先生,曾有人著文批评,以为有失厚道,非学生所当为。① 凡事只能具体而论。公允地说,是两人品格的互相砥砺与浸润,老师做了老师应当做的事,学生做了学生应当做的事。

戏剧社社长

从踏进校门的那一天起,李健吾就与清华的戏剧活动结下了不解之缘。

第一次招收大学生,很是隆重,报到处就设在校门口。报到那天,清华戏剧社社长何一公,一个忠诚的话剧爱好者,早早就在报到处等着,一见李健吾落了名,便走过来,拉着他的手说:

"可把你盼来了。"

何一公,本名何鸿烈,浙江温州人。热爱话剧,患肺病,身体不好,早就想找一个热爱话剧的同学,接了他的这副担子。在北京演话剧已演出名气的李健吾,自然是他心目中的最佳人选。

"不久,他害肺病逝世。临逝前,他要我出来继任社长,我流着泪答应了。可是我也害肺病,不能演戏,只能在后台帮忙。"这是李健吾《"五四"期间北京学生话剧运动的一斑》一文中所说的情景,很紧凑,很动人,可惜不

---

① 唐振常《想起了吴雨僧先生》,1989年11月16日《解放日报》。

是准确的事实。不是要隐瞒什么,时隔五十多年,记忆只会删繁就简,失真也就成了难免。

他确实当了戏剧社的社长,不是在何一公之后,而是又隔了一任,1928年的下学期,戏剧社又一次改选之时。推想当初,戏剧社的同学未必不尊重何社长的临终嘱托,怎奈受托者也患肺病,无法履行职务,于是便选了一位叫苏宗固的同学。这位苏社长大约不擅长此道,工作无甚起色,此时,同学们才认识到何社长实在有识人之明,不顾李健吾肺病只是有所好转,尚未痊愈的现实,硬是推他当了社长。大约苏宗固人还不错,李社长又礼聘这位前任社长屈就了副社长一职。

担任社长后,李健吾就开始筹划公演的事。这次公演,最大的功德是,开启了清华大学男女同台演戏的先河。早在1923年,人艺戏剧专科学校在北京的新明剧场,演出陈大悲写的《英雄与美人》时,中国就正式有了女演员。于此可知,以沐浴欧风美雨为荣耀,凡百事总得风气之先的清华,在男女之大防上,还是固守到最后的溃败,不惟没有开了风气之先,反倒落了风气之后。

剧本的选用,很费了一番斟酌,最后议定只演独幕剧,简而易举,速成事功。当时丁西林的独幕剧《压迫》正叫红,自然成了首选对象,聘请文学院院长杨振声先生做导演,演员全部由学生担任。又同外文系主任王文显商量,拟排演他的两个英文独幕剧,《媒人》(The Go between)和《白狼计》(The white wolf trap),均请王先生自己导演。这两个戏,前者由学生扮演,后者由教授扮演。

公演的日期,最初定在这个学期的末尾,即1929年的年初。眼看公演的日期快要到了,不料参加《白狼计》演出的教授们,因了学校的某件事还有些别的原因,多数被学校当局解职,这样一来,戏就没法演了。为补救起见,经与王文显先生商议,决定聘请燕京大学的几位教授与清华未被解职的教授合演。重排需些时日,公演就不得不推到1929年的上学期了。

演出的经费,也费了一番周折。戏剧社先前还有些积蓄,今年以来物价飞腾,已一文不值。没办法,只好向学校申请津贴。校方应允,约定总额不得超过一百元,后来正式行文时,又改津贴为借用,条件是公演盈余多少,偿还学校多少。实际跟津贴无异。

演出的场地,同样是个棘手的问题。学校倒有个新大礼堂,虚有其表,本就不适宜演出,对这种业余的演出,就更不适宜了。只有旧礼堂勉强可用,还得稍加修改才成。王文显出面擘画,李健吾充当监工,因陋就简,将旧礼堂的小讲台点缀成了一座小舞台。那艰难的情形,有时真让王文显和李健吾师徒二人绝望了,然而,责任在肩,叹上一口气,又继续进行,直到尽其所有,也尽其可能的完美。"在一个限定的空间来表演近代的戏剧,比起愚公移山还要费力不讨好,有十万也好,却又一文不名。然而,我们最后终于满意了,满意于一种不可能的压迫之下。"①

演出的时间定在3月16日与19日两天。

万幸,演出获得成功,中外几家报纸都发了消息和评论。作为这次演出的组织者,李健吾很是愉快,写了《戏剧社本届公演的前后》在《清华周刊》发表。其中说:"自己原是大病方起,做事每觉精神不足,此次操劳后,休息迄今,身体尚未复已衰之元,骨肉中时尚隐隐作痛,所以我决定账目何时结束,便何时告休,幸而账目已有结束,自己得卸干系,真是喜欢不过。"

文末附有公演的全部收入与支出的清单。除偿还学校津贴六十元外(学校津贴一百元),尚余二十点二五元,作为社存经常费。

清华园里的才子

清华园里,人才济济,李健吾入学后,很快就和一批爱好文学创作的同学熟悉了,早李健吾三年考入清华的罗念生,晚年曾有文记述两人交往的情形——

我和健吾相识,是在上大学时。清华大学高年级同学唐亮(字仲

---

① 李健吾《戏剧社本届公演的前后》,1929年《清华周刊》第四至第六期合刊号。

明,著名画家)介绍我认识了这位青年作家。这位新同学谈起话来滔滔不绝,谈笑风生,仲明和我都插不上嘴。那时我在编《清华周刊》的文艺专刊,健吾交来一篇描写士兵生活的小说,写得很深刻。我把其中一些为当局所忌的字句用黑墨涂去,等审查通过排好版时,再把那些字句添上去。我把这个办法告诉健吾,他说,做得巧妙。后来,他又交来一首他翻译的彭斯的诗,苏格兰方言被译成优美的普通话,我击节吟诵,音调铿锵。①

这里说的文艺专刊即《清华文艺》。1925年9月单独出版,仍标明是《清华周刊》副刊之一。李健吾交去的描写士兵生活的小说,即中篇小说《一个兵和他的老婆》,发表在1927年12月31日出版的《清华文艺》第五期即最后一期上。那首彭斯的译诗,名叫《一个极小极小的老鼠》,刊在同年10月14日出版的第二期上。罗先生年龄大了,记忆有误。

《清华文艺》从1925年9月单独出版到1927年12月停刊,两年多的时间内,李健吾共发表各类作品九篇,其中小说三篇,计《贼》、《一位妇人的堕落》、《一个兵和他的老婆》;译文(诗)《杜康格瑞》、《一个极小极小的老鼠》;散文(诗)两篇《乘驴》、《过巴沟桥西行》;剧本一个《翠子的将来》;评论一篇《蹇先艾先生的〈朝雾〉》。在发表文艺作品的学生中,以数量而论,是最多的。这一时期养病,可以不去上课,时间充裕,作品也就多些。

身体好转后,李健吾被聘为《清华周刊》的编辑。在编辑任内,曾闹过一次辞职。起因是,周刊对校务有所批评,校长处出通告并致函编辑部,谓刊物"近来登猥亵文字,殊不雅观",几个编辑同时辞职抗议。在致总编辑的辞职信中,李健吾说:"同人远奔斯地,他非所顾,职在学问;而或上行者失政,吾等所提反不如一簧,则起而诘难之,诘难之不已,且企进而改良之,诚以其为树国之大本,虽小人亦有一议备采也。而当局略不自返,独周刊

---

① 罗念生《怀念健吾》,1983年《戏剧报》第一期。

之是责,窃以为过矣!"①

很快,校方妥协,总编辑又极力劝说,各位编辑方打消辞意。

1927年5月,在学校医院的病房里,李健吾将自己的四篇小说《私情》、《红被》、《关家的末裔》、《西山之云》编为一个集子,取名《西山之云》,并写了序,又请蹇先艾写了序。1928年5月北新书局出版。蹇先艾的序作为《序一》,他自己的序作为《序二》。

几十年后,我们再来看这几篇作品,最值得注意的还要数《关家的末裔》。在同时期的青年作家中,李健吾可说最早的,有意识地学习运用弗洛伊德的精神分析学说来刻画人物的。并非生硬的模仿,诚如他在《序二》中所说,"病人的心情不同常人的眼睛;失望者更然",他当时的心境恰合人物的心性。《关家的末裔》就是这方面的一个尝试,写的是一个没落的旗人的白日梦。约莫二十五岁的关某,是位镶白旗的旗人,受天籁与人籁的刺激,病危时发出虚妄的谵语:"来了——来了——二等护卫——世袭——"又兴奋地重复着:"来了——来了——来接——"眼睛睁得异常之大,射出不能摄人的目光,说他听见马蹄在奔驰,怪模怪样地笑着,伸出右手向空里握去,握住了什么——是马缰?马鞭?小说通过心理描写和几个特有的动作,逼肖地描摹了一个垂死者的心态与幻觉。

李健吾也很喜欢自己的这篇小说。那些年,无事时,他常骑着驴在圆明园附近的几个村子里盘桓,一切都是那么亲切明快。他想写一部"田园交响乐",献给教益他身心的母校,结果只写成了《田野上》,还有这篇《关家的末裔》。前一篇仅是未完成的中篇的一部分,这篇才是一个完整的作品。他喜欢它的单调,沉郁和暗示,1939年编辑出版小说集《使命》时,又将此篇重新改过,更名为《死的影子》。原打算叫作《圆明园的儿子》,怕它高攀,放弃了。

1931年4月,上海开明书店出版了李健吾的第二个小说集《坛子》,内收《影》、《坛子》等八个短篇小说和中篇小说《一个兵和他的老婆》。

---

① 《李健吾君来函》,1927年《清华周刊》第八期。

从这些作品中，能看得出来，李健吾仍在极力运用西方现代派的写作手法，来描写中国的人事，其中《坛子》一篇最为明显。"坛子"是个象征。老太婆失手打碎了一个坛子，受到儿子的呵斥。她不是他的亲妈。"年轻时候很上眼"，丈夫死后，早年的情人收留了她，不幸，这老汉也死了，不容于儿子与儿媳，以五亩地将她赶出家门，由一个叫钱娃的年轻长工侍养。钱娃酒后要行非礼，老太婆不从，"用嘴咬住钱娃的手皮，和疯狗一样"。天亮后，老太婆冻僵在炕上。"那坛子，应分烧成瓶子底坛子！短短的脖颈，粗粗的腰躯，矮矮的，带着一张妖样的大嘴。今天用来盛醋，明天用来存酒，酱油……那奇丑的砂锅色的小坛子。而且粉碎了"。直到晚年，提起自己当年的这些试验，李健吾说："爱伦·坡的短篇小说以诡异见称，成为侦探小说的开山鼻祖，对法国现代派起了巨大影响。我在大学读书时，非常喜爱他的诗歌、小说，我写的《坛子》，就受到他的小说的影响。"①

无论怎样学习现代派的手法，李健吾这一时期写的小说，最好的还要数中篇《一个兵和他的老婆》。这篇小说，可说是现代小说史上的一朵奇葩。全篇用晋南方言写成，所有常人用"的"的地方，全用了"得"，看似拗口，实则十分的通畅，不，简直是欢畅。有人说用的北京方言，那是不了解李健吾的身世，以为其人生活在北京，定然用的是北京方言。

故事并不复杂。民国初年，一支旧军队驻扎在河南湖北交界处的一个镇子上，军纪很坏，奸淫掳掠，无所不为。一天晚上，排长王有德听见有人哭泣，赶过去察看，原来是他手下的三个士兵在欺凌一个姑娘，将她剥光衣服，捆在马桩上正要动手。他轰跑了士兵，救下了那个姑娘。姑娘叫章玉姐，是镇上一位财主的女儿。他要送章玉姐回家，姑娘死活不肯，因为后天她将被迫嫁给一个她不喜欢的男人。她愿意跟上这个大兵远走高飞。王有德也喜欢玉姐，两人在野地里相拥度过一夜，第二天在附近村子里找见一家小店成了婚。王有德回到驻扎的镇子后，恰遇营长让他以贺喜为名去敲诈章家，他去了之后，巧施计谋，让那个来章家大闹的亲家出了一笔钱。

---

① 李健吾《〈莫泊桑短篇小说选集〉序》，《李健吾散文集》。

后来,他又带上假扮成士兵的妻子去看望老丈人,最终让章财主承认了这门亲事。

通篇用王有德的口吻,对一个小兵讲述自己的故事。那欢畅的晋南土话,很容易就擒住了读者,比如这一段,写王有德救了章玉姐,找见被剥去的衣服送过去——

> 她苏醒过来,在我脚下呜咽着,缩成一团,上曲住两条玉佛得细腿。我把衣服丢在她身上,不记得是否说过一句:"快穿上!"她举起头来,不哭了,翻开那样大得眼睛,隔着泪水同散发,像两颗闪烁不定得猫眼睛,望定她身边得军官。我觉得害起臊来,赶紧往外躲开,留下她独自在后面穿衣裤。隔住墙我听见里面得响声,一忽儿抽噎着,一忽儿停着,这样静待了许久。这时夜里该打几更,我也不清楚。我在想着,对着门外得黑夜,活像对着一张白纸,想着。一种奇怪得念头钻进心上。天下再没有比我傻得。我想跑过去,跪在她面前,说我爱她,求她给我快活。我得脚同钉子一样;我得心同点着火得烧酒一样。

1927年暑假,在学校里,李健吾用六天时间写完了这篇三万五千字的中篇小说。他知道写得很好。他很兴奋。誊清后,当即从城外的清华赶回城内,找到朱大枏,与之共读,由朱大枏言态的狂悦,他满足着自己作品那一点一点逐渐增强的效果。

拿回家,让已婚的姐姐读,读过三章后,姐姐说,除去译文,她还未曾见过这样的东西,无论在形式上或者内容上。

第二天清晨,李健吾约蹇先艾到中央公园水榭,读他新写出来的小说,看到蹇读时那种像要吞下去的样子,他的欣慰自不待言。蹇提了三个意见,一是篇名应当从《一个兵的老婆》改为今名,他当即表示同意;再是第二章末尾的叙述略显突兀,他的答复是,请翻完下面数章,便了然于章玉姐在压迫的反抗下的特殊心理了;三是叙述章玉姐昏死的情形尚欠动情的深与力,答复是这是由于她丈夫忍受不了那琐细叙述的心情,而读者在情绪上稍受这悲哀的打击也就够了。

9月初一开学,李健吾拿上这篇小说去找《清华文艺》的编辑罗念生,罗同意,他又写了一篇短短的自序,很快就刊出了。

小说发表后,朱自清很感兴趣,模拟作者的晋南土话,写了篇书评文章,起首一句便是:"我已经念完嘞《一个兵和他的老婆》得故事。我说,健吾,真有你得!"①在《论白话》中,他称赞作者的语言:"李健吾先生的《一个兵和他的老婆》(现收入《坛子》中)是一个理想的故事,可是生动极了。"②

李健吾声名大振,可说是清华园里当之无愧的才子了。

文名远播,以至远在美国的清华校友朱湘,在给赵景深的信中说:"近来有个程鹤西,很有成功的希望。他认识李健吾,我却还不曾认识。将来打算与他通信。"不久在给罗念生的信中果然说:"李健吾处我也要了稿。"③可见很快取得了联系。

这期间,发生了一件有趣的事。清华外文系学生李唯建正与比他大八岁的著名女作家庐隐恋爱,李唯建亦有文名,人们常错把李健吾当作李唯建。徐志摩就当面问过李健吾,他是不是就是庐隐的小丈夫。也难怪,李健吾与李唯建不光是同系同班,有一个时期还同住一间宿舍。

1930年毕业前,李健吾写出此生惟一的一部长篇小说《心病》,经朱自清推荐,在叶圣陶编辑的上海《妇女杂志》上连载。正式出书,则在1933年。

李健吾赴法留学后,清华园里仍记得他的文名。1931年11月,吴组缃在一篇批评清华园里文风纤弱的文章中,还提起李健吾,说"李健吾君的小说自然又当别论",他的小说"我更不熟悉,只知道他已由《一个兵和他的老婆》,转到家庭琐事的《心病》底描写了。须声明的是他的作品绝不纤巧,也少趣味,别的不敢多嘴"。④

---

① 朱自清《给〈一个兵和他的老婆〉的作者——李健吾先生》,《朱自清序跋书评集》,三联出版社1983年出版。
② 朱自清《论白话》,《朱自清序跋书评集》,三联出版社1983年出版。
③ 《朱湘书信集》,天津人生与文学社1936年出版。
④ 吴组缃《谈谈清华的文风》,《苑文集》,北京大学出版社1988年出版。

驰骋在北平文坛上

迟李健吾一年,蹇先艾考上北京大学经济系。虽说一个在城外,一个城内,星期天或假期,两位好朋友仍时相过从。"晤对的时日少了,情感却因为疏远反而更近了。你结了婚,你由家乡带来了一位国学根底远在你我以上的嫂夫人,她腌泡菜给我们吃,她笑我们一来就写别字。她拿欢悦赠送你,家室之乐赐给你。"①

这期间,两人仍在竞相写作、投稿。王统照欣赏这两位年轻人的才华,遂于1926年,同时介绍蹇先艾与李健吾加入了文学研究会。在会员名册中,蹇先艾为162号,李健吾为163号,第167号入会者,是舒庆春即老舍。

1927年,北新书局出版了蹇先艾的短篇小说集《朝雾》。同学有这样的成绩,李健吾很是高兴,写了一则书讯,刊于他参与编辑的《清华周刊》,说"近年来文艺界青年努力之有成就者,作者实在是最好的一位"。②

书讯刊出不久,李健吾又写了书评《蹇先艾先生的〈朝雾〉——读后随话》。这是李健吾最早的一篇文学评论文章。全文两千多字,分两部分。第一部分谈了对《朝雾》一书中所收小说的艺术评价,他认为,除去少数几篇以外,这里头的文章全是一种有小说形式的诗意的散文。他最喜欢的是《秋天》和《慧瞳》。前者是作者将一件事情的美感轻倩地呈示出来,这是一篇游记;后者是作者将一个深入印象中的观察动情地速写了下来,这是一篇草记。两者都是美文。它们的结局大都深而有致,"悄悄然过去了,像一帆白云在碧空无痕迹地散去,而读者的心水上倒映着那如烟如雾的遗影"。

有的作品,别人说好,他却以为不好,甚至很不好,如《狂喜之后》;有的作品,别人不注意,他却认为是最好的,如《水葬》和《旧侣》。

对他认为不好的,他的批评相当严苛:"我记得某君在《晨报副刊》上推

---

① 子木(李健吾)《蹇先艾》,《作家笔会》,1938年,上海春秋杂志社。
② 1927年10月21日《清华周刊》第一期。

诩《狂喜之后》为全集中最成熟的一篇。是的,就长度上论,这的确是最长的了;但是最长的不一定即是最好的,而且不容易写成最好的。在人物的刻画上,这篇比较趋近于细腻,或者可以说是委婉;在构局的发展上,诚可以说是无疵可求;但是我十分抱歉地宣告,就是读完以后,我只觉得平常,太平常了,以至我觉得它衬不上作者玉润的笔致。这就是说它缺乏小说所一刻不能离的浓郁的趣味。这是选材不细底结果。也就是因为这种缘故,让我个人不大喜欢它;说严苛一点,它连娱乐读者底力量都觉得嫩弱。"

对他认为好的,他的褒奖,又那样的不遗余力。他认为,就写短篇小说的技术来讲,《水葬》和《旧侣》要比《狂喜之后》高出许多。尤其是《水葬》,虽然短小,其实精悍,能让人感到主人公骆毛的"倔强的匪式就死底个性,和群众报复之下的无情,和这种无情的恶劣的效果——他的母亲的老而无依"。

二十一岁的年轻人,能有这样准确,细致,又不随流俗的判断,不能不让人惊异。就在李健吾写此文后八年,鲁迅编选《中国新文学大系·小说二集》时,从蹇先艾已出版的四本短篇小说集中,选了两篇,其中就有李健吾评为"虽然短小,其实精悍"的《水葬》。

在这篇文章的第二部分,李健吾对当时的文坛现状,作了一通肆无忌惮的批评。一是"中国文坛努力在生产短篇小说,这是可喜的现象;在这种欣赏的喜悦之中,常常有些令我感到不快底处所,最显而易见的,便是往往十之八九全不是短篇小说。他们是篇幅较短的小说,或者是社会观察的报告,或者是未经小说精致化底散文,或者是其他",但不是真正意义上的短篇小说。二是题材的狭窄。写小说的多半是学界人,看小说的也多是学界人,所写多为童年生活,"我们在表现自己,满足自己;在这以外,我们还很少发现写小说底新的使命"。三是许多作家不注意作品的形式。说到这里,他将批评的矛头直指当时走红的几位著名作家——

有几位著名作家显然在消极地提倡这个。他们说这是真情的流露,只有这种东西中间藏有最浓的人性。我觉得很奇怪。我奇怪他们自己把这些东西也称做短篇小说,仿佛它已失掉了独立的性格,或者艺术的精神,或者它的最高的理想。这里所表现的不是人类正宰的真情,只是一些诱人的伤感主义罢了。他们有浪漫派的精神,但是浪漫派绝非不顾结构而只图表现上的肆野的;我相信真的内容绝撤不掉好的形式;形式即内容。一个短篇小说只是一个短篇小说。①

七八年后,李健吾以刘西渭为笔名,写了大量文学评论文章,饮誉文坛,好些研究者都将这一成就的取得,归之于李健吾留学法国,得了法国几个大批评家的真传。不能说没有熏染,但看这篇文章,李健吾后来批评文章中的那些主要特点,诸如视野广阔,气势逼人,语句跳荡,用词奇崛,如上面引文的"正宰""肆野"等,在这篇可称为少作的文章中,已有明显的表现。文章源于心性,熏染如同打磨,只不过使之更趋完美而已。

有趣的是,在这篇文章的末尾,李健吾写道:"蹇先艾是我数年的窗友,而且终身的畏友,我十分清楚他是忠实于文艺上的创作,而且极有希望的一位。"1982年,李健吾去世后,蹇先艾写的悼念文章,名为《我的老友和畏友》,看来这一对朋友,是彼此视为畏友的。畏,在六十年的交往中,没有丝毫损伤各自的感情,反而使感情更其诚挚与纯洁。

1928年夏天,也就是李健吾在清华外文系上二年级,蹇先艾在北京大学经济系上二年级时,两人利用课余时间,合伙编辑了一份双月刊杂志——《北京文学》。仍用曦社名义,只是不像当年编《爝火》那样自筹经费,自办发行,而是由文化学社出版发行,他们只负责编辑而已。文化学社在厂甸,清华在城外,来往不方便,发稿等事,就由蹇先艾来做了。

文化学社专出教科书,主持人为北师大毕业的邵砚田,办刊物还是第一次。李健吾和蹇先艾都不拿编辑费,发表作品也不付稿酬,可说是为朋友帮忙,也可说他们还不放弃在编刊物上的努力。可惜的是,销路不畅,印数太少,学社无钱可赚,只出了两期便停刊了。这两期《北京文学》如今已

---

① 1927年11月25日《清华文艺》第四期。

很难找到，《中国现代文学期刊目录汇编》亦未收录。蹇先艾先生也仅保存了目录，临去世前，蹇先生将目录抄寄给笔者。

第一期1928年6月出版，刊登的主要作品，计有蹇先艾的长诗《童年之别》，李健吾的独幕剧《生机》，朱自清（署名佩弦）的散文《怀魏握青君》，师大附中国文教员董鲁安的散文《吐烟圈儿》等。

第二期1928年8月出版，计有李健吾的中篇小说《一个兵和他的老婆》的前两章，程鹤西的长诗《晚春的歌》，朱大枬（署名槐南）的散文《懒人自白》，李卓吾（署名李藻）的《关于〈我的生活〉》等。

从这两期刊物的目录上，能看得出来，上了大学后，李健吾、蹇先艾、朱大枬等曦社的老同学，仍保持着友谊。事实上，就是和滕沁华，也还时相过从。1929年初春，四人一起游览中山公园，出来后，又沿故宫的红墙，边走边高谈阔论。感谢李健吾那支勤勉而又散漫的笔，在一篇评论文章的开头，为我们描摹了这动人的一幕——

  春天下午的黄昏罢，从中山公园闲踱出来，沿着紫禁墙下，和醉了一样，我们四个人高谈阔论，狂气到了万分。先艾听着我讲，只是微微地笑，他向例怀着一腹鬼胎的；沁华在他身旁添盐加醋，连损带挖苦；大枬那委琐模样，头发乱乱的，长长的，衣服似在泥中染了一道。脸色仿佛正从烟窟熏出来，毕恭毕敬，唯唯诺诺，在我一旁静听着；我独自手爪齐上，胡言八道。可怜的我！我抓不住一个相当的字来表达我的意思，我的意思和一股冈在石洞的暗泉一样，漱着，漱着，寻不出一条宽敞的溪床流出来，只偶然从石隙滴达出一点两点；但是大枬是君子，有耐性，绷起他那一张哲理的诗人的面孔，享乐着我那一种别拗的神情；他低下眼神，揣摩着我那一双时时击在一起的拳掌。①

这么热烈，这么激动，在谈论什么呢？原来，这位大三的学生，在谈论

---

① 李健吾《中国近十年文学界的翻译》，1929年2月2日《认识周报》第一卷五期。下同。

他对中国近十年文学界的翻译的看法。

过后不久,李健吾便发表了《中国近十年文学界的翻译》,进一步显露了他在文学批评方面过人的才华。

这是李健吾最早发表的,对中国文学翻译的看法。在此之前,他的翻译作品寥寥可数,我们不能不佩服他的见识,更该佩服的,或许该是他的勇气,一种年轻人才会有的雄视阔步的才具。是批评,也是企盼,从中可以看出他自己后来翻译《包法利夫人》、《莫里哀喜剧全集》等世界文学名著时,在文字乃至文化诸方面的理论依凭。

不是即兴的感悟,洋洋九千余言,透辟的分析,超卓的见识,全基于那谁也无法否认的现状,文学翻译界存在的不良现象。

第一个照准了的,就是鲁迅、周作人等人正在提倡的译介弱小民族的文学作品。多年之前,周氏兄弟的感情尚未破裂,通力合作,翻译了一批俄、日本、保加利亚等弱小国家的短篇小说,并结集为《现代小说译丛》和《现代日本小说集》出版。前一书的《序言》,周作人署名,据说是经鲁迅认可的,其中说,由于"同情'被侮辱与损害'人民与民族的心情……历来所译的便大半是偏僻的国度的作品"。每一个作家都有自己选择译述对象的权利,弱小民族的文学作品,对于激发我们的民族情感,其意义不言自明。鲁迅、周作人的做法与说法自有他们的道理。再来看看李健吾的批评有没有道理——

> 我们所译介底方面多半集中在弱小民族同后兴国家的文学。写到这里,接下去应该举例,然而举例最易于引人误会,还是免掉较妥;一个最强的证据是新书店内所胪列的翻译。这种倾向在欧美尤为显著普遍。因为它们的读者文学上的基本知识已经打得很牢实,或者太牢实了,于是反动便是欢迎异方的口味。但是在中国,一个新同近代欧西文明接触底民族(大多数内地人民尚未接触),于是这便成为一个值得诧异而可注目底现象。弱小民族的文学有若干非常优美的,后兴国家的文学有若干非先进国所能企及的;然而在我们今日贫乏的境况

中把它们介绍进来,多少要算一个歧途的进展。我们底饥不择食底读者是抱着来则不拒底态度,非仅来则不拒,而且急忙就囫囵咽下去,因为肠胃消化力的微弱,往往会招出走邪底病症。

从提高读者的艺术品位,进而提高中国的文学水平上说,我们不能不承认李健吾的批判也有他的道理,若不是更有道理的话。

他批判的第二个现象是,译者大都缺乏学者的精神;第三个现象是,迎合社会心理而介绍某一类时髦的浮浅作品;第四个现象是,各个译者不能集中精力,以致获得重大的效果。

针对以上四种现象,继而分析了所以会产生这些现象的原因。这才是这篇文章的主要部分。

第一个原因是工具不利,大多译者缺乏素养,没有创造的腕力,究根说起,这是一个文字学与文法学的问题,还要牵扯上汉字优劣的问题。由这里,又说起介绍弱小民族文学这个问题,作者指出,有一个极可注目的关节,便是多半由重译着手,甚少由原文直接翻译过来的;而这种重译又多半是根据了英文来的。于是作者反问道:"既然我们所根据的多自英文,为什么我们所介绍的英国本国文学反不及前述者那样热闹呢?"

答案是,英国本国的文学的最高的产物,在改译上有无限的困难,它的结晶性(或者合作的效率)坚固透明到了极度,偶一不慎,便有粉碎之虞。年代久远的大民族或者国家的文学往往都呈现出这种现象。再则,弱小民族与后兴国的文学尚未抵结晶的进步,即使到了这个地步,因为译本已失掉了它原有的形式,所以结果要容易翻译些。

同时这又证明了,译者的视线何以不能集中于某一作家整体的作品。我们通常晓得在某一时期,某一作家的作品会完全地失败,有时又非常地成功,在他的全集内,水平高低不齐的作品也会掺杂在一起,例如青年时期的作品,普遍是更为热情,更为浪漫,老年则要深沉些,于是所用的文字也就因之显易些,或艰涩些。结果是,有一部分我们的能力允许翻译出来,再一部分则绝非妄想所可染指,译者没有相当的素养,自然只有趋易避难,介绍不出原作家的完整的面目。

第二个原因是浪漫精神的影响。有人以为当时的中国文学,是浪漫精神产生下的文学,所以都是浪漫主义的文学。这种说法微有谬误。我们现在是浪漫精神弥涨的时代,而非浪漫主义文学大盛的时代,前者是"浪漫的",用在行为上,后者则是文学上分野的一个派别。当前大部分的创作,是在感伤主义下出生的作品。形式是非艺术的或说是不完美的,所表现的多是作家难以自抑的俗劣的情绪。这种趋势在我们所最崇爱的作家的作品中也可以分析出来。

第三个原因是近代浮华习气的鼓动,有些译者"毫无主见,人云亦云,充时髦的奴才,做潮流的厮走,牺牲精力,所得亦大堪怜"。

第四个原因,则是今日生活的压迫,使我们不能安心读书,从事译著,以忠实的工作,呈出伟大的贡献。

第五个原因是读者,真正的读者的缺少。以演员与观众关系作譬,译者与读者之间,同样存在着一种密切而又神秘的影响。许多译本向例初版只印一千本,四五年也未有机会重印,也许书铺还积存下二三百本。设如译文不通,是译者的罪过,然而,不见得全不可看,那么这个罪过应该由谁承担呢?怕只能是读者了。这中间还有个令人齿寒的现象,真正通晓外文的人读原著去了,无暇也不屑回盼一下中文译本,读中文译本的人们往往造诣不深,既无力赏识译文的风格,又易流于皮毛,以浅见而释深(或者涩)文。读者如水,没有水,鱼似的译者便要涸死;即以维持译者的生活这一点来看,读者的范围与数量都觉有些抱歉。

最后,李健吾对翻译文学作品,提出了自己总的看法,虽然在文章中,他说这仅是些"门面的话"——

> 一位良好的译者是在表现原作者所经过底种种经验,不做作,不苟且,以持久底恒心恒力将原作用另一种语言忠实而完美地传达出来。这和创作时的情境几乎是相伴的;他得抓住全个的意境以及组织它底所有的成分,他得一刀见血,获有作者和原作内所隐含的灵魂,使

其完整无伤地重现出来;然后读者虽不能亲见原作文字上的美丽,至少尚可领会出原作的精神。一位译者要有艺术家的心志,学者的思想和方法。

任何一个从事或想要从事文学翻译的人,任何一个希望从翻译作品获得外国文学滋养的人,都可以从上面胪列的现象与原因中,得到启迪,以纠劾自己认识上的偏谬。超过半个世纪的光阴,并没有销蚀其思想的光彩。若说这些议论,都还仅止于坐而论道,那么,留法归来后,他的大量的文学翻译作品,就是起而行之了。

终其一生,李健吾都关注着中国文学界的翻译,1935年写有《伍译的〈名家小说选〉》,1982年临去世前,写有《我走过的翻译道路》。坐而论道,不免空泛之讥,若后来的作为,将这些谈论一一坐实,你能再说它是空泛么?

情在师友间

从中学到大学,还有一个人与李健吾交往颇多,可说是半师半友,这便是他的同乡石评梅女士。

石评梅,原名汝璧,山西平定县人,是中国新文学运动初期,一位卓有才华的女作家,不幸早早去世。后来很多人知道她,不是因了她在文学上的成绩,而是因了她与共产党员高君宇的爱情故事。

李健吾与石评梅,情谊如同姐弟,称呼上则是先生。石评梅1902年出生,比李健吾大四岁。1923年夏,石评梅从北京女子高等师范学校体育系毕业,受聘到北师大附中,任女子部主任、体育教员,兼教国文。当时,李健吾在北师大附中上学,刚刚升入三年级。听说本校新来了一位教员,且是山西同乡,自然想去结识。

第一次见面,先就认错了人。

一天晚上,一个同乡会演话剧,李健吾饰演一个角色,知道石评梅也在

场,便由一位友人介绍相识了,接着就亲热地谈了起来。谈着谈着,对方忽然说:

"你所说的是石评梅先生吧?"

李健吾好生奇怪,怎么,她不是石先生吗!

"你认错了,我是石先生的同学……你看那边柱下站着的才是石先生呢。"那位女老师告诉健吾,自己姓张,并不在意这位中学生的唐突。

李健吾这才走过去与石评梅相识。

后来,李健吾知道,他家里的人,很早以前全认识石评梅。嫂子告诉他,石评梅是她的同学,原名叫汝璧。到了学校,李健吾就去问石先生:"有个丁女士是你的同学吗?"石评梅说:"是的。"虽说家人都认识石评梅,但很少见面,李健吾在学校见了石先生,也仅止于行礼问好,有时不过点头一笑,很长一段时间,并无多少交往。

石评梅教体育,喜爱文学,李健吾爱好文学,也爱好体育,又是同乡,年龄仅相差四岁,渐渐地两人熟识了,课外常在一起晤谈。"从交谈中,她了解了我的家庭,我的爱好,但是她对自己却闭口不谈,我年纪小,就像一个小弟弟似的,事无巨细,一片真心,全对她讲。"①

时日久了,李健吾还是知道了石评梅的一些心事。

李健吾住在粉房琉璃街,离陶然亭不远,星期日,或夏日的黄昏,常独自或偕伴,去陶然亭一带散步。有时兴致好,会不知不觉出了右安门,从永定门绕回来。1925年暮春的一天,与一位朋友相跟着又去陶然亭玩。从大路转入一条小道,在一片苇塘尽头的陆地上,突然看见一座纪念碑式的尖形新冢。白石砌成,矗立在荒凉的绿草地,在四周从未经人招魂过的乱坟堆间,分外触目,令人生出一种新颖的悲哀。他走过去,细细地读那碑上的绿字;站在它的正面,半晌未能抬起腰来,又伸手细摸那些字的笔迹,疑惑自己走出了实际的世界。那碑上的字,是一首诗——

---

① 李健吾《评梅先生及其文艺》,原载北平大学附中校友会会刊第五期,收入《石评梅作品集》(戏剧游记书信),书目文献出版社1985年出版。

> 我是宝剑,我是火花。
> 我愿生如闪电之耀亮,
> 我愿死如彗星之迅忽。

隶书,竖行。左边是几行小字——

这是君宇生前自题相片的几句话,死后我替他刊在碑上。君宇!我无力挽住你迅忽如彗星之生命,我只有把剩下的泪流到你坟头,直到我不能来看你的时候。

落款是:评梅。
后面的同伴问他在做什么,李健吾移开身子,让他看看这伤心的碑铭。
"咳,原来就在这里!"同伴慨叹道。
"这是不是我所认识的评梅?"李健吾还有点疑惑。
"就是她!就是她!"
在洒满了夕阳余晖的归途上,同伴将他所知道的,关于石评梅与高君宇的恋爱故事,慢慢地讲给李健吾听。
石评梅出生于一个书香世家,父亲石铭是清末的举人,民国后曾任山西省图书馆馆长。十九岁上,石评梅来北京读书,不幸与一位有妻室的同乡相恋,难以成功,心灵受到伤害。
高君宇是山西静乐县人,1896年出生,1921年中国共产党成立时,即为全国仅有的五十几名党员之一。早在1922年,即代表中共参加共产国际在莫斯科召开的远东各国共产党和民族革命团体第一次代表大会。在中共二次、三次全国代表大会上被选为中央委员。是"二七"大罢工的领导人之一。
1923年,高君宇毕业于北京大学,留校任助教,在一次同乡会上与石评梅相识。高在故乡有妻室,向石求婚,石不允,实际上石是深深地爱着高的。1925年1月,高因肺病复发,住院治疗,3月因猝发急性盲肠炎,医治无效,在北京协和医院去世。住院期间,石曾多次去医院看望。逝世后,又亲自送葬,料理后事,铭石树碑,并在墓地周围亲手栽植松柏十余株。

听了同伴的讲述,李健吾心里很是震惊。只是从未斗胆问过石评梅。这是一段轻易不容别人触犯的历史。有了这些基本的理解,他对这位沉静刚毅的女先生更加敬佩了。

石评梅也很喜欢这位小同乡、小老弟。石评梅来附中任教时,李健吾和蹇先艾、朱大枏已开始写作,常有文章在《晨报副刊》和《文学旬刊》上发表,石评梅在校外的文艺青年面前,常提到这三个人是她的学生,虽说没上过课,也可看出石评梅对他们的喜爱。

李健吾这批附中学生毕业前,部分教员和男女同学五十人左右,曾去八达岭旅游,在一个旅馆里举行文艺晚会,吹弹歌舞,依依惜别。蹇先艾就是在这次聚会上,才初次与石评梅交谈,纠正了过去认为石先生严厉的看法,觉得她实际上是个和蔼可亲的教师。

李健吾对石评梅有了更深的认识,是三年后,石评梅带学生来清华春游那天的晚上。

1928年4月间,华北运动会的第二天,石评梅领着十几个附中同学春游,来到清华。晚上,在下弦月的微光的朦胧里,石评梅、李健吾,还有两三个附中的同学,坐在荷花池前的石阶上聊天。石评梅背倚着石栏杆,静静听着她的学生们的烂漫的歌唱,天真的谈笑。李健吾坐在最高的一层石级上。在微浮的暗暗的水面上,探出一团一团的新荷,亭亭静伫,仿佛盘算好了,要从石先生口中聆听她凄凉的身世。四外的松柏和一切山石间的杂草,都沉落于夜的怀抱。这个夜不太黑暗,不太明晔,正是一个诗人的夜。石评梅静静地坐在那里,为一种神秘的力量所感动,回头向李健吾说道:

"在这里求学真是幸福!"

"这得分是什么学生。"

有一个学生问石先生的岁数,她说了,接着喟叹了一声:

"我觉得活到这个年纪真不易!"她继续说,"光阴也真过得快。我希望我也能有这样一个优美的环境,在这里休息一下我的疲倦;昨天晚晌我在对面山下的石墩上坐了一夜,直到晨色微微红了起来。我不能不在社会里鬼混,哦,那社会!什么有志气的好人也让它一口吞了下去。我挣扎着,我从来不苟且,我从来只和我自己是朋友。我站在泥水里头,和这莲花一样,可是和它们一样,出淤泥而不染。我的身子是清白的;我将来死去还是父母赐给我的璧洁的身体。我从来不求人,不谄媚人,我在什么事情上也没有成就,就是文章,我也不敢写了。"

"在这社会里面,女子向来是——"李健吾插嘴说。

"我真羡慕你们男孩子!只要自己有志气,有毅力,终究可以在社会上走出一条路来,你们什么都撇弃得下。至于你……"石评梅接着讲了些鼓励李健吾上进的话,又继续说道,"现在我也不悲观了:人活着,反正是要活着,有同情也好,没有同情也好,反正还要活着。所以如今当我到难受极了的时候,眼泪固然要流,然而我一看到我这许多的学生欢欢喜喜地唱着,跳着,我便安慰许多了。她们是我惟一的安慰。可是慢慢她们也要离我走开的……"也是1928年春天,李健吾、蹇先艾合编《北京文学》,由国文教员董鲁安介绍,石评梅也给这个刊物写稿。一天,两位主编约了部分撰稿人在中山公园里的柏斯馨咖啡馆喝茶,石评梅也参加了,同去的还有她的几个学生。谈话中间,石评梅指着她的几个学生,向在座的李健吾等人说:

"我从前常常是不快活的,后来我发现了她们,我这些亲爱的小妹妹,我才晓得我太自私了。我最近读着一本小说,叫作《爱的教育》,读完之后我哭了。我立誓一生要从事教育;我爱她们。我明白了我从前的错误。"

这次茶会后,石评梅给负责集稿的蹇先艾寄来两篇散文,蹇安排在第二期刊出了一篇,后来刊物突然停办,蹇将另一篇退还给石。①

就在那次春游后几个月,9月18日,石评梅发病,剧烈的头疼,20日转往一家日本人开的医院治疗,无效,23日转往协和医院,诊断为脑炎,30日

---

① 蹇先艾《追忆石评梅师》,《山西文学》1983年第三期。

去世。年仅二十六岁。

去世的前两天,在清华上学的李健吾才听说石先生病重住院,十分惊讶,焦急。本待去看望,只是听说医院不许人进去,才未去成。不意两天后,石评梅竟溘然长逝。

石评梅去世后,朋友们根据她生前的遗愿,将她安葬在陶然亭内高君宇的墓旁。

10月13日下午,北平大学附中(即北师大附中),举行石评梅先生追悼会,李健吾作为来宾暨往届毕业生代表,在会上发表演说《评梅先生及其文艺》。在回忆了与石评梅先生的交往后,他说:

"石先生是女子。但是她的精神是男性的,只有心是妇女的。她是孤独者,这几年石先生可以说没有知心的朋友。在这冷酷无趣的社会中,感情丰富的青年们,都感觉着'孤独''苦闷',尤其是多情的女子,怎不伤感?她们只有用笔在自己的作品中发泄。"

对石评梅的作品,纵然是在追悼会上,李健吾也就一己的理解,作了切实的评述:

"石先生的作品,我们是常看的;不过作品中太 sentimental——太伤感,Sentimental 的东西不是真正好作品,凡是大作家都尽量不要这种成分。但是石先生的这种成分太多。现在二十几岁的青年都是如此的。好像不 Sentimental 就不是青年,虽然这话有些刻薄。近年石先生的作品与往年大不相同了:我印象最深的是《红鬃马》那篇(见去年《晨报》副刊的),当时大家都注意到里面的思想、情调都不是往年了,另外走到 Unti-sentimental 一方面去。这使我们如何的欣悦!现在的作家,男子好的很少,女子更少,石先生的成功,真出我们意料之外。"

10月24日,李健吾写成《悼评梅先生》一文,先在《晨报副刊》发表,后收入蔷薇社编辑,由世界日报社印行的《石评梅纪念特刊》。这是一篇感情沉痛而文字酣畅的悼亡文章,末尾一段是这样的——

> 最令我感到一种显然的差别的,是看见她立在繁华而喧嚣的人海

里,她漫立在一群幸福的妇女中间。面色微白,黯然伤神,孤零零的,仿佛一个失了魂的美丽的空囊壳;有时甚至于表示一种畏涩的神情,仿佛自惭形陋的念头在激动她的整个的内心灵。那过去的悲哀浸遍了她的无所施用的热心,想把它骗入一时的欢乐,只是自欺欺人。她生活在她底已逝底梦境;她忏悔她昔日对于那唯一爱她底男子所犯底罪过;她跳到社会里面,努力要消耗一切于刹那的遗忘;然而她的思想仍是她的,她的情感仍旧潜在着,她终于不能毁灭她已往底评梅。她只得向天狂吁道:"天啊!让我隐没于山林吧!让我独居于海滨吧!我不能再游于这扰攘的人裹了。"那末一句表示出她的极端的绝望。所有她的诗文几乎多半是她奋斗以后失了望的哀词,在那里她的始元的精神超过了我们今日所谓底颓废文学,无病而吟底作家与前代消极的愁吟底女子。她的情感几乎高尚到神圣的程度,即使她自己不吟不写,以她一生的无名的不幸而论,已终够我们的诗人兴感讽咏的了。①

还乡与大奠

1930年6月,李健吾由清华大学外文系毕业,这一年的《清华纪念册》中,刊有文学学士李健吾的《自志》——

> 我是山西安邑人,在本大学文学系随了两年班,在外国语文系随了三年。我的想象力比较丰富,然而文章写得很坏,有时还不如我的谈锋。我的经验是非常苦的;我的理想常常败于环境。我的性情从小是活动的,慢慢变到现在,变成忧郁了。希望将来有恢复到我童年时的光明的那一天。在做事上,我的精神是"一以贯之"。这或者是我向来得力的原因,即是我的愚呆的佐证。

---

① 李健吾《悼评梅先生》,《石评梅作品集》(戏剧游记书信)。

正好这时,系主任王文显需配备一位助教,李健吾学业优异,又爱好戏剧,正中王文显的意,便留他在清华当了助教。给系主任当助教,职责近似秘书。办公室就在王文显办公室的旁边,一间小房,靠窗是一桌一椅,两排书架。

李健吾并不安心做助教,出国留学是深造的必需门径,清华毕业生更是志在必求。从李健吾这一届入学起,清华就取消了毕业即可出国深造的承诺,仍有公费出国的名额,申请却不是那么容易。李健吾打定主意,纵然自费也要出国走一趟。哥哥留法十年,也是个不容忽视的激励。叔叔李少白,经商致富,又很疼爱这个侄儿,答应资助部分费用。

家庭方面,亦无后顾之忧。李卓吾回国后,定居南京,将母亲接去同住。姐姐随姐夫去了贵阳。若说有什么坠心的,只有一宗,那就是年已二十四岁,需找个对象。虽不必马上完婚,至少出国后可以时常想念,以排遣在异国他乡那难熬的时光。和张传真的恋爱失败后,曾追求过一位同学的侄女,亦无功而返。新近倒是看中了本校的一位女生,却苦于无缘结识。还是同乡同学徐士瑚的好意,才得以相识并有了来往。不料,接踵而来的丧事打扰了这恋情的继续。

先是远嫁到贵州的姐姐服毒自杀。年末,母亲在南京逝世,享年不足六十岁。兄弟俩决定开春后,送母亲的灵柩回故乡与父亲合葬,并举行开吊大奠。李岐山去世后,因阎锡山当政,没有举行什么仪式便草草下葬。此时正值中原大战阎锡山失败下野,商震任山西省主席,形势大变,可以为父亲开吊祭奠了。

4月间,李卓吾、李健吾兄弟扶柩回到故里。

商震与李岐山是旧友,对这位辛亥年间叱咤晋陕的英雄,很是敬重,由他出面斡旋,自然凡事顺遂。当地政府决定于西曲马村外的大云寺里,辟出一块土地,作为李岐山的陵园。这里也是李岐山兄弟创办的鸣条平民学校的所在地。

李岐山当年官阶高,名声大,又死得冤枉,此番开吊大奠,甚为隆重。

国民党元老于右任、冯玉祥等人都送来挽联,陕西省主席杨虎城专门派人主祭。同时安葬的,还有被阎锡山杀害的李岐山的四弟李九皋烈士。李岐山的陵墓为砖砌方形,李九皋的为砖砌圆形,两墓之间竖一高大的石碑,上书:辛亥先烈陆军少将李岐山、马军统领李九皋之墓(两人军衔姓名并列)。

关于这次回乡安葬父母,多少年后,当地还流传着一则李健吾的轶事。说有一年,李健吾从很远的地方回家为他爹妈送葬,到了坟地,连街坊邻居都跪在地上,放声痛哭为他的老人送终,他却既不磕头,也不痛哭,只是脱去头顶的礼帽,向坟头深深地鞠了一躬,就回家去了。①

在老家,李氏兄弟,还对鸣条义校的事情做了安排。

1912年,李岐山任混成旅旅长,屯兵运城时,曾在家乡鸣条冈一带,开垦荒地,畜牧牛羊,开辟桑园,创建新农村,并与其弟李九皋集资延师,在大云寺内创办鸣条平民学校。将附近村庄的庙宇,如杨包村的三管庙,乔阳村的大仙庙,张贺村、东孙坞的娘娘庙,悉数拆除,木料砖瓦运抵大云寺,修建新校舍。一排五间,共是四排二十间大瓦房,作为教室和宿舍。1920年李岐山去世后,经费来源断绝,学校停办。

1928年,国民政府抚恤先烈,李岐山因军功显赫,每年有六百银元的抚恤金,其时卓吾健吾兄弟已长大成人,征得母亲同意,便将这六百银元全部捐赠出去,委托族人,恢复原鸣条平民学校,改名为鸣条义校以赓续父志。特聘杨虎城部的一位秘书,也是运城同乡的曹带江回来主持校务,并选用为人公道正派,热爱教育事业的李树堂为学董,还选用了骨干教师郑桂等人,依靠他们筹办建校事务。②

鸣条义校对培养当地人才起过相当作用。直到1938年,日寇侵入运城才停办。解放后,1949年,当地政府将原义校的房舍拆除,并入仅一路之隔的舜帝庙四高,即安邑县第四高级小学,今已不存在。据说,拆房时,有人还看到,原厅房大梁上书写着:中华民国元年创建人陆军少将、混成旅

---

① 武柏索《"乡音无改"情弥深》,1983年《山西文学》第三期。
② 陈静轩《李健吾与鸣条平民学校》,1989年《运城文史资料》第一辑《纪念李健吾专辑》。

旅长李岐山,马军统领李九皋,监工人尚旗志。

闻知李健吾回乡,运城的一些中等学校,请他去给同学们讲演。这时他已出版过两本小说集,又是清华大学的助教,自然对青年学生很有吸引力。后来成为山西大学教授的姚青苗先生,当时正在运城上中学,曾听过李健吾的讲演并与之交谈。

这次回乡,李健吾还去运城看望了景梅九的女儿,就是住在西安东木头市时,他和姐姐们与之打闹的那位会骑马的"女煞神"。从辛亥年间在运城相识算起,到如今整整二十年了。决然没想到的是,岁月竟将一位女豪杰,铸造成一位贤妻良母。"这二十年,好像一个大戏法箱子,叫开了盖,出来的另是一个灵魂!我敢和她叙旧吗?她带着她那一大堆孩子,还有她那学者的丈夫,都拦住我的探索,仿佛一封投不到的信退了回来,上面贴着'此人已故'的纸条。"①

办完丧事,李健吾并没有直接回北平,而是去了西安,面谢杨虎城将军对他父亲的高情厚谊。省主席派专人主祭,是很光彩的事。听说这位世侄大学毕业,又要赴法国留学,杨虎城当即赠送一千银元的旅费。

返回北平途中,路过太原,又去面谢山西省主席商震将军,知道了李健吾的打算,或许也是知道了杨虎城的厚赠吧,商震当即责成山西省教育厅,批给三千银元的特别经费,资助李健吾留学。

加上七叔李少白的资助,还有他当助教攒下的数百元钱,赴法留学的经费就凑足了。

相恋与订婚

回到北平,李健吾便积极着手赴法留学的准备工作。助教这一职务,回家葬母前,已跟王文显先生说好,由这年外文系毕业、也爱好戏剧的张骏

---

① 李健吾《景女士》,原名《记景女士》,载1934年《太白》第一卷第六期,后收入散文集《希伯先生》改为今名。

祥接任。王先生自然同意。当务之急是，必须将与女友的关系确定下来。

徐士瑚给介绍的那位女友，就是本校化学系一年级学生尤淑芬。徐士瑚原与李健吾同班，中途因转到政治系读书，又转回外文系，便低了一个年级，这年夏天才能毕业。不过，他已决定一毕业就去英国留学，且与李健吾同行。找个女友并将关系确定下来，也是他的当务之急。

他的女友是本校化学系一年级女生祁登荃。祁的父亲是绥远省教育厅长，与徐有一面之缘，遂托徐照料新入学的女儿，这样他们之间便有了来往。祁与尤淑芬同一宿舍，徐也就认识了尤，见尤长得漂亮，便想到将尤介绍给李健吾。

李健吾早在入学考试时，就注意上了尤淑芬。他是监考。入学后见面也点点头，总也无缘进一步相识。

尤淑芬，江苏无锡人，1909年出生。祖父是前清举人，家业殷实，父亲尤乙照虽为长子，因三岁上嫡母即去世，后母主持家政，所继承的产业并不多。这样，尤淑芬虽出身于富家，实际上也是在困苦的生活中长大。1925年考入师大女附中，因病休学一年，1930年考入清华大学化学系。

怕尤淑芬不同意，徐士瑚与李健吾还商定了一个小小的"圈套"。

2月下旬的一个星期天，由徐士瑚出面，邀祁登荃与尤淑芬同游离清华南门五里远的大钟寺。事先已跟李健吾密约，由李准备丰盛的茶点水果，在家恭候。李的宿舍就在南门里面，一人住着一个院子，有五六间房，雇一名佣人做饭料理家务。徐等三人在清华南门外雇了三头小毛驴，去逛大钟寺，两小时后又回到清华南门。徐说都疲乏口干，不如到李家喝茶休息一会儿，祁与尤均无异议。三人进了李家，自然是一番热情的接待。这样李尤两人便正式相识了。①

后来在李的邀请下，尤淑芬又去过李家一次。②

待李健吾治丧归来，以为两人关系当进一步发展之时，尤淑芬那边却

---

① 徐士瑚先生致笔者信。
② 尤淑芬先生致笔者信。

冷了下来。虽说少年时演过戏,又爱好体育运动,几年的肺病,李健吾已不复当年的相貌堂堂。她喜欢看他的文章,却看不上他的模样,以她的天生丽质,似乎应当有更好的选择。再说,她觉得自己还小,不必如此匆忙。这让李健吾十分苦恼。

李健吾将这个情况告诉了中学同学,一同考上清华,已在生物系工作的汪振儒。一次,汪振儒在路上遇见课后回宿舍的尤淑芬,说道:

"健吾要我对你说,他很孤单,惟一亲爱的姐姐去世,老母又病故。他很快就要去法国留学,举目无亲,所以很想与你交个朋友,出国后能更安心些。我同健吾是自小同学,对他了解很清楚,希望你对他的话给以考虑。"①

这样,两人又恢复交往并逐渐密切起来。

同年7月,李健吾与尤淑芬订婚。在此之前,清华的山西同学会开会,欢送李健吾徐士瑚出国留学。同行的还有任教五年,获得一年休假去欧洲游学的朱自清先生。

万事俱备,只等着择日驰骋万里,奔赴那向往已久的法兰西了。

---

① 汪振儒先生致笔者信。

第四章 留法时期

(1931.8—1933.8)

赴法途中

1931年8月22日,星期六,八时二十八分,朱自清、李健吾、徐士瑚三人从前门火车站启程赴欧;拟经哈尔滨、莫斯科抵巴黎。欢送的人不少,有亲人,有同学,也有老师。在李健吾看去,尤淑芬那俊俏的脸盘,是人群中最亮丽的地方。

23日晨五时到沈阳,上午三人雇汽车游览了北陵和故宫。下午乘南满线火车,当晚抵长春。24日早上到达哈尔滨,住北京旅馆。

当天,三人逛了哈尔滨的"特市公园"。大小与北京的中山公园相仿,布置却迥异,里面有许多花坛,用各色的花拼成对称的图案。最有趣的是,一处入口的两个草狮子,满身碧油油的绿草,比普通狮子还要大些,蹲伏着,神气自然极了。公园里还有茶座、电影场、电气马。电影不分场,一直演下去,这天演的是《西游记》。

第二天,他们乘船游览松花江,又去太阳岛上玩。

哈尔滨街上的路,都是用石块铺成,不像北平那样尘土飞扬,走起来很舒服。出租汽车也比北平多,又快又便宜,满街都是,一招手就来了。开车的多是俄国人,技术很好,拐弯,倒车,让你全然不觉。马车不少,价钱也不贵。还有一样便宜的东西,就是俄国菜。头一天他们在一家天津馆子吃面条,以为便宜些,哪知第二天吃俄国午餐,竟比天津馆子又好又便宜,油重,适合他们三人的口味。①

对这一段行程,朱自清的《西行通讯》一文记述甚详,李健吾的记述,仅有二十年后在《我有了祖国》中的一句:"我们在沈阳玩了一整天,在哈尔滨玩了一整天,我们跟在朱师的后头,过眼烟云,走马观花一般,游赏树木葱郁的北陵和水浪起伏的松花江。"②

26日,又登车启程。第二天到满洲里,晚过黑龙江,午夜二时抵赤塔。天亮后,展现在眼前的,便是茫茫的西伯利亚大平原了。从赤塔到莫斯科,整整走了七天,后五天都是在蒙蒙的雨雾中,只有前两天是晴天。

头一天傍晚,大平原上的落日景色,深深地感染了三位远行人。车窗外,平原渐渐苍茫起来,边际不像白天那样分明,似乎伸展到无穷无尽的样子。西边一大片深深浅浅的金光,像是一个水波浩渺的大海。他们伏在窗口,一边观看着,一边指点着,这些是岛屿,那些是船只,瞧,还在微风中摇动呢。那金色真是绚烂极了,他们此生都从未见过。在朱自清看来,勉强打个比喻,也许像熊熊的火焰,又觉得火焰究竟太平凡了。那深深浅浅的调子,倒有些像名油画家的画板,浓一块淡一块的,虽不经意,而每一点一堆都可见出它的精神,它的姿态。他们说起"霞"这个名字,朱自清觉得声调很响亮,恰似充满了光明似的。又说"晚霞"这个词,细细品味,"晚"的声调带一些冥没的意味,令人有"已近黄昏"之感。李健吾说,英文中没有与"霞"相当的词,只能叫"落日"。朱自清感慨地说,若果真如此,我们未免要为英国人怅惘了。此后三天,列车一直在辽阔的西伯利亚大平原上行驶,闲来无事,李健吾翻看随身带的一些书籍,或者给尤淑芬写信消遣。这天早上,读叶绍钧(圣陶)的童话《古代英雄的石像》,有些感触,不由得写了出来;他那爱评论的毛病,就是在情书中也改不了。

---

① 朱自清《西行通讯》,收入《游欧杂记》,三联书店1983年出版。
② 李健吾《我有了祖国》,1950年10月8日《解放日报》。

他认为，作者的态度，在说童话上，属于讲室内的教师，而不是灶旁炉畔的老婆婆。故事的进行缺乏活泼泼的自然，故事也过分充满了教训。写童话好像做游戏，应具有天真的心情，出以悠游的文笔。一篇故事本身就是道德，但是作者千万不要一语道破。教训原本是童话的一个条件，然而成功和失败也正在这上面区别。作者应该注意普遍的真理，极力减轻零碎的教训。道理要广泛，不要浅狭。寓意，然而不要说教。一篇好童话，是它不想教孩子们什么，孩子们却印染了许多。所以孩子们爱他们的奶妈，害怕他们的师长。前者近，易于晓喻；后者远，难于譬解。繁琐是近代文学的一个特色，我们不能忘掉自我，走向无界域的领土。好比叶先生，用童话的方式，写他自己的感触，目的不在说故事，更在故事以外。结局我们从这本书更其认识可爱的叶先生，却没有认识一篇可爱的童话。不惟他一个人如此，近代作家多有这种倾向，爱罗先珂有时便逃不过去。

初上这趟列车，四个铺位的包厢里，只有他们三人。他们希望能老占着整个包厢。但晚上便来了一个俄国女人，像是做工或种田的，坦然睡了上铺。这情景，让三位中国人甚为惊异，他们不光是三个男人，还是三个外国人，这位俄国女人竟这样大方，这样满不在乎。第二天，那女人下了车，来的是三等车中惟一的一位绅士，大概因为他们晚上出入拉门，扰了人家的清梦，下一天就搬到别的包厢去了。以后上来的都是兵，一个又一个，他们都说此行还真与兵有点缘分。

最后上来的是位经济学博士，叫约瑟，是四个人一起玩纸牌记分时，那人告诉他们的。从前上来的都只会说俄国话，他们三人偶尔也能对答一句，是从万国卧车公司的旅行指南上现学下的，如"不"、"三个"、"多少"之类。"不"字用得最多，伴着摇摇头，最干脆不过，但从此也就打断了话头。到这一步，那些俄国人不是站在门外看风景，就是闭上眼睛睡大觉。这位约瑟先生不同，除会说俄国话外，自己说还懂得法语，而李健吾和徐士瑚两人都懂法语，于是包厢里便活跃了许多。

约瑟先生虽自称会说法语，水平实在不高。李健吾和徐士瑚跟他对起话来，很是费力，而这位先生偏是个饶舌的，总要枝枝蔓蔓地谈下去。他说,俄国的报纸上报道,汉口的国民党人烧了美孚煤油公司,又问起几个中国人的名字。一个外国人能记得这么些中国人的名字,也真难为他了。一天下午,约瑟先生拿了纸和笔,画了地图,和他们三人议论天下大事。他说,俄国从美国买机器,而卖粮食给它,中国从美国买粮食和日用品,却没有东西卖给美国,白让它赚了你们的钱。说到这儿,他在地图上点了几点,用法文写下"血"字,说中国只有将血滴给美国,没有得到别的。他似乎认为中国已经全部美国化了,对朱自清、李健吾、徐士瑚三人带的东西,这样也问"亚美利加",那样也问"亚美利加",甚至朱先生送他一包香片茶,也问"亚美利加",朱先生连说"中国,中国",他才收下。

9月1日,列车经过欧亚两大洲交界处的一个地方,景色特别优美。绵延不断的青山,伴着悠然流去的河水,在几里路中随意拐了几个弯儿。山高而峻,不见多少峰峦,如同削成一座大围屏。那景致,很像中国南方的山水。李健吾忍不住又给尤淑芬写起信来。

列车正点到莫斯科的时间,应是9月2日下午两点,实际七点才到。原来还打算利用半天的时间游览一下莫斯科的市容,晚点五个钟头,去波兰的车马上就要开了,三人只得带着最大的失望,又开始了下一阶段的旅程。

9月3日下午到波兰后,又换乘赴巴黎的列车,时间仓促,连晚饭也是在车上吃的。与在俄国火车上的气氛不同,侍者穿着小礼服,鞠着躬和客人说话,客人也大都换上整齐的衣服,端端正正地坐着。三人都有些拘束起来了。

9月4日,列车经过柏林。5日,抵达巴黎。这里是李健吾的目的地,而朱自清与徐士瑚还得继续前行,渡海去伦敦。8日,李健吾送朱自清和徐士瑚启程,算是结束了三人的这趟赴法之旅。从8月22日在北平上车,到9月5日抵巴黎,共用了十五天的时间。

"火线之外"

事先已有安排,送走朱自清与徐士瑚,李健吾进入巴黎语言专科学校现代法语高级班学习。这是一所专为外国人办的学校,主要是提高法语听说写的能力。

留法期间,李健吾在巴黎近郊的 Lvry-Sur-Seine 街区,工人大卫家租房居住,饮食由主妇料理。早他一年从清华大学毕业,也早他一年留法的秦宣夫,帮了他不少忙。秦宣夫先在高等美术学校学画,后来又在巴黎大学艺术考古学院学西洋美术史,住在城内大学街大学旅社。①

抵法后十余天,传来了"九一八"事变的消息,几天之内,东三省全部沦陷。这突发的事变,让海外的游子,最深切地感受到祖国二字的分量,耻辱,彷徨,又无可奈何,只能一任外国人的嘲讽。

最让李健吾感到难堪的是,谈话谈得好好的,对方忽然会插进一句问话:

"你是日本人?"

"是中国人。"他回答说。

情势变得极为尴尬,谈话中止,彼此在两种极不相同的心理之下分手,各自走开了事。

开头两天,每天一清早,他还赶到街口买一份早报看,气闷归气闷,总还有个盼头。一个星期以后,报也懒得看了。

接下来的"一·二八"淞沪抗战,十九路军总算为中国人争了一点体面。兴奋代替了消沉,希望变成了现实。他又买报看了,这回报贩不再以轻蔑的口吻挖苦他了,却换了另一种口吻来讥讽:

"中国人,怎么不回去?"

甚至房东太太也奇怪,中国留学生竟然没有一个回国参战的。他们解释:中国是募兵制。最后日子久了,"一·二八"又在丢脸之中结束。他们便加一句解释:这个政府不会抗战到底的,回国没有意义。一个法国人绝不了解中国的复杂和糜乱的情势,但是祖国两字却为之粉碎了。

正是在这种激愤、屈辱的情绪下,为了激励国内的士气与民心,也是为

---

① 秦宣夫先生致笔者信。

了排遣自己心头的愤懑与孤独,李健吾先后写了两个剧本。第一个是以辽沈失守为背景的三幕剧《火线之外》,第二个是以淞沪抗战为背景的四幕剧《火线之内》。

1932年5月间,朱自清由伦敦来巴黎游览时,李健吾与吴达元、汪封梧、秦宣夫四人,陪伴他游览了巴黎的各处名胜古迹。读了李健吾的剧本《火线之内》,游览的余暇,朱先生为这位弟子的剧本写了序。他认为,这回中日的战争,是我们的耻辱,也是我们的光荣,有十九路军的抵抗,别人和我们自己才感觉到我们居然还活着,没有全变成墓中的枯骨。但这口活气是好容易才争得着的,多少老少男女,多少将领兵士,多少血,多少肉,才换来这一点儿。这血肉模糊的一页历史,应该有声有色地写下来,让大家警醒着,鼓励着,前头是希望的路,得看准方向拼命地走上去;不然,耻辱到底还是耻辱,而且不止于耻辱。对李健吾身居海外而关心国家命运的精神,朱先生很是赞赏——

> 近来上海是人文荟萃的地方。这回身历其境的人,耳闻目睹,有的是第一等的材料;他们应该能写出些有价值的东西。可惜我还在海外,还不知道。新近来到巴黎,却听说有两位在给上海战事写戏,其中一位便是李健吾先生,本戏的作者。这个消息虽然不能算出我意外,却也让我惊奇了一下。我想报纸上的材料怕不够力量吧。但是李先生的戏写成了,他的想象的力量很够用;看,这里不是一本有声有色的戏!①

毕竟隔膜而又匆促,这两出戏在艺术上都还较为粗糙。《火线之内》1933年1月由北平青年书店出版,1936年8月收入剧本集《母亲》中,改名为《老王和他的同志》。《火线之外》据李健吾《自传》中说,后来改名为《中秋节》,"寄回祖国,在《东方杂志》上发表"。

在巴黎语言专科学校学习了半年,1932年夏结业。暑假期间,在英国

---

① 朱自清《〈火线之内〉序》,载《火线之内》,北平青年书店1933年1月出版。

留学的徐士瑚来巴黎游玩,李健吾高兴地告诉徐,他刚通过考试,取得了优异的成绩。正巧温德教授来巴黎旅游,李健吾、徐士瑚、吴景祥、施士之、孟广喆几位同级校友和温德教授在一起欢聚过几次。每次聚会,李健吾总是谈笑风生,眉飞色舞,一如既往。有一次谈到人体的四种气质时,他一一指出某人是多血质的,某人是粘液质的,某人是抑郁质的,他自己则是胆汁质的。大家对他的分析都哈哈大笑,表示同意。李健吾陪徐士瑚游览了巴黎的许多名胜古迹,使他过了个非常愉快的暑假。

秋季开学后,李健吾转往巴黎大学文科旁听。更多的时间,则是在图书馆里研读福楼拜。大约就在这年的秋天,李健吾抽暇去伦敦游览。朱自清来巴黎时,李健吾尽了地主之谊,如今李健吾来到伦敦,朱自清自然也要陪上游玩一番。

伦敦对名人故宅保存很好。朱自清和李健吾一起去参观约翰生的住宅,在旧城一个小广场的角落,是一座三层楼房,装饰与陈设无不古气盎然;他编的那部著名的大词典厚厚两大册,就陈列在楼下的会客室里。他们还凭吊过在市北汉姆司德区的济慈故居,这是诗人恋爱、写诗的地方,屋后是大花园,绿草繁花,相当幽静。中间一棵老梅树已枯死了,据介绍,济慈的著名诗篇《夜莺歌》就是在这棵树下写成的。

在巴黎,李健吾与戴望舒、罗念生也有交往。1933年夏,清华同学罗念生来到巴黎,李健吾正忙着写作,无暇陪伴游览,便介绍他与戴望舒结识。在戴望舒那里,"我们谈论新诗的节奏,直至深夜。健吾要送我回旅馆。有人说,他是书呆子,找不到路。果然,我们在街上转了许多弯。就在绕路的时候,健吾说起他的写作计划,规模宏大,种类繁多,我于感佩之余,只频频点头称赞"。①

1933年春,李健吾写完三幕剧《村长之家》,寄回国内,在《现代》杂志上分四次连载发表。②这是他在留法期间完成的最重要的一个剧本,也是

---

① 罗念生《怀念健吾》,1983年《戏剧报》第一期。
② 李健吾《村长之家》,1933年《现代》杂志第三卷第一期至第四期。

他戏剧创作上的一个分界。

其征候是,先前所写的剧本,情节简单,人物性格单一,这个剧本情节复杂,人物性格具备多重性。再就是剧情的背景有了变化,过去多以城市为主,这次写的是乡村。

剧中的"华北乡间某村",无论从风俗上看,还是从地理环境上看,都是以他的故乡山西运城西曲马村为蓝本。村长杜某的院落,完全是他家院落的写实:"走进小巷,穿过车门,再往前去,便是家门(或者二门);从家门前过去往里,是打麦场。靠近打麦场,是灶房;靠近车门,是马房:都成斜角对着家门。"至于"台阶的两角,放着两个麦秆编织的低矮的坐垫",更是晋南乡间的特有之物。他少年时"爱透了"的叶儿姑娘的名字,移用在剧中作为一个同样惹人爱怜的姑娘的名字。当然,剧情是虚拟的。

一写到少年时生活过的地方,他的才情就有了附着。

日夜研读福楼拜

来法国留学,李健吾的目的很明确。经费的限定,不允许他从容地、按部就班地学习,文凭可有可无,重要的是专注,扎实,学有所成。具体的研究对象,赴法前早已选定,就是福楼拜,这位十九世纪的文学天才。

对福楼拜的热情,早在跟温德教授学习法语时,已点燃了向往的火焰。"《包法利夫人》原文是我读第三年法文时读到的,教我法文的是美国人温德(Winter)先生……我跟他念了四年法文。后来我去法国留学,就是受了他教的这本书的影响,放弃了涉及其他法国象征派。我认识对中国有实际效益的,还是现实主义,而不是其他什么主义。自然,我也接受了一些福楼拜关于艺术的理论。"①

因为中国需要现实主义,所以他研究福楼拜,好几处他都这样说,如1981年8月所写的《自传》中就说:"我在清华读了四年法语(规定二年),老

---

① 李健吾《我走过的翻译道路》,1982年《大学生丛刊》第三期。

师的兴趣是我们的兴趣,读的是一些当时流行的象征主义的诗歌。我觉得中国需要现实主义,便在巴黎以福楼拜为主要研究对象,展开学习活动。"

不全是说谎,只能说囿于时代的偏见,一种机警的躲闪。从全国解放到他去世,三十几年间,无论政治的清明与暗昧,现实主义永远是个鲜亮的庇护,"为艺术而艺术",从来被视为妖异。我们只能惋惜他去世太早,来不及修正他那掩饰的说辞。艺术上的种种主义原无贵贱之分,较之现实主义,中国同样需要唯美主义。事实上,在大学时代,甚至在整个前半生,李健吾从来是以"为艺术而艺术"自诩的。

同样是躲闪,那篇写于1958年8月19日,作为思想检查的《自传》,虽用语近似自渎,所言还比较接近事实:"我在巴黎,补习法文半年,另外一年半在图书馆读书,研究现实主义小说家福楼拜。他的'为艺术而艺术'的主张对我起了很坏的作用。我在文艺理论上变成一个客观主义者"。

福楼拜真的是个现实主义作家吗?

李健吾心里最清楚,《包法利夫人》问世之初,现实主义对福楼拜来说,意味着什么。不是成就,不是荣耀,而是轻蔑,是恶谥。"批评家在这里看见奇形怪状的乡下佬,大惊小怪,想不出更坏的名词来诅咒,便拾起'现实主义'这块烂泥投了过去:'想做一个现实主义者,真实在这里算不了一回事:要紧的是丑!'……然而读者惊于它的新颖,一时没有更相宜的标记来说明它的特征,由于懒惰,由于方便,也由于一部分的道理,便拿杜朗地之流的'现实主义'招牌,借花献佛,转赠《包法利夫人》的作者。"①

对这个界定,福楼拜是厌恶的。他"从来不曾有一句话表扬现实主义,一般人把他看作现实主义的祭酒,惹起他极度的反感……我们应当记住,《包法利夫人》时代的现实主义曾经和无知的法庭同时宣告将《包法利夫人》驱逐出境"。②

在李健吾潜心完成的《福楼拜评传》里,最后一章是《福楼拜的宗教》,

---

① 李健吾《〈包法利夫人〉的时代意义》,《文艺复兴》1947年第四卷第一期。
② 李健吾《三个中篇》,《李健吾文学评论集》,宁夏人民出版社1983年出版。

宗教者，主义也。不必多事征引，仅看看这一章起首，李健吾特意安排的一句福楼拜的话，就知道福楼拜是怎样一个现实主义作家了——

  艺术永在，挂在激情当中，头上戴着他上帝的华冠，比人民伟大，比皇冕和帝王全伟大。（1835年8月14日，福楼拜致佘法利耶书）

这是典型的艺术至上主义者的语言。福楼拜是位典型的艺术至上主义者。

《自传》中的说法有偏差，也不全是矫情，只能说是到什么时候说什么话。后来被赋予新义的现实主义，至少是福楼拜的文学创作所取得的一种效果，使一个被鄙弃的名词成为一种褒扬，一种坚实的存在。就是留学时期，李健吾也知道，对当时浮嚣的中国文化界来说，文学创作也如同美术，现实主义不失为最便当的矫正的手段。

撇开一切遮掩与偏差，公允的，也是最实在的说法，当是，选定福楼拜作为研究对象，契合李健吾的心性，值得他去这么做。因此，在法国的两年，若连学法语的半年也加上的话，诚如他自己所说——

  我当时日夜研读福楼拜……①

不纯粹是作为学问去研究，福氏对某些法国人的鄙弃，也影响着李健吾的取舍。法国的文学艺术，他尊崇，十二分的虔诚，而某些法国人，包括福楼拜，对中国的偏见，却只能让他厌恶，或者觉得好笑。比如在福楼拜的心目中，所谓的"天国"，不过是"一片竹林，里头隐隐藏着一只老虎，女人有金莲，男人有豚尾"。偏见毕竟只是偏见，在接受福氏艺术精神的同时，李健吾也接受了福氏那种孤傲狷介的人生态度。两者原为一张纸的两面。然而，中国不比法国，前一种接受还可以成全他的艺术，后一种接受只会让

---

① 李健吾《我有了祖国》，《李健吾散文选集》，百花文艺出版社1993年出版。

他在人生的旅途中大吃其苦。

　　不止于研读,还大量购买关于福楼拜的书籍。回国后,受聘于中华教育文化基金董事会编译委员会,写作《福楼拜评传》时,引用书籍多达九十六种,在《参考书目》的引言中,他说,"下列书目,差不多全是用作者的收藏做根据"。这些书,或许有回国后邮购或用其他方式所得,毕竟不会很多,可以肯定地说,绝大部分都是他在法国时购买的。所买之书,当不止于这一类。李健吾赴法留学的经费,山西省教育厅特批赠予的三千元,该是大宗,亲友所赠及个人积蓄,至多与此相当,以五六千元的资金,要支撑留法两年的全部费用,还能买这么多的书,若不是资金充裕,那就是自奉甚俭,揆情度理,怕是后者居多。

　　不光自己研究,还动员朋友为他搜寻相关资料。好友秦宣夫曾为他到巴黎的大图书馆里寻找"圣安东的诱惑"(一张有名的插图)的复制品,用了不少时间,以致六十多年后仍记得此事。①

　　经过一年多的研读,对福楼拜的作品及生平,有了周详的了解。为了更透彻,更全面地认识福楼拜,1933年5月里的一天,李健吾专程奔赴鲁昂及其远郊的克洼塞,寻访福楼拜的久居地、出生地和墓地。

在鲁昂和克洼塞

　　一出鲁昂车站,眼前的景观,对这位寻访福楼拜的生活地,从某种意义上说,也是寻访包法利夫人生活地的中国人来说,先有一种强烈的不协调感。

　　他是来寻访包法利夫人的,迎面遇上的却是贞德——Joan of ARC,SAINT。

　　鲁昂,是圣女贞德的就义之地。百年战争期间,就是这位女英雄,曾把法国从英格兰的统治下解放出来。1430年5月23日兵败被俘,押往鲁昂,先被教会法庭判处无期徒刑,英格兰人不满,又被移交市政府,1431年5月

---

①　秦宣夫先生致笔者信。

30日,市政当局将她在火刑柱上烧死,年仅十九岁。1920年,天主教会追谥贞德为圣女。她没有生在鲁昂,却光荣地死在鲁昂,成为法国复兴的象征,是鲁昂的骄傲,也是整个诺曼底省的骄傲。

在巴黎时,李健吾就看到本年5月14日,鲁昂为贞德举行庆典的广告。

而包法利夫人,不管外界对这位小说人物如何称赞,诺曼底人却一点也不喜欢。一个有如此光荣历史的地域,怎么会出一个这样的淫妇,难道我们没有更伟大的巾帼,更加端庄的小姐,更加可爱的贤妻良母?他们甚至责怪福楼拜,不该写出这样一个下贱女人,伤了本地的风化。

或许是为了抵御这位后出的小说人物,鲁昂城里,到处都是贞德的纪念。

车站前的这条街,就叫贞德街。往右不远拐一个弯,是鲁昂古堡的废址,剩下的只是一座苍老的笨头笨脑的圆塔,却也叫贞德塔。据说当年英国兵将贞德擒来,就是关押在这座塔里。再往过走是老菜场,贞德就是在这块空地上被焚烧而死。靠西,有块四四方方的石砌的花坛,木架就搭在上面。不远处,紧贴菜场的矮墙,是贞德就义的石像,另外还有一块铜牌,记载这段殉国的痛史。有所女子学校名叫贞德,还有好些茶楼、商店,也都叫作贞德。

走过这么多的贞德,视而不见,执意地,李健吾要去寻访那淫荡的女人,那创造了这淫荡女人的作家。他不明白,何以不许诺曼底也有包法利夫人呢?如果贞德是巾帼英雄,包法利夫人岂不更近于我们,我们通常的人性?她的过失,仅仅在于她的不安于命。那是一个怎样活泼泼的生命!

在大桥街(Rue de Grand Pont)的一条僻巷,遇见一家雅静的旅舍。说妥了,他住楼上第五号房间。女仆带他去看,房间很大、很低,齐全的老式木质家具,中间是一张乌木大床,可睡两人。女仆告诉他,下午六点以后房间才归他使用。他没介意,第二天早晨,正要出去,女仆拦住他问道:

"你下午六点以后回来?"

"为什么?"他反问,有点诧异。

女仆说,六点以前,房间还要租给别人。他不明白,疑惑自己听错了。

女人笑着跟他解释说：

"你不知道，先生，白天这儿将租给另外的客人，你知道，这是情人……"

他悟过来，笑了，说你们这家旅馆不坏，一天赚两份生意。

出去一天，他走得累极了，想回去休息休息，又怕惊动了此刻正在他的房间里欢娱的那对情人。这天正是星期四，或许他们约好了，和包法利夫人一样，和她的情夫一样，只有这么一个短促的星期四的下午。他决定还是不回去。将近六点钟，在书铺里买了本书，因为翻书，手弄脏了，必须洗一洗，那就回去吧。

在楼梯下，遇见女仆，对方抱歉地说：

"你回来这么早，屋子还没收拾。不管它，你可以进去歇歇。"

他租的房间，反倒不能自由出入，他觉得可笑。溜上楼梯，好像做了亏心事，推开第五号房间的门，啊，整个房间里仍弥漫着一股温湿油腻的气息。过去打开临街的窗扇，然后坐在沙发上，预备裁书，一本毛边书。这时他才发现，床腿旁边的一个小木架上，放着一只椭圆的白瓷盆，里面盛满一盆用过的秽水！

女仆见了，急忙端起倒掉，随后打开衣柜，取出他的小箱和他昨夜用过的被褥。外面有人捺铃，她匆忙出去，不到两分钟又跑进来，一身汗，喘着气。这是个矮小的，半胖的女人，酒糟鼻子，笑着一张笑不开的小嘴，带着两瓣知趣的厚唇，忙不迭地说：

"又是一对情人！我简直忙不过来！"

随即嘟哝着，她的辛苦，就为了百分之十的报酬，末后提请李健吾别忘记她的小费。他有些可怜这女人，可脑子里想的却是福楼拜给情妇高莱夫人信上的话："……人所创造的一切，全是真实的；所以和几何学一样，诗是同样正确；归纳法和演绎法有同样的价值，所以只要达到某一阶段，人绝不至于再弄错属于灵魂的一切；就在如今，就在同时，就在法国的二十个乡村里面，我相信，我可怜的包法利苦楚着、唏嘘着。"

他继续翻书，一面思索着：

"艺术的根据是生活，道德的根据是生活；二者决不冲突。正如福氏所云,没有艺术的作品会是不道德的。然而道德不是道学,后者的根据是礼法。和水一样,我们的人性总在流,总在变动;水仍是水。艺术家所寻求的,不仅止于现象本身。更在它变动的过程,或者前后微妙的关联……和真正的道德一样,真正的艺术建筑在普遍的生活之流。"①

一天的奔波,不免疲惫,然而,五光十色的生活现象,刺激着大脑皮层,神经中枢却异常地活跃。诺曼底,你能接纳贞德这样的英雄,为什么不能接纳萨朗宝、包法利夫人这样一些更具性情的人物?他不由得在心底里,替福楼拜辩护起来:

"因为光天耀日的贞德只有一个,而且只能有一个,可是萨朗宝神秘的爱,包法利夫人理想的追求,以及她们应有的梦的破碎,却和蚂蚁一样,随处皆有,不过没有人敢写,也没有人发现。我写一个贞德,象征法兰西民族的精神,但是我写一个无名的丫头,后面却站着全人类。而且为什么我要写特殊的现象呢?"

若代福氏回答诺曼底人的质问,他将说:贞德,她已然有了鲁昂全城的表彰,又何欠于一部小说?

在鲁昂的这一整天,李健吾只是熟悉了一下环境。第二天,他去了位于鲁昂远郊的克洼塞。

一望见克洼塞,这位福氏的异国崇拜者的心,不禁狂跳起来。想一想,这里有福楼拜居住过三十六年的故居,几乎没有一部杰作不是在这里写成。父母去世后,将家产平分给两个儿子,福楼拜得到克洼塞这所庄园。他深居简出,除过几个相知甚深的朋友外,很少与外人交往。艺术是他惟一的宗教,此外没有任何别的企求。这是一位不世出的天才,一位真正舍身艺术的信士。和朋友们在一起,他只谈文学与艺术,或者,为什么不?还有秽亵。离开他的书斋,就写不出文章,惟有坐在他永恒的书桌前,方可下笔。一个多么神秘的作家!

然而,又不免失望。这片圣土,在李健吾的心里,早已有了清晰的轮

---

① 李健吾《福楼拜的故乡(鲁昂——克洼塞)》,1933年《现代》第四卷第一期。下同。

廊,而眼前的景物,却与心底的影像难以重叠。抬眼望去,沿着塞纳河,是一家工厂,主宰风景的,不是房后刚特勒山(Canteleu)的峰峦,却是一个高入云霄的笔直的烟筒。福楼拜笔下常写到的那座白房子呢?还有他常散步的那个花园呢?

走进铁栅栏,看到了福氏所说的亭榭,如今已辟为纪念馆,一间小小的四方房屋,掩映在浓密的绿荫之中。看守者,一位残废的中年人;残废,是这些年,几乎在任何公家单位都可以遇见的欧战的遗迹。看守者向他解释道:

"从前那所白房子早就拆掉,翻盖成现在的工厂。这原本是一个长方的形式,连房带花园。花园也只剩下这一小块地方。此外全改成工厂。(是谁把它卖掉的?还不是福氏从小带大的外甥女?啊!人生!人生!)任何地方,都成了资本家的赢利所在地。东北转角,那几间新房是后添的,旧的房子只有高台上的这座纪念亭。"

随看守者走进去,在一张玻璃台里面,有福楼拜的乌木写字架,在它的绿绒的呢面上,放着翟乃蒂夫人动情的献辞——

……从《萨朗宝》到《布法与白居谢》,他全在这张书架子上写的。它曾经见到他的愤怒、他的颓丧,他的最厉害的颓丧又是写《情感教育》的时际。在这张乌木板上,这里有他的墨水。我嘛,我却看见泪水。

还有一把一尺长的裁纸木刀。格外有趣的,却是一筒鹅毛笔。他从来不用钢笔。在他的书桌上,总是一大堆修好的鹅毛笔。他自己修削,这是作家的圣礼。他用一整天的工夫,虔心诚意地修削。

面对这一切,福楼拜复活了。

"我的桌上一堆修好的笔头,有时我觉得,仿佛一丛可怕的荆棘。在这些小枝子上,我已经流了不少的血。"在一篇文章里,福氏曾这样悲伤地说。

他宁可摔碎了钢笔,绝不用它签字。也不用吸墨纸,嫌那是近代的玩意儿。站在基督教方面,他把人类的历史分作三个时期:最早是异教,其后是基督教,如今轮到兽面教,可怜的近代!钢笔与吸墨纸全是兽面教的产物。

写上一整天,黄昏,他倒过粉盒,洒满写成的纸张,然后高高兴兴地喊道:

"嗨!这才像打仗,一场字句的恶战!"

他是个厌恶行动,喜好梦想的人。每天用十个小时的光景读书,写作,好些日子连台阶也不迈下一步。要是有人打搅,外表虽在敷衍,内里却是一腔的气愤。夏夜,写累了,停下笔,打开窗,静静地望着河水的流动。

1875年,甥婿的商业濒临破产,说是要将这所住宅卖掉,福氏向他的甥女写信道:"想起自己不再有一片瓦、一个家,我简直受不了。如今我看克洼塞,好像一位母亲看着她肺痨的婴儿,自语道:他还能活多久呀?"他宁可售脱他的私产,也要保全下他的克洼塞,最后,这所住宅还是被拍卖了,仅余下一间,还是他平日轻易不置足的小小的亭榭。

幻灭的人生!人生的虚妄!李健吾不禁低声叹息。

当天傍晚返回鲁昂。第二天一早,他来到市立医院,寻访福楼拜的出生地和少年时的住所。

这是一座方方正正的官府式,或者说是兵营式的建筑。中间是一个空旷的天井,有些对称的花畦,排比的树木,往好里说是严肃,往坏里说是沉郁。偶尔走过几位一身缟素的男女。福楼拜的父亲做过这里的院长兼外科主治医师。去世之后,他的兄长蝉联下去,又是三十多年的任职。移往克洼塞之前,一家人住在医院的一所偏院。

偏院就在市立医院大门的左侧。院里什么也没有,墙角堆了些破烂的砖头,很像一座破败的庙宇。先前偏院有门,单为这一家人出入方便,如今砌起墙,完全堵死。那所车房,停放他父亲出诊的小马车的,早已拆掉。只有几棵小杨树,懒洋洋地惜恋着往日的景象。

对福楼拜的身世太熟悉了,只消稍稍闭上眼,李健吾就看见七八岁的福楼拜,仿佛一只老鼠,正拉着妹妹的小手,从楼梯上踢里踏拉地跳蹬下来,穿过通往医院的小门。玩倦了,然后溜到解剖室的窗底下,先把妹妹扶上去,自己随即爬上栏杆,悬在葡萄当中,好奇地望着解剖室内罗列的尸体。父亲发现了,暂停他的分解,仰起头,吩咐他们赶快走开。

"还是小孩子,我就在解剖室里玩耍。这也许就是为什么,我的样子是又忧苦又狂放。我一点不爱生命,我也一点不怕死亡。绝对虚无的假设也丝毫引不起我的畏惧。任何时候,我可以安然投入漆黑的巨壑。"成名后,福楼拜曾如是说。

然而,自然是公允的。如果环境有时孕育恶劣的习惯,却也助长优良的品德。问题只在感受的深浅:生性淳厚的,一切吸纳起来,融成他滋养的质料;生性虚薄的,一夜西风,花残叶瘦。实际全靠一己的秉赋。如果市立医院黯淡的空气具有相当的势力,有时也不尽是悲观。我们应该综合福氏工作的精神,文笔的琢磨,观察的细微,思考的深邃,生活的严肃,艺术的公而无私,以及对全人类的同情来看。那位给他的晚年生活带来绝大麻烦的甥女,对这位舅父的理解倒是相当的深刻:"从这里,他得到对人类一切忧苦的精致的同情和这种永生以具的高尚的道德;便是听了他是是非非的议论,有些人虽说骇异,也绝没有加以道德的非难。"

上了楼梯,走进福楼拜幼年时的居室,一种霉湿的阴沉的土味窒息人的呼吸。窗户紧闭,屋内暗暗的,显然是多年荒弃的景象。不知是白,不知是灰,四墙,特别是屋顶,垩粉一块一块地散落下来。一个老大的壁炉,几件陈旧的木器,郁郁寡欢地,对着绿幔的空床。右首一间套间,里面是一张书几。退回窗前,从窗隙间窥探着外面的花园,倘若那也可叫花园的话,他的视线最终落向身边的一张小几,意外地发现,上面摆着一册打开的题名簿,在无数香客的名姓上,覆着一层岁月的积尘。

实在没什么可看的了。

夜里像是下了一场雨,早上起来,望着对面屋顶的阳光,李健吾喃喃自语:

"这是上坟的好时辰。"今天,是在鲁昂的最后一天,他要去朝谒福楼拜的墓地。

出了旧城,走上逶迤的马路,墓地就在马路的尽头,普救山(Aux Bons Secours)的半山坡上。那是一座公墓,千千万万的墓冢,连成一片,伫候着末日的复活。

走在墓地里,李健吾想起福氏在君士坦丁旅行时,曾写信给好友布耶,赞美东方坟墓的话:"东方的茔地是东方美丽的事物之一。我们这类建筑,我以为具有深深的烦激的性质,这都是东方的茔地所没有的;没有墙,没有穴,没有隔绝,也没有任何垣篱。在乡间,或者在城内,随时随地,无为而为,就摆在你的眼前,犹如死亡自己,濒接生命,却没有人过去关心。你穿过一所茔地,正和穿过一家商店一样。一切坟冢相同,不同的只是年月的远近。等到越来越老,它们就颓圮,而且消失,和我们对死者的回忆一样。"福氏若来到中国,或者更加爱慕我们的祖坟,一抔土,一丛草,几株松柏,浪漫的,大同的,自然是自己的。

沿着不计其数的壮丽的碑铭,来到一圈铁围栏跟前,内中便是他所寻觅的伟大作家的坟茔。这是一块不引人注目的小白石碑,上面装潢着一个十字架,前面放着八九个瓷质花圈。石碑上刻着三行字——

居斯达夫·福楼拜之墓
生于鲁昂1821年腊月12日
死于克洼塞1880年5月5日

虽是几行寻常的记载,但是李健吾知道,在这简括的沉默的生年死月之间,乃是一个伟大艺术家的富丽的生命,充满动天地泣鬼神的业绩,散布在天涯海角的锦绣,撒落在万千包法利夫人心上的玑珠。然而,又是那样的忧郁,永远的忧郁。

这可怜的狭小的坟穴,还是早年父亲为他置备的,因为他年轻病重,老人以为活不过去,挖好了等待。父母先后下世,他却活着,活着完成若干杰作。然后出售私产,营救他甥女的家庭,自己一贫如洗,临终仍旧埋在他旧日的这个小小的坟穴里。圹穴太窄小,以致他的棺木难以缒下。看到老友死后的苦况,几位赶来送殡的老朋友,贡古尔、都德、左拉,只好避开,不忍忙视这场入土的活剧。这不是忧郁的,而是残忍的。

站在普救山的山坡望去,鲁昂城瘫痪在灰红的烟雾下,碧绿山谷的中心,集结在塞纳河的两岸。一边是凌空的教堂的尖顶,一边是兀立的工厂的烟囱,一个象征中世纪的权威,一个兆示十八世纪的实业革命。就从这样矛盾的历史,脱出近代复杂的西方文明。一个走出旧城,一个走出新区,就在视若无睹的塞纳河的桥头,迷信与贪婪谋面了,正在商量一宗覆亡人类的买卖。莫非这就是所谓的现代文明?

想到这里,李健吾的心头不禁一阵战栗。

不管心头怎样的沉重,诺曼底之行的收获是丰硕的,明天,他将离开这块多少年来魂萦梦绕的圣地了。旅法的经费眼见告罄,久已心仪的意大利之游尚未成行,往后还有多少事要做啊。

返回巴黎后,李健吾将此行的经过及纷繁的感想,写成游记《福楼拜的故乡(鲁昂——克洼塞)》一文,寄给《现代》杂志发表。① 两年后《福楼拜评传》出版时,又将此文收入书中,作为附录的第一种。

在意大利漫游

从诺曼底回来后,李健吾便开始做回国的准备,此前最重要的一个节目,便是游览瑞士、比利时、意大利诸国。瑞士和比利时,匆匆而过,没有耽搁多少时日,他的兴致在意大利,在那些宏伟的古建筑与精美的绘画上。

在巴黎留学的日子,与他交情甚笃的秦宣夫,矢志美术事业,受秦宣夫的影响,李健吾也对美术起了兴趣。

1933年5月间,徐悲鸿受李石曾的委派,来巴黎举办中国绘画展览。展出的作品,除了少量宋元明清的古画外,主要是中国近当代画家的作品,计有任伯年、齐白石、张大千、徐悲鸿、刘海粟、林风眠等七十余位画家的将

---

① 李健吾《福楼拜的故乡(鲁昂——克洼塞)》,1933年《现代》第四卷第一期。

近二百幅画作。这是中国首次在欧洲做这样的大型展出,可谓极一时之胜。细细观赏之后,秦宣夫与李健吾合写了《巴黎中国绘画展览》。①

这是一篇两万字的长文,详尽地分析了这次展览的意义、成绩,及各个画家的优长与不足。推想该文的主要观点,当是秦宣夫的,而文笔,当是出于李健吾之手,至少也是李健吾认真润色过的。若说这是一次实习的话,那么,独自在意大利这个艺术的国度漫游,对他的鉴赏水准,则是一次考验了。

7月14日,乘火车抵达威尼斯。一上车,就发生了一件不愉快的事。占了个座位,将随身带的小箱子搁在座位上面的铁架子上,还有点时间,他下车散步。一转眼,上来一位贵妇人,跟着一个保姆,抱着一个小女孩,不问青红皂白,就三屁股坐在他的车位上。旁边一位西班牙牧师向她们解说,不予理睬。李健吾上来,看在眼里,也不言语,觉得犯不上男同女斗,更犯不上同外国女人怄气,装作没看见,在别的车位上坐下。也许由于这逗起的宽恕的愉悦,或者虚荣的骄傲,或者由于小女孩的天真,貌作慷慨,不和她的母亲理论,反倒是那位牧师过意不去,跟李健吾聊了起来。这是一位作家,和他谈起文学,而且谈起《堂吉诃德》和中国的翻译。

到了威尼斯,将小箱子存在车站。过了桥,一个人信步往前走,半路搭上汽轮,直到圣马可教堂岸边才上来。在一条小巷里,找见一家Commere-lo旅馆住下,一天十一个里拉,不算太贵。老板介绍了一家餐馆,一餐十二里拉,却不便宜。其实旅馆饭馆有的是,方才心急,没有看见。

威尼斯在一个岛上,有一道狭长的峡地与大陆相连,整个城市就建在这水陆交界处。他早知道威尼斯的画船很有名,又听人说很像中国的苏州,亲眼看了,其实不像。最大的不同是,苏州没有这样汪洋一片的碧绿的海面与岛屿。

傍晚时分,在圣马可教堂前的空地上散步。又来到海滨,游人云集,海风吹来,凉透心底。灯光下,这些威尼斯妇女,实际上大半来自外国,个个

---

① 秦宣夫、李健吾《巴黎中国绘画展览》,1933年《文学》第一卷第五号。

都那么销魂动魄,引人入胜。有个俏丽的女人还向他打招呼——Hello,可惜他不敢应声。有生以来,他第一次遇见这么多的美妇少女聚在一起。

然而,他心里清楚,这一切,全是背景的美丽,把人也衬得更其美丽。这种风景与建筑,惟有亲眼看了,才能体会出它的不可言喻的诗意。水天一色,星灯交映,加上白的大理石,苍古的大建筑,活动在其中的人物,自然显得无比可爱。也就难怪许多文人画士,流连忘返,乐不思蜀了。

李健吾决定在这儿住上一星期。晚上,他给尤淑芬写信,告知一天的行踪后,不无遗憾地说:"游威尼斯,要带情人;可惜我如今没有。有一个,远在迢迢,所以,我用夜晚写信。别人一定坐在小艇上,欣赏夜的威尼斯了。"此后,每天,甚至不等天黑,就利用中午休息的时间,给他的心上人写信,报告当天的游踪。

7月15日全天,李健吾没有走出圣马可教堂的四周。教堂前的空场,是当时世界上独一无二的大院落,四周全是著名的建筑。这里是鸽子的天下,在行人的脚下走来走去,如果你喂食,整个一群就落在你的周围,扑上你的身子,停在你的手上,肩上,头上,亲热得如同家人一样。院内两侧,摆满茶座,还播放着音乐。李健吾穿得周正些,随时都会遇上一些做旅客生意的人的纠缠,自然是碰壁而去,一不高兴,就指斥他为日本人,绝不会想到这是一位中国人。

圣马可教堂的兴建,源远流长。最初是九世纪时,两个威尼斯商人,从亚历山大城偷来圣徒马可的遗骸,全城遂动议建立这个教堂纪念。其建筑风格,颇受当时的拜占庭(Byzantium)的影响,最大的特色是用一种石砌成的图画,仿佛是画,却是用一小块一小块的各色石头拼凑而成。教堂有五个大圆顶,组成一个十字,装饰,做工,都非常精致。走进去更是金碧辉煌,或墙或顶,无一处不是细石砌成的宗教图画。因全用金色组成底子,也叫金教堂。正好遇上清晨做礼拜,他站在一旁,听那些僧侣奏乐,唱圣歌,祭坛前的主教,那装模作样的神态,让他觉得好笑。

从圣马可教堂出来,先去了对面的Correre博物馆,又去了有名的古书陈列室,这里天花板及四壁的绘画,全出于提香(Tizano)与维罗内塞(Veronese)等名家之手。最令他心爱的却是那一架一架的古书,有些插图,非常名贵。

　　用过午餐,又去看古雕陈列馆,这里藏有希腊罗马时代的石雕。天太热,看后即回到旅馆休息,趁此机会给尤淑芬写信,并在信上画了威尼斯的地形图。五点钟,又沿街看了几个教堂。来威尼斯两天了,他还没坐过游艇(Gondola),一则是独自一个没那种兴致,再则也是怕花钱,每逢船夫招呼,都谢绝了。

　　黄昏,坐在圣马可教堂前的台阶上,只见红男绿女,从各个巷口,如同江水一样,涌入这一尘不染的空场。海风吹来,很是凉爽。这天是星期六,有些女子穿着鲜艳的衣服,预备跳舞;有些男子排成队,穿着西班牙人的装束,吹吹打打,唱唱闹闹,远远来到空场,招了一群人看。闲坐无聊,他数起对面公爵府的石柱数目,下层大柱是三十八根,上层的小柱七十四根。十点刚过,但见人山人海,奔向空场和海滨,一阵失落感袭上心头,意兴阑珊,踽踽地朝旅馆走去。此刻,他的情绪十分低落,在熙攘的人群中,只有他一个人,荷着种族的重负,国家的耻辱,孤寂的情绪,相思的苦况,独自徘徊着,——东方人怕也就是他一个吧。此后几天里,马不停蹄地参观威尼斯的著名教堂和画馆。

　　18日这天,本来有次"艳遇",可惜福分太浅,被他的迟疑或说是羞涩耽搁了。中午,正在一家每餐定价仅五里拉的小饭馆里用餐,进来一位漂亮的法国女郎,带着一个小妹妹,也要用餐。姐妹俩都不懂意大利语,那女郎已在注视着他,有与他同游的意思,他看出来了,也很想上前自我介绍,为她们做义务翻译。不幸被别人捷足先登,抢在前头,那女郎原本注视他的视线,只得勉强地改变了方向。对他来说,惟一的收获只是在吃饭时,捎带地也饱餐了一顿秀色。后来在福拉瑞教堂游览时,又遇见了那位法国女郎,随着两个男人,一个引导人,他倒没什么,那女郎反有点不好意思,大有狭路相逢,猛地遇见穷朋友的光景。

　　来威尼斯五天了,竟没遇上一个中国人,几天来,他一直在嘀咕。机会来了。19日一天之内,竟遇上好几个,有侨居威尼斯的,也有来此地游玩的。先是早晨出门后,在一条小街上,遇见一个卖纸花的小商人,一看就是中国人,迎面相逢,那人却低下头从他身旁匆匆走过。李健吾不免疑惑,是见我穿戴整齐,把我当成了日本人吧,还是自惭形秽,无颜面对同胞?怅然地望着那远去的背影,奇怪对方竟没有一句故国之思托他捎回,不禁喟叹,这真是流浪者的悲哀。

中午,在马可·波罗饭馆用餐,料不到的是,进来三位东方人,听见他们对着菜单用汉语唧哝,他过去和他们打招呼,握手。这三个人的意大利语还不如他,他便为他们做了翻译。交谈中得知,他们是海军部派到英国学习海军的,随船巡游到的里雅斯特(Trieste),离威尼斯不远,请假游玩一天。其中一位名叫曾万里的,年仅二十七岁,与李健吾同庚,已是上校军衔了。

7月20日,李健吾来到斐拉拉(Ferrara),瞻仰意大利十六世纪大诗人阿里奥斯托(Ariosto)的墓冢。上午十点钟到,一下车,先直奔阿里奥斯托的故居。故居系一座小楼,所在的街道已以诗人的名字命名。守门人说,他是前来瞻礼的第一个中国人,打开签名簿,让他签名留念。随后去参观了一个本地的画展,不太满意,连说明书也没买。出来,即去斐拉拉大学图书馆,瞻仰安置在其中的阿里奥斯托的墓冢。

时间太紧张,十二点半闭馆,只剩下二十分钟了。图书馆内部,两壁的书柜里,展览着诗人的手泽、稿本、信札、戏剧,还有他的著作的各种版本。长厅的深处,靠墙是诗人的墓志铭,两旁的玻璃柜里,放着他的遗物。里面有一块小骨头,是某教授从拜乃戴陶(Benedetto)教堂里起出来的,因为诗人的棺柩曾埋在那儿,也就珍宝起来。

路经阿里斯托广场,看到一根擎天石柱上立着诗人的铜像,李健吾不禁感慨道,这么一个小城邑,真也称得上无愧先贤了。想想,我们的李白、杜甫,又从什么地方寻觅他们生存的踪迹?是时间的罪过,还是后人的不肖?人家固然是到了十九世纪才做这番功夫,然而毕竟还是前人有心,才留下这许多的纪念。想到出国前回山西安葬父母那次,在离西曲马不远的地方,曾见过一段残碑,上书"段干木逾墙处",谁敢推测它数年之后的踪影?

用过午餐,又乘上火车,来到腊万纳(Ravenna),拜谒大诗人但丁的墓地。

下车后,在一家中央旅舍里洗了洗,便直奔目的地。一座小小的坟园之中,稍为靠里,即是这位伟大的中世纪诗人的墓冢。原先埋在隔壁的圣福郎西斯教堂,十九世纪中叶才迁到这里。神坛就在近旁,正中是但丁的浮雕像,还是十五世纪雕塑家朗巴道(Pietro Lombardo)的作品,像前悬挂着国家供奉的油灯。后面是他的纪念馆,贮有他六百周年(1921年)纪念时,各国各地送来的挽品,以及历代收藏他遗骸的器皿。

但丁原是佛罗伦萨人,敌党胜利,将他驱逐出境。晚年流落无归,写了成名作《神曲》。死于腊万纳,由友人包嫩达(Poienta)收葬。过了一二百年,他的同邑后人想起他来,见他德高望重,一心要运回他的尸骨,三番四次派人行窃,可是腊万纳不许,说,谁让你们先撵走了他?又怕敌不过佛罗伦萨的威势,留下空坟,暗地运走但丁的遗骸。这还是十六世纪的事。其后岁月湮久,也就没有人能够指出收藏的所在。直到十九世纪初年,修理教堂墙壁,无意间在墙心发现一个封口的瓶子,上面写着姓名,才解决了这个隐谜。一个死人骨头让人们这么长久地,费尽心机地争夺,得看是谁,只有但丁这样的人物才能引起世人的扰攘。

7月21日抵达佛罗伦萨。用过午饭,即奔向闻名已久的市府(Uffci)美术馆。一点半赶到,三点就关门,只看了一半。再来一次,还得花五里拉的门票。《旅游指南》上说,星期天不收门票,今天是星期五,那就后天再来吧。

从美术馆出来,瞻仰了一番四周的建筑、露天的雕刻,随即去大礼拜堂。门不开,沿着周围转了一圈。乔托(Giotto)承建的钟塔,正在修葺,不能进去。在外面看看也够神往的了,据说这是意大利最富丽,也最神异的钟塔。

然后直奔圣十字教堂。在弗兰西斯教派的教堂中,这是最大,最美,也是收藏艺术品最丰富的教堂,尤以乔托的壁画著名。乔托和但丁,一般人推作意大利绘画之祖。沿着教堂内部两侧,全是意大利不世出之才的墓冢和铭志。右手第一个是米开朗琪罗;第二个是但丁,十九世纪建起做纪念的,因为但丁客死在外,遗骸还在腊万纳;第三个是悲剧诗人阿里菲爱里(Alfieri);第四个是政治学家马基雅维利(Machiavelli);往下还有音乐家罗西尼(Rossini)。左手第一个,与米开朗琪罗遥遥相对的,是物理学家伽利略。真可说是意大利的国葬馆了。看了米开朗琪罗的墓冢,想到米氏的故居离这儿不远,他又奔了过去。是真正的奔,不是走,惟恐关了门。平日他总认为,和创造的人物一样,米氏定然也是高伟雄壮,孰知那样瘦小,且是个塌鼻子(小时候叫人一拳打毁的,这成为他一生的遗憾)。决然想不到这样一个其貌不扬的人物,会有那样神异的力,那样原始的气势。

佛罗伦萨真不愧为文艺复兴的中心,随便某个拐弯抹角,全是美不胜收的艺术品。在这样一个艺术圣殿里漫游,李健吾觉得自己就像个叫化子,跑得一身汗,头也晒晕了,成天到晚独自一个人,说不上三句话,孤落得像一个中世纪有所为而为的骑士。

第二天,7月22日,李健吾去参观皮蒂(Pitti)美术馆。这里的收藏,差不多每一幅都是名画,除去萨托,数拉斐尔的作品最多。他画的圣母,最是温柔甜蜜,叫人看了,不得不爱。这种理想的构像,据说仍脱不了尘世的气息,非常接近他的情人。后来看了他情人的肖像,真还仿佛一个模子里脱出来的。熟悉西方美术史,李健吾觉得,怕多半还是师傅的传授。拉氏的师傅彼鲁其诺(Perugino)画的圣母,与拉氏简直如出一辙。想来当时都有一个近似的共同的美丽女性的理想,用来象征圣母的德容,直到拉斐尔,才进而达到极致,一半固然是天才,一半也是得益于前人的努力。

拉斐尔只活了三十七岁,李健吾不由地想起西方的一句俗话,"天才活不过三十六"。接下来在另一个教堂参观,瞻仰了马萨乔(Massaccio)的壁画,这个了不得的天才,仅活了二十七岁。文艺复兴可说是由他创始的,是他在画里面第一个把人放了进去,把近代的人性放了进去。在《亚当与夏娃》那幅画上,男女的表情,深刻之极,女的头向上仰起,绝望号啕,男的两手掩面,不肯仰起,带出无尽的悲悔愁苦。从这种痛苦的表情,观者可以预想人世的坎坷。若不是有深邃的人生体验,是画不出这样真挚感人的场面的。

当天晚上,在写给尤淑芬的信中,谈了自己此番漫游意大利的宗旨,也谈了自己对艺术修养的见解——

> 今天我非常愉快,精神上,我受了无限高贵的滋养。画,自己全然外行,然而体验其间的情质,觉得更见一己的渺小。我这异邦人,本为受教育,开广眼界,增深艺术的情绪、体会和修养而来。遇见如此之多的人类灵性向上挣扎的征验,还有比这更加感动、摇撼自我的存在吗?平常觉得中国人缺乏真纯的赏鉴力,不是效颦,就是愚昧,正因目睹的机会太少。艺术是一个怪东西,对于我们平常人,硬是学不来的,只有日浸月润,天天和杰作打在一起,才能够——如果培养不出创造的才分,至少可以培养欣赏的智力。

7月26日一到罗马,便直奔罗马古城而来,为的是先打一个底子,以后再往上加东西。一连两天,都在古城里游览,圣玛丽教堂,斗兽场,塔牙奴神市,最感兴趣的,还是那"最著名而且最古"的罗马神市。

这里原本是一个臭水坑,人们沿着两旁做买卖,渐渐扩大,成为村镇,成为征服世界的罗马。其中无数的殿宇,用来祭祀历代的帝王和神祇。好多年了,埋在地下面,如今经过考古学者的挖掘整理,这才显出一个眉目。他的兴趣再浓郁没有,差不多每个角落都走到了。他最爱那副矗立的古绿铜门和紫红石柱。看到恺撒火葬的地方,还有库提屋司(Metius Curtius)为国家而投身的水塘。每块石头,都仿佛告诉世人,它们是从黄金时代、英雄时代过来的。

打好底子,最先涂上的是什么颜色呢?28日一早,"这十九世纪的浪漫的余孽",先去圣保罗城,拜谒了雪莱、济慈的坟墓。

下午没有出去,躲在青年会的旅舍里,根据携带的法文旅游手册,列了一个游程,共有十三项。此后十二三天的游程,基本上是按这个程序进行的。

在游览的过程中,一个念头总也挥抹不去,无论是拉斐尔还是马萨乔,无论是雪莱还是济慈,这些不世出的天才,在今世还可能再产生么?31日上午,游览包尔盖塞(Borghese)美术馆,看到一张拉斐尔十三岁时的画,他不由惊呆了,真不敢相信这是出自一个小孩子的手笔。整整一个下午,他在包尔盖塞公园里散步,仍在思索着这个恼人的命题,有一阵儿,他似乎悟出来了——

天下有的是怪事,只要是天才,什么全可能。就怕不是天才,苦干了一辈子,落个庸庸碌碌。艺术家最伤心,莫过于此!然而,怎样能够发现自己是天才,或者不是天才——老天爷!一个人能够发现自己不是天才,倒许真有天才!

8月1日,观赏了米开朗琪罗雕刻的摩西石像。原本是给教皇虞勒二世计划墓冢,该有四十座雕像,规模甚大,可是他只雕了一座摩西的,一不高兴,始终没完成其余的计划。这位天才,一生很少满足他的野心,野心太大了,时间又那么短促,加上人世的不断阻挠,临了,只得叹一声"长使英雄泪满襟"。

天气太热了,走不多远,就去一所教堂里看看,说是游览,倒不如说是乘凉。罗马的教堂太多了,挑几处随便转转,也算不得亵渎。这些教堂,都有个规定,男士走进必须脱帽,而女士却绝对不许脱帽,好些教堂门首写着:妇女赤首,不许入内。天气这么热,他索性一直不戴帽子。

对那些著名的大教堂,一次没看完,就第二次再来。8月2日,又一次来到圣彼得大教堂,接着上次没看完的地方往下看。太华丽了,不像庙,更不像圣彼得的窑穸。试想一个钓鱼的,几曾梦想到死后的荣华?他不由得起了一番感叹:莎士比亚把宗教、诗、疯狂,喻作三位一体,然而宗教招了一位富家郎,诗和疯狂却手牵手,四海漂萍。眼前就有一个很好的例证,离圣彼得大教堂不远,便是十六世纪大诗人塔索(Tasso)的故居。

奔上旁边的一座山冈,在一座小教堂的旁边,寻找到了塔索的故居。晚年,诗人疯了,总怀疑有人谋害他,于是被拘禁在这儿,直到死。蒙田(Montaigne)来到罗马,特意来看望过他。如今这里已改作他的纪念馆。沿着山道往上走,不远有棵雷电击死了的老樱树,因为塔索往常爱在下面散步,人们叫它塔索树。

在罗马的这些日子,李健吾还结识了一位美国画家。第一次世界大战前,他来到欧洲,在慕尼黑学画。二十几年了,一直在欧洲各地漂泊,很是潦倒,如今又来到罗马寻找机会。同住在青年会里,认识了,见李健吾也还忠厚,常到他的房间来聊天。这天下午,又来了,见李健吾正在写信,写得很快,说他也正在给母亲写信,可是好半天才写一页,因为他要慎重措辞,惟恐一发牢骚,反而惹来不快。他很爱他的家人,可是没人能够理解他,甚至于他年迈的母亲。他的兄长总还不错,有时供他一点费用。他一天只吃两个里拉的午餐,不是一盘面,就是两颗鸡蛋。

李健吾相信这是真的,从他那堂吉诃德先生似的清癯的面庞上,能想象他平日生活的清苦。画家诉苦说,他在罗马简直一点办法也没有,回到佛罗伦萨,也不见得有希望,因为他不久前从那里来的。他已经五十多岁了,还在苦苦地为他那一点理想而挣扎。他羡慕李健吾一个年轻人,已有未婚妻,而且有一个哲学的心境,不时生出积极的精神。他呐,完全浪漫到底,简直不宜于现世的生存。

李健吾恳切地劝告对方,还是应当乐观些,努力接近二十世纪。

画家说是怕很难了。

听了对方一番悲凉的话,李健吾也觉得他真是连脑子也浸在十九世纪初期的浪漫巨流里。一个人,仅仅感情浪漫也就罢了,倘若思想也是浪漫的,如何能在二十世纪的大战后的世界活下去?才过去十几年的世界大战,怎么能一点也没有改变他的思想观念?

画家拿来自己的画让李健吾观赏。都是印出来的,大部分是关于佛罗伦萨的风景。他追求的是内容,是故事,是宗教。然而现在究竟不是一个宗教时代,没有几座教堂请他作画,有也轮不到他,再说也没有新盖的教堂。他的画,以人物见长,又没人请他画像。看得出来,这是一个旧画家,见解不透的传统画家。有工夫,有忍耐,有志气,有理想,然而缺乏运气,尤其缺乏一个成为伟大画家的天才。

面对这样一个落伍的艺术家,李健吾愿意献上所有的同情,然而,想到倘若有一天自己也陷于同样的末运,又有些不寒而栗了。

8月8日一早,李健吾来到那不勒斯,此为漫游意大利的最后一站。没有威尼斯的秀丽,没有罗马的辉煌,那不勒斯给他的印象坏透了。自从到欧洲以来,还是第一次遇见这样喧哗、热闹、龌龊、让人反感的城市。他觉得自己好像从海市蜃楼里坠出,重新返回到人间。看过好些沿海的地方,没有一个像那不勒斯这样,比中国的城市还要脏,不惟不惜恋,真可说是厌腻了。

然而,撇开居民与街道,专从风景着眼,还得承认,诚如司汤达所说,这是意大利最美的地方。在来的火车上,远远就瞥见维苏威火山,起初还怕弄错了,只是一个人望着出神,以为云出岫,越看越不像,下面连着山头,如同细筒的形状,颜色又发红,于是恍然这该是那世界闻名的火山了。奇怪的是,喷出的烟焰,跟云一样,在空中先是凝聚,又徐徐飘散。

第二天游庞培(Pompei)古城时,那不勒斯人的哓哓不休,很让李健吾窘迫。前一天晚上,一下火车,检票员一见他是中国人,就拦住问他,中日战争打得怎样,他装作不懂,架不住对方再三追问,只好回了句:"完了。"对方又问,完是完了,究竟谁胜了呢?真让他难堪极了。不料今天在庞培古城里,看守人又是这一套,只是先把他当成了日本人,听说不是,脸上变了颜色,颇不自然。同这相似的,是背后的议论,甚至有些下流人,远远地朝他"起哄"。凡此种种,让他切身地感受到弱国小民的屈辱。

街上儿童之多,也是在别的城市没有见过的,一个比一个脏,赤着脚满街乱跑。个个瞪着两只饿眼,窥伺着各自财运的到来。街上不仅有马车,而且驴车、牛车,也都应有尽有。这倒给他一种故国的感觉,有时简直怅惘起来了。

纵然如此,那不勒斯人的热情仍让他感动。8月10日,去城西北的山上游玩,本想瞻拜斐吉尔(Virgil)的坟墓,看地图,以为在山顶,于是上了山。爬上半腰,出了一身汗,眼前一个妇女,带了一群小儿女,忽然有一个小女孩摔倒了,他立即赶过去扶起来。那妇女谢了谢,问他是不是中国人,说是面目很像。他向她问路,她也不知道,转问一旁的修路工。幸而她热心,居然问出来了,原来在山下,车站旁边的教堂后面。刚上来就要下去,太累了,于是转过一条路,寻个清静点的地方,靠着一棵树坐下来歇息。在这里,看到了一幅至为美丽的画面——

> 微风吹来,我看着夕阳一点一点从房顶退却,为灰红的暮氛驱走。半山有些无花果树,结满了果实,还有些庞大的仙人掌,活像一堆一堆的巨灵。在我后面,不远是上山电车的圣安东站。海水远处是油蓝,近处是碧绿,渐渐随着阳光的消逝,变了颜色,水面披了一层灰白的雾纱。海湾点缀满了小帆。维苏威火山吐出的烟焰起初带红,渐渐也叫黄昏克住,遮在一层灰紫的覆巾后面。最后,一切溶于黄昏的迷蒙之中。

漫游意大利的一个月,每天都有信寄尤淑芬,有时一天还要写两封。据后来删削成书的《意大利游简》统计,共是三十三封。

从意大利返回巴黎,便收拾行装,与朱光潜同船回国。8月底到达上海,结束了整整两年的留学生涯。钻研学问,游览名胜,留学的两个目的,都实现了。

第五章　北平时期

（1933.9—1935.7）

双喜临门

　　1933年8月底，李健吾与朱光潜同船抵达上海，逗留数日，拜访了茅盾、叶圣陶等新文学作家。9月初即匆匆北上，住七叔李少白家。亲友们免不了一番招待，与恋人的欢聚自不待言。

　　也就在这期间，北平立达书局约章靳以编一本大型文学刊物，名叫《文学季刊》，虽有巴金协助，靳以仍认为资望不足胜任，转请郑振铎出面筹划。

　　郑振铎原先一直在上海，1931年夏，应好友郭绍虞之邀，来北平任燕京大学教授，不久便代理中文系主任，兼清华大学中文系教授，讲授戏曲史。1933年7月间，在上海创办《文学》杂志，与傅东华并列主编，编务由傅东华负责。郑在北平也很想办个刊物，自然一拍即合。10月里的一天，由郑振铎出面，靳以和巴金张罗，在会贤堂饭庄，邀请北平的知名作家宴饮，商谈创刊事宜。应邀者有周作人、杨振声、朱自清、沈从文，还有刚回国的李健吾。

　　事先，靳以已在北海东边的三座门大街十四号租了个院子，是他的住处，也是刊物的编辑部。这是条短小的死巷子，也还幽静。郑振铎并不常来编辑部，实际负责编务的是靳以和巴金。转年1月，《文学季刊》创刊后，巴金也搬过来居住。

　　七叔的家,离这儿不远,闲暇时,李健吾常来编辑部聊天。渐渐地,也就和负责编务的靳以、巴金,还有常来编辑部的沈从文、卞之琳、万家宝(曹禺)、曹葆华、何其芳、萧乾等新进作家诗人,都熟悉了。

　　和巴金的关系还要特殊点。李健吾的哥哥李卓吾,是中国较早的安那其主义者,巴金当年也信奉安那其主义,留法期间,两人多有交往。得知李健吾是李卓吾的弟弟,巴金一见如故,格外亲切。

　　回国已一个多月,该结婚了。其时尤淑芬尚在清华大学读书,只是不在化学系了,闻不得试验室的气味,这年秋季开学后,转入经济系读三年级。

　　在北平的家长,只有七叔七婶,诸多琐事,就只能由尤家来操持。岳母为他缝制了新长袍,棉的,夹的,其他衣物也都一应俱全。还买了新的桌椅。那张书桌,在当时要算是很新式的了,直到晚年,油漆已完全脱落,还在用着。

　　喜日定在10月31日,农历九月十三。

　　婚礼在清华同学会举行,地点在长安街上的骑河楼,是会所,也是一家酒楼。当年,凡清华的学生成婚,家境不太充裕者,大都由同学会包干操办,收费极廉。李健吾与尤淑芬的喜筵仅四五桌。

　　然而,品格却不低。参加者除李健吾的七叔七婶,尤淑芬的父母算家长外,大多为两人的师长与同学。男傧相为低李健吾一级,接替他当助教的张骏祥,女傧相为尤淑芬的同学汪学熙。主婚人为周作人,来宾有杨振声、朱自清、郑振铎、沈从文、靳以等,皆当时北平文坛上的俊彦之士。

　　师长与朋友们各有馈赠。特别值得一提的是,郑振铎送来一对白铜镇尺,一尺多长,上面刻着各种古字体的词语,旁边有楷书的注释,系姚茫父的手笔。上下落款分别刻在两只镇尺的下部,一只刻"健吾先生雅玩",一只刻"郑振铎二十二年十月三十一日"。据尤淑芬说,非当天所赠,是事后补送的。这对镇尺,李健吾总放在书桌上,直到晚年还在用着。

　　新房在东城盔甲厂七叔家的一个偏院里。红漆大门,门前有两只缺鼻断腿的小石狮子,还有四棵大树。门外一丈远,有个坑,一到雨天,就积满了水,李健吾走过,常提心吊胆,单怕一脚不慎掉了进去。

蹇先艾是新房的常客。巴金也常来叙谈。知道巴金最怕照相,有一次,李健吾偷偷地从背后照了一张,也还别有情致。

11月,李健吾的长篇小说《心病》由上海开明书店出版了。这本小说写于1930年在清华上学时,完稿后曾让朱自清先生看过,经朱推荐,转年1月起在叶圣陶编辑的《妇女杂志》上连载,至11月方完。①也即是说,直到李健吾赴法留学,仍未载完。此番得以出版,想来也是叶圣陶之力;从1930年起,叶一直是开明书店的编辑。

《心病》是李健吾惟一的一部长篇小说,不算长,仅十三万字。它的成就,或者说它的特色,在于它是新文学史上第一部用意识流手法完成的长篇作品。其写作缘起,作者在十年后曾自家道破,说是"有一天北平各报的社会栏刊出一则小新闻,打磨厂某客店有一年轻人悬梁自尽。没有人注意,我也算在里面。一位朋友晓得个中底细,指望我写成小说,粗枝大叶说给我听。我用了两个月的工夫描画。我把它叫做《心病》,因为这里的人物很少几个精神上健康"。②

此书的扉页上,有作者给亡母的献辞:"从事这篇的时候,我不知道您病着;我预期着您的奖励;我在叙写一位母亲;您把最大的希望留给我;我相信我的工作永久是失败了。"其时母亲在南京哥哥处居住。1940年,作者对书中的章节做了较大的调整,交文化生活出版社印刷,直到1945年方出版。扉页上的献辞改为:"这本小说脱稿的时候,正是我母亲逝世的时候。"

小说写的是一对青年人的爱情悲剧。陈蔚成想结婚,苦闷中自杀被救,神志恍惚中,看到自己面前的新娘,不是梦寐以求的"芳",而是素不相识的秦绣云,便决计远离北平,到一个无人知晓的处所了此一生。秦绣云

---

① 1931年1月至11月连载于《妇女杂志》第十七卷第一至六期。
② 李健吾《心病·跋》,《心病》,1945年上海文化生活出版社出版。

盼着成婚,盼来的是一个形同白痴的,外貌也变丑了的残废人。且在不知性生活为何物的情况下,就成了寡妇,并注定会守寡一辈子。两人都有心病,这心病突出地表现在各自的性压抑上。陈蔚成昏迷中的呓语是要见娘,舅妈来看他,他爱不释手地玩捏着舅妈的一双小脚,并背诵家乡儿歌。这些都是潜意识的活动。小脚在这里是未婚妻的表象,捏着这双小脚,无异于拥抱着未婚妻。所唱的儿歌也与性有关。他像是生活在梦魇里,只要有一点外物的暗示,就亢奋起来,就能回忆起童年时心里爱过的女孩子,连她唱过的山歌也会不期然在耳边响起。比起陈蔚成,秦绣云的心灵锁得更紧,封得更严,她的性苦闷、性躁动也就更甚。书中各种意象的连缀,每有出乎意料者。比如陈蔚成触电自杀前,意识迷乱中,门边的电门竟幻化为他的母亲——

> 我无主的目光顺着窗格移过去,停在门边一座黑坟样的电门上。
> 我在他们的良心上就像这小小的电门。
> 在那漆亮的墨似的电门的凸圆面上,显出一个绰约的熟稔模样:我想那是母亲——她在向我摇头,哀求我息住我的忿怒。泪水从我的眼眶涌出。我抱住头,伏在桌面恸哭。
> 我不会昭雪我的冤仇,然而这世界对我太惨酷,我在这里太凄凉。我不清楚我哭到什么时候,但是慢慢这萧条的感觉过去了,我止住泪看着对面的纸窗。最后我雾蒙蒙的视线又回到那个突出的电门。我恐惧地期待着。

《心病》出版后,朱自清写了评介文章,对作者新手法的运用很是称道。他说,中国的新文学,直到近两年才有不以故事为主而专门描写心理的,像施蛰存的《石秀》诸篇便是,读者的反映似乎也不坏。这是一个进展。施蛰存只写了些短篇,长篇要算李健吾的《心病》为第一部。施蛰存的描写还依着逻辑的顺序,李健吾的有些地方却只是意识流的记录。这是一种新手法,李健吾承认自己是受了英国作家吴尔芙的影响。我们平常总不仔细分析人的心理,乍看这本书的描写,觉得有些生疏,反常,静静去想,却觉得入情入理。书中暗示着一种超人的力量,似乎命运在这里伸出一双手,播弄着一切。全书虽只涉及小小的世界,在那小世界里,却处处关联着,几乎可以说是不漏一滴水,见出智慧的力量。①

燕尔新婚,长篇小说出版,可谓双喜临门,然而,李健吾并没有"公瑾当年,小乔初嫁了"的豪情逸兴。当头最大的一个难题是,学成归来,反倒找不到相宜的职业。总不能老在家里闲待着吧。看出了他的难处,杨振声和朱自清两位老师,将他推荐给胡适主持的编译委员会。这个机构隶属于用庚子赔款余额设立的中华教育文化基金董事会,胡适是董事会的中方董事并兼编译委员会的主任。有杨振声与朱自清的推荐,胡适自然接纳。编译委员会是个学术机构,聘请一批精通外文的人士译介外国文学名著。李健吾的任务是写作《福楼拜评传》并翻译《福楼拜短篇小说集》,每月领取一百五十元的稿费补助,实际就是薪水。与李健吾同时受聘的还有卞之琳等人。编译委员会的秘书是戏剧家余上沅。

《福楼拜评传》,李健吾在法国时已写出草稿,如今不过是进一步修订完善。与文坛疏阔两载,一朝归来,总想早日打出一方自家的天地。在整理《福楼拜评传》的余暇,仍不时有零散作品,在北平、天津、上海的报刊上发表。

婚后不久,尤淑芬怀孕,数月后身孕明显,不便再去学校,遂退学在家侍奉丈夫。

1934年秋天,他们的大女儿出生,取名李维音。

进入太太客厅

经过一段紧张的筹备,1934年1月1日,《文学季刊》创刊号出版,郑振铎、章靳以主编,冰心、朱自清、沉樱、吴晗、李长之、林庚、李健吾等为编辑人,特邀卞之琳等一百零八人为撰稿人。这是三十年代中期北方最有影响

---

① 朱自清《读〈心病〉》,1934年2月7日《大公报》文艺副刊,收入《朱自清序跋书评集》。

的大型文学专刊,十六开本,平均每期三百五十多页。

创刊号的作者,如同一个强大的方阵。除鲁迅、郑振铎、老舍、巴金等当时已饮誉文坛者外,其余作者,大都是崭露头角的新秀,不几年便声名远播了。

众多的作品中,李健吾的论文《包法利夫人》尤为引人注目。此系正在整理中的《福楼拜评传》中的一章,后来出书时为第二章。名气归名气,作品归作品,或许是熟悉,那些名家的篇章,并未获得多大的反响。反倒是李健吾,这睽违两载,显得有些生疏了的名字,因了这篇确实令人钦佩的论文,引起文化界一些知名人士的注意。

当年的北平,有一个著名的文学沙龙,便是一代才女、风韵动人的林徽音(徽因)女士那雅致的梁家客厅。冰心曾有小说,名曰《我们太太的客厅》,虽不无调侃,对林徽音的这个文学沙龙,有如实的描述。非是因了冰心的这篇小说,而是当年的风气,文化圈里,好些人都称梁家客厅为"太太客厅"。对于任何一个文学青年来说,能蒙林女士召见,进入太太客厅叙谈,亚似金榜题名。论文《包法利夫人》发表后,从未谋面的林徽音,给李健吾写来一封长信,约他到梁家会面叙谈。李健吾自然是奉命惟谨地去了。

有了最初的邀约,也就预定了以后的来往。此后一年多,直至去上海前,李健吾免不了常去太太客厅叙谈请教——

> 对我生活最有影响的是我在创刊号上发表的论文《包法利夫人》。这篇论文引起一些文化界知名人士的注意。从未谋面的林徽音女士看后,给我写过一封长信,约我到林家见见面。我的老师金岳霖住在她家的后院。我每次去,总到他老人家房间坐坐,房间似乎有些发黯。常去(林家)的客人仅仅记得有张奚若、杨振声;我偶尔也遇到沈从文。她那封长信我一直保留着,后来日本宪兵队逮捕我的时候,可能在骚乱中丢失了。①

---

① 李健吾《忆西谛》,收入《李健吾散文集》。

进入太太客厅,在某种意义上是一个标志,标志着一个青年文学家进入了当时主流派文学的中心。

对这篇文章激赏的,还有郑振铎。转年夏天,郑出任暨南大学文学院院长后,就是因了这篇文章,毫不犹豫地聘任年方二十九岁的李健吾为法国文学专任教授。

如今来看这篇文章,林徽音、郑振铎诸人如此赞赏,与其说是为文中艺术分析的精辟所折服,还不如说为作者行文的大气磅礴而又机警诡谲所倾倒。这样的文风,在当年的中国文坛上,确也前所未见。且看对福楼拜由浪漫主义的泥淖中挣脱出来,悟出为文之道,最终显示出一个强大自身的过程,李健吾是怎样叙述的——

> 在这一群浪漫主义者之中,有一位生性浪漫,而且加甚的青年,却是福氏自己。他和他们一样的热狂,一样的沉醉,一样写了许多过分感伤的自叙的作品;他感到他们的痛苦,他们的欢悦;他陪他们呻吟,陪他们流泪,陪他们狂笑。这是一个心志未定的青年,在滚滚而下的时代的潮流中,随浪起伏;他飘浮着,然而他感觉着、体验着、摸索着,最后在一块屹然不动的崖石上站住,晓得再这样流卷下去,他会毁灭,会化成水花一样的东西,归于消蚀。他开始回忆、思索、无微不入;他悟出一个道理来,这道理是:从文章中把自我删出,无论意境上,无论措词上,如果他不能连根拔起他的天性,至少他可以剪去稠枝密叶,裸露出主干来,多加接近阳光,多加饱经风霜。①

多么酣畅,又多么警策。写下这样文句的作者,怎能不让爱才若己的林徽音急欲一见?

李健吾还和林徽音等人一起参与了《委曲求全》一剧的演出。这个剧

---

① 李健吾《福楼拜评传》,商务印书馆1935年12月初版。

本是王文显先生用英文写的。出国前,李健吾将它译出,交给内弟尤炳圻经营的人文书店出版。1934年春天,北平东城青年会的赵希孟、舒又谦等人,深感当时文化界的沉闷,想演一出喜剧活跃一下气氛。经魏照风提议,一致同意演出王文显的三幕喜剧《委曲求全》。遂以青年会的名义排演。李健吾担任导演,司徒乔、林徽音和刚从法国回来的秦宣夫担任舞台美术设计。演员全部穿中装,以体现民族风格。

不光导演,李健吾还在剧中扮演董事长。那时他比较胖,很适合演这个角色。赵希孟饰顾校长,魏照风饰丁秘书,舒又谦饰关教授,马静蕴饰王会计之妻,马肇延饰王会计,周礼饰宋注册员,辛志超饰大学生,刘果航饰校役陆海。全剧三幕一景,共排练了三个月。1935年3月11日起在协和礼堂公演,立即轰动了文化界。李健吾的动作很夸张,语言很够味,成为一个被鞭挞被嘲笑的丑八怪。这也是他第一次扮演男角。后来还去清华大学演过一次。

或许正是进入太太客厅的缘故,这一时期,李健吾还参与了"新月派"后期刊物《学文》的活动,为其同人之一。

《学文》的主编是叶公超,从1934年5月到同年8月,共出了四期。参与者除《新月》的原班人马胡适、梁实秋、闻一多、林徽音、余上沅等人外,新人有朱光潜、杨联陞、李健吾、赵萝蕤、季羡林、何其芳、常风等。叶公超1929年秋季开学后来清华大学外文系任教,李健吾1930年由外文系毕业,是否听过课不得而知,是老师该是不成问题的。

为什么要办这么个刊物呢?

据叶公超说,当初一起办《新月》的一伙朋友,如胡适、饶孟侃、闻一多等人,由于《新月》杂志和新月书店因种种原因已告停办,彼此都觉得非常可惜;1933年年底,大伙在胡适家聚会聊天,谈到《新月》时期合作无间的朋友,为什么不能继续同心协力创办一份新杂志的问题。讨论到最后,达成一个协议,由大家凑钱,视将来的钱多少做决定,能出多少期就出多少期。当时一起办《新月》的一群朋友,都还很年轻,写作和办杂志,谈不上有任何政治作用;但是,这些人受的是英美教育,对于苏俄共产主义文艺政策,本无好感,对上海一些左翼作家走上共产党路线,更是激烈反对,一致认为对中国未来新文艺发展具有不良影响。要对抗他们,挽救新文艺的命运,似乎不能没有一份杂志。《学文》的创刊,可以说是继《新月》之后,代表了这些人对文艺的主张和希望。①

这样明确的政治目的,怕只有主要参与者叶公超诸人心里清楚,像李健吾、季羡林、何其芳、常风诸人,怕就未必有这样清醒的意识了。

台湾学者秦贤次,曾对《学文》的情况做过总括性介绍:在《新月》停刊一阵后,叶公超又鼓其余勇,与同在清华的闻一多,以及林徽音女士等《新月》同人,创刊《学文》月刊,自任主编,由余上沅担任发行人,自1934年5月起到8月止,共出版四期。停刊原因,系主编叶公超在清华任教满五年,依例可到国外休假一年,因编务乏人主持而停刊。《学文》可说是《新月》的后身,《学文》同人除了《新月》的原班人马外,多了一些新人,他们大抵都是清华及北大的高才生,由于这些生力军的加入,确实使《学文》生色不少。他们之中,肄业清华者,如季羡林在外文系,杨联陞(莲生)在经济系,赵萝蕤(陈梦家夫人)在外文研究所。肄业北大者,如包乾元在外文系法文组,何其芳在哲学系,徐芳(女)在中文系。又闻家驷系闻一多之弟,法国格林诺伯文科毕业,为研究波德莱尔专家;又李健吾(笔名刘西渭),1930年清华外文系毕业,后留法,为研究福楼拜的专家。②

正是因了这个原因,台湾出版的《叶公超传》,说李健吾是"新月"后期人员之一。③不足为奇。毕业于清华,又留学欧洲,个人性情与艺术主张的相近,李健吾在二三十年代,与徐志摩、林徽音、余上沅等"新月派"人士的交往是密切的。再说,"新月"并不是什么严密的组织,只是个松散的结合,指其为派,乃是后人的简便。"学文"时期,更是缺少凝聚力。说李健吾是"新月"后期成员之一,无褒无贬,不过是说他与"新月"前期人士的交往延续下来而已。

---

① 叶公超《我与学文》,《叶公超散文选》,台湾洪范出版社出版。
② 秦贤次《从文学家到外交家的叶公超》,《叶公超散文选》附录,台湾洪范出版社出版。
③ 张腾蛟《叶公超传》,近代中国出版社1988年出版。

批判的锋芒

就在李健吾与尤淑芬结婚的前一个月,1933年9月9日,沈从文与相恋多年的张兆和结婚,住在西城达子营的一个小院里。自从会贤堂的宴会上相识,李沈两人就成了好朋友,李健吾断不了来达子营沈宅聊天。年底前巴金也住在这儿。

沈从文也是双喜临门,就在新婚的这个月,从吴宓手里接编天津《大公报》的文艺副刊。新编辑就得有新作者,一方求贤若渴,急欲光耀副刊版面,一方技痒难耐,正待一展雄才,两好并作一好,于是《大公报》的文艺副刊上便接连出现了李健吾那峭波机警、锋芒毕露的批评文章。如同一员骁将,挥舞着手中的方天画戟,拍马直奔敌阵,要在百万军中取了上将的首级。

有人写了一篇文章,综述明清小说的趋势,从小说是人类社会的反映谈起,接着举了三个例子,其中有这样一句话:"在中国君主专政时代所产生的《红楼梦》与法国民主革命时代所产生的《双城记》绝不相同。"虽语焉不详,大体也能说得过去。李健吾那鹰隼一样的眼睛,看出了其中的破绽,更看出了其中隐含的社会学批评的凡庸,当即写出《从〈双城记〉说起》予以批评。①

先指出史实的出入,"《双城记》是狄更斯1859年的作品,背景是1789年左右的法国大革命,书和历史相距六十余年,说是那时的出产,事实未免歪扭,而且狄更斯是英国人,不是法国人"。

自知有理而无情,退一步,他说,其实这只是一个绝小的错误,倒是另外一个过节不容漠视。囫囵吞枣是我们目下的通病,流行名词的堆积也成了渊博的佐证。譬如研究一件作品,我们往往加重社会的关系,运用唯物史观解释一切的成就。这并没有错,可惜中途遗失了许多。

---

① 李健吾《从〈双城记〉说起》,1934年1月7日《大公报》文艺副刊。

这才是他所要批判的，仍有点含糊。接下来一个小故事，将他那厌恶的心理袒露无遗："我在巴黎遇见一位朋友，从前研究中国文学，很写了些吃力的书籍；我以为他到海外搜集资料，没有想到他摈弃了过去的功绩，专门攻读某种主义。索性从此致力于社会的改造，人类的幸福也罢了，我却怕他装满了一肚子主义，回头再来审定我们的文学。不怕别的，却怕中国文学从此失去了他的青睐。"说得多轻巧，甚至不无惋惜之情，读者一眼就可看出，所谓"怕中国文学从此失去了他的青睐"的真义，不过是怕中国文学从此之后，因那"一肚子主义"的"审定"而遭殃罢了。

"这全是小焉者也，重要的是态度。"又退了一步，不等站定，便将手中的方天画戟照直刺了过去——

  一本书或许无色，或许有色，我们读者却应该永久无色，永久透明。至上的艺术品无所谓态度，从人类的文物凝炼出来，能够不沾染文物的气息。批评家应该具有成见，然而为了成见找例子，因而牺牲了例子，不大应该。有时我们觉得归纳法胜过演绎法，对于批评家，犹如对于历史家，我想这是对的。我欢迎朋友研究社会主义，不过怕他戴上眼镜来观察。艺术具有社会性：哪一件艺术品不出自人类？哪一个社会不是人类的集合？这里的根据是人性，不完全是社会的政治性，其实政治也只是人类活动的一种现象。

这便是他对批评文艺作品的看法，自诩是代表广大读者说话的。那么，文艺作品就没有社会性的一面么？当然不好这么武断，以李健吾的见识，重要的是从哪儿着手，又怎样才能不至于误入歧途："从艺术作品里面，我们可以看出社会的反映，但是多数人却偏重历史的知识，从外面判断作品的价值。所以认识一件作品，在它的社会与时代的色彩以外，应该先从作者身上着手：他的性情，他的环境，以及二者相成的创作的心境。从作品里面，我们可以探讨当时当地的种种关联，这里有的是社会的反映，然而枢纽依旧握在作者的手心。批评家容易走错了路，因为他忘掉作者的有机的存在。"

文末，顺手调侃了一下好朋友，其时已有美学家之称的朱光潜："性情是一切艺术作品的个别的暗潮，朱光潜先生那样通畅而且可爱的一部《谈美》，没有谈起，我引为遗憾。"接下来又对周作人（启明）表示了一点由衷的敬意："然而，与其扯些不相干的书本以外的议论，更不如从书的本身看起。老实话，只是读书而已。这就是为什么，我崇爱启明先生，因为他用他的读书教训我们。"有调侃，有褒扬，率性而为，是李健吾的心地坦诚，也是那个年代文坛风气的纯正。

随后又发表文章，评价清代小说《绣像飞跎全传》。平静的论述，不是他擅长的。褒扬，哪怕是轻度的，对一部清代的小说，提不起他的兴致。除个别文句的警醒外，这是一篇平平常常的文章。①

一旦有了批评的目标，可就来劲了。8月间，这位还谈不上翻译家的青年学者，又在《大公报》上发表文章，对当时文学翻译界的老前辈伍光建和他翻译的《英美名家小说选》作了一通切实的挖苦。②

读李健吾的文章，不能光考究其思想意义，一定要赏析他那曲折有致的文笔特色。

先说看到商务印书馆的广告，介绍伍光建先生选译的英美名家小说二十种，他以为是全书的译出，预约价只有五元，这未免便宜了我们读者。于是去订了一部，付款后得到已出的五册。原来是节译，英汉对照，是为了中学生或同等学力而出版的。不打算看了，那就拿回去送给弟弟们看吧。——纯粹是行文的关节，他就一个弟弟，还不跟他在一起生活。

接下来说，他对伍先生，原先有着怎样的好感。小时候，一册《隐侠记》曾叫他整整一个月没吃好饭，一时一刻也离不开书中的达特安，犹如更小的时候离不开白眉毛徐良，或者黄天霸。后来看见胡适之先生赞誉《隐侠记》的文章，觉得胡先生一点也没有过分，同时也就牢牢记住了伍先生的名

---

① 李健吾《绣像飞跎全传》，1934年3月14日《大公报》文艺副刊。
② 刘西渭《伍译的名家小说选》，1934年8月29日《大公报》文艺副刊。

姓。"现在已然若干年,若干年,而我自己,辗转徙离,陷进一个不可窥测的深渊。钻在我所爱好的欧西名著里面,惹了一身尘土,对于童时的经验,我也就恍若隔世了。"

还嫌台子不高,再垫上块厚厚的砖,将这位老先生的容貌恭维上一番。看书上那张四寸小像,虽是第一次瞻仰伍先生的容貌,究竟秃了顶,上了年纪,样子有些冷峻、严重,不过精神透出饱满,真是一个从所事、务所业的气魄。于是他打开《二京记》,一本狄更斯的知名的小说,想起当年在大学一年级读原著时的一切。

够了,够了,恰当其时,他一脚踢倒了自己垒起的高台,于是敬爱的伍先生不得不摔了下来——

我的老天爷!这是伍先生译的,这《隐侠记》的光荣的译者?我的心沉了下来,好像我撕碎了我童年的时光之网,坠入无底的灰色的人生——无一不是失望的人生!《二京记》就是我们已然耳习的《双城记》。现在,读者们,假定你们是中学生,和我弟弟们一样的英文程度,打开书……

这年轻的刽子手,开始抽筋剔髓,一刀一刀地来消遣我们可怜的伍老先生了。

先剔下《狄更斯传略》中的一句话:"这部小说的长处不在于概念人物……"他反问道,什么"概念人物"? 我们知道概念是一个抽象名词,但是将这用作动词,我们就有些如坠五里雾中,譬如将"概念"两个字换成"孕育",问题就解决了。这还是客气的。

又剔出正文第一段的第一句:"有一大桶的酒跌在街上,酒桶打碎了。"这回就不客气了。他故作惊讶地,几乎是喊道:"酒跌在街上,我的先生!如若我是一个好兄长,我一定笨手笨脚地译做:'一个大酒桶掉下来,碎在街上。'或者:'一个大酒桶掉在街上,而且打碎了。'"

这次是连赞赏过伍氏的胡适也一并捎带上了,注意下面引文中"尝试"

二字，原文中第一个"尝试"旁边特别加了着重号——

> 和伍先生的一比，这也许只是半斤八两，然而我的弟弟们，至少不用尝试，便知道打算。我不相信伍先生是直译，鲁迅先生所谓的直译，因为伍先生是硬译或者死译。他不知道译文也有生命，应该在字斟句酌以外，追寻一种语言的自然的节奏。最好的翻译也是一种创造，这就是为什么，我们那样爱好佛经，因为它自身完美。有时我想，像伍先生这样的名译，真正应该学学隋唐时代的僧侣，不仅仅将这当做一日三餐的生计，而且更加神圣其事，舍了心，发了愿，牺牲一辈子，看做理想跟上去。佛爷笑着脸，鼓着大腹，好叫徒众打进他的脏腑，然后才堪宣讲真谛。我是说，译者应该钻进作者的生命，才不至于有失他的精神。这是事业，是信仰，是真实与美丽的结晶。然后不至于陷进一个永生尝试的圈子。

对这样几本错误百出的书，该怎样处理呢，他说，他回到家，将这五本书放在书架最后最低的一格，一点不想叫弟弟和他纠缠，他怕极了那些无聊的请问，倒不如让他们抱住字典，一个字一个字地自己思索。中学生太老实，人家给什么就吃什么，于是有人看准了他们良弱可欺，便如此这般来和他们开胃。他们全然信托，一点不晓得对方葫芦里卖的什么药，而所谓一服良药者，左不过是走江湖的套数。上了当的，只是我弟弟那群羊羔似的中学生而已。——他的弟弟是无此灾难了，因为有他这个哥哥呵护着，可我们的翻译家呢？

在尽情的消遣之余，他并没有忘了一个忌讳，伍光建毕竟是海内有名望的老翻译家，这样糟践人家，别人能服气吗？对此，这聪明过人的刀斧手，也不是没他的解释。他要让读者彻底地服气。"其实伍先生的译文自有他的特长，就是：他有他特殊的调子，如若有人说我讥讽，我愿意改做老练。不过你不觉得，他有时译的太不费力气？他译得日子久了，而且译熟了，于是一管笔滑了下来。他渐渐失去他早年那点质朴。"再一个原因呢，

"说到《隐侠记》,我现在有时想,固然伍先生译得不坏,而另外还有易于成功的原因:大仲马的文字本身粗窳,简单,容易上笔,而译者何况是根据英文重译。"这么一说,这位译界名宿,真是一无是处了。

最后,得意洋洋地,他要走开了,意犹未尽,又将手中的利刃随手甩了出去,不是对着已颓然倒地的伍老先生,而是对着当时中国文化界的一种不良的风气:"随便翻开哪一本杂志,在标题之下,你一眼看见的是个耳习的或者知名的中国人,如若不是看到最后,有一个小注,简直不知道是创作还是翻译。这和欧西杂志正好来个相反,所以中国杂志比起来进步多了,和一般译者一样,知道了商业化的重要。于是原作者朽矣。"

通观这篇文章,是论文,不也像一篇故事吗?

此文名为《伍译的名家小说选》,值得玩味的是它的署名,不是李健吾,而是刘西渭。这是他第一次使用刘西渭这个笔名。是觉得自己的辞锋太严苛,还是因为其中捎带了胡适而有意回避?不管怎么说,总是个异数。取这个笔名时,他定然想到了九岁时,在渭水西岸那个关中农村,度过的一年多的畅快日子,使枪弄棒,练拳习武,满世界地疯跑。说是纪念,未免言重,更多的考虑是怎样组合成一个让人看了像个真名的名字。西渭,能将他人的猜测引开,或许是哪个陕西人吧。至于取刘姓,想来没有深意,只是这个姓太普通了。要的就是平庸,自有文章去增添它的伟岸。

此后,李健吾又接连在《大公报》文艺副刊上,发表了《中国旧小说的穷途》①和《现代中国需要的文学批评家》。②

在后一篇文章中,他对中国的批评家提出了自己的要求。他说,在我们这样一个不文的时代,一个合格的批评家,不光应当具有书本的知识,鉴赏的能力,了解得透彻,更要具有语言文字的知识。你要以身作则,语言必须说得过去。有时他们在一起谈笑,以为"我们今日理想的批评家,在他自身和一切以外,应该合有鲁迅或者岂明的文笔,赵元任的语言,黎锦熙的文

---

① 刘西渭《中国旧小说的穷途》,1934年10月6日《大公报》文艺副刊。
② 刘西渭《现代中国需要的文学批评家》,1934年12月15日《大公报》文艺副刊。

法,然后才说得上什么批评"。这自然是笑话。

而眼下,中国需要的还不是那样全面的批评家——

> 所以一生气,我们直以为中国现时需要的文学批评家,不是什么这个派,那个派,倒是一个切实而厉害的马莱尔布,因为我们的时代和他的时代几乎全然相似。你这一句话对吗?说的美丽吗?从前这样用过?如今这样说着?我们现在缺乏的正是这样一个迂阔的学究。他从来不管你写些什么,只要你写的属于人性以内。他能够阻拦一个大作家产生吗?不能够。他可以帮忙一部杰作出世吗?可以。这就是我们今日需要的文学批评家。

这,不妨看作他将要对中国文学界负起的责任,一个郑重的个人宣言。然而,截至现在,我们还只能佩服他的伶牙俐齿,聒聒不休,至于他是不是一个优秀的文学批评家,还得等他那些精辟的,就具体作品而写的批评文章发表之后。

《这不过是春天》

"老哥,不是我恭维你,当今写戏的,在中国还要数你。"

1934年春季的一天,在三座门大街十四号《文学季刊》的编辑部里,李健吾和曹禺碰在一起,曹禺颤动着小嘴说,评评这个人,论论那个人,最后把首席留给了李健吾坐。这可怕的有心人,绝口不提他刚完成的杰作。①

其时《雷雨》尚未发表,曹禺还是万家宝。

两位戏剧家有相似的经历。都是少年时就登台演出,且都演过女角,李健吾更是专演女角。曹禺是1930年由南开大学转入清华大学,读的也是外文系,前一年即1933年刚毕业。李健吾回国后,两人即有交往。有一

---

① 李健吾《时当二三月》,1939年3月22日《文汇报》世纪风副刊。

次,曹禺来李健吾家,"我们谈了几小时的话剧运动。其中有一点是关于用语问题,我们以为戏剧语言不应当把自己完全限制于日常的散文对话,诗歌同样是表现的最好的工具——自然什么时候是'最好',却要作家各自去决定"。①

曹禺所以这样抬举李健吾,不是没有道理。就在这年4月1日,李健吾的剧本《梁允达》在《文学》杂志上刊出。

和《村长之家》一样,这个剧本也是以作者家乡晋南农村为背景的,只是人物的性格更其复杂,戏剧的冲突也更其激烈。二十年前,农村财主梁允达在流氓刘狗的挑唆下,为了夺取家产,和刘狗一起杀死了自己的父亲。事后打发刘狗远走他乡。这弑父情结一直纠缠于心。不意二十年后,刘狗又找上门来,他不想收留又不能不收留。他的儿子四喜不务正业,又嫖又赌,急需一笔钱还债。村里另一个财主蔡仁山要借四喜的名义承包军队上的鸦片买卖。刘狗劝梁允达还是自己承包,结果得罪了蔡仁山且败坏了自家的名声。刘狗又挑唆得不到钱还赌债的四喜,去偷他爹,去约部队上的人抢,或者干脆一棍把他爹打死。这样,一切矛盾都集中在梁允达身上。而这时,刘狗又发现老张与四喜媳妇有奸情,并以此要挟老张。老张决定打死梁允达嫁祸于刘狗,不想黑暗中错打了蔡仁山,而蔡仁山认为这是梁家父子所为。矛盾最后的爆发,是刘狗教唆四喜,用鬼魂托梦的血淋淋的描述,触动梁允达的最疼的病根——二十年前的弑父事件。梁允达终于忍无可忍,仗剑追杀刘狗,也完成了自己精神的毁灭。在描写人物内心的冲突上,当时的国内剧坛上,还没有一个剧本达到这样震撼人心的效果。

听了曹禺的恭维,李健吾心里自然是很得意的。他知道曹禺刚写完一个剧本。过后找靳以一问,果然靳以说就在他的抽屉里,只是曹禺还没决心发表,打算先给大家看看,再作道理。靳以和巴金都说,他们被感动了,有些小毛病,然而被感动了,像被杰作感动一样。末后靳以对李健吾说:

---

① 李健吾《〈蝶恋花〉后记》,1942年《万象》第九期。

"你先拿去看看。"

"不,不登出来我不看。"李健吾如是说。

7月1日,《文学季刊》第一卷第三期出版,在剧本一栏里,同时刊出三个剧本。为首是李健吾的《这不过是春天》,第二个是曹禺的《雷雨》,第三个是顾青海的《香妃》。曹禺二字为繁体万字拆成。一般人将这次的署名当启用曹禺笔名之始,实则此前已用这个笔名导演过一出短剧,只是不广为人知罢了。至于将《这不过是春天》排在《雷雨》之前,多年后,李健吾有个风趣的解释,"我不想埋怨靳以,他和家宝的交情更深,自然表示也就更淡。做一个好编辑最怕有人说他徇私。所以,我原谅他"。

他不能原谅的是巴金。"从《这不过是春天》起,几乎没有一出戏不是他逼我的,从我案头抄去的。他的理由是'我爱家宝的戏,也爱你的戏,我都要'。他不写戏,至少不私下写戏,像家宝那样信口所之,兜起我的疑心。巴金是一个不追女人的男人(想想家宝那副做爱的可怜相——朋友都为他担心,然而,滚你们的!他幸福了,有情人成了眷属,如今添了一位千金),说话会可靠的,一个闹恋爱的人一定在朋友面前扯谎。巴金不然,他始终过着流浪的生活,没有比他来去自由的人了,没有比他诚挚的人了(看看他一部又一部的巨著),所以我相信他。也就是这种信心叫我一再上当,一再给他写戏。晓得自己不成器,单只贪图二三知己的赏爱,我便马不停蹄地赶着。我制作的时间从来不长。《这不过是春天》破费了我六天的时间。"①

或许是太长了吧,《雷雨》发表之初,并未引起预期的轰动。直到一年后,在日本留学的吴天、刘汝礼、杜宣等人将它搬上舞台,才引起国内剧坛的关注。反倒是李健吾的《这不过是春天》,从发表之初,就常常被人们谈起,不断地上演着。

这是一出略带忧伤的喜剧,或者说是略带喜剧色彩的悲剧,堪称中国现代戏剧史上的杰作。故事的背景是北伐的前夕。教会学校出身的厅长

---

① 李健吾《时当二三月》。

夫人,曾是一位充满青春幻想的女学生,嫁给警察厅长后,耽于安逸,早已失却先前的天真,成为一个养尊处优的官太太。忽然有一天,她年轻时的情人冯允平找上门来,她又惊又喜。始料不及的是,这位情人正是她丈夫奉命缉拿的革命党。她对冯的爱是真心的,而当堂姐提出让他俩私奔时,又斩钉截铁地拒绝了。不无良知,不无真情,然而,眼下她更需要的是虚荣与享受。于是她想到一个两全之策——

夫　人:也许我从前错过了我的机会,这回我可不会一点力不用,看着放过去。你不能走,你得给我留下。你看见方才那个姓王的,我叫厅长辞掉他,派你来做秘书。对了,你做秘书! 你老要在我的身边,由我差遣,由我使唤! 答应我吧,从明天起你就是秘书!

冯允平:(微笑)像姓王的那样做秘书?

夫　人:不,不,不完全一样。(媚笑)你还兼我一份儿差事。

冯允平:不要胡思乱想。人只有一回年轻。一时一个样子。说实话,我不能够待下不走。

夫　人:不做秘书你也得留下。

冯允平:我跟你说过,我也许不辞而别。

夫　人:试试看,从现在起,我不放你走。

冯允平:除非你派警察扣住我。

夫　人:我一发狠,什么事也做得出来。

冯允平:做了十年纸醉金迷的阔太太,还没有磨完你那点儿energy,你算令人佩服。不过,谁知道? 试试看。

(夫人气极了! 恨不得吃掉他。然而他那样子不太像被人吃的人,于是她反而微笑起来了。)

最后她终于帮他安全逃走。厅长夫人的性格是复杂的,也是美丽的。她是全戏的主角。"爱娇,任性,富于幻想。身上充满着矛盾,纯情挚爱和世俗利益的矛盾,物质享受和精神空虚的矛盾,青春不再和似水流年的矛盾,强烈的虚荣心和隐蔽的自卑感的矛盾,最后是在千钧一发之际的危机中,一线良知解开了她纠结如乱发的矛盾,挽救了她彻底的堕落"。这是柯灵先生对这个人物的分析,可说是很精确的。①

不足之处是,最后一句言重了。不存在堕落,也不存在挽救,各人有各人的心志。冯允平给如今的厅长夫人,当年的情侣,用那么婉转的口吻,讲了那么一通大道理,她轻轻一句就全驳了回去:"所以我没有嫁给穷人,所以我还可以使个小性子。"

应当说,这是一个真正的女人。她忠于旧情,也怀恋旧情,但她也知道这个男人不会真的去做她丈夫的秘书兼她的姘头。较之温存,她更其看重他的情意(危急时刻来找她),她满足了,她放走了他,让他去做男人的事业。她做了一件在她看来是神圣的事情,对一个女人来说也确实是神圣的事情。

这样理解,也就不难明白这出戏为何在解放前长演不衰,尤其不难理解它为何那样牵动女学生的心魂了。现代话剧从文明戏发展至今,从来没有一个戏剧,塑造出这样一个丰满动人而又千娇百媚的女人形象。

写这个剧本,李健吾用了六天的时间,而这几天中的一天恰是新婚妻子的生日,为略表歉意,也可以说是一种得意,发表时,他特意作了个小注:"芬的生日礼。"事实上,怕也只有在婚后的幸福生活中,对女性有了更多的体验与憧憬,才能写出这样充分展示女性魅力的剧本。1936年,此剧与其他两剧合为一书,仍名《这不过是春天》,由商务印书馆出版,李健吾在《序》中说——

> 《这不过是春天》原是二十三年暮春的一件礼物,送给某夫人做生日礼的,好像春天野地的一朵黄花,映在她的眼里,微微逗她一笑。连题目算在里面,全剧只是游戏,讽刺自然是不免,但是不辣却也当真,

---

① 柯灵《李健吾剧作选·序》。

据我所知,女学生比较容易,也爱扮这出喜剧。

确也是的。剧本发表后,当年秋冬之交的一天,李健吾收到北平贝满女中高年级学生的一封请帖,说她们为了什么纪念,不公开地在学校上演这戏,约请作者去指导一切。他不曾"指导",只是届时坐在台下看戏。一座小小礼堂里挤满了人头,十之八九全是女孩子。从她们那清脆的笑语声中,他结识到她们那天真烂漫的心灵。那些演员,那些女孩子扮的角色,特别是男角色,在若干简陋的桌椅中间踱着,讲着,好像来在梦之国,好像踏在落花三尺的仙境,她们是可爱的不真实,是不真实的生动。吸引他的不是戏,而是她们鱼在水中游来游去的恍惚的感觉。忽然,他听见剧中的革命者说道:还有,在教会学校挂个名儿,念念英文,一礼拜去上三天四天……

他有些吃惊,这个贝满女中正是一所教会学校啊。偷觑着四周的女孩子,奇怪的是她们似乎一无所悟,被什么可玩的东西吸了去,静静地领会那熟悉的声音所表达的生疏境界。

同年冬,北平第一女中公开举行游艺大会,《这不过是春天》被列为主要节目。这次李健吾没有去看。第二天听朋友说,公安局临时派人通知,禁止上演《这不过是春天》。

最成功的演出,或许该是中华留日同学会在日本的演出。时间为1935年10月12日和13日。因为女演员的缺乏,作者函告翻译剧本的梁梦回,将女仆改为男仆。

戏剧界的人士也很推崇这个剧本。欧阳予倩先生不止一次对作者说,他喜欢这个戏,而且还在语调上下过一番功夫,加过一些注释。①

在李健吾的写剧史上,《这不过是春天》的意义在于,找到了最适合自己心性的戏剧形式,这便是性格喜剧。此后他的戏剧创作,无论是写农村生活,还是写学府生活、都市生活,大都采用喜剧形式。英国学者波拉德说——

---

① 李健吾《放下〈这不过是春天〉》,1939年3月25日《文汇报》世纪风副刊。

李健吾最好的剧作都是喜剧,它们与同时代的喜剧相比,在题材的艺术风格上均有很大的差异,陈白尘、丁西林、徐訏等人的喜剧多属于纠缠不清的闹剧、政治讽刺剧或说理性的幽默剧之类作品,很少有性格喜剧,而李健吾喜剧的主要贡献就在于给中国舞台增添了性格刻画细腻、完好的喜剧人物。①

"这不过是春天",是个剧名,也是个信号。对李健吾的创作来说,这一时期所写的一切,包括这个剧本,都不过是春天,一个开花的季节,往后还要有枝叶繁茂的夏天,硕果累累的秋天。

心灵的探险

宣言如同标帜,既已树起,若是军营,应有可资驱遣的虎贲之士;若是酒家,则应烧起熊熊的炉火,瓢勺叮当,做出可口的菜肴。李健吾未必见不及此,然而,在发了那个宣言之后的好长一个时期,整个1935年前半年,他并没有拿出具体的令人信服的,对新文艺作品的批评文章。

他顾不上。他在整理《福楼拜评传》,订正资料,精心润饰,不敢有丝毫的懈怠。再加上,论文《包法利夫人》发表后,众口交誉,是刊物的需要,也是自家的兴致,又接连发表了一些论文和散文,如《福楼拜的内容和形体一致论》、《"牛皋"》等。

1935年夏天,《福楼拜评传》完稿,腾出手来,他要补上这个缺憾。

这是泛论。还有一个具体的情由。这年7月,郑振铎出任上海暨南大学文学院院长,当即聘任李健吾为外文系专任教授,也就是说,9月初开学前,他就要离开北平去上海了。在北平的两年,纵是新婚期间,没有正式工作,心情并不愉快,是自己的本事也多亏了一班朋友的照拂,才能混迹文

---

① D.E.波拉德《李健吾与中国现代戏剧》,1982年《文学研究动态》第二十三期。

坛,建树声名,也才能得到专任教授这个职位。他得报答。这一点,从他离开北平前后,所评作品的作者名姓上,不难看出,沈从文、曹禺、林徽音、何其芳、巴金、罗暟岚、卞之琳,几乎全是交情甚笃的朋友。

毫不奇怪,也无所谓偏私。人生的成功,多非某种理念的预设,风起于青蘋之末,伟大的业绩,常是从凡俗的情感起始,只要出于真诚。在凡俗的真情与伟大的业绩之间,有一条暗道相通,只要里面注满人性的泉水,这边看去不免浑浊,那边流出的,却是冷冽清澈,不含一点杂质。

司马长风在《中国新文学史》中说,李健吾后来收集成书的《咀华集》所评论的作家,除了前面提到的,还有废名、蹇先艾、萧乾、李广田,这十一个人中,"除巴金外,其余都是不被社会文艺界人们所注意的"①。这话大致不错,却不能说是全对。不错在于,这些人大多尚无藉藉之名,不为社会所注意。不全对处在于,这些人的实力,已被文艺界所认知,有的也可说是文名满宇内了。比如沈从文,发表作品之多不用说了,光编辑《大公报·文艺副刊》一点,就足可称为北方文坛之重镇。他们的声名,即使当时不是赫赫,过后也会为世人所熟识。李氏的功绩在于,他以独具的眼力,精辟的语言,及时地分析了,也是总结了这些作家艺术上的优长,有的还指出其不足。为这些作家日后的成熟与成功,给了切实的指点。当然不是全部,仅限于其中那些服气他的批评的人。好在这些人占了多数。至于声名的影响,社会的认知,一篇几千字的评论文章,怕难有多大的效用。

知道了这些,也就不难明白他为什么将第一篇作品评论,奉献给了沈从文;只能说是这一时期的第一篇,因为早在清华时期,他就评论过蹇先艾的《朝雾》了。

另有一个小小的说辞,或许也是促成此事的机缘。

李健吾的评论文章,名叫《〈边城〉与〈八骏图〉》,写于1935年8月7日,发表在同年9月16日出版的《文学季刊》第二卷第三期上。第二年12月,与其他文章结集出版《咀华集》时,始改名为《边城》。严格点说,这个文章

---

① 司马长风《中国新文学史》中册,香港昭明出版社1978年再版。

的名字,也像他的论文《包法利夫人》一样,都应当写作《〈包法利夫人〉》、《〈边城〉》,这是李氏写文章的一个习惯,我们只能尊重。

小说《边城》写于1934年春,连载于同年《国闻周报》第二卷一、二、四、十、十六诸期,即同年夏季。出书则在同年10月。注意一下这里的时间差。也就是说,李健吾是在《边城》发表一年后,出书十个月后,才著文评论的。此中定有蹊跷。

原来是,1935年第一卷第四期的《读书顾问》杂志上,汪馥泉、王集丛的文章《一年来的中国小说——沈从文的〈边城〉》中,对《边城》是有所非难的。以为"其所表现的思想,便是生活于现实社会中而神往于过去的一部分人的生活意识的艺术的反映","与现实的状况和要求不合适,所以这又伤害了小说《边城》之社会的艺术价值"。

时过境迁,再去找人家的后账,有些迟了。正巧这时,1935年8月1日,沈从文在《文学》杂志第五卷第二期上发表了小说《八骏图》,李健吾便顺手将它拉来做了陪衬。8月7日,几乎可说是在看到《八骏图》的当天,写了他的评文。这样也就不难理解,全文中,何以论及《八骏图》的文字会那样少,后来收入集子时,又从题目中将《八骏图》剔去。

同样,也就不难理解,文章一开始,何以那么气势汹汹,全没了他惯常的从容与幽默。虽是气势汹汹,不从容也不幽默,却不乏对文艺批评的卓见高识——

> 我不大相信批评是一种判断。一个批评家,与其说是法庭的审判,不如说是一个科学的分析者。科学的,我是说公正的。分析者,我是说要独具只眼,一直剔爬到作者和作品的灵魂的深处。一个作者不是罪人,而他的作品更不是一片罪状。把对手看作罪人,即使无辜,尊严的审判也必须收回他的同情,因为同情和法律是不相容的。欧阳修以为王法不外乎人情,实际属于一个常人的看法,不是一个法家的态度。但是,在文学上,在性灵的开花结实上,谁给我们一种绝对的权威,掌握无上的生死?因为一个批评家,第一先得承认一切人性的存

在,然后才有完成一个批评家的使命的机会。①

显然,当时不光有《读书顾问》上那样彰明的非难文字,还有些文艺界同行的私下非议。这也是李健吾不能容忍的。接下来,他说,在我们没有了解一个作者以前,我们往往流于偏见——一种自命正统然而顽固的议论。这些高谈阔论和作者作品完全不生关联,因为作者创造他的作品,倾全灵魂以赴之,往往不是为了证明一种抽象的假定。一个批评家应当有理论,这种理论不是死硬的教条,乃是合起学问与人生而思维的结果。同时还得明白,再好的理论,也仅是一种强有力的佐证,而不是独一无二的标准;一个批评家应当从中衡的人性追求高深,却不应当凭空架高,把不相干的同类硬扯上去。普通却是最坏而且相反的例子,把一个作者由较高的地方揪下来,揪到批评者自己的淤泥坑里。一个公允的批评家,应当做到不奢求,也不妄许。在批评上,要比在财务上,更能明白人我之分。

这就是为什么,稍不留意,一个批评者反而批评的是自己,指摘的是自己,暴露的是自己,一切不过绊了自己的脚,丢了自己的丑,返本还原而已。说到这儿,李健吾引用西方的一个典故来说明这个道理:有人问他的朋友:"我最大的奸细是谁?"朋友答道:"最大的奸细是你自己。"

火气太盛了,他意识到了,于是放平自己的心情,加以解释,说他所以不得不在正文之前唱两句加官,是因为眼前要论列的,不仅仅是一个小说家,而且是一个艺术家。在今日小说独尊的时代,小说家多如过江之鲫,不得不以此稍加区别,以表示各个作家的造诣。这不是好与坏的问题,而是性质的不同。例如巴尔扎克是个小说家,甚至可说是伟大的小说家,然而严格地说,不是艺术家,更遑论乎伟大的艺术家。为方便起见,我们可以说他是人的小说家,而福楼拜却是艺术家的小说家。前者是天生的,后者是自觉的。同是小说家,不属于同一的来源。性格完全不同,一切完成这性格的也各个不同。沈从文便是这样一个渐渐走向自觉的艺术的小说家。

---

① 刘西渭《边城》,《咀华集》,文化生活出版社1936年初版。

这评价,不是高了低了的问题,而是石破天惊,将沈从文的小说艺术(注意,不仅是一篇《边城》或《八骏图》),做了一个时人绝难接受的界定。在大家寥落的世界文学的星空,给了他一个无分轩轾的位置,惟一的差别仅在于"渐渐"二字。

意犹未已,他还要用他丰博的知识,将沈从文的小说,与当时国内的小说名家,乃至世界的小说名家作一比较。不是拉齐,更要超过,——他真是有些疯了。

先与国内的小说名家废名作比较。他说,有的人的作品叫我们看,想,了解,然而沈从文的小说,是叫我们感觉,想,回味;想是不可避免的步骤。废名的小说似乎可以归入后者,也即和沈从文的小说同样是叫人感觉,想,回味。一个"似乎",已预伏下杀机。"然而"一转,他说,废名根本上就和沈从文不一样。废名仿佛一个修士,一切是内向的,他追求一种超脱的意境,而这意境本身,仅是一种交织在文字上的思维者的美化的境界,而不是美丽自身。这话说白了,就是,废名作品的美,是文字的,刻意经营的。而沈从文不同,他不是一个修士,他热情地崇拜美,在他的艺术的制作里,他表现一段具体的生命,而这生命是美化了的,经过他的热情再现的。大多数的人可以欣赏他的作品,因为他所含有的理想,是人人可以接受,融化在各自的生命里的。

纵然有这样的不同,无意否定废名的艺术上的追求,李健吾补充说,废名的作品,一种具体化的抽象的意境,仅仅限于少数的读者,因而,他永久是孤独的,简直是孤洁的。他那少数读者,虽然少数,却是有福的,正如耶稣对他的门徒所说的那样。

再与世界上的名家作比较。沈从文是一个认真热情的人,有了过多的同情给他所创造的人物,便难以冷眼观察世相,然而他晓得怎样揶揄。在他的作品里,揶揄不是一种智慧的游戏,而是造化的不意的转变,也即是命运。司汤达也是个热情人,然而他的智慧或者不妨说是狡猾,知道撒谎,甚至取笑自己。乔治·桑同样是个热情人,然而博爱为怀,不惟抒情,而且说教。沈从文是热情的,可他不说教;是抒情的,然而更是诗的。他的作品的情趣和细致,不管写到怎样粗野的生活,能够有力量叫你信服他那玲珑无比的灵魂。《边城》就是一首诗,是二佬唱给翠翠的情歌;《八骏图》则是一首绝句,犹如那位女教员留在沙滩上神秘的诗句。与其说作者是诗人,更是艺术家。在他的制作之中,艺术家的自觉心是真正的统治者。诗意来自材料或者作者的本质,而调理材料的,不是诗人,却是艺术家!

颂扬如同诬陷,你得一一坐实。

批评者比我们更懂得这个道理。

接下来,李健吾依次分析了《边城》中,沈从文在艺术上的超卓之处。

他知道怎样调理他需要的分量。他能把丑恶的材料提炼成功一枚无瑕的玉石。他有美的感觉,可以从乱石堆里发现可能的美丽。这也就是为什么,他的小说具有一种特殊的空气,现今中国任何作家所缺乏的一种舒适的呼吸。

他能把一切都写得那么可爱。似乎有意,其实无心,他要读者抛下各自的烦恼,走进他理想的世界,一个肝胆相见的真情实意的世界。人世坏吗?不,还有好的,未曾被近代文明沾染了的,看,这角落不是!这里的人物全都可爱,各自有一个厚道然而简单的灵魂,他们心口相应,行为与思想一致。他们是壮实的,冲动的,然而有的是向上的情感,挣扎而且克服了私欲的情感。对于生活没有过分的奢望,心力全用在别人身上:成人之美。老船夫为他的孙女,大佬为他的兄弟,倒过来,孙女为她的祖父,兄弟为他的哥哥,无不先人后——无己。当然,他们也都认命,安于命。

他描写少女思春,最是天真烂漫。他好像生来具有一个少女的灵魂,观察的不是别人,而是自己。

不是漫无边际。作为一个自视甚高的批评家,李健吾知道,艺术批评的生命,在于度的把握。缺憾不是单独的存在,多与优长互相依存。正是以上的优长,导致了这部小说的缺憾:这些人物属于一个共同的类型,不是个个分明,各自具有一个深刻的独立的存在。沈从文先生在画画,不在雕刻;作者对于美的感觉叫他不忍心分析,因为生怕揭露人性的丑恶。临了,用诗一样的语言,给《边城》以总体的评价——

《边城》便是这样一部 idyllic 杰作。这里一切是谐和,光与影的适度配置,什么样的人生活在什么样的空气里。一件艺术作品,正要叫人看不出是艺术的。一切准乎自然,而我们明白,在这种自然的气势之下,藏着一个艺术家的心力。细致,然而绝不琐碎;真实,然而绝不教训;风韵,然而绝不弄姿;美丽,然而绝不做作。这不是一个大东西,然而是一颗千古不磨的珠玉。在现代大都市病了的男女,我保险这是一副可口的良药。

法朗士称文艺批评为"心灵的探险",李健吾在自己的文章中也引用过法朗士的这个说法。鉴于李健吾的批评文章活泼流畅,细致深人,切合作者的心性,时人便称他的这类文章为"心灵的探险"式的文学评论。这篇评《边城》的文章,最能代表李健吾文学评论的特色。

经过三十年时光的磨砺,到了八十年代中期,中国文化界终于出现了一个沈从文热,其中叫得最响的,就是这部《边城》。后来一切的颂扬,有的不免琐碎,有的不免肉麻,其要旨,其精髓,都没有出乎李健吾当年的评价之外。他那些当初看似不着边际的大话,一句一句都落到了实处。

艺术的良心

评罢《边城》,又评《雷雨》。

李健吾年轻时写文章,有个要不得的坏毛病,就是常常不署写作的时间。这给后人的研究带来极大的不便,比如那么重要的《福楼拜评传》,完了也就完了,光秃秃的什么也没有。零散的小文章,更是这样。谢天谢地,评《边城》和《雷雨》的两篇都署了时间。前文为 1935 年 8 月 7 日,后文仅署 1935 年,发表在同年 8 月 24 日的《大公报》上,略去发表所需的时日,可说是写罢前文接着又写了后文。

评《雷雨》和评《边城》,李健吾的心态不尽相同。评《边城》,是作者已获大名，而作品发表后，不惟没受到重视，反受到非难，有仗义执言的意思；《雷雨》是作者的处女作，发表之初虽未受到世人的重视，"现在可以说做甚嚣尘上"，加以评论，有以正视听的成分。相同处在于，都是朋友的作品，都怀着一腔的赤诚，且都是在作品发表一年之后。

有趣的是，曹禺的《雷雨》与李健吾的《这不过是春天》两个剧本，发表在同一期的《文学季刊》上，排列还是《这不过是春天》在前，《雷雨》在后。这说明不了作品的优劣，不过是因为，当时李健吾已是颇负盛名的戏剧家，而曹禺尚不为人知。

《雷雨》发表后，起初只是文学圈里的人，称赞作者的才华。直到第二年4月间，才由一批留日学生，以"中华同学新剧公演会"的名义，在东京的神田一桥讲堂首次公演。夏天，天津师范学院的孤松剧团又排演此剧，8月17日、18日，在该校礼堂正式公演。8月24日到29日，《大公报》连载不凡的《〈雷雨〉的演出》，报道演出的盛况。此外，《大公报》还发表了冯叔的《〈雷雨〉的预演》、白梅的《〈雷雨〉的批判》，推波助澜，一时间《雷雨》成了海内文艺界瞩目的宁馨儿。

如此盛誉，《雷雨》自然当之无愧。此中有它必然的缘由。天高云淡，水落石出，话剧，这外来的娇贵的花木，在中国文艺的园圃里，还是嫩弱的芽苗，它的天空仍是一片混沌，它的源头仍是汩汩的浅流。除了少数天分高，又汲取西方滋养的杰出剧作家外，尚未产生过让人耳目一新的作品。曹禺便是这少数人中的一个，也是其中最幸运的一个。李健吾也是这少数人中的一个，不同处在于，却是其中最背时的一个。这是后话。不管怎么说，当时曹禺及其《雷雨》获此殊荣，自在情理之中。

是朋友，是同行，情谊与艺术的双重催迫，李健吾觉得自己有责任，有能力更有魄力，在这一片喧嚣之中，廓清浮尘，对《雷雨》做出公允的评价。心境平和，与评《边城》的躁急不同，他又恢复了惯常的从容与幽默——

> 曹禺原即万家宝先生，《雷雨》是一个内行人的制作，虽说是处女作，勿怪立即抓住一般人的注意。《雷雨》现在可以说做甚嚣尘上。我

来赶会也敬一炷香,想来虽在发表一年之后,总可以用句道远心诚,恕了自己吧。在中国,几乎一切是反常的。举一眼前的例,剧本便要先发表,而后——还不见得有人上演。万一上演,十九把好剧本演个稀糟。《雷雨》便是这样一个例。在中国写剧评,不是有意刻薄,实际也是根据书本来估量,反比根据演出的成绩要正确些。①

李健吾认为,无论有意还是无意,在《雷雨》里面,作者运用了两个东西,一个是旧的,命运,中国古已有之的旧东西;一个是新的,环境和遗传,十九世纪以来的新东西。遗传不如环境明显,作者真正用力写出的,是环境给人的影响的巨大。举例来说,同是一父母所生,周萍颐养在富贵人家,便成了一位"饱暖思淫欲"式的少爷,鲁大海流落在贫苦社会,便成了一位罢工的领袖。这点儿差别,从剧中两个有力而巧妙的巴掌最能看得出来。第一个巴掌,是第一幕里周萍打鲁大海,打得鲁大海暴跳如雷;第二个巴掌,是第四幕里,鲁大海打周萍,打得周萍忍气吞声。这两个前后气势不同的巴掌,不仅表示剧情的演进,也正透示在不同的环境之下,性格不同的发展。

至于命运,全剧中,处处让人感到一种鬼使神差的恍惚。否则,二十年前的种子,二十年后怎么会开花结果?临尾,鲁侍萍痛苦地喊道:"天知道谁犯了罪,谁造的这种孽!"真正应该负起这罪孽的是周朴园,可他却活了下来,硬挣挣地活了下来,不似那两个女人,全疯了。表面看起来,似乎作者放过了周朴园,往深处一想,马上就能明白作者的深意:活着的人并不是快乐的人,越清醒,越痛苦。然而,在整出戏上,观众却难有切实的感受。终不免让人感到,周朴园太走运了,作者在笔下放了他的生。

命运是一个形而上的努力吗?不是!一千个不是!它藏在人物错综的社会关系和人物错综的心理作用里。什么力量决定而且隐隐推动全剧

---

① 李健吾《雷雨》,初收《咀华集》,后收入《李健吾戏剧评论选》,中国戏剧出版社1982年出版。

的进行呢？在李健吾看来，一个旁边的力量，是鲁大海的报复观念；一个主要的力量，便是周蘩漪的报复观念。

接下来，分析了鲁大海和周蘩漪这两个人物性格的成败得失。

鲁大海是代表一个阶级，一个被压迫阶级，十年后，来和统治阶级的父亲算账。他无情，因为社会就没有把情感给过他；他要牺牲，结局是他被牺牲。本来是一个很好的悲剧性格，可惜的是，作者为了主题的需要，而没有给他更多的人情。第四幕里，他追到周府，要打死周萍，但是就在周萍闭目等死的时候，他不惟不打了，反而将枪送过去："我知道我的妈。我妹妹是她的命，只要你能够多叫四凤好好地活着，我只好不提什么了。"这里有很好的戏剧效果，杀而不杀。不过效果却要出于性格和自然与必然的推测。在这句话下，李健吾特意加了一个注，其中说："作者或许想把鲁大海写成一个新式的英雄，但是因为生活的关系，往往停留在表皮，打不进这类人物内心的存在。《子夜》里面的某工头和这里的工头在同样的情形之下失败。"据此，他认为《雷雨》里面，最成功的性格、最深刻而完整的心理分析，不属于男子，也即是说，无论周朴园，还是鲁大海，在性格的塑造上，是有缺憾的，如若不说是失败的话。

成功的是妇女，是周蘩漪。什么使这出戏有了生命？正是这位周太太，一个"母亲不像母亲，情妇不像情妇"的女性。就社会不健全的组织来看，她无疑是一个被牺牲者；然而谁敢同情她，我们这些接受现实传统的可怜虫？这样一个站在常规道德之外的反叛，旧礼教绝不容纳的淫妇，主有全剧的进行。她是一只沉了的舟，在将沉之际，如若不能重新撑起来，她宁可人舟两覆；这是一个火山口，或者犹如作者所谓，她是那被象征的天时，而热情是她的雷雨。她什么也看不见，她就看见热情；热情到了无可寄托的时际，便做成自己的顽石，一跤绊了过去。再没有比从爱到嫉妒到破坏更直更窄的路了，简直比上天堂的路还直还窄。但是，这是一个生活在黑暗角落的旧式妇女，不像鲁大海，同是受压迫者，他却有一个强壮的灵魂。她不能像他那样赤裸裸地无顾忌；对于她，一切倒咽下去，做成有力的内在的生命，所谓热情也者，到了表现的时候，反而冷静到像叫你走进了坟窟的程度。于是你更感到她的阴鸷、她的力量、她的痛苦;你知道这有所顾忌的主妇,会无顾忌地揭露一切,揭露她自己的罪恶。

本来是一个多么充实的戏剧性人物,然而,让人遗憾的是,作者却不把戏全给她做。戏的结局不全由于她的过失和报复。对此,李健吾知道怕难以让作者服气,遂在下面的小注里,以一个戏剧家的眼光,做了进一步的阐释:"作者用力把重心点放在周太太身上,甚至于牺牲了周老爷的疼心,我们完全同意。不过作者的头绪似乎多了些,而第四幕必须结束,于是就剩下我们受惊,也不知道同情谁好了。我们的注意反而散在不知谁的身上去了。实际是,作者要我们同情他所有的人物,特别是两个疯了的太太。"纵然有这么些缺憾,李健吾认为《雷雨》仍不失为一出动人的戏,一部具有伟大性质的长剧。作者卖了很大的气力,这种肯卖气力的精神,值得我们推崇,这里所卖的气力也值得我们敬重。作者如若能稍微借重一点经济律,把无用的枝叶加以删削,多集中力量在主干的发展,用人物来支配情节,则我们怕会更要感到《雷雨》的伟大,一种罗曼蒂克,狂风暴雨的情感的倾泻,材料原本出自通常的人生,因而也就更能撼动一般的同情。

李健吾的评论文字,就是这样枝叶披覆,葳蕤生光。在他自己,是一个有机的浑然,在读者,骤然看去,却不免繁复,零乱。对作品艺术上的分析,成功与失败,虽说句句切中肯綮,却因了这披覆,这意象的纷呈,难作条缕的辨析,是他的高明,却是读者的不幸。若有会心去体味,又是取之不尽的享用。

成功处给以充分的肯定,失败处也绝不姑息,同样要给以明晰的判决。这是李健吾批评文字的一个最为显著的特色,为读者赞赏处在这里,为某些人嫉恨处也正在这里。

因了学识,因了才气,或许还得加上父亲性格的遗传,李健吾是个坦诚到天真的人。他以往的剧作,凡受了他人的影响,或者有所模拟,都在序跋一类的文字中如实说出。他觉得这是情理中的事,影响仅是影响,就是模拟也并不丢人。1927年4月,《赌与战争》在《晨报副刊》发表,李健吾在《附告》中说:"看这出短剧的人,我希望你能再看一篇,是辛格(Synge)的 The

Bider to the Sea(骑马下海的人)：两篇主旨或者一样，而他的要比这篇高出万倍，虽然事实不同，说不上模拟。"其时作者尚是个大学生，可说是纯洁，也可说是不晓世事。

1937年6月，《一个没有登记的同志》在《文学杂志》发表，在《附记》里，先说当年上清华时，他曾看过王文显先生的《白狼计》的演出，还曾想译出此剧，因剧本遗失未果。这年3月某日，在理发馆理发，脑内忽然浮出《一个没有登记的同志》的人物形象，后来写成，觉得情节有些仿佛。誊清之后，一位朋友让他看看阿英的《春风秋雨》，说与其中一幕很相似。"我虽说直到现在还没有拜读阿英先生的杰作，但是朋友的话，一定可靠。所以，我愿意读者知道：《一个没有登记的同志》并不是什么创作，虽说绝不是抄袭。我最可惜的是：那出《白狼计》永远不会问世了，否则，读者就可以证实我多应该佩服它的技巧。但是，还有一部著名的小说，情节也大致相仿，就是狄更斯的《双城记》。"像这样，将自己剧作的家底一一抖出，如果不是愚痴，那就只能说是心地的磊落了，而这样一个富有才情的人，任谁也不能说是愚痴。

不对，还是愚痴。他忘了人己的不同。在评《雷雨》的文章中，是对朋友的关爱，也是对艺术的负责，他视朋友的作品如同己出，发现了某些蛛丝马迹，便直言不讳地点破——

> 说实话，《雷雨》里最成功的性格，最深刻而完整的心理分析，不属于男子，而是妇女。容我乱问上一句，作者隐隐中有没有受两出戏的暗示？一个是希腊欧里庇得斯（Euripides）的 Hippolytus，一个是法国拉辛（Racine）的 Phèdre，二者用的全是同一的故事：后母爱上了前妻的儿子。我仅说隐隐中，因为实际在《雷雨》里面，儿子和后母相爱，发生逆伦关系，而那出戏，写的是后母遭前妻儿子拒绝，恼羞成怒。《雷雨》写的却是后母遭前妻儿子捐弃，妒火中烧。然而我硬要派做同一气的，就是作者同样注重妇女的心理分析，而且全要报复。

够客气的了。"隐隐中有没有受两出戏的暗示?"措辞之谨慎,全不像出于李健吾的笔下。这句话,给了聪明的作者,也可以理解为,这是说他的剧作与欧洲的古典剧作一样的伟大。然而,随着《雷雨》的上演,社会上连篇累牍的评论,骤然而至的荣誉,剧作家接受不了这委婉的"暗示"。1936年初,《雷雨》由文化生活出版社出版,曹禺在《序》中对李健吾的批评表示了自己的不满,以为是恶意的诬陷——

> 我很钦佩,有许多人肯费了时间和精力,使用了说不尽的语言来替我的剧本下注脚;在国内这些次公演之后更时常地有人来论断我是易卜生的信徒,或者臆测剧中某些部分是承袭了 Euripids 的 Hippolytus 或 Racine 的 Phèdre 的灵感。认真讲,这多少对我是个惊讶。我是我自己——一个渺小的自己:我不能窥探这些大师的艰深,犹如黑夜中的甲虫想象不来白昼的明朗……如若我能绷起脸,冷冷生生地分析自己的作品(固然作者的偏爱总不容他这样做),我会再说,我想不出执笔的时候我是追念着哪些作品而写下《雷雨》,虽然明明晓得能描摹出来这几位大师的遒劲和瑰丽,哪怕是一抹,一点或一勾呢,会是我无上的光彩。

无意间罹此祸殃,再写专文驳难,不免小题大作,然而,心中总有些抑郁不平。正好这时,李健吾要给萧乾的《篱下集》写评论文章,便顺手作了讥嘲。不是有意为之,酣畅的文思到了这儿,情难自已,便流泻了出来。在说到萧乾的小说,"用心叙述人世的参差,字里行间不免透出郁积的不平",这种愤慨,正是卢梭在《爱弥儿》里面反复陈说的正义,李健吾引用了卢梭的两段话,第二段是:"他的样子坦白而自由,绝非无理而虚荣;他的面孔惟其没有贴过书本子,绝不垂在胸口;你用不着对他讲:抬起头来!……不用妄想他说什么好听的话,……他会给你讲他犯的或者心想的过错,一点不在乎你听了要起什么反应,信口开河,就和他做下好事一样;……他的观念有限制,然而清楚,如若他生下来什么也不知道,经验却教够了他;如若他读书比不上另一个孩子,他倒好念自然;……他只知道说一种语言,然而说什么算什么。"省略号为李文原有。接下来笔锋一转——

> 引到这里,我得赶紧加上一句,这和我们的作者毫不相干,因为最近读到曹禺先生《雷雨》的序,以为我"臆测剧中某些部分承袭了欧里庇得斯(Euripides)的《希波吕托斯》(*Hippolytus*)或拉辛(Racine)的《费德尔》(*Phèdre*)的灵感"。实际,我要是说到《雷雨》的故事和二位先贤采用的故事相似,我还不至于蠢到(我凭信读者的聪明)把一部杰作看作另一部杰作的抄袭。故事算不了什么,重要在技巧,在解释,在孕育,在彼此观点的相异。欧里庇得斯挡不住我们欣赏拉辛。而二者同样挡不住第三者的问世。拉辛在序里一口承认他故事的来源,但是他相信他要是没有一个更好的写法,至少他有一个不同的写法。文学没有绝缘体,即让是一个创作的奇迹,也难免息息相通。莫里哀说他随手拾取他觉得可用的材料;他并不因而有所愧赧,在故事里面,还有比爱情更老更俗的?然而人人看不出她的皱纹,永久把她当做少艾。①

想来李健吾所以敢说曹禺曾受过欧里庇得斯和拉辛的影响,不会是仅凭着对剧本的分析。两人同是清华大学外文系出身。曹禺由南开大学转学进入清华大学的那年,李健吾毕业留校做了系主任王文显的助教。王文显为学校购买了大量欧美戏剧名作,曹禺又未出国留学,他的阅读范围,李健吾是心中有数的。

现在要说的是,曹禺的《雷雨》究竟有没有受到欧洲经典戏剧的影响?——不用李健吾的"暗示",也不用曹禺的"承袭",拉平了,且用"影响"这个中性词语。

一个事实是,1935年春天在日本茅琦海滨,杜宣和两位日本青年学

---

① 李健吾《篱下集》,初收入《咀华集》,后收入《李健吾文学评论选》,宁夏人民出版社1983年出版。

者,决计将《雷雨》搬上舞台,讨论中,三人一致认为"《雷雨》虽然受到欧洲古代命运悲剧和近代易卜生的影响很大,但他是中国的,是戏剧创作上的重大收获"。①可见,发表之初,明晰欧洲戏剧史的人,是一眼能看出的。李健吾惟一的过失,是将这一点直白地说了出来。

若说《雷雨》仅是受了欧洲古代命运悲剧和近代易卜生戏剧的影响,那么后来的《原野》,就绝不仅止于影响了。1920年现代戏剧的奠基人奥尼尔写了话剧《琼斯皇》,几年之间,中国就有了洪深的《赵阎王》、伯颜的《宋江》、谷剑尘的《绅董》三部模拟之作。不必说是模拟了,该说是借鉴,曹禺的《原野》已是第四部。"在《原野》中,人物的独白、幻觉的处理、场景布置、音响效果,及根据人物意识流动组织戏剧动作的结构方式,都受到《琼斯皇》的启迪。"这是《中国现代比较戏剧史》中的客气的说法。②这一节的题目叫《戏剧接受外来影响的一次飞跃》,据此至少可以说,《雷雨》与《原野》,都是接受过"外来影响"的了。

这是中国文坛的一桩公案,现在还是公案。实际上,承认这种影响,一点也没有否认曹禺作为戏剧大家的历史业绩。

可悲的是李健吾。他说清了理,他出了气。眼下没什么,他的声名,他的地位(如果文艺界也有地位的话),还有三十年代中国文艺界同人间那种自由的风气,都可以给他这种方便。待世事变迁之后,他才会感觉到点别的什么。

他的性格成全了他,也害苦了他。成全了他的事业,害苦了他的遭际。人生的悲剧,都是性格的悲剧,他最为服膺的这句话,放在他身上最是切当。

删削的情书

从1934年7月起,李健吾陆续在《文艺风景》、《文学》、《现代》、《水星》

---

① 杜宣《忆〈雷雨〉首次上演》,《文汇报》1957年12月15日。转引自田本相《曹禺传》,北京十月文艺出版社出版。
② 《中国现代比较戏剧史》(田本相主编),文化艺术出版社1993年出版。

等杂志上发表了一组游记散文,大多是写回国前在意大利几个城市的游踪。1935年夏,将写意大利的几篇合为一个集子,取名《意大利游简》,并写了《前言》。书中附了许多珍贵的照片,秦宣夫为这些照片写了说明文字。1936年4月由上海开明书店出版。

游历的情景,在前一章中已有详尽的介绍,这里只谈成书的经过及其价值。

八十年代初,编选《李健吾创作评论选集》时,李健吾在《序》中说:"《意大利游简》是我从国外给我未婚妻的书信,回国后,她把这些书信又给了我,我就交给开明书店出版。"[①]据此可知,这些游记文章就是当年的情书。

不会那么简单。

应当说,这是些精心删削了的情书。删削的原则,体现了李健吾当年的艺术追求。他承认自己生来有一个小小的限制,就是少把自己赤裸裸地献给读者。如果献给读者,他的态度一定是极其冷静,极其玩世不恭,处理自己,和对待外人,正是一般无二,不稍假借。但是走到这条自我分析的路上,却经过好些年月,多少心力,才慢慢把自己洗出情感的翳障。这不是说,他没有热情,而是说,他用理智驾驭他的热情,把这看作一种创作的方法,绝不想叫它沦为伤感一类的东西。[②]

这也就是为什么,原本是一封封意绪缠绵、思恋如火的情书,被作者删削成了"皮包骨头"的游简,倒像是他当初就存心要写这样一本书似的。

也真是怪事,写文学评论,本来应当冷静地分析,他却恨不得从书中伸出手来,对作家耳提面命;写(该说是编)游记,本来应当连自己一并供出,他却要缩回头去,只留下些简略的足迹。"走到心理分析这条路上","处理自己,和对待外人,正是一般无二,不稍假借",是一个解释,还有另一点,那就是,面对欧洲巍峨的古建筑,还有文艺复兴时期那些伟大的画作,他觉得自己太渺小了,不敢多置一词——

---

① 《李健吾创作评论选集》,张大明编选,人民文学出版社1984年出版。
② 李健吾《意大利游简·前言》,上海开明书店1936年出版。

在宇宙的奇迹和人类的杰作之前，一个孤独的存在，岂非螳螂撼树，可笑而且渺小？我还不那样糊涂。这只是短短的一个月，然而是我生平游行最丰颖的一个月，一个寂寞而不苦闷的三十天。我得到多少教训，从这永久的晒在太阳下面的意大利！我一腔热血而来，离开的时候，血沸着，然而我再也寻不见自己的傲气。

原是情书，作者说，"读者可以找出一大堆马脚"，我们不妨找找。细细翻阅，有，不多。如《威尼斯》中，"逛威尼斯，要带情人；可惜我如今没有。有一个，远在迢迢，所以，我用夜晚给你写信"，"唯有写信，一举两得。一面消磨炎夏，一面倾泻爱火。你说，这不是一个自作聪明的办法吗"。再如《罗马》中，"听着她们的歌声，我不由坠回我的过去，想起自己的童年，如今却充满了人世的潮汐，一洗两洗，洗到现在，仿佛就剩下你点染在我这沙滩上了"。

正是有了这情书的底色，加上那些虽说不多，却点缀得恰到好处的撩人的话语，使这组文章，带上一种急切的倾诉的意味。与对名刹古画的详尽的介绍，精辟的分析，糅合在一起，形成一种独特的，饱含文化意蕴的叙事风格。纵然如此，在读者这边，仍觉得那情书的底色是淡了些。若作者不是那么克制，那么无情的删削，这本游记，或许还会更丰腴些，更有趣些。"把真理献给读者观赏，却把爱情留给自己享用"，后世的读者，不能不遗憾作者的自私。若和他晚年的游记名篇《雨中登泰山》相比，那遗憾还要更深些。毕竟是情书，毕竟太仓促，多的是识见，少的是才情。

李健吾写信时，乃至后来发表这些游简时，意大利的那几个城市，除罗马外，译名尚不规范，比如佛罗伦萨，还是按徐志摩的译法，称之为翡冷翠。直到八十年代初，宁夏人民出版社的李采臣先生来北京，商洽出版《李健吾散文集》时，李健吾才按现行的译法改正过来。笔者曾在李宅，在一本初版的《意大利游简》上，看到李健吾更改的笔迹。这是李健吾去世前不久的事，可说是作家对这本书的最后的校定。稍早一点编定的《李健吾创作评论选集》，仍用的是原译名。不独此也，初发表时，题目均为"××游札"，结集时才总称为"游简"，每简则以城市名称为题。这些城市的译名，当年与今日不完全相同，如佛罗伦萨译作翡冷翠，那不勒斯译作拿波里。

《意大利游简》里，还附了大量的美术照片，每幅旁边，都由画家秦宣夫写了扼要的说明文字。作家很是感念，"读者会吃惊，这本薄薄的册子，竟然成了一部意大利文艺复兴的绘画小史"。这是作者的自谦，实际上，这本书最大的价值，在于对西方文化的理解，在于对"国外游记"这一文体的贡献。司马长风对《意大利游简》作过这样的评价——

> 中国现代作家留欧和旅欧的人多了，有游记或采风录之类作品问世的也很多，能慧解欧洲人的情趣，欣赏其风土，蔚成绚烂的文章者以徐志摩和冯至最著；但洞察欧洲历史文化，并熟悉艺文人物，将它们糅在一起，以谈笑风生之笔，畅达幽情和妙趣者则是李健吾。

> 写外国游记，可能是散文写作中最困难的了。因为你要过两关：第一你要了解异国的历史、风土和情趣；第二你要将自己的了解表达出来使自己的同胞同欣共赏。过第一关需要渊博的知识和灵透的眼光，过第二关需要卓绝的文字功力。而李健吾的才和学使他胜任愉快。①

司马长风搜罗不富，以写国外游记的成绩而论，真正显示了李健吾才学的，该是那篇《福楼拜的故乡》。对它的内容与文笔，我们在前一章里已领略过了。

就散文艺术来说，最能代表李健吾这一时期写作成就的，不是《意大利游简》，也不是《福楼拜的故乡》，而是那些感时怀旧的散文作品。司马长风曾感叹，"李健吾的散文作品这样少，而今天能读到的更少得可怜，执笔时

---

① 司马长风《中国新文学史》中卷。

不胜遗憾"。

这遗憾,如今可以补上了。

孤寂的心志

新婚的欢愉仍荡漾在心头,境况的窘迫却不止于感同身受。妻子辍学在家,已有身孕,家庭的负担眼见得越来越重。原先在清华大学当助教,是正当职业,如今圈在家里写作,虽说编译委员会每月发给一百五十元的稿费补助,却绝非长久之计。

这还只是生活上的焦虑,更有世事的感触。从1916年随父母定居北京,出国两年不算,于今,这故都已消磨了他将近二十年的岁月。当初不晓世事的孩童,如今虚龄已近而立之年。当年一家完好,如今又是完好的一家,只是成员的变化太大,父母已逝,姐姐身亡,兄长远在外地,不变的只有一个他。少年时的心高气盛,是以未来的功成名就为预约,如今将及而立之年,又有了家室之累,再去预约什么?

当年与李健吾交往甚多的罗念生,在回忆中曾说过:"1934年,我们都在北京,我和健吾住得很近,时常见面。我们都没有职业,谈话中免不了常有牢骚。健吾笔力甚健,那时发表了各种体裁的文章,苦苦笔耕。"[①]

"牢骚"与"苦苦",正是李健吾当年境况的真实写照。

想到父亲盖世的业绩,自己难测的前程,走在故都的街道上,李健吾常有一种物是人非的悲怆之感。世易时移,父亲当年的部下,早已烟消云散,有的流落在北京,竟会与他不期而遇。

张博士,一个少年时怎样让他崇拜的英雄!不止一次听人讲过,辛亥革命那年,民军在父亲的率领下,来到襄陵城外,听说城内无兵,但城门却紧闭不开。架不住一天的饥饿,有人主张攻城。"这时前队有一少年壮士,性情激烈,不耐烦,看城门下有缝,便脱去衣服爬下身子往里钻,头已入,后

---

① 罗念生《怀念健吾》,1983年《戏剧报》第一期。

半身不能进,急呼人脱去他的裤子,乃赤条条爬进城门内,由门缝递进一把刀,举刀斩关,城门开矣。"①

当年随父亲在运城,在西安,后来在解梁会馆,李健吾曾多次见过这位英雄。个子不算高大,身体不算壮实,但气概有些凌轹,声音特别洪亮,很是让他敬仰。

就是这样一位具有英雄底子的志士,无情的岁月,剥蚀了他那不凡的气质:声音低了,涩了,滑了,甚至于脸上落了几块肉,露出几块骨头,丧失了原有的般配的和谐。他讨了一个妓女做妾,吸上鸦片,当光了,借尽了,投靠小学教书的糟糠老妻。老妻不堪他们的需索压迫,躲回家乡,他流落在天桥一家破房子里过活。如今在街上遇见了李健吾,愣了愣,鞠下腰,透出一副可怜模样,摆出亲热的口吻,好像彼此有过密切的友谊:

"你不是二爷!"

他认出了眼前这位落魄的英雄。

"长得这样高!大学毕业了没有?真好!真好!人人夸你学问高,有学问,不像我这草包,不愁没有饭吃。说是你常给报纸投稿儿,我也拜读来的。的确好,有味道。你是写小说,还是编戏本子?你一定赚了不少钱。二爷,我可不走运。我穷了。我就没有阔过。想当初我做学生军,跟清兵拼命,那时你父亲做将军,我从城门底下爬过去,里面一个人也没有!只要门洞有一个人在,我的小命就算告了终。可不是,我穷了。你父亲死了,真是的!我那时顶跟你父亲要好,你那时还小,不记得。他要冲锋全仗我。"

对方喋喋不休,他只能无话可说。

其时是冬天,张博士还穿着一件破布夹袍,不住地打颤,咳嗽。末后,要走开了,往衣袖里缩缩手说下去:

"是的,全仗着我!我穷了。你父亲在着,我不会寒伧到这个地步。二爷,你带着钱,方便我些。"

他能说什么呢?

---

① 景梅九《罪案》,转引自李健吾《时间》,收入《李健吾散文集》。

张博士最后的功业,是纠合了几个地痞,在飞沙走石的寒夜,翻过矮墙,扭开箱锁,偷了李健吾婶母的几身从漠北带回的皮筒子。就这样,结束了一个发奋有为的青年,一个辛亥革命期间的志士。死不过收去他的身子,时间却收去他的灵魂。这并非一个穷凶极恶的例子——

> 我儿时结识的一群辛亥革命志士,不出十五年,前前后后,仿佛一片一片的残英,大半散出我的神龛,随风揉在泥淖。①

是外界的刺激,也是内心的宣泄,这一时期,李健吾以孩童时期结识的人物为题材,接连写了几篇感伤而隽永的散文。这也是因为,从1934年10月起,他与卞之琳、巴金、沈从文、靳以、郑振铎等人合编了一个刊物,取名《水星》,由文学季刊社主办,北京文华书店发行。不像《文学季刊》兼登创作与论文,这个刊物专登创作,尤以散文为主。自己参与编辑的刊物,总得不时地写稿。截至1935年6月停刊,《水星》共出了九期,李健吾发表了七篇作品,除《田原上》算小说,其余六篇都是散文,其中就有那篇怀旧的名作《"牛皋"》。

和张博士不同,这位作者称之为"牛皋"的人物,在他父亲的旧部中,是另一种典型。

议论风生,是李健吾散文的一个极为显著的特点。正如写评论文章,喜欢在开头跳一通"加官"那样,在许多散文的开头,他也爱来一通长长的议论,然后引出所要写的人事。这些议论,常是上下古今,通脱深邃,左右开弓,又左右逢源,读来令人感奋、沉思,想见作者学识的渊博,才华的充溢。《"牛皋"》的开篇就是一个极好的范例——

> 小说里面人物的存在,有一个我最不明白的,是牛皋一类英雄的创造。在我小小的心灵上,我的理想永久是做一个赵云,或者秦琼,或

---

① 李健吾《时间》,收入《李健吾散文集》。

者甚至于落草为寇的林冲。我不了解林冲的地位。谁能叫我相信程咬金,或者李逵,也是一个心向往之的英雄吗?奇怪的是,我不大觉得他们高明,然而我爱他们,犹如他们沾着我的性情。我宁可做一个短命的少年英俊,也不愿意做十员活到一笑而死,外强中干的"福将"。所谓"福将",表面仿佛英雄,实际只是幸运之儿,处处托了别人的洪福,过着一个喜剧的日子,仿佛一株寄生的植物,形成一名武丑而已。①

你以为就这么一小段么?不,还早呢,又说起他久已想写的那部小说:"我要是不写小说——一部辛亥革命的伟大小说——则罢,不然第一个走上我的笔端的,不是元帅,倒是这位杯酒浇愁,在人生上走投无路的副将。他在我的小说里,会占一个重要的位置,然而老实不客气地讲,这不是我的什么新发明,或者新创造,而只是承袭了传统的观念,依样画一个葫芦,来做小说里面英雄的对照。中西古今原本逃不出几个人生的定型。有老而益壮的吉诃德,就有一个畏首畏尾的潘萨。谁是傻子?只有聪明人知道。你以为牛皋愿愚,然而惟其愿愚,仿佛乡野的农夫,有的是惊人的狡猾,甚至于命运也俯在他的旗开得胜的辉煌之下,不敢不让他活到一笑而死。然而我们的英雄,从世俗——一个极其宽博而且极其可爱的世界——幸福的标准来看,有几个能够像程咬金那样子孙满堂,享尽人世的荣华富贵?"

这下该写牛皋了吧?他又说起了他的父亲,"我方才说起元帅,这让我想起我的父亲"。当李健吾十岁时,李岐山真算得一位元帅,虽说兵卒散尽,仍有一些将官看中了他的来头,跟着他,陪着他混日子。在这群不得意的英雄里面,就有这位牛皋。他是个地道的粗人,一个字都不认识,再多也不过他的姓名,却有一种生而具备的浑厚的气质叫李岐山喜欢。他们意气相投,喝烧酒,下象棋,而且生下一副豪爽性格,醉了就拍桌对骂,输赢都有性命关系。但是一个粗人拦不住他是一个有心人。就是这位牛皋,后来入

---

① 李健吾《"牛皋"》,1935年3月《水星》第一卷第六期。下同。

赘到一个有钱的寡妇家,娶了她的独生女儿,不复是个穷措大。他不要父母,并不是因为不孝,是因为不必需。他是辛亥革命的一名义勇。李岐山遇害后,树倒猢狲散,这位近代的牛皋,另外结交了一批朋友,后来一直做到什么督军的参谋长,足足威武了一年半载。这期间,他曾坐了一辆破旧的轿车,来南下洼看望健吾母子,虽说没有留下一文铜钱,这点不忘旧的情谊仍让人感动。

接下来就发生了借汽车的事。姐姐要结婚,母亲以为准可借下牛皋的汽车,没想到,对方竟用一个否定的副词作了他富裕的回答;在李健吾幼小的心灵上,这成为一个很大的伤痕。后来牛皋又落魄了,辗转流落到上海,但是命运向他微笑着,他有心机制伏实际的困难。他用打牌来做生活的保障,从来是赢家,存下一两万的积蓄。就在1932年"一·二八",举国鼎沸的时际,他悄悄搬到北平居住。因为他明白他的时代已经过去,如今应该是他归隐的年月。他已经五十多岁,老了。你可以听见他整天牢骚,但是最叫你怀疑自己耳朵的,是他那样一个不文的匹夫,也在谈什么经国大计,还带上一串1935年的新名词。

他变了个厉害,再也找不见一丝牛皋的影子。不,还有一丝丝,是在他喝烧酒喝醉了的时候。再就是他晚年的那份淡泊——

> 然而我佩服这个粗人。在我父亲的那些朋友里面,如今有的是显宦巨商(有时简直分不清是商是宦,反正是"阔人"罢了)。他从来不攀龙附凤,自低身份。他住在一所和我们母子往年住得一样的破烂的房子。每天清晨,不到七点钟,你就可以看见他正向公园踱着,然后不到十点,他转回家来用他的午餐。我不得不爱他,这近代的没落的牛皋,至少他保存下来一点质朴的古风,虽然和小说上的人物来比,其间已经不可以道里计了。

比照鲜明的沧桑感,是李健吾这类散文的另一特色。这,来自他特殊的经历,也来自他敏锐的观察,微妙的感触,还得加上他丰厚的学养,和那灵通的文字。

烦扰他,令他更其焦灼的,还有日常生活的课题。

1935年春天,七叔的生意不景气,住不起东城的多重大院子,搬走了。李健吾也得搬家。这次搬家,让这对年轻夫妇大吃了苦头。在《搬家》一文中,他写了这次搬家中的种种尴尬。文中他的名字是"新民"。

先是两人分头去找房子,很是疲累,回来讲各自的遭遇及所找房子的情形。第二天,再分头去看对方找下的房子,更其疲累,回来再比证一下各自的印象。有的房子没有放煤的地方,有的房子没有老妈子住的地方,都不合适。奔波几日,终于在西城找到一处房子,大门朝北,门前没有那个常让他提心吊胆的雨水坑了,可是也没有了树,没有了小石狮子,"一切是光的,赤裸的,和一只脱了毛的夏天的骆驼一样枯瘦,然而又那样轻便"。①

先交了定钱,然后筹划着怎样搬家,排子车容易毁坏家具,大街往往不许通过,从小胡同绕,或许一直到天黑也绕不到。贵就贵点,还是雇载重汽车吧。这不是那个新成立的小家,而是当年在解梁会馆的那个"老家"。留学后一切东西都寄存在七叔家,如今要搬家,就得全搬走。"这一移动,我开始觉出我的富裕,家的繁复,什物的杂碎了。"连他少年看了十年的《群强报》,都还原封不动地堆在那儿,积得和小坟一样,也和小坟一样长满了青苔。他奇怪老妈子为何没有将它换了"洋取灯"——火柴?

整个搬过去了,刚揩了把脸,就听见妻子嚷道:

"新民,你忘记我那包狮牌牙粉了!"

当着一群杂乱的人,妻子差不多要哭了,太贫气,传出去亲友会笑话的,他没好气地回敬道:

"你早干什么来的!"

妻子不言语了,老妈子又喊起来了:

"怎么好!洗衣服的搓板,还有半块胰子,我放在门后头,忘记装进筐子带来了!"

---

① 李健吾《搬家》,1935年5月《水星》第二卷第二期。

正要转过身去,又听见妻子在套间连声呼唤着:

"新民,新民!你来,你来!"

他跑进去,我的老天爷!也不知是哪个混账东西,把小箱子(样子像皮,其实是纸的)放在砖地上,又往上放了妻子陪嫁的一只大红漆箱子,正好把小箱子压得腹开肠流。

所有这些忙乱,例如砂锅破了条口子,沙发椅子撕了条口子,终于随着夜的来临而安静了。他躺在妻子的身旁,心里只是烦。而妻子劳累了一天,已安详地入睡了。他想道,我们睡在一间朝北的屋子,那样好的十五夜的月亮,却照不到我们的窗子。明天还得忙一天,后天……我得打起精神来应付这新的开始。

第二天,差不多十点钟光景,好容易睁开眼,就听见老妈子在堂屋向妻子数落道:"真想不到,从东城搬到西城,近处的香油倒贵了一分呐!不过,太太,咱们旁边就是一家豆腐房,不说新鲜,也怪便宜的。"

他叹了口气。心想,那就天天吃豆腐吧。这一刻,说真的,他惟一的希望就是,丢下这一切,一个人,只有我一个人,要是再搬家的话,就搬到一个清净的所在,把这属于家的一切,都留给房东,免去这无谓的麻烦,无谓的争吵。

关于这次搬家的情况,笔者曾函询尤淑芬老人。尤老信中说:《搬家》所写,与实情不符,这段时间"我初看护婴儿,总怕外行,想回娘家靠着老妈妈。搬家时我人不在东城。七叔家闲人不少,大约很方便,就把东西都搬到西城去的"。笔者不这么看。载重汽车搬家,足见其时的阔绰。出力自有七叔家的下人,物件的摆设,总须太太的颐指气使。最最真实的是,这篇散文写出了李健吾心情的烦躁,意绪的颓唐。

命中注定要成为一个艺术家,然而,眼下的境况不能不让他心绪烦乱,将来会是怎样的结局又不能不让他深感忧虑——

不说效果,因为效果好比放债,什么时候收回本息,就是自己,也有些茫然。这不过是高山头扔下一块石子,你看不见山脚一旁水的姿态,也听不见那溅击的声响。但是你相信它迟早坠下去,在你肉眼以外,在你自己无能为力的时际,坠进自然的涛浪,流卷到你想象不出的地方。①

《福楼拜评传》

就是在这样孤寂与苦闷的心绪中,李健吾完成了他此生的得意之作,也是中国文化史上,在外国文学研究方面的扛鼎之作——《福楼拜评传》。

1994年春天,笔者拜访法国文学专家柳鸣九时,柳说,像《福楼拜评传》这样的著作,往后五十年之内,中国是没人能写得出来的。

而李健吾写此书,在六十年前,年仅二十八岁,这是指开始写作时的年龄,若论出版时的年龄,也不过二十九岁:1935年12月。该书由中华教育文化基金董事会编译委员会编辑,商务印书馆出版发行。

全书近三十万字,分析详尽透辟,征引广博灵活,而结构,却是那样的简略、明晰,一个简单的丰盈,或者说丰盈的简单,这类著述的最高境界。全书共分八章,第一章《福楼拜》,写福氏生平。以下七章,分别剖析福氏的七部著作,最后一章《福楼拜的宗教》,揭橥福氏的艺术信仰。另有附录四种:一、《福楼拜的故乡》,二、《十九世纪法国的现实主义文学运动》,三、《〈圣安东的诱惑〉初稿》,四、《参考书目》。书前有《序》,书中有图片八幅。整个一部书,如同一个亭亭玉立的少妇的胴体,健美,丰盈,没有一丝一缕的多余。

奇妙的该是作者写的那篇序。这么一个爱表现自己的作家,在惯常都要写写著述甘苦的这一写法里,却没有述及写作所付出的艰辛。是效法传主那"作者隐去"的写作宗旨,还是体现自己当年的艺术追求,抑或是实在无话可说?反正是没有一个字谈自己。只是竭力推崇他的传主,那种矢志艺术,为艺术而献身的精神和在文学史上的崇高地位。

---

① 李健吾《艺术家》,1934年10月《水星》创刊号。

序中写道,对于福楼拜来说,创作是他的生活,字句是他的悲欢离合,而艺术是他的整个生命。一切人生的刹那的现象,形成他艺术的不朽。自从有了实业革命,差不多个个文人,不出卖灵魂,也要出卖物质的生存。只有这样一个人,硕果仅存,做成我们的最后的反抗,从理想里追求精神的胜利。他终身不过是一个布衣。他用好些年写一部小说,惟恐一字一声有伤进行的谐和。他可以收起《圣安东的诱惑》,一搁搁上二十年,然后修成最后的形式发表。他用著作替自己说话,而自己沉默着。大家看包法利夫人走下法庭,以为是一个披头散发的泼妇,不料她和希腊女神一样的庄严!没有一个人想到就此写成小说,且必须"好好地写出来",这也就是为什么,想也不想,人们一口咬定她是下流女子。他们错把文字当作故事,也想象不出这些怎么交织在一起,成为一幅绮丽的锦霞。渐渐这阵惊惘散开,大家明白眼前是一盘新东西,和巴尔扎克有些相似,却又迥乎不同。这不仅仅是一个巴尔扎克,更是一个艺术家——

> 司汤达深刻,巴尔扎克伟大,但是福楼拜,完美。巴尔扎克创造了一个世界,司汤达剖开了一个人的脏腑,而福楼拜告诉我们,一切由于相对的关联。他有他风格的理想,而每一部小说,基于主旨的不同,构成不同的风格的理想。①

序的末尾,乃至全书的末尾,均未署写作的时间。明明是一个要不得的毛病,几十年之后翻阅,我们不能不附会一个至为狂妄的意味:他的书不是写给同代人看的,他要让后世的读者,任何年代捧读,都当作是刚刚出版那样兴会无穷。

《福楼拜评传》的出版,不必说震惊文坛。实际的情形是,说不好的没有,说好的也不多,看过的人,不是佩服作者见解的超卓,而是赞叹结构的以简驭繁,语言的通脱活泼。这话的另一个前提,是当时国内文坛上,真正

---

① 李健吾《福楼拜评传》,商务印书馆1935年12月初版。下同。

理解福楼拜的本来就没有多少人,能作如此全面研究的更是凤毛麟角,能不止于欣赏文体与文笔,已然是学养丰赡,识见不凡。郑振铎独具慧眼,林徽音独具慧眼,再有的,怕就是与李健吾过从甚密的几个朋友了。与其说他们是对这本书的理解,还不如说是对他固有的才华的折服。

李健吾顿时成为福楼拜研究领域的绝对权威,同时也廓清了这一领域那些纷呶不休的翳障。不说别的,光"福楼拜"这一译名,此前就很是纷乱,有译"佛洛贝"的,有译"佛罗贝尔"的,李健吾此书一出,天下底定,福楼拜三字成了几十年来谁也更改不了的铁案。近百年来,外国的文学名家,译介到中土的不知凡几,你能说清果戈理是谁定的,托尔斯泰是谁定的,狄更斯、马克·吐温又是谁定的?可福楼拜,没一点疑义,是李健吾!同样的情形,还有司汤达这个译名。如今有的译本将这一名字译为斯当达,或许更其准确,但总觉得少了些意味。

好些作家看这本书,不是了解福楼拜其人,而是了解李健吾其人。更多的读者,则是倾倒于李健吾的语言才能。这也就够了。语言是工具,是媒介,是载体,也是全部。凡能从语言层面上接受《福楼拜评传》,接受李健吾的人,都应当说是心有灵犀。

前人可仅止于赞赏,后人却没有这个方便。我们得分析,得做出切实的评价。全面地分析这部著作,笔者无此能力,好在书中对各种问题的叙述甚是周详,只要撮拾连缀,不难看出它的价值所在。多事征引的另一个好处,是可以带便欣赏李健吾那通脱跳踉而又探幽抉微的笔致。

第一章为《福楼拜》,介绍福氏的生平,接下来第二章至第七章,分别介绍了《包法利夫人》、《萨朗宝》、《情感教育》、《圣安东的诱惑》、《短篇小说集》、《布法与白居谢》的写作经过,内容,艺术成就与社会意义。除《短篇小说集》外,其余均为长篇小说。

且看第四章《情感教育》。虽是评述文字,其章法却无异于一个美妙的故事。先说福楼拜与情人高莱女士的炽烈的爱恋关系。高莱女士比福氏大十岁,1846年,二十五岁的福氏被三十五岁的高莱夫人迷醉了。

由此引出,福楼拜在十五岁时曾爱过一个名叫爱利萨的美妇人,后来将这一人物写入《一个疯子的日记》，成为福氏所创造的文学人物中惟一纯洁的女性。1843年到1845年间，福氏以此作为一条线索，又加入另一条线索，写成一本也叫《情感教育》的小说。这是一部失败之作。

二十年后，作者发愤重写此书，终于完成带着强烈自传色彩的文学名著《情感教育》。如今他的文笔达到炉火纯青的境界。除去标题雷同，两部《情感教育》几乎没有一点近似的地方。好像一个四十岁的成人，和一个二十岁少年相比，扛着同一的名姓，中间却隔着二十年的距离。然而，出版后却没有几个人欣赏福氏这部力作，甚至连福氏自己也有点泄气。实际上，是绝大的成功。正是这部小说，"第一个将小说带出沉旧的形体，走上另一个方向——现代小说共同的方向。这慢慢地，稳稳地，替小说征服了一片新土地"。

其时福楼拜正从事《包法利夫人》的写作。然而《包法利夫人》是一个简单的故事，背景又是简单的乡村。《情感教育》却扩大局面，从村落进入世界有数的大都市，从一出纯粹的个人悲剧变成人类活动的历史片段。他要的不是枝枝节节的效果，而是用枝节缀成的人生全景。无善无不善，也无大无小，这里全有各自相当的地位。不仅仅像项圈那样精美，而且更有瀑布那样的气势，从山头笔直冲下来，木石不分，白沙黑泥，连水带下山，流向平阔的大地。什么大人物，强烈的性格，明显的面目，都糅混在一起，难以辨识。你只觉得他们可憎，渺小；你以为现实猥琐，丑恶；你抽转身，拒绝和这一切接近，惟恐玷污你的清白，你的一灯如豆的理想。

一个真正的艺术家并不照抄自然。观察一切，承认一切；无论如何，决不删削。与其说福楼拜类似道学家、宗教家，不如说他是科学家。所以福氏告诫一位文学青年："依照我，小说应该科学化，这就是说，追求或能的普遍性。"

不免繁冗，可贵的是繁冗中透出的简约。看似一丛荆棘，实则是一支利箭，深中作品的肯綮，也深中读者的肺腑。

在最后一章即《福楼拜的宗教》中，李健吾竭力张扬福楼拜艺术至上的献身精神和为艺术而艺术的文学观念。

一件艺术品没有商业的价值,对福楼拜先生来说,也不能出卖,所以有时他厉声厉色地说道:"艺术家要是没有房产,他活该饿死!"这倒不是说福氏自己有房产,可以牺牲岁月提炼他的作品,而是他本能地感到艺术的高洁,用他的全部人格维护艺术女神的清白。印行《包法利夫人》,费用算清,他反而欠人家三百法郎的债务。他摈拒挣钱的念头:"然而至于挣钱,不!不!用我的笔去挣钱,决不!决不!"用艺术作手段,谄媚读众,售歌卖笑来弄名或者弄几文钱,是最卑贱的职业。惟其他觉得,艺术家是万人之王。他反对给艺术添上一堆身外的事物;他厌闻实用与消遣的用意。他看不出一个观念和五个法郎之间的关联。我们必须为艺术而艺术,否则任何职业胜似舞文弄墨。他可以忍受物质的困厄,操守如一。在艺术上,犹如在爱情上,从一而终,是他精神活动最高的企向。

为艺术而艺术并不像常人想的那样简单。尼采曾奚落为艺术而艺术,以为是一条蛇,咬着自己的尾巴。错在尼采,他忘掉对于一个真正的艺术家,例如福氏,人生,甚至于整个宇宙,只是完成其作品的一种方法。在创作上,艺术家吸取人生普遍和永久的成分,做成他理想的存在。

艺术至上是一种执着的精神,"无我"更是神圣的牺牲。并非不顾及社会,他的一切都是为了社会。美在一边,人在一边。他是为别人写,不是为自己写。艺术和艺术家应该分开。他私下的爱恶和他的制作一点没有关联。艺术家的要求是,脓向里流,叫人闻不出腥臭的气味。无我是一种力的征记。

在福楼拜看来,写作是一种理性活动。好多作家错把情绪当作技巧。在福氏看来,心,不是取消,是应该收拢。人用脑子写文章,不是用心写文章,不管你的禀赋如何高,总得集中精力,然后思想有了活力,字有了凹凸。通常我们所说的灵感,不是创作本身,往往只是一种主观,人为的激发。在正常的情况下,一个人总是走的时候比跑的时候多。不否认灵感,只是应当导而用之,不要承而受之。激奋应该留给筋肉,好叫理智永久清明。对于艺术家,激情是生命的伴奏,而艺术才是生命的歌唱。

艺术家越是自觉心重,越是清醒,他越痛苦。我们拥有过多的事物,过少的形体,因为,无论如何,文笔的造型性不似全部观念那样广大。所有艺术家的努力,全在怎样表现这过分庞杂的事物。文学越来越切近科学,艺术家必须用画幅显示自然的形体,一串完备的画幅,描写一切,无所掩饰。

让人惊异的是,在此书中,李健吾,这留法归来的才子,早在六十年前,就将九十年代才突然在中国喧嚣开来的《追忆逝水年华》,普鲁斯特的巨著,介绍给中国的读者。须知他1931年留法,而此书1928年才出齐。当年他的评述就这样的准确——

> 观念永生,这就是说,事物一次映进他的眼帘,停留在他的记忆,此后便整个和人一样存在,离开事物的存在而存在,永久而且独立,大有触一弦而齐鸣的情态。我们的经验,形成我们的情绪,渐渐凝成我们的观念,在一霎眼的工夫,离开外在,化成我们的生命,不知不觉,蹀上内在的时间的长途。柏格森的记忆原理,几乎是这里详尽的哲学的阐述。我们晓得浦鲁斯蒂(在法国小说上,就特创而言,怕是福氏之后的第一人)根据柏格森的原理,从意识的蒙昧(L'inconscient)推求记忆,演成他著名的小说:《失去的时间》(Le Temps Perdu),而小说所有的意义,结尾在最后的一部《寻回时间》(Le Temps retrouve)。这重新寻到的时间,一种巧妙的嗅觉的联想,只是瘞埋在记忆里的观念,重新活在眼前。有一天,他在茶里泡了一小块点心。点心的味道勾起另一小块泡在茶里的点心。他想不起什么时候,什么地方,渐渐他记起这是儿时在姑妈家里。于是所有的回忆,仿佛死灰复燃,在他心头豁亮起来。而这一切走出过去,来到现时,仅仅因为他在茶里泡了一小块点心。他重新寻回他的时间,一个内在的时间,经年不凋的观念。

晚年,湖南人民出版社重印《福楼拜评传》前,李健吾曾对全书做过一些修订。除将书中的附录及插图有所调整外,文字部分,主要是增加了一些带政治倾向性的词句。如《情感教育》一节末尾的一段,原版是——

这正是《情感教育》"独有的特殊的"造诣,不管批评家如何二三其辞。小说想和宇宙的进行——无限一致。运用"未经选择的人生",是中国通行小说的特征,冗长,繁琐,然而真实,可怕的粗糙的真实。《情感教育》不是"未经选择",然而仿佛一部艺术化了的中国小说,却分外和现代接近。

新版本中,在"却分外和现代接近"之后,将句号改为逗号,再加上——

而又和我们相离如此之遥,错觉本身就是一种悲剧。这种悲剧只有资产阶级作家才有。眼界小,聚在资产阶级活动本身以内,本身就是悲剧。①

孰优孰劣,不言自明。不必埋怨作家,此书在几十年后能重见天日,他的欣喜自在不言中,而其时的政局尚不及如今的清朗,添加些带政治倾向性的词句,是出于时势,也是出于本心。为了对作家负责,也是对文化的负责,以后若有机会,不妨还是按旧版重印。至于订正错讹,补苴罅漏,则另当别论。

---

① 李健吾《福楼拜评传》,湖南人民出版社1980年8月出版。

第六章　暨大时期

（1935.8—1937.11）

初来乍到

接到你寄来的聘书,我高高兴兴地一个人先去了上海。巴金带我到他住的霞飞坊附近找了一所房子,在拉都路口,房子租定了,我又回了一趟北平,把家小接到上海,再去学校找你报到,一心准备上课。到底是新教授啊,什么也不懂,一切都得自己摸索。①

1935年8月,李健吾告别妻子南下,就任上海暨南大学法国文学教授。这是意想不到的殊荣。去法国留学前,他不过是清华大学外文系的助教,留法两年,并未获得更高一级的学位,按常规,回国后能当个讲师也就不错了。这次擢用,他的欣喜不言而喻。

按这里的叙述,似乎一到上海便租下房子,一租下房子便将家小接来。实际是到上海三个月后,才返回北平去接家小。尤淑芬即将生产,行动不便,待到这年的11月,二女儿维惠满月后,尤淑芬可以行动了,正好巴金有事北上,李健吾便与他相伴回到北平,将家眷接到上海。暨南大学在

---

① 李健吾《忆西谛》。霞飞坊在霞飞路即今淮海西路,拉都路即今襄阳南路。

真如乡下,家在市内,这样常是白天在学校上课,晚上再赶回市内。

课讲得怎样,一位学生后来曾有记述,说他衣着朴素,身披长袍踏进课室,登上讲台时微微露着腼腆的笑容,投目环顾在座同学。看上去还不满三十岁,算是全校教授中最年轻的。他用流利的北京腔讲课,纵论欧洲历代文艺思潮,系统而又概括地引述古今文学流派之后,才重点地转到晚近和现代法国的小说和戏剧。①

朋友的帮衬(租房),学生的好评(讲课),仅是事情的一面,而整个上海文化界等着这位北方青年的,并不全是友谊与理解,还有疑忌与鄙薄。

暨南大学是专为海外侨胞子弟办的国立高等学府。一个二十九岁的北方青年,虽说留过洋,并没有显赫的学位,一来就是教授,总让人看着不那么顺眼。一篇论文就能看出真本事么?谁敢定不是个绣花枕头。霞飞坊、拉都路都在法租界,几个租界中,这儿是留学欧美的文化人聚居的地区。李健吾的性格,又是那样热情,奔放,外露,了无挂碍,更易招人非议。大上海是个五方杂处的地方,但不是没有章法。未必就是排外,只能说是一个高文化圈子对一位贸然闯入者的警觉。

这警觉,仅是人际交往习惯,并不足以对李健吾构成多大的妨害。另一个对李健吾不利的因素是,他被认为是京派文人。实际也就是的。这就与当时的文坛形势有关了。

1933年以前,无所谓京派与海派。北伐成功后,国民政府定都南京,大批文化人南下,上海的文化事业日趋繁荣。北京改名北平,成了地地道道的古都,支撑文化事业的大都是些教授学者,学有根底,锐气不足,也就难以与上海抗衡。1933年以后,形势发生了变化。先是沈从文与杨振声合编《大公报·小公园》文艺副刊,聚合起何其芳、卞之琳、李广田、萧乾、芦焚等一批青年作家。稍后,巴金北上,与原在北平的郑振铎、章靳以等人创办《文学季刊》及《水星》,阵容更加整齐。加上朱光潜、梁宗岱、李健吾、冯至等一批留欧作家先后回到北平,遂成波澜壮阔之势。理直而气壮,与上

---

① 吴楚《往事长留记忆》,1983年11月12日《光明日报》。

海文坛的抗争也就不可避免了。

1934年1月,沈从文发表《论"海派"》,正式引发了京派与海派之间的论战。沈从文的文章中,虽将数种人都归为海派,主要的还是指这样两种人:"如邀集若干新斯文人,冒充风雅,名士相聚一堂,吟诗论文,或近谈文士女人,行为与扶乩猜谜相差一间。从官方拿点钱,则吃吃喝喝,办什么文艺会,招纳子弟,哄骗读者,思想浅薄可笑,伎俩下流难言,也就是所谓海派。感情主文的'左倾',勇如狮子,一看情形不对,即刻自首投降,且指认栽害友人,邀功牟利,也就是所谓海派。"

当时参战的人士甚多。虽说沈从文在文章中将"茅盾、叶绍钧、鲁迅,以及大多数正在从事文学创作的杂志编纂人(除吃官饭的作家在外)",排除在海派之外,还是引起了鲁迅的不满。鲁迅当即在《申报·自由谈》上,以栾廷石的署名,发表《"京派"与"海派"》,从北京与上海不同的地理文化特点立论,指斥京派也不是什么好东西:"北京是明清的帝都,上海乃各国之租界,帝都多官,租界多商,所以文人之在京者近官,没海者近商……而官之鄙商,固亦中国旧习,就更使'海派'在'京派'眼中跌落了。"

此话骤听有理,实则不无偏颇。若论明清之际,文人在京者自然近官,可那时上海还没有本世纪二三十年代的繁荣。既论当前文人的倾向,就应该以当前的政治中心为立论的根据。自1928年国民政府定都南京后,上海成为特别市,实则成了政治的中心。而北京,连京字都保不住,成了北平。若在什么就近什么,恰恰是海派文人近官。鲁迅所以起而应战,与他在文坛的地位有关。是左派的领袖,又是左翼作家联盟的发起人,沈从文指斥的海派中,就有"办什么文艺会,招纳子弟","感情主文的'左倾'"之语,就是"从官方拿点钱"样的话,也叫鲁迅不舒服,毕竟他一连几年都是中央研究院的特约著述员,属"从官方拿钱"者。

实际上,鲁迅对北京与上海的真正看法,不完全如他文章中所说,倒是他的信中所言,更近于实情。1929年5月间,北上探亲,在致许广平的信中曾说,"为安闲计,住北平是不坏的,但因为和南方太不同了,所以几乎有'世外桃源'之感,我来此虽已十天,却毫不感到什么刺戟,略不小心,确有

'落伍'之惧的。上海虽烦扰,但也别有生气。"怎能想到,数年之后,这"世外桃源"里,竟"渔阳鼙鼓动地来",难怪他老人家要那样冷嘲热讽了。

这样的情势之下,一个京派圈子里的骁将,忽然来到海派的大本营里当教授,怎能不叫被鄙为"海派"的学者文人侧目而视呢?

尤为可虑的是,李健吾还沉浸在初任大学教授的喜悦之中,兴致勃勃,浑然不觉。

是一位朋友及时提醒了他。写于1979年的《自传》中,李健吾说道:"我一到上海,朋友告诉我,上海方面有些人对我这个北方人来上海,很不满意,那时京派、海派之争正闹得厉害,我虽不在其内,也不得不回避一下。我在学校附近真如住家,只在学校认识周煦良、马宗融、张天翼和陈麟瑞几位先生。"

行文的方便略去了许多不必提及的事实,岁月的久远又缩短了当年的时限。照上文所说,似乎刚在拉都路住下,又搬到了真如。不是的,在拉都路至少住了将近半年的样子。后来是因了来去的不方便,也是为了那个"回避一下",才搬到学校附近的真如乡下赁民房居住。

那么,这个坦诚告诫的朋友是谁呢?

笔者拜访尤淑芬时,提及此事,老人不假思索地说,是巴金。

至此,我们仍可以说,巴金之所以如此关照李健吾,还是将他视作安那其主义同志李卓吾的弟弟。也正因了哥哥的这位安那其主义同志的劝告,初到上海及去了真如很长一段时间,除去学校上课外,李健吾平日深居简出,伏案写作,很少与外界有什么接触。他将自己的活动限定在校园里。交往的也不过是陈麟瑞、周煦良、马宗融、张天翼等几位同事。就是对有知遇之恩的郑振铎,亦未登门拜访,只是在校园遇见了说几句话而已,甚至不知道郑振铎就住在"庙弄"。

处境如此,仍笔耕不辍。年轻气盛,精力充沛,外界的压抑与冷漠,更大地激发了他内在的才情。再蠢的人,也不会因了他人的疑忌,便捐弃了自家的本领,以坐实对方的轻蔑。在这十里洋场上,多的是声色犬马,也多的是高人雅士,尤其是那些出身江南名门的世家子弟,更是以才学相标榜,以闲雅为命符。在这个圈子里,若没有真才实学,没有逸情雅兴,等于是身无分文的瘪三。甚至连瘪三也不如。瘪三还会引起人们的同情,而腹中空空、粗鄙无文的学者,只会遭人白眼。要在这个圈子里站稳脚跟,谦恭,热情,无异于心虚。你得先让人家心里佩服,才会作感情上的接纳。公平交易,钱货两讫,乃是现代文明的规则。空口的信义,如同路旁的垃圾筒,只会藏污纳垢。你只不过是个清华大学外文系的毕业生,写了几个剧本,几篇小说,发表了几篇论文,凭什么叫人高看?凭你那朗朗的笑声,还是凭你那纯正的京片子?

这层道理,以李健吾的聪颖,不会悟不出来。一个那么爱热闹的人,生活教会了他怎样沉默。

然而,并不孤独。学生们对他是敬爱的,授课之余,"师生谈笑漫无拘束,仿佛一家兄弟姊妹似的"。他还参加过学校组织的话剧演出。"校内曾公演讽刺剧《油漆未干》,见到他也登台,客串演出,说些尖锐的俏皮话,讽刺市侩们争买一幅无名画家的油画,只因画家将会成名,虽然油漆未干,行情却看好,所以才引起争购。他的舞台插话,登时引发全场哄笑!"①

小家庭的生活是温馨的,贤惠而俊俏的妻子,两个可爱的女儿。妻子平日料理家务,闲暇时便帮字迹潦草的丈夫誊抄文稿,孩子则另雇有女仆照顾。授课之余,尽可以从容地读,疾速地写。

在北平时,李健吾已开始用刘西渭这个笔名发表了一些文学批评文章,批评过的作家和作品计有,沈从文的《边城》和《八骏图》,曹禺的《雷雨》,林徽音的《九十九度中》,萧乾的《篱下集》。这段时间看书多,兴致更浓,又接连写了好几篇,分别批评了巴金的《爱情的三部曲》,何其芳的《画梦录》,卞之琳的《鱼目集》,萧军的《八月的乡村》。

发表这些文章,用的都是刘西渭这个笔名。一时间,好多人都纳闷,怎么一下子冒出这么个成熟的文学评论家?朋友中,只有沈从文和巴金知道刘西渭是何许人也。那些文章大都发表在沈从文编辑的《大公报》文艺副

---

① 吴楚《往事长留记忆》。

刊上，1936年12月又由巴金为他出版了《咀华集》。就连郑振铎，起初也不知道这个刘西渭是谁，后来知道了，有一天两人见了面，郑振铎大声喝道：

"原来刘西渭就是你啊！"

这些批评文章，以分析的透彻精辟，语言的活泼机智见长，往往从作者写作的深层心理切入，纵横捭阖，直言不讳，被称之为"心灵的探险"式的评论。

然而，决然没有想到的是，为写批评文章，先与巴金之间好生一场驳难，更莫名其妙的是，《咀华集》出版后，兴冲冲寄给梁宗岱，又被兜头浇了一盆冷水，且引起一场沸沸扬扬的笔墨官司。

情谊与纠缠

李健吾与卞之琳是一对好朋友，一个躁急而开朗，一个沉稳而执拗，性情不同，并不妨害两人情谊的绵长。

卞之琳，浙江海门人，1910年出生，1933年毕业于北京大学英文系。当年在北平，李健吾受聘于编译委员会撰写《福楼拜评传》，卞之琳也在为这个编译委员会工作，翻译《维多利亚女王传》。达子营沈从文的"一枣一槐庐"里，三座门大街十四号的《文学季刊》编辑部里，两人常不期而遇，谈诗论文。在李健吾新婚的小院里，尚未成家的卞之琳也常来叙谈，无锡籍的尤淑芬和海门籍的卞之琳原本就有一重同乡的情谊。

李健吾一家迁居上海后，卞之琳每次来沪，都在李家居留。末一次是抗战初起，卞之琳从雁荡山下来，住了三个星期，完成了他的译作《紫罗兰姑娘》。

交情的深笃，并不能消融两人在作品评价上的抵牾。1935年12月，卞之琳的诗集《鱼目集》出版。朋友有作品集问世，自当评价一番。1936年2月2日，李健吾写了《评〈鱼目集〉》。后来收入《咀华集》时，将前一年7月发表在《大公报》文艺副刊上的《新诗的演变》，与该文编在一起，作为全文的第一部分。文章的名字，以《咀华集》收文的体例，改为《鱼目集——卞之琳先生》。

《新诗的演变》中并未具体评论卞之琳的作品,只是分析了诗歌界的各种潮流后指出,"目前最有绚烂的前途的,却是几个纯粹自食其力的青年。来日如何演进,不可预测;离开大众渐远,或许将是一个不可避免的趋止"。又说,"然而真正的成绩,却在几个努力写作,绝不发表主张的青年"。不管当初为何写出这半篇文章,后来将它和具体评价卞之琳诗作的文章接续在一起,其肯定卞氏诗作的用意不言自明。

卞之琳与何其芳、李广田三人曾合出过一本《汉园集》,时人称为"汉园三诗人",几乎可说是诗界新秀的代表人物。在《评〈鱼目集〉》中,李健吾首先肯定了这些年轻人的努力,及努力的成就。"这群年轻人站住了,立稳了,承受以往过去的事业(光荣的创始者,却不是光荣的创造者),潜心于感觉酝酿和制作……他们的生命具有火热的情绪,他们的灵魂具有清醒的理智;而想象做成诗的纯粹。他们不求共同,回到各自的内在,谛听人生谐和的旋律。拙于辞令,耻于交承,他们藏在各自的字句,体会灵魂最后的挣扎。他们无所活动,杂在社会的色相,观感人性的无常。"

而卞之琳的《鱼目集》,正好象征这样一个转变的肇始。意犹未已,还是怕"肇始"一词引起诗人的误会,又特意在此句之下加了个小注:"这种肇始也许只是少数人的事业,大多数人属于虚伪的传统(因为不是创造),或者带着超人的企图,也许不同情,甚至于加以否认。但是在创作上,自来不就是少数而又少数者在领先吗?等到少数变成了多数,事业又须换一番面目了。谁知道?创造是个莫测高深的神秘。"

引用了《朋友和烟卷》一诗的几句后,李健吾赞叹道:"那样浅,那样淡,却那样厚,那样淳,你几乎不得不相信诗人已经钻进言语,把握它那永久的部分……胡适先生反对旧诗,苦于摆脱不开旧诗;现在,一群年轻诗人不反对旧诗,却轻轻松松甩掉旧诗。"

对《寂寞》一诗,李健吾感慨地说,短促的微妙的生命,禁不起寂寞,"他买了一个夜明表",为了听到一点声音,哪怕是时光的流逝的声音;但是,"如今他死了三个小时,夜明表还不曾休止",为了回避寂寞,他终不免寂寞和腐朽的侵袭。他完成历史的进行，地域也不见其就是他的障碍。

谈到诗集中的第一首《圆宝盒》，先抄录了其中的四句——

> 别上什么钟表店
> 听你的青春被蚕食
> 别上什么古董铺
> 买你家祖父的旧摆设

然后分析说，是否诗人心想用圆宝盒象征现时，若不全错，不妨多冒一步险，"假定这象征生命，存在，或者我与现时的结合。"

对卞之琳那首仅四句的著名诗作《风景》(《断章》之一)——

> 你站在桥上看风景，
> 看风景的人在楼上看你，
> 明月装饰了你的窗子，
> 你装饰了别人的梦。

李健吾的看法是，还有比这再悲哀的，我们诗人对于人生的解释，全是装饰。这里的文字那样单纯，情感那样凝练，诗面呈浮的是不在意，暗地却埋着说不尽的悲哀。我们惟有赞美诗人表现的经济或者精致，或者用个传统的字眼儿，把诗人归入我们民族的大流，说作含蓄，蕴藉。

无论是总的评价，还是具体的分析，都可以看出作者对卞之琳的偏爱。像这样的评论文章中，对被评论的作品无一句贬词，在李氏的评论文章中可说是绝无仅有的一篇。推测写完此文，李健吾准暗自设想，朋友看了不定多么欢喜。

错了，全错了。

此文发表后，卞之琳立即写了《关于〈鱼目集〉》，逐一驳斥李健吾对他诗作的评价。分歧之处甚多，就诗而言，主要集中在《圆宝盒》与《风景》两首上。卞之琳对自己这两首诗的解释是：您起初猜"圆宝盒象征现时"，"桥"指"结连过去与未来的现时"，显然"全错"。一切都是相对的，我的"圆宝盒"也可大可小，所以在人家看来也许会小到像一颗珍珠，或者一颗星。天上的一颗小小的星，说不定比地球大好几倍。此中"装饰"的意思我不甚看重，正如在《断章》里的那一句"明月装饰了你的窗子，你装饰了别人的梦"，我的意思也是着重在"相对"上。我写的这首诗到底不过是直觉地展出具体而流动的美感，不应解释得这样"死"。纯粹的诗只许"意会"，可以"言传"则近于散文了。①

不管怎么说，申明他的意思着重在相对上，还不失为一种见解，诗人自己的见解。至于纯粹的诗只许意会，言传则近于散文，却难说有多少道理。你的诗既是"流动的美感"，任何一种的解释（诗人自己的除外），必然都是"死"。你的诗既是"纯粹的诗"，"只许意会"，言传则近于散文，而解释只能是散文式的，那么他人的任何解释必然是"全错"。

李健吾当初若细细看过这段文字，真该早点闭上他那张能言善辩的大嘴。昧于事理，生性又太热情，几乎是不假思索，他写出了《答〈鱼目集〉作者》。一起首引用了一句俗话"人心不同，各如其面"，并说，了解一个人虽说不容易，剖析一首诗更是难于上青天。辩驳的焦点，仍集中在《圆宝盒》与《风景》上。

他说，我贸然看作寓有无限的悲哀，着重在"装饰"两个字，而作者恰恰相反，着重在相对的关联。我的解释并不妨碍我首肯作者的自白，作者的自白也绝不妨害我的解释。与其看作冲突，不如说做有相成之美。我的解释要是"全错"，全出乎作者意外，我相信，至少我顺着我那根红线，走出我给自己布置的迷宫。②

事情至此，该皆大欢喜。卞之琳不是一个普通的诗人，他对自己诗作的顽强的捍卫精神，是常人难以企及的。李健吾文中说自己误将卞诗中的

---

① 卞之琳《关于〈鱼目集〉》，收入《咀华集》，作为李文的附录。
② 李健吾《答〈鱼目集〉作者》，收入《咀华集》。

"你"字理解作诗人或者读者,没有想到这是指感情而言。就这么一句,又让卞之琳抓住了,随即写了《关于"你"》,予以驳难。一起首,"先讲上点浅近的道理",说写小说的往往用第一人称代词"我",这个"我"不必是作者自己,有时候就代表小说里的主人公。写诗亦然。这首诗里的"我你他"都是指人。"我"无问题,"你"呢?"含有你昨夜的叹气"里的"你",也可以代表"我",也可以代表任何一个人。①

此文刊出,李健吾又好笑又生气。大概是想到这样没完没了地纠缠下去不会有结果,也不会有读者感兴趣吧,他没再写文章。不是豁达,他把这股子气憋在心里。

有人看不过眼了。8月初,朱光潜在一篇文章中顺便谈了对此事的看法——

> 如果莎士比亚再活在世间,如果他肯费工夫把所有讨论、解释和批评他的作品的文章仔细读一遍,他一定会惊讶失笑,发现许多读者比他聪明,能在他的作品中发现许多他梦想不到的哲学,艺术技巧的意识以及许多美点和丑点。但是他也一定会觉得这些文章有趣,一律地加以大度宽容。懂得这个道理,我们就应该明了:刘西渭先生有权力用他的特殊看法去看《鱼目集》,刘西渭先生没有了解他的心事;而我们读者哩,尽管各人都自信能了解《鱼目集》,爱好它或是嫌恶它,但是终于是第二个以至于第几个刘西渭先生,彼此各不相谋。世界有这许多分歧的差异,所以它有趣;每篇书评和每部文艺作品一样,都是这"无限"的某一片面的摄影。②

这话是公允的。再说,对一个诗人来说,有什么必要硬要别人都符合自己的原意呢?纵然真的原意是那样的,还存在一个是否表达清楚的问

---

① 卞之琳《关于"你"》,收入《咀华集》,作为李文的附录。
② 朱光潜《谈书评》,1936年8月2日《大公报》书评特刊。

题,如若不是恶意的,多一种解释不是多一重蕴含么?

李健吾那股子憋在心里的气,直到第二年9月间,在《刘西渭的苦恼》一文里,才痛痛快快地发泄出来。全文以刘西渭与李健吾对话的方式写出,所谓刘西渭的苦恼,也就是李健吾的苦恼。其中不无愤懑地说道——

> 当我拿起同代人的一本书,熟人写的也罢,生人写的也罢,我的精神便完全集中在字里行间,凡属人事我统统关在门外。我不想捧谁,也不想骂谁,我只是想指出其中我所感到看出的特殊造诣或倾向(也许是好,也许是坏),尽我一个读书人良心上的责任……他碰到谁的作品,谁就变成他的仇人。朋友多是自私的……你一定看见卞之琳先生跟我讨论……请问,我连"你"跟"你们"都闹不清,倒要诗人指教,岂不有失我的身份?我要是连文法上的第二人称都不知道,还配写什么书评吗?①

生气归生气,驳难归驳难,彼此的性格彼此知道,并不妨碍友谊的绵延。1937年夏天,卞之琳南下来到上海,与芦焚结伴去雁荡山避暑。8月返回后,在李健吾家里住了三个星期,然后去了重庆。1938年赴延安,又去太行山敌后根据地采访。李健吾在北京时,结识的一位河北赞皇县的小学教员,抗战爆发后,也参加了活动在太行山一带的八路军部队,后来又入了××学院。在一篇文章中,李健吾猜想他或许会遇见卞之琳的——

> 假如他幸运的话,他会遇见一个瘦瘦的恬静的青年,戴着一副大近视眼镜,并且向他讨教一下他诗作的旨意。人人视之晦涩的诗人,胡适梁实秋二位教授贬作新诗的叛徒的××,翻山越岭一直去了河北。假如他听不懂他的海门话,至少该从他的转变(一种超人的勇敢)

---

① 李健吾《刘西渭的苦恼》,1937年9月12日《大公报》文艺副刊。

体验出一点道理的。①

信任与驳难

1935年11月3日，李健吾发表文章评论巴金的小说《雾》《雨》《电》，名为《〈雾〉〈雨〉〈电〉——巴金的〈爱情的三部曲〉》，署名刘西渭。②

《雾》《雨》《电》都是中篇小说。通常说来，评论这样的作品，要么在最后一部发表之初，要么在全部合成一书之后。李健吾的文章，可说是前不着村，后不着店。《雾》和《雨》两年前已发表并出书，《电》1934年4月在《文学季刊》上发表时，为对付当局的检查，改名为《龙眼花开的时候》。直到1936年4月，才结集为《爱情的三部曲》，由上海良友图书公司出版。不必说是对巴金的感念，尤其是对那句忠告的报答，情分上总是近了些。

是为了警策自己，也是为了告知世人，纵然情分上多么贴近，没必要偏私也不会偏私，在文章的开头，他不厌其烦地表白了一番自己对批评的看法。

感情归感情，批评自有它独立的尊严。批评之所以成为一门独立的艺术，不在自己具有术语水准一类的零碎，而在具有一个富丽的人生的存在。批评者绝不油滑，他有自己做人生现象解释的根据。一个批评者需要广大的胸襟，但是不怕没有广大的胸襟，更怕的是缺乏深刻的体味。没有再比人生变幻莫测的，也没有比人性深奥难知的。批评者的痛苦，惟其跨不上一水之隔的彼土，也就格外显得透彻。同时，他也特意指明批评同时代人的难处："唯唯固非，否否亦非，辗转其间，大有生死两难之慨。"惟一的办法，只能是先"自行缴械，把辞句，文法，艺术，文学等等武器解除，然后赤手空拳，照准他们的态度迎了上去"。

在具体评论中，李健吾认为，评价巴金的这三部作品，甚或巴金的全部

---

① 李健吾《记野蕻》，收入《切梦刀》。引文中的"××"及上文的"××学院"，原文如此。
② 刘西渭《〈雾〉〈雨〉〈电〉——巴金的〈爱情的三部曲〉》，1935年11月3日《大公报》文艺副刊。收入《咀华集》。

作品，必须了解巴金对于人生的态度。所谓态度者也，不是对事，不是对人，而是对全社会全人生的一种全人格的反映。凡含有自私自利的成分的，无不见摈。用巴金作品中人物的术语说，他的爱是为了人类，他的憎是为了制度。明白了这一点，我们才可以读他所有的著作，不至于误会他所有的忿激。

巴金作品的最大特质是热情。他用热情化为文字，也就用这热情的文字感动了他的读者，那些同样怀有热情的现世青年。"你可以想象那样一群青年男女，怎样抱住他的小说，例如《雨》，和《雨》里的人物一起哭笑。还有比这更需要的！更适宜的！更那么说不出来地说出他们的愿望。"

不是说作者没有悲哀，作品中的人物没有悲哀，但是，光明亮在他们的眼前，火把燃在他们的心底，他们从不绝望。他们和我们同样是人，然而到了牺牲自己的时节，他们没有一个会是弱者。不是弱者，他们却那样易于感动。感动到了极点，他们忘掉自己，不顾利害，抢先做那视死如归的勇士。这群率真的志士，什么也看到想到，就是不为自己设想。但是他们禁不住生理的要求：他们得活着，活着完成人类的使命；他们得爱着，爱着满足本能的冲动。活要有意义，爱要不妨害正义，此外统统是多余，虚伪，世俗，换句话，羁缚。从《雾》到《雨》，从《雨》到《电》，正是由皮而肉，由肉而核，一步一步剥进作者思想的中心。《雾》的对象是迟疑，《雨》的对象是矛盾，《电》的对象是行动。所谓的悲哀，只是热情的另一面。热情使他本能地知所爱恶，使他本能地永生在青春的原野。他不要驾驭他的热情，聪明绝顶，他顺其势而导之，或者热情因其性而导之，随你怎么说都成。

这热情，"成功"了他叙述的顺畅，也带来了他文笔的瑕疵。"你可以想象他行文的迅速。有的流畅是几经雕琢的效果，有的是自然而然的气势。在这二者之间，巴金先生的文笔似乎属于后者。他不用风格，热情就是他的风格。好时节，你一口气读下去；坏时节，文章不等上口，便已滑了过去。这里未尝没有毛病，你正要注目，却已经卷进了下文。"写到这儿，顺便将茅盾与巴金的作品做了比较，对茅盾也同样的不客气——

茅盾先生缺乏巴金先生行文的自然;他给字句装了过多的物事,东一件,西一件,疙里疙瘩地刺眼;他比巴金先生的文笔结实,然而疙里疙瘩。这就是为什么,我们今日的两大小说家,都不长于描写。茅盾先生拙于措辞,因为他沿路随手捡拾;巴金先生却是热情不容他描写,因为描写的工作比较冷静,而热情不容许巴金先生冷静。失之东隅,收之桑榆,他用叙事抵补描写的缺陷。

具体到这三部作品,李健吾的看法是,《雨》最为成功,原因在于《雨》里有个中心人物。这也正是现代类似巴金这样的小说家的悲哀。现代小说家一个共同的理想是,怎样扔开以个人为中心的传统写法,达到小说最高的效果。他们要小说社会化,群众化,平均化。他们不要英雄,做到了;他们不要中心人物,做不到。关键未尝不在,小说甚于任何其他文学种别,建在特殊的人性之上,读者一个共同的兴趣之上:这里要有某人。也就是在这同样的要求之下,读者的失望决定《电》的命运。《雾》的失败在窳陋,《电》的失败由于紊乱。然而紊乱究竟强似窳陋。作者叙事的本领,在《电》里比在《雨》里还要得心应手。然而,因了中心人物的失去,注定了《电》的失败。

写出这些看法时,李健吾已经意识到巴金不会轻易接受。

现代作家里,巴金对自己作品的维护,不容他人曲解,是有名的,有时甚至到了偏狭的程度。这一点,从几乎每部作品,他都要写长长的序言或跋文上看得出来。单怕别人不能理解他的深刻含义,或者微言大义。相交甚笃,李健吾自然深知巴金的这个脾气:"没有一个作家不钟爱自己的著述,但是没有一个作家像巴金先生那样钟爱他的作品。读一下所有他的序跋,你便可以明白那种母爱的一往情深。"

他得有所劝诫。

先引用了巴金《将军·序》中的一段话:"文学是什么?我不知道,而且我始终就不曾想知道过。大学里有关于文学的种种课程,书店里有种种关于文学的书籍,然而这一切在轿夫仆人中间是不存在的……我写过一些小说,这是一件不可否认的事实,但这些小说是不会被列入文学之林的,因为我就没有读过一本关于文学方面的书。"

在李健吾看来,这话过了头,作为一个读者期望甚高的作家,不该这么说。因为不符合基本的事实。你不必理睬他这种类似的愤慨,他是有所为而发;他在挖苦那类为艺术而艺术的苦修士,或者说浅显些,把人生和艺术分开的大学教授。他完全有理——直觉的情感的理。但是,如若艺术是社会的反映,如若文学是人生的写照,如若艺术和人生虽二犹一,则巴金先生的小说,不管他怎样孩子似的执拗,是要"被列入文学之林",成为后人了解今日激变中若干形态的一种史料。

对巴金至今仍常说的那句话,"没有读过一本关于文学的书",这位契弟也不轻易放过。特意在文中的一个小注中说——

> "没有读过一本关于文学的书",巴金先生真正幸运。创造的根据是人生,不一定是文学,然而正不能因此轻视文学,或者"关于文学的书"。文学或"关于文学的书"属于知识,知识可以帮忙,如若不能创造。巴金先生这几行文字是真实的自白,然而也是谦抑,谦抑,便含有不少骄傲的成分。

对这样尖锐的,甚至关乎个人品质的批评,巴金当然不会默不作声。恰在这时,巴金已为他的《爱情的三部曲》写好了一篇三万字的长序,不能再在序中驳难。很快,他以信的形式,写了一篇文章为自己辩护,名曰《〈爱情的三部曲〉作者的自白——答刘西渭先生》。其中对李健吾不无讥讽——

> 朋友,你坐在书斋里面左边望望福楼拜,右边望望左拉和乔治·桑,要是你抬起头来,突然看见巴金就站在你的正面,你一定会张皇失措起来……你好像一个富家子弟,开了一部流线型的汽车,驶过一条宽广的马路。一路上你得意地左顾右盼,没有一辆汽车比你的华丽,

> 没有一个人有你那驾驶的本领……朋友,我佩服你的眼光锐利。但是我却要疑惑你坐在那样迅速的汽车里面究竟看清楚了什么?①

毕竟是朋友,讥讽是讥讽,对李健吾的文笔,连巴金也不得不赞叹:"是这么流畅的文笔!你写得这么自然。简直像一首散文诗!"自然,这里也多少含有对李健吾说他"坏时节,文章不等上口,便已滑了过去"的反讽。

一切都在意料之中,拍马挥枪,李健吾当即迎了上去——写出《答巴金先生的自白》予以反驳。

"等到作家一自白,任何高明的批评家都得不战自溃。"劈面先来了这么一句。你以为他会俯首就擒么?接下来说,"对着一件艺术的制作,谁的意见最可听信,如若不是作者自己?比较来看,也只有他自己的叙述差可切近他制作的经验。假使他不夸张,不铺排,不隐晦;假使他有质直的心地,忠实的记忆,坦白的态度"。可惜不全是这样——

> 作品对于作家来说,犹如母亲之于儿女,这也就是为什么,我们通常那样欢迎作家任何的"自白",同时却也格外加了小心去接受。他把他的秘密告诉我们,而且甚于秘密,把一个灵魂冒险的历程披露出来。惟其经过孕育的痛苦,他最知道儿女的性格和渊源。惟其具有母性的情感,我们也得提防他过分的姑息。

巴金不是说李健吾是坐着一部流线型的汽车么?李健吾顺势说,虽是坐着一部流线型的汽车,终有游山玩水兴尽的一天。等扬起的尘土息了,人们的诅咒住了,我的汽车朽了,而道旁伟大的艺术家还站在那里,动也不动,留给未来鉴赏。纵然如此,谢天谢地,我菲薄我的批评,我却不敢过分污渎批评自身。批评不像我们想象的那样简单,更不是老板出钱收买的那

---

① 巴金《〈爱情的三部曲〉作者的自白——答刘西渭先生》,1935年12月1日《大公报》文艺副刊。收入《咀华集》作为李文的附录。

类书评。它有它的尊严。犹如任何种艺术具有尊严;正因为批评不是别的,也只是一种独立的艺术,有它自己的宇宙,有它深厚的人性做根据。一个真正的批评家,犹如任何一个真正的艺术家,需要外在的揭示,甚至于离不开实际的影响。但是最后决定一切的,却不是某部杰作或者某种利益,而是他自己的存在,一种完整无缺的精神作用,犹如任何创作者,由他更深的人性提炼他的精华,成为一件可以单独生存的艺术品。他有他不可动摇的立论的观点,他有他一以贯之的精神。如若他不能代表一般的见解,至少他可以象征他一己的存在。

在李健吾看来,一个优秀的批评家,与一个优秀的作家正是无分轩轾,作家不必因为他是在批评自己的作品,就将他当作自己的奴仆。纵然是好朋友,他也绝不允许对方亵渎了批评的尊严——

> 他是一个学者。他更是一个创造者,甚至于为了达到理想的完美,他可以牺牲他学究的存在。所以,一本书摆在他的眼前,凡落在书本以外的条件,他尽可置诸不问。他的对象是书,是书里涵有的一切,是书里孕育这一切的心灵,是这心灵传达这一切的表现……这是批评的难处,也正是它美丽的地方。①

这样在报纸上刀兵相见,外人或许以为两人要失和了吧。不会的。打笔墨官司,原是文人之间的常事,只有两个小人,或一个君子一个小人之间,才会因此而结仇记恨。对两个都还心胸旷达的人来说,只会加深彼此的理解。

这是一个大作家与一个大批评家的一段文字因缘,它留给后世的不仅是几篇精妙的文章,更其重要的是彼此都有的那种坦荡的批评精神。

《答巴金先生的自白》写于12月14日,仅仅隔了一天,16日,李健吾又写了评巴金《神·鬼·人》一书的评论文章,热情而又中肯,外人绝难想象得

---

① 刘西渭《答巴金先生的自白》,《咀华集》,上海文化生活出版社1936年出版。

出,这就是前两天写那篇反驳文章的同一个李健吾。

唱和与驳难,是中国文人的一个优良传统。驳难,实则也是别一种方式的唱和,纵然是真的生点气,彼此心里都明白,绝不会妨碍友谊的加深。或许正是经历了这场笔战,巴金才真正认识到李健吾人品的正直,才华的丰盈与见识的超卓,并由此结成数十年不渝的真挚的情谊。

1936年12月,在巴金的擘画下,创办不久的文化生活出版社,出版了李健吾的文学批评集《咀华集》。这本集子和1942年仍由文化生活出版社出版的《咀华二集》,可称得上中国现代文学批评史上的奇葩。

一场"滥官司"

新作出版,寄赠友朋,是文人间的雅事。《咀华集》出版后,李健吾高高兴兴地寄了一册给远在天津的梁宗岱。天下事实难逆料,这次他可是大触了霉头。同时触了这霉头的还有一个朱光潜(孟实)。

李健吾、梁宗岱、朱光潜,彼此都是好朋友。三人的经历有许多相似的地方。一,都曾在巴黎大学上学,朱光潜留英期间,同时在巴黎大学文学院注册听课,在英国取得学位后,又赴法国研修。梁宗岱与李健吾先后在巴黎大学文学院学习。梁宗岱回国较早,朱光潜和李健吾同船回国。二,回国后都在大学任教。梁宗岱回国后先在北京大学任法文系主任兼教授,后去南开大学任英文系教授,朱光潜一回国即被聘为北京大学西语系教授,李健吾则是在回国两年后被聘为暨南大学法国文学教授。三,都是三十年代著名的批评家。李健吾去世后,汤宴在纽约《华侨日报》撰文说,"李健吾在复旦教书时,与北大的朱光潜、南开的梁宗岱在批评界鼎足而三,为学院里的'三剑客'。文艺界盛极一时的批评风气,是由这三位批评家管领带头。"[①]文中说李健吾"在复旦教书时"不为错,因为抗战爆发后,李曾短期在复旦大学教过书,准确的说法应为"在暨南

---

① 汤宴《咀华余芬犹思君——纪念李健吾》,1983年3月2日纽约《华侨日报》海洋副刊。

大学教书时"。

就是对李健吾和朱光潜这样两个志趣相投的好朋友,梁宗岱却不宣而战地开了火。

1937年元月,南开大学举办作文比赛,有几个同学将他们参赛的作文,交给英文系教授又是文艺批评家的梁宗岱鉴定。梁看后,对这些学生在文章中滥用名词,极为不满,比如一篇两千字左右的随笔,就用了两三次"交响乐"这个名词来描写风景的姿态和人物的动作。最刺眼的是这样一句:"室内什么也没有,只剩我们四人的呼吸织成一曲交响乐。"

转念一想,这句话果真是最坏的例么?一个青年学生的习作犯了这种毛病,果真值得我们生气么?试打开文坛最近的作品,连那些出自修养比较深厚的名作家手笔的也在内,有多少篇能够完全免掉,不,有多少篇不充满了这种毛病的?

任这种习气蔓延,是他的责任也是他的性格不能容忍的,于是便写了一篇数千字的长文,名曰《从滥用名词说起》,发表在林语堂办的《宇宙风》上。①

例子是现成的,就在朱光潜的《文艺心理学》里,就在李健吾的《咀华集》里。

这两天他正准备写一篇名为《直觉即表现辨》的文章,刚把朱光潜的《文艺心理学》细心地重读了一遍。发现其中提到音乐(其实岂止是音乐?)时,十之九是和音乐本身不相干的。譬如:"意绪颓唐时听贝多芬的《第三交响曲》和《第五交响曲》便觉得慷慨淋漓。"在他看来,慷慨淋漓已经是不着边际,在贝多芬的一切音乐中独拿来形容《第五交响曲》更是难以索解。

如果说朱光潜的"谬误",还是梁宗岱无意中碰到的,那么李健吾可就冤透了,他是自动送上门的。

就在梁宗岱看罢学生的作文,为滥用名词的恶习烦恼不堪的时候,第

---

① 梁宗岱《从滥用名词说起》,1937年3月1日《宇宙风》第三十六期。

181

二天,忽然收到李健吾从上海寄来的新出版的《咀华集》。起初还是很愉快地看着,越看越来气,甚至比中学生的还不如,例如这样的句子:"不晓得别人有同感否,每次我读何其芳那篇美丽的《岩》,好像谛听一段生风尼,终于零乱碎散,戛然而止。"

这里所说的"生风尼",就是学生作文中用的"交响乐"的音译。他的劲头上来了——

《岩》确是一篇美丽的散文,拿来比萧班(Chopin)底《夜曲》,比特比西(Debussy)底一些钢琴独奏的短调,乃至其他性质极不相同的音乐家底小歌,即使不贴切,至少不至于这么没分寸(dioproportined)。因为无丝毫的关系:篇幅么?气魄么?取材么?结构么?或者健吾会说相似点在"终于零乱散碎,戛然而止"。那么我很想知道哪一位音乐家昧于交响乐的原理,或那么标新立异,把全曲交响乐中最需要全神贯注,最需要全力以赴,最讲究秩序,光彩,和反复萦回的结尾(Coda)弄得零乱散碎。

在这段文字的下面,梁宗岱特意加了一个注,作为比较,向读者推荐自己的书:"如果不嫌戏台里喝彩,我可以介绍读者看一段结构和交响乐的结尾相仿佛的散文,就是《诗与真》一集里《象征主义》末尾关于波特莱尔的一段文字。"

在将朱光潜与李健吾统统做了一番贬损之后,不无嘲讽地说,"光潜和健吾都是我们现今特别成功的散文家,并且两者都是标榜着'艺术','匠心'和'风格'的。他们对于名词的运用竟这样疏忽,这样苟且:源头既已如此,流弊可想而知了"。

对梁宗岱的叫阵,朱光潜的反应是,此后不久来天津讲演时,当面对梁宗岱说,这责任应当由梁宗岱来负。再就是在后来的一些文章中,捎带地加以反讽,没有写过单篇的反驳文字。他太了解梁宗岱的性格了。和这个自负的家伙是较不得真的。

李健吾的反应十分迅捷。

这期《宇宙风》3月1日出版,3月3日,李健吾一看到就写了反驳文章,名为《读〈从滥用名词说起〉——致梁宗岱先生》。①

说一个人滥用名词,等于说他不学无术。对从事文字工作的人来说,乃是最大的鄙弃。平心而论,李健吾好用险词,也好另铸新词,至若滥用名词,实在不是他的毛病。最让李健吾难堪的是,满腔情意地寄了书去,竟落了这么个下场。

梁宗岱遇上了他的克星。

幽默俏皮,是李健吾一贯的文风,这次虽说生了气,还是那么从容不迫,嬉皮笑脸。退一步,他将梁宗岱的更正收下,却将指责轻轻地送了回去——

> 我必须谢谢你,因为古语说得好,你看得起我,才拿我开刀……你那样会斟酌字句,就欠斟酌一下你和字句加在一起,写到这里我会心地笑了。看看你,见解多中肯,就是少点儿Gont! 你的欣赏力绝高,但是你看不见自己。把孟实兄推敲过了,把我指教过了,你就应当举几个别人的例,不用说,你多极了,可是你压轴子的例,不是梵乐希,不是蒙田,不是马斯喀,而是,你允许我说吗? 梁宗岱!

梁宗岱的文章中,曾引用李健吾的一段话,说他不明白其中心意思何在,李健吾批驳道:我是在写文章,不是在做纲要。我没有义务告诉你哪一句特别重要,哪一句是我的中心观念。随你看。看错了,除非我不会写文章,否则只是你看错了。我承认我不会写文章,然而你没有看出来,也是真事。假如你一定要我指明的话,就是你的那句话:"象征主义和古典主义不独不是不相容,并且也不一定是相对立的。"信笔到此,你我不要喷饭吗,原来公的意思,婆的意思,都是一个意思!

---

① 李健吾《读〈从滥用名词说起〉——致梁宗岱先生》,1937年4月2日《大公报》文艺副刊。

一还一报,两下里拉平,该结束了吧。

没那么容易的。梁宗岱很快写出《〈从滥用名词说起〉底余波——致李健吾先生》,在《大公报》副刊上发表。①巴金也在同一版上发表了《几句多余的话》,在反驳梁宗岱的同时,将这场"滥官司"引向了朱光潜。

从梁宗岱的文章中能看出,在此文发表前,他曾给李健吾写过一封信,说"那篇文章寄出后立刻有几分后悔——并非因为觉得那篇文章不该写,而是因为它底语气欠正"。这是由于,他"平日写文章都是三思而后下笔,写好后再三推敲的;《从滥用名词说起》却完全激于一时的冲动,并且不俟再读一遍便寄出去了"。同时也说明这次所以要写公开信的理由,"依旧觉得你给我的那封信没有什么需要公开答复之处。不过最近间接听来和直接看来的各方面的反响都使我深深感到懊悔,觉得申明我的立场或者不是多余的","无论如何它们和我底初衷大大相悖却是事实"。

就是在这篇文章中,他说了朱光潜对他的当面批驳:前些日子,朱光潜来南开大学讲演,两人谈起"滥用名词"这事,朱光潜认为这责任应该由梁来负。对朱光潜的批驳,梁宗岱的反应是:"我?这不禁吓了我一跳!在我文章里也许富于抽象名词和形容词,但哪一个不是经过一番思索才放下去的?"随即也做了一点反省,"究竟什么都是可能的:我自己以为经过考虑的,谁能担保读者不以为是胡堆乱砌?如果是这样,我甘心负其咎"。

不乏自省的诚笃,然而,梁宗岱毕竟是梁宗岱,更多的还是振振有词。本来也就不是全没有道理。可贵的是,有了宽容与理解:"光潜因为题材关系不能不多提及音乐和图画,而你——宽恕我再吹毛求疵一次——当你做文章做得兴高采烈的时候,一切漂亮名词从你笔下溜出来也是不由你自主的。如果不为的探本溯源,我或者不会那么严酷。"

---

① 梁宗岱《〈从滥用名词说起〉底余波——致李健吾先生》,1937年6月2日《大公报》文艺副刊。

同时申明，他那篇文章所抨击的，不仅是文坛上的一种恶倾向而已，还有那种不懂装懂，自欺也欺人的假学问家。先说了一个例子，去年在北平的一个宴会席上，一位新从欧洲回来的名教授，大谈欧洲的歌剧如何比不上中国的旧戏，而欧洲的歌剧中，法国又比不上德国，比如《浮士德》，巴黎演的就比不上柏林演的。他忍不住问："你说比不上是指剧本呢还是指表演？""二者。"对方答道。他当即不客气地说："你岂不知道柏林演的和巴黎演的都是古奴（Gounod）作的剧本么？"又举了一位教授在翻译上的笑话，第三个例子则是指责梁实秋的——

> 你一定拜读过梁实秋先生在《东方杂志》上发表的那篇大文《论文学的美》了。我不相信世上还有第二国家——除了日本，或者还有美国——能够容许一个最高学府底外国文学系主任这般厚颜去高谈他所不懂的东西！——真的，连最初级的认识都没有！试看这一段："我们知道美学的原则往往可以应用到图画音乐，偏偏不能应用到文学上去。即使能应用到文学上去，所讨论的也只能是文学上最不重要的一部分——美。"还有比这更无知的吗？但是在这一切都正在萌芽的国度里，有多少个读者能分辨得出来？健吾，我们机会比较好的，不应该加倍努力，加倍审慎么？

他呼吁努力树立一种无私的批评态度。也就是说，对于作品的评价，对于事理的是非，要完全撇开个人情感上的爱恶，而当作一种客观的事实或现象看待。

应当说，在这封公开信中，梁宗岱的态度是诚恳的，见解是超卓的。自负孤傲的人，其立论，或许会偏激，也只能是向正的方面偏激，纵然眼下达不到，你不能不说那是个美好的企盼。圆滑的人，貌似公正，却只会因循守旧，将事物导向堕落。这篇文章一出，李健吾自然只得首肯，这么正直而单纯的一个朋友，你再好意思说什么呢？

本来就是一场"滥"官司，节外生了枝，又引发了一场笔墨官司。事情缘于梁宗岱文章的末尾，对巴金的一篇文章说了几句话——

> 你想必读过巴金底《向朱光潜先生进一忠告》。关于全篇我不想发表什么意见，因为它底瑕瑜太夺目了。我只想提及一点枝节问题，就是关于达·芬奇底壁画《最后晚餐》的。那时油画底技术已很发达（有名的《蒙娜丽莎》可不就是油画？）而壁画底技术则远在支莪图（Giotto 1266—1336）时已经发达到相当的完备。达·芬奇《最后晚餐》今天所以剥蚀不堪，的确受了他要尝试新颜料之累，因为一般人眼里达·芬奇虽然光是一个画家，他自己却孜孜不倦地要做一个发明家和科学家。这点事实我们早已知道。不过我想光潜是不会辩驳的，生怕这点史实在我们文坛还会这样歪曲下去，所以顺笔提及。

巴金所以写文章"忠告"朱光潜，用朱光潜后来的说法是，嫌朱光潜《眼泪文学》一文里讽刺他对自己的作品，竟感动得"写完了再读一过，却又落了一会泪"。在《向朱光潜先生进一忠告》一文中，巴金指责朱光潜"冒充内行"，却将许多基本的名词事实弄错了，如"世纪病"，如说《最后的晚餐》是油彩画的。

巴文刊出后，朱光潜于4月26日就写了反驳文章，只因刊登在《大众知识》杂志上，要到7月间才出版，巴金以为朱光潜没有应战。而在这期间，看到了朱光潜发表在北平《晨报》副刊上的《读〈论骂人的文章〉》，巴金气急难捺，正好在《大公报》文艺副刊编辑部看到了梁宗岱的文章，又提及此事，便借机为自己辩护，因此，"最先我得感谢宗岱的指正，因了这指正我才有机会在这里饶舌"。

在《读〈论骂人的文章〉》一文中，朱光潜不指名地狠狠地骂了巴金一通——

> 狗是趁肥处咬，你却戴着放大镜找疮疤，找到了，死劲地刺它一针，所谓"断章取义"，"深文周纳"，"吹毛求疵"，都是你的惯技。为着要罪状显得凶恶一点，你不怕造一点谣言，找一点似是而非的根据，甚至于被骂者

本来有根有据的话,你可以闭着眼睛骂他错误荒谬。比如人家说:"《最后的晚餐》是用油彩画的。"话本是对的,你可以说"那是一种粉画的,那时根本就没有油画"!你不必有根据,只要你把话说得斩截一点,面上摆出一点自己确凭确据的神气,那末,错处就显得在人家而不在你了。①

在《几句多余的话》一文中,巴金仍坚持说《最后的晚餐》不是油彩画的,列举了许多理由,说朱光潜曲解了他的话——

朱先生认为我说过"那时就根本没有油画",这是运用他那"断章取义"的妙法。但我自己明明是这样说的:"那时候根本就没有现代的油画颜料。"这话并不错。那时的确没有像现代有的这样完美的油画颜料。现代的油画颜料比从前很有进步,而有几种颜色还是后来才发明的。②

朱光潜刊登在《大众知识》上的文章名为《答复巴金先生的忠告》,说的就更不客气了,甚至将巴金当初协助靳以办《文学季刊》时向他约稿的事都抖了出来,无异于要与巴金绝交——

你劝我收回我的全部著作,免得它误人,我很感谢你的盛意。但是在事实上这不可能,正犹如你说出"文学史上无所谓世纪病"和"《最后的晚餐》不是用油彩画的"之后就无法收回一样。而且我如果真是像你所骂的那么凶恶的罪人,你自己恐怕也难免有"帮犯"的嫌疑。你记不记得《文学季刊》时代你帮靳以先生三番四次地来拉我的稿子?如果你健忘,靳以先生应该提醒你,那时和我同住的梁宗岱先生也可以为证。当时我的误人的《给青年的十二封信》和《谈美》都早已出版了。你知道我"误人"而怂恿我再"误人",既误了人之后,你又来骂我

---

① 朱光潜《读〈论骂人的文章〉》,1937年3月15日《晨报》风雨谈副刊。
② 巴金《几句多余的话》,1937年6月2日《大公报》文艺副刊。

"误人"。巴金先生,我不配做你的朋友,但是你至少允许我要求一种"人的待遇",你这是怎样待人呢?①

这两场搅在一起的官司,尤其是梁宗岱与李健吾的"滥"官司,沈从文看不过眼了。便以"上官碧"的笔名,在《大公报》文艺副刊上发表了一篇文章,出来主持公道,题名为《滥用名词的商榷》。先指出梁宗岱纠正时弊,"从两个好朋友方面起始,正可见梁先生对这问题认真的态度"。不过他认为,眼下中国文坛的主要症结不是什么滥用几个名词,而是梁宗岱文章中所说的"浮夸,好炫耀,强不知以为知,和发议论不负责任的风气"。梁宗岱的本心是好的,可他的方法不可取,这种"求真的方法,可说代表一种吵吵嚷嚷的风格"。如果不是这样"一枪一剑"地讽刺,攻讦,效果或许会好得多。最后他意味深长地说——

> 至于文学的进步,在一篇文章中寻章摘句,或在筵席上一剑一枪,即或是极重要的,事实上恐怕也只有少数人如梁宗岱先生可做,因为这需要丰富的学问,以及在一个名词上求真的兴味。至于大多数人,倒似需要从大处看,明白中国情形(不提国家至少也应当明白中国文学过去当前的情形),知道想分担这个建设的光荣,得低下头来苦干,不自满自骄,也不妄自菲薄,不因自己一点长处忘却世界之大,也不因为珠玉在前即不肯努力。诚于工作而不必急于自见,不至于因一时得失而转变不已。各有所信也各有所守,分途并进且相互尊敬……期以十年,必会得到相当的进步。②

应当说,沈从文的立论是很平和,也很公允的,可以说是给这场"滥"官司画了个圆满的,却未必人人服气的句号。

---

① 朱光潜《答复巴金先生的忠告》,1937年7月《大众知识》第一卷第十二期。
② 上官碧(沈从文)《滥用名词的商榷》,1937年6月30日《大公报》文艺副刊。

《十三年》与《新学究》

1937年3月17日,坐在理发馆里理发,李健吾的头脑里忽然浮现出一个戏剧人物的形象。这是他的习惯。他的那些剧本,很少是先想到故事或情节,例如《梁允达》《以身作则》《新学究》,几乎都是先从主要人物的形象想起的。

不妨一试。用了两天的工夫,写出来了,一出独幕剧,叫《一个没有登记的同志》。正好朱光潜在北京筹备出版《文学杂志》,他被聘为编委,助理编辑常风给他写信约稿,便将这个剧本寄去。怕一般读者误会它的类别和性质,特意在剧名之下加了个英文小注:A melo drama,意即一出小闹剧。5月1日,《文学杂志》创刊号出版,《一个没有登记的同志》刊出。后来在上海"星期小剧场运动"中演出时,为避免租界当局找麻烦,改名为《十三年》。

是一出小闹剧,又不全是,在李健吾的心头,它是一出悲剧。不必说是契机,一个崇高的借口,然而,却是十几年前,还是个中学生时就蕴蓄在胸臆间的一个心愿——

> 有谁记得李大钊事件吗?十八个脑壳活活做了圣约翰似的殉难。我那时是一个和贫病挣扎的学生。躺在床上,静静地养病,我嫩弱的心灵静静地感味那些强烈的回应。我向自己说:有一天,我要写一部东西纪念这精神反抗的记程碑。这种意向渐渐在我头脑里起了作用,偶尔和朋友谈到,始终不敢著笔,这要包含两代人物的活动,自己年纪未免太轻。我也许竟然写不出来。但是我不让它完全滑出手心。《十三年》便是我抓回来的一个小小枝节。①

这是一个典型的李健吾式的独幕剧。

---

① 李健吾《十三年·跋》,上海文化生活出版社1937年出版。

剧情很简单。1925年前后,张作霖统治时期的北京。三个人,侦探黄天利,女地下工作者向慧,男地下工作者欧明。一天,向慧来欧明的住处取文件,黄天利进来了,他已将欧明抓获,知道向慧在这儿,来抓向慧。他身上带着盒式无线电,对向慧的行动知之甚详。从与向慧的对话中,证实向慧就是他十三年前的邻居少女小环。向慧也知道,眼前的这位侦探就是当年的吴家哥哥。向慧与欧明是一对恋人。黄天利想放走向慧,向慧不同意,愿与欧明一起进牢房。黄天利良知发现,决定同时放走这一对恋人,并将他的侦探记录本送给向慧作纪念。向慧与欧明从暗门中走了,自愿被捆在转椅里的黄天利喃喃自语:"我做点好事给你们看看!"

隐约体现李大钊(守常)事件的是这样一段对话——

向　慧:没有比这更要紧的了吗?

黄天利:有,比方说,二月十六日,你一个人到李守常教授家里,坐了约摸两个钟点光景,你跟欧明一同说说笑笑出来……

向　慧:可是,你们为什么要这样跟着我呢?

黄天利:(阖住手册)当然是有人要我们跟你。你是一个危险人物。你回头到队里就明白的。我们有的是证据。

一出独幕剧,那么轻巧,那么诙谐,别人或许以为是信笔涂抹,在作者自己,却是以坚实的理论作支撑,那就是深邃的心理分析。最精彩的是开头部分,黄天利与向慧互相绕弯子说话。一个是成竹在胸,大有老鹰擒小鸡之势,一个利用自己是个姑娘的优势,步步设防,假装糊涂。明明向慧穿上大衣是要走的——

黄天利:你跟他是老朋友,我想。你方才要脱大衣等他来。不是吗?你一定晓得他马上就要回来。要是可以的话,我陪你一同等他回来。

向　慧:我不晓得他回不回来。我方才是穿大衣,不是脱大衣,你弄错了。

　　黄天利:这么说来,你早就在这儿等了半天了。我们一同坐下来等怎么样?(信步踱到书桌前)就算你陪我,可不可以?(拿起钢笔)你方才写字来的。钢笔尖上的墨水还没全干。(寻觅)奇怪!

　　向　慧:(手放在大衣口袋上面)你找什么?

　　黄天利:我找你刚才写过字的那张纸。墨水瓶子还没盖,钢笔尖儿也没干,单单就是写的那张纸不见了。(回身看见字纸篓)也许你扔到这里头了。是的,我就常常有这种情形。(走出来)等老朋友等不来,不耐烦了,一看时候不早了,写两句话留给他,打算走了。不过,人就是这样子。话写好了,那口怨气也消了,又觉得有时间等下去了。可是——就是有点说不过去,你怎么穿大衣准备走呢?

　　向　慧:(不耐烦起来)那是我的事,没有告诉你的必要。

剧中的有些关节,直到最后才能看得出来。比如,黄天利无意中手扶住书架,向慧不由地惊慌起来。后来才知道,那个书架背后是个暗门。

像《这不过是春天》中时间上的差错一样,这个剧中最不符合事实的是无线电的使用。后来李健吾自个戳穿了它:"民国十四年前后,北平还没有盒子似的无线电。有是有的,挂在两颐,响在自己的耳朵。其实没有关系。我需要它。《十三年》需要它。艺术和人生(这出闹剧里面的)全需要合作。它帮二者强调幻象。"对自己作品中的缺憾或闪失,李健吾从不回避,这是他一贯的作风。你说是谦逊吗? 何尝不是一种绝大的自信。

这出戏当时并未演出,直到"孤岛"时期,才在星期小剧场演过一次。

这一年,李健吾发表的剧作还有《以身作则》和《新学究》,都是三幕剧,也都是喜剧。比较而言,《新学究》更有特色。它也是李健吾所有剧作中,惟一一部以高级知识分子为题材的戏。年初写出,4月由文化生活出版社出版,5月再版。

剧中写了一个自作多情的迂阔的中年教授康如水,他朝思暮想的情人是谢淑义,为了等她留学回来结婚,竟和十五年的发妻离了婚。但谢并不真正爱他,爱的是与她同船回国的冯显利,冯与康是老朋友,先前并不知道谢是康的意中人。同事孟序功夫妇为冯与谢接风,邀康参加。康原打算在孟家向朋友们宣布他与谢结婚的消息,临了才发现谢并不爱他,反倒是谢与冯宣布了结婚的消息。整个一出戏,写康的偏狭与执着,让人又可气又可笑。他是一个活在中世纪的人,却要追求现代的爱情,这就不能不演出一场让人啼笑皆非的喜剧。比如孟太太原本是规劝他,开导他的,说着说着,他竟向孟太太求起爱了——

> 孟太太:你想征服所有的女人。
>
> 康如水:你搔到我的痒处。
>
> 孟太太:你有点儿像 Goethe(歌德)的 Faust(浮士德)。
>
> 康如水:孟太太你是我的知己。
>
> 孟太太:可惜你征服不了你自己。
>
> 康如水:你知道我用了多大的力量来征服自己!但是我征服不了,我孤特的才情不容我向自己低头。
>
> 孟太太:你定当再试试。
>
> 康如水:我无时无刻不在试试看。不!我按捺不住了,我内外得一致!噢,孟太太,让我说出口,是的,我得说出口来。我痛苦!我难受!我半天心问心,好不好告诉你,我忍不下去了,你的魔力太大!你不知道你多美丽!你那眼睛!你那秋水一样的眼睛!你是一把钥匙,你开开我深秘的内府……(跪下)不要笑!不要摇头!不要摆手!我心上的人,我爱你!我爱你!

整个戏波澜起伏,妙语连珠,而且完全符合西欧新古典主义学者所主张的三一律:一个行动,即康如水等待多年要与谢淑义结婚的迷梦破灭了;一个地点,即某大学附近的康家与赵家;一个时间,即星期日上午十时至下午吃茶点时。

剧本发表后,当即成为文学界的话题。一则是剧本写得好,再则是,这个康如水的生活原型乃大名鼎鼎的学者吴宓。文化界谁都知道,吴宓与发妻感情不睦,当年爱上了他的女学生毛彦文,倾全力助毛出国留学。孰知毛回国后嫁给了年龄相差四十岁的前国务总理熊希龄(秉三)。李健吾是吴宓的学生,对此事知之甚详,对吴先生的性格与为人也多有了解。未必不念及师生之情,更多的是从艺术上考虑。"我有一个癖性,我喜爱的对象,我往往促狭他们一个不防。这里没有一点恶意,然而我那样貌似冷静,或者不如说貌似热烈,我不得不有时把自己关在友谊之外,给我一个酷苛的分析。"①

然而,如此挖苦老师,难免遭人非议。前些年,唐振常曾在一篇怀念吴宓(雨僧)的文章中,表示过不满——

> 此事(毛彦文嫁熊希龄)大伤先生之心,更感孤独。先生的学生、剧作家李健吾,以此事写成话剧《新学究》,从而嘲讽之。先生确乎有新学究之气,但我以为做此事有失忠厚之道,更非学生所应为。1946年,在上海我偶然对李健吾先生言及此意,李先生仍不无自得,说他很了解雨僧先生。嘲弄老师的痛苦,实在是并不了解老师。②

不可或缺的一员

李健吾到上海后,北方的友人,并未忘了这位热情而才华横溢的朋友。1936年春,萧乾来上海筹备沪版《大公报》,4月发行,并兼编津版《大公报》文艺副刊。编辑部也就是他的住处,设在法租界爱多亚路③一八一号。萧乾的到来,沟通了上海与京津作家之间的交往。老朋友常驻沪上,李健吾的欣喜自不待言。这一时期,他在《大公报·文艺》上刊载的文章,大都是通过萧乾编发的。

---

① 李健吾《以身作则·后记》,上海文化生活出版社1936年出版。
② 唐振常《想起了吴雨僧先生》,1989年11月16日《解放日报》。
③ 今延安东路。

1936年是《大公报》接办十周年,特设立"文艺和科学奖金",其中"文艺"一项,李健吾与杨振声、朱自清、朱光潜、叶圣陶、巴金、靳以、林徽音、沈从文、凌叔华被聘为裁判委员。均为与《大公报·文艺》关系密切的知名作家。10月,获奖作家与作品公布,何其芳的散文集《画梦录》,曹禺的剧本《日出》,芦焚的小说集《谷》,分别获得散文奖、戏剧奖和小说奖。委员们分散在京沪两地,无法开会,具体事项都是由萧乾写信联系的。

　　10月19日,鲁迅先生去世,22日下午举行入殓及安葬仪式。李健吾赶去了。"我怀着沉痛的心情,赶到殡仪馆,看我所尊敬的前辈战士入殓。有八人组织了抬灵队,记得有巴金、靳以……似乎也有胡风先生。"①在师大附中上学时,他曾听过鲁迅先生的讲演,不意才十年,哲人其萎,不能不感叹人世的飘忽。

　　随着时间的演进,民族危机的加深,京派与海派之争已日渐淡化。上海文化界已将李健吾视作不可或缺的一员了。1936年6月7日,《中国文艺家协会宣言》发表,签名者达一百一十人,李健吾为其中之一。12月17日,中华文艺协会上海分会举行成立大会,李健吾与郑振铎、许广平、巴金、柯灵、唐弢、姚蓬子、夏丏尊、夏衍、于伶等十五人被选为理事。

　　1937年5月,筹备已久的《文学杂志》正式出版,李健吾为编委之一。

　　关于这个刊物的出版背景,及李健吾如何成为编委,曲曲折折,均与其时文坛的情势相关。加上时日久远,连当事人的记述也多有分歧,确有细细辨析的必要。

　　《文学杂志》的主编是朱光潜。朱光潜在晚年所写的《作者自传》中说,当时正逢"京派"和"海派"对垒。京派大半是文艺界旧知识分子,海派主要指左联。我由胡适约到北大,自然就成了京派人物,京派在"新月"时期最盛,自从诗人徐志摩死于飞机失事之后,就日渐衰落。胡适和杨振声等人想使京派再振作一下,就组织一个八人的编委会,筹办一种《文学杂志》。编委会之中有杨振声、沈从文、周作人、俞平伯、朱自清、林徽音等人和我。

---

①　李健吾《忆西谛》,收入《李健吾散文集》。

他们看到我初出茅庐,不大为人注目或容易成为靶子,就推我当主编。由胡适和王云五接洽,把新诞生的《文学杂志》交给商务印书馆出版。《文学杂志》尽管是京派刊物,发表的稿件并不仅限于京派,有不同程度左派色彩的作家如朱自清、闻一多、冯至、李广田、何其芳、卞之琳等人,也经常出现在《文学杂志》上。杂志一出,就成为最畅销的一种文艺刊物。①

朱先生的《作者自传》写于1980年,其时已是八十三岁老翁,记述不免简略,有些地方与事实不符。按朱先生的回忆,不光李健吾不是编委,且刊物的创办全是为了振兴京派,只是发表过一些有不同程度"左倾"色彩作家的作品。

实际情形要复杂得多。

1936年夏天,邵洵美和他的美国女朋友项美丽女士来到北平,沈从文和杨振声在同和居设宴招待,应邀作陪的有朱光潜和当时在艺文中学教书的常风。过了几天,邵仍假座同和居还席。宴饮间,邵提出一个想法,他计划办一个文艺杂志,邀请在北平文艺界的朋友帮忙,具体意见是,由北平方面负责编辑,印刷出版等事完全由他在上海负责。当时大家对邵的计划只是随便谈谈,泛泛表示赞成。又过了些天,沈从文约常风一起去慈慧殿三号朱宅商议,说是邵临回上海前,再三表示希望北平的朋友合作。几人谈来谈去,觉得和邵合作不妥,因为邵在上海文坛是个很有争议的人物,跟他合作办杂志,等于参加到上海文坛斗争的一方。再说这里编辑好了,谁敢定邵在上海不会做些手脚。这就等于否定了邵的提议。当时梁思成也在座,他提出如在北平办刊物可起名叫《大都》。

由此便引起了北平的朋友们自己办刊物的话题。1937年1月间,沈从文告诉常风,已决定要办刊物,并说已和商务印书馆接洽妥了,由朱光潜编辑,全权负责,商务印书馆只负责印刷和出版。杂志在北平编辑后,就交商务印书馆的北平京华印刷厂排印。同时说明,朱先生想邀常风担任助理编辑。过了几天,常风去看望朱先生,朱先生说这事他和杨振声先生商议,希

---

① 朱光潜《作者自传》,《朱光潜全集》第一卷,安徽教育出版社1987年出版。

望常风肯帮忙。常风同意。然后就开始筹备稿件并拟定编委人选。此后一切具体事务均由常风处理。

以上是常风在《回忆朱光潜先生》一文中所说的大致经过。常风并说，他参加《文学杂志》编辑部工作后，经常和各位编委接触时以及编辑部开会时，都没有哪一位提到京派和海派的问题；朱先生在主编《文学杂志》时确是想保持超然的立场的。由此可知，办《文学杂志》，胡适也许确有振兴京派的设想，事实上，1937年春天，国内局势已非前两年可比，日寇加紧侵华，全国抗日情绪高涨，当年的京派与海派之争，已无人关注了。

李健吾是怎样成为编委的，据常风回忆，朱先生和杨振声先生、沈从文先生商议组织编委会的问题，也让他参加讨论。他们决定编辑委员会由八人组成，他们三人之外加上叶公超、周作人、朱自清、废名和林徽音五位先生。继而考虑到这八位先生都在北平，重新斟酌之后加上上海的李健吾和武汉的陈西滢。陈先生收到朱先生的邀请信后，回信说他曾在二十年代引起文坛上一场纠纷，参加编辑委员会不妥。朱先生于是改请陈先生的夫人小说家凌叔华参加。这就是朱先生主编的《文学杂志》编辑委员会人选产生的经过。朱先生在他的《自传》中说编辑委员会成员为八人，而且他提到的八人中漏掉叶公超先生，错写上俞平伯先生。朱先生写《自传》时，忘记编委原定为八人后改为十人这一情节。①

这就清楚了，朱先生漏掉的不光有李健吾，还有叶公超。和朱先生的回忆比较起来，还是常风先生的说法更可信些。

专著《福楼拜评传》，散文集《意大利游简》，评论集《咀华集》，翻译小说集《福楼拜短篇小说集》、《司汤达小说集》，剧本《梁允达》、《母亲的梦》、《以身作则》接连出版，又是那么个热情爽朗，了无挂碍的人，到了1937年的春天，李健吾已被上海文坛认可，或者说已融入了上海文坛。连先前劝他少出头露面的巴金，也拉上李健吾出头露面了。

这年春天，上海爱国女中学生会想邀请巴金与靳以去学校讲演，来的

---

① 常风《回忆朱光潜先生》，1994年《黄河》第一期。

两个代表,一个是学生会主席陶肃琼,一个是学校的文艺活跃分子陈蕴珍。向来不善辞令,更不善做讲演的巴金,居然同意了这两位女中学生的邀请。靳以也不是个善于言辞的人。情之所系,并未失了自知之明,巴金又拉上向来以能说会道见长的李健吾。有了李健吾,整个讲演就成功了一半,加上巴金的名望,该说是功德圆满了。

这个陈蕴珍,就是后来成了巴金妻子的萧珊。

战乱中的情谊

正当李健吾融入上海文坛,一显身手之际,抗战爆发了。若说卢沟桥畔的枪声,在上海看去只是新闻纸上的描述的话,那么,"八一三"黄浦江上的炮声,则是真真切切的震撼了。

战火初起,暨南大学即迁入公共租界,在陶尔斐斯路赁房上课,后来又迁到康脑脱路①。这段时间,李健吾同时在复旦大学兼课。

学校迁回市内的同时,李健吾一家也由真如乡下搬回市内居住。这次搬家,可让李健吾吃足了苦头。

战争爆发前,人们已开始往租界里拥,一时间,租界的房子紧张起来。万幸,李健吾在法租界的巨籁达路②找到一处,两楼一底,也还宽敞。正当尤淑芬在家里收拾东西时,李健吾拄着拐杖回来了,对妻子说:他方才在路上遇见孙大雨,孙听说他家找下房子,要求分一间底层存放家具,他已答应了。

孙是清华校友,又是暨大同事,平日两家没有什么来往。李健吾腰腿有病,上下楼不方便,若将底层让出,往后就得见天爬上爬下。家里还有两个孩子。尤淑芬明知不妥,无奈丈夫已跟人家说定,且是国难时期,也不好再说什么,只得将原来放在楼下的东西搬到楼上。

---

① 陶尔斐斯路今名南昌路,康脑脱路今名康定路。
② 今名巨鹿路。

孙家的东西搬进来了,说有两个箱子,放在下面不安全,想寄放在二层的亭子间里,李健吾没多考虑就同意了。隔了一天,孙来检点东西,说箱子顶上的一个纸盒里,原先放着的一件考究的丝绒旗袍不见了,怀疑是李家的佣人拿走的。佣人说这是不可能的,那天放好箱子后,谁也没去过亭子间。尤淑芬责怪丈夫,说放东西已经错了,绝不能让他搬进来住。可没过几天,李健吾从学校回来,说孙家要住进来,他无法不答应。

两家同住一楼,到了冬天,楼上的取暖成了问题。李家的煤块,早在孙家住进来之前,已买齐堆放在前门的跨院里,原来的底层是李家吃饭用的,取煤很方便。现在孙家住在楼下,不开前门,这样一来,佣人要取煤,就得绕过两条长长的楼间甬道,到前门的跨院里去取。一天为生炉子,阿姨正在楼上给尤淑芬诉苦,说孙某不给开门,等了好久,拿不上煤。说话间,李健吾兴冲冲地回来了,一听这话,转身又拿起拐杖下了楼,跟孙大雨吵开了,最后总算拿上钥匙,气呼呼地交给阿姨去开门取煤。

勿论谁是谁非,与孙大雨的交恶,仅是一个小小的插曲,抗战爆发后的这段时间,李健吾与滞留上海的文化人之间,更多的还是患难中的情谊。

1937年8月间,卞之琳与芦焚从雁荡山下来,回到上海,卞之琳暂住在李健吾家里,一时间,李家成了朋友们聚会的场所,热闹极了。

芦焚,河南杞县人,原名王长简,1910年出生,曾获《大公报》小说奖,后来改名师陀。这年6月间,他与卞之琳结伴游雁荡山,住在一座寺庙里,游山玩水,间或也写点什么。卞之琳正在译纪德的《窄门》,他们计划住到秋天再回去。8月初的一天晚上,下着雨,卞之琳去山下的车站取信回来,刚进了走廊,芦焚就问:

"怎样?"

"打起来了!"卞之琳扬起手中的一束报纸说。

山里报纸到得迟,这打起来,指的是将近一个月前的"七七"卢沟桥事变。那就赶快回上海吧。卞之琳匆匆赶完译稿,天气放晴,两人便收拾行装下山,这时已是8月中旬了。当他们赶到海门镇,预备坐海轮返沪,不料轮船停开,这才知道上海也打起来了。只好改乘汽车。路过新仓,保安队检查行李,见有日文书和地图,以为他们是汉奸,抓起来送到县政府,幸亏县政府职员中有人知道他们确是文人才予释放。一路上备受艰辛,赶到上海,旅馆爆满,没办法只好将行李寄存在文化生活出版社,然后去找靳以,正好巴金也在靳以家住着。芦焚留下来,卞之琳去找李健吾借宿。朋友来了,又正在难中,李健吾在三楼书房临时搭了张床,让卞之琳住下。

8月31日,施蛰存从松江老家来上海,晚饭后约上戴望舒去看望李健吾,健吾夫妇已睡下,见到了卞之琳。卞之琳给他俩谈了一路上的经历。"又云昨晚彼与健吾全家均食物中毒,午夜后腹痛甚急,延医服药始解,想是误食染有尸毒之江鱼所致,可危之至!"①关于这次食物中毒,笔者曾问过尤淑芬老人,尤老说不是吃了染有尸毒的江鱼,是吃了霉变的火腿。卞之琳在李健吾家住下后,芦焚曾来过一次,见了卞之琳,没见上李健吾。

闲居无事,卞之琳开始翻译伍修依德的《紫罗兰姑娘》。三个星期后,朱光潜来电邀他去四川大学任教。9月初,李健吾亲自送卞之琳去车站。北站是战区,不通车,要离开上海,得去西站。这时没有到租界外面去的车子,他俩步行前往。不远处响着隆隆的炮声,走在空旷的野地里,两人一边聊天,一边吃着甜芦粟。

芦焚以为卞之琳还在李健吾家住着,距上次看望后大约半个月之后,又约了巴金、靳以同去,不料卞之琳已经走了。这是芦焚与李健吾的初识。

在李健吾书房里,四个人兴致勃勃地谈了起来。此事,芦焚在一篇名为《座谈》的小文里有周详的记述。当时为了某种顾忌,没有写出各自的真名实姓,仅虚拟了姓氏代替,比如李健吾因有刘西渭的笔名,便称"魏先生",巴金是"留先生",也写到了靳以,没提名也就没虚拟姓氏。不过在后来的一篇文章里说到了,哪些话是靳以说的。将这些人名还原出来,可看出当年聊天时各人的声口,也可以看出患难中的朋友间的融洽气氛。

四人坐在李健吾的书房里,也就是卞之琳刚住过的地方。客人走了,床已撤掉,书房恢复了先前的样子。两个可以像小船一样移动的沙发,一

---

① 施蛰存《同仇日记》,《施蛰存散文选集》,百花文艺出版社1986年出版。

张写字台,一把转椅,一只小桌,小桌上放着一把切西瓜的刀。最重要的自然还是那几个书橱,它们是那么高大、庄严,好像是专门为了敬重它们才把它们摆在这里的。

但是他们总觉得这里少了些什么。

"你近来搬动过吗?"坐在左边沙发上的巴金问。

"没有,没有搬动。"坐在摇椅里的李健吾回答。

芦焚注意到,李健吾很喜欢谈司汤达。他猜想,若问李健吾喜不喜欢人家称他为学者,他脸上定会显出难色,一面又很快活地在转椅里活动着。

谈到了卞之琳,李健吾摇着葵扇说:"我们一同到西车站买票。"

巴金说卞之琳近来好像有什么事情。这话大概是指卞之琳正在追求沈从文的小姨张充和,或许还有别的什么事。

"不,"李健吾说,"他什么事情也没有。"

他们的意见一开始就有点不同,各人都看到了卞之琳的一面,巴金说过去卞之琳是温柔的,李健吾则认为卞之琳有一点倔强。

"除开幻想,你觉不觉得他还有点别的什么?"巴金问。

"十五分执拗。"李健吾说。

芦焚说,卞之琳身上,除开被母亲娇惯起来的执拗和温和之外,还有二十五分的孩子气,这使他更加可爱。

"你似乎说过你们时常吵嘴?"靳以说。

"我们曾经时常吵嘴,有时候我们每天差不多有两回冲突。"

芦焚也说不清这争吵的理由,实际上也毫无理由,反正是到时候便有一次抬杠。两个好朋友在一起,还有什么比抬杠更不愉快,还有什么比抬杠更有趣的呢?既然两个人住在一座荒山里,一座通风的房子里,每天一同散步,一同到溪里洗澡,一同在一个桌子上吃饭,每天就得有一次争吵与和解。

他对靳以说,你也许以为可笑,我们竟像孩子一样喜欢争执。这种争执是完全没有意思的,并非必要的,有时为了一个贝壳,有时又为了一个石子。

芦焚又想,但这岂不是一样的吗?和我们此刻,发现房里少了一个人,撤去一张临时搭起的床,因而我们感到空虚,这景况岂不是差不多吗?我们的一个朋友走了,十五分执拗,二十五分成人的孩子气,三十五分的矜持的卞之琳走了,我们——坐在转椅里的李健吾先生,坐在左边沙发上的巴金先生,我们在这书房里,在莎士比亚和莫里哀、杜工部和元明戏曲中间,谈论着早已远行了的朋友。

"我们一同去买车票。"李健吾说。

芦焚能想象到这简单的话语里的情义。早已没有到租界外面的车子了,他们在荒凉的西郊大道上走着,远远的大炮在不住地响着,死亡时时在威胁着每个人的生命,而为了送朋友远行,一个腿脚不便的书生,竟陪了一个年轻的朋友走这么远的路。他甚至想到,他们定然是一边走,一边谈着司汤达和纪德,或者还会有马尔洛,多么的不谐调,而这不谐调又是多么的有趣。

"他为什么一定要这个时候走呢?"靳以又问。

"我也不太清楚,"李健吾说,"他不喜欢上海。"

芦焚心里明白,他们从雁荡山赶回上海,原本是想为抗战做点事情,到了上海又没有事情可做,自然得到别处去找事情了。

"难道人们总是从那里到这里,又从这里到另一个地方去生活的吗?"靳以又说。

芦焚也不能解释这个问题,只是觉得人们永远有个不能满足的欲望,因此就长年地从那里到这里,从这里又到另一个地方,如果没有事情做,人们就觉得不能生活。

后来李健吾看到芦焚写的这篇文章,朗声笑着说:"我们既没有谈司汤达和纪德,也没有谈马尔洛,而是一路上吃甜芦粟。"

此后,芦焚与李健吾交往甚多,总的印象,"他是个感情奔放,对朋友极端热情的人;他工作严肃,又是个爱活动的人;他有北方人的特有的气质:治家严,简朴度日,自奉甚薄,对朋友讲义气;他对朋友有意见就讲,往往得罪人,过后他自己倒忘了。用他的话说,他是外圆内方的人。"[1]

---

[1] 师陀《记一位"外圆内方"的朋友》,1987年《新文学史料》第二期。

第七章　孤岛时期

（1937.12—1941.11）

寂苦中的挣扎

"这一枝人马攻打东京，那一枝人马袭取横滨，留下一枝作为接应……"

坐在书桌前，李健吾打开报纸，反复拼排，把凌乱的材料聚在一起，整理出他的情报，组织成他的战略。

"老兄，你打到什么地方去了？"冥冥中一个声音问道。

什么地方去了？是的，弄错了。原来不是东京，不是横滨，只是两个月前他往来教书的地带。他的学生，他那几个得意的学生，不知道流落到什么地方去了。也许投了军，也许充当救护，也许正在家里和父母冲突。他们不是弱者。他们没有儿女，没有家累，自然也就不会怯懦。想到这里，他心头一松，就和自己亲身上了战场一样。但是，外面飞机和炸弹的响声震碎了他纸上谈兵的计划。他的眼前不复是报纸，不复是字，而是一片肉，而是泪。①

1937年11月12日，中国军队撤离上海后，这座城市的命运也随之改

---

① 李健吾《案头的悲哀》，《切梦刀》，上海文化生活出版社1946年出版。

第七章 孤岛时期

变。一方面大部分市郊区域已被日军占据,同时又有相当于其时上海全市区域一半的市区仍在日军的控制之外,即苏州河以南的美英法等国的租界区。这些国家尚未与日本宣战,日军也就没有进占这部分市区。这样一来,这部分四周全是日军占领区的市区,宛如大海中浮现的一座岛屿,时人称之为"孤岛"。

朋友,学生,一个个都奔赴大后方去了,李健吾因腰腿有病,无法远行,只得拖家带口,困居在租界里。处此寂苦之中,他才认识到一个文化人的悲哀。先前的下笔千言,使气斗狠,如今看来都是空谈,都是虚妄。空有一腔热血,却报国无门。平日街头遇见一个伤兵,就像有人迎面揭发自家的隐私,心头激起一股惭愧和感谢的热情。想到他是为了保护我和我的梦而受了伤,真恨不得要过去吻遍他英勇的伤口。回到家里,只能看看报纸,想象一番战局的进展,聊慰对国事的焦虑。

这天,他拿起一份报纸闲看,一个熟悉的名字一下子跳进眼里,牛小山!专电栏里登载着他的事迹:炸毁了一座桥梁,杀了二十多个日本鬼子,力竭而死。再看籍贯,山西省安邑县西曲马村。这不是和他在私塾里同过半个月学,后来卖身给东家当了小长工的那个秃头孩子吗?他不是还拿干牛粪朝他身上扔,叫他和牛粪认宗吗?

前些年,他就听家乡来人说过牛小山当兵的故事。

在西曲马,牛小山做了二十多年的苦工,是一村人的笑柄,他挨打的次数不下于阿Q。他有阿Q的怯懦,却没有阿Q的机诈。他没拿过主子一文钱,没有进过一趟城。他说自己是西曲马村的人,可是村公所的簿子上却没有他的名字。他的朋友只有畜生。但是,正和一棵无拘无束的野树苗一样,他长成一条粗壮的大汉。年轻媳妇往往背后借他来奚落自己孱弱的丈夫。

有一天村公所来人找他的主人,主人一早就赶集去了,他去集上找见,说家里有人等,自己留在集上看热闹。正好有个年轻学生在集上讲演,旁边还挂着一幅图,一只狮子睡在地上,全身绕着铁链子,旁边一个日本人正用刀子往下砍。那学生说:

"人家把我们叫狮子,可是我们叫人家捆住,眼看刀子都要落在身上,还是没有抵抗!不成!我们要跟他们拼一下,要挣开链子,打死那些日本强盗!我们安分过日子,可是人家抢掉我们的地,把我们赶走,不管我们的死活,你们说,我们不还手,成吗?"

秃子觉得一股热血往上冲,问旁边的人,怎样才能打退强盗,学生听见,抢着回答:

"当兵!"

这时,主人正在家里跟村长讨价还价,村长说他有四个儿子,必须出一个当兵,他想出些钱了事,可村长索价太高。就在这紧张关头,秃子回来了,村长灵机一动,说若有人顶替,可少出些钱。主人心头一亮,对秃子说:"你若肯去当兵,我撕掉你的卖身契,另外再贴你两块大洋。"秃子问当兵是不是打日本人,听说是的,他点点头。

就这样,牛小山当了兵。

就这样当了兵的牛小山,如今成了西曲马村人的骄傲,连同他这远在上海的书生——

> 来日给他立碑的话,说不定我会以同乡而又同学的资格,被选做筹备委员。想到这里,我为自己不寒而栗,也为自己十分惭愧。站在记忆之中的,是一个缩在角落,抱着秃头,躲避干牛粪抛来的苦孩子。我的时代换了一副面目,不那样五光十色,却反映灰色而坚定的现实。他是一根赤裸裸的柱子,不是一个站在柱子上的人物。他是英雄,然而无名,然而不带神话。万一出来一位历史小说家,我相信他要换一个手法,抹掉英雄豪杰的字样,补进一批一批无名的匹夫。①

国难当头,聚集在租界里的文化人,彼此间的交往更其密切了。过去不相往来的,开始往来,过去往来不多的,会时常走动。这段时间,李健吾

---

① 李健吾《匹夫》,收入《切梦刀》。

去得最多的地方,除了巴金家,就是位于"庙弄"的郑振铎的家了。

在郑家,他结识了阿英(钱杏邨)、陈西禾等进步文化人士。阿英常向郑振铎请教些旧小说方面的事。住在霞飞坊的陈西禾是位戏剧家,往来熟了,也常去陈家聊天。常来郑家的,还有清华校友诗人王辛笛和他的岳父徐森玉老先生,一位有名的版本学家。郑振铎常约这些朋友来家里吃饭,郑母做的本乡本土的福建菜。

1937年11月,中共地下党出钱,要阿英办一个综合性的文化刊物,藉以联系留守孤岛的文化界抗日人士。为了不引起租界当局的过分注目,地下党决定登记时不暴露阿英,改换一位表面上看来政治色彩不那么太鲜明的人士,经阿英、于伶和郑振铎相商,郑振铎提出了用李健吾的笔名刘西渭。既确有其人,又含糊其辞。

12月底,《离骚》创刊号出版,刊发了周予同的《经史关系论》,戴万平的《细雨的街头》,刘西渭的《匹夫》,赵景深的《"杨家将"考》,景宋(许广平)的《医》,寒峰(阿英)的《甲午战争书录》等。租界当局也是有经验的,刊物的倾向和它的底细,很快被查明,创刊号刚发出就遭到查禁。幸亏只是查禁,若拘捕登记人呢?

这件事李健吾后来一点也不记得了。是郑振铎和阿英忘了告诉他,还是没打算告诉他?"文化大革命"中,李健吾在干校,来了两个外调人员,追问他办这个刊物的详细经过和有关人员。他回答不出来,为此苦闷了许久。过后揣测,大概是郑振铎出的主意,因为"孤岛"时期办刊物困难,便想到了他这个笔名。①

1938年春,滞留在孤岛的部分文化界人士,组成鲁迅先生纪念委员会,出版《鲁迅全集》二十卷本。此前,许广平、周建人、郑振铎、胡仲持、胡愈之诸人,筹集资本组织了一个名为"复社"的小型出版社,出了几本书,赚了些钱,这就有了刊行《鲁迅全集》的机构与底金。同时又发行预约券,筹集资金。拟出三种不同的版本,甲种纪念本,重磅道林纸,封面皮脊烫金,

---

① 李健吾《忆西谛》。

楠木箱装，预约价一百元；乙种纪念本，重磅道林纸，封面红布烫金，预约价五十元；普通本，白报纸印，封面先定为纸面黑字，后改为布面银字，预约价分两种，一次缴清十四元，分期缴清十五元。

一天，郑振铎悄悄问李健吾：

"健吾，你有五十块钱吗？你能约顶熟的朋友也出五十块钱吗？大家要凑钱出《鲁迅全集》，可是走漏风声，就性命攸关啊。"

听了这话，他回家取了五十块钱交给郑，随后又去找见清华同学孙瑞璜，说明来意，拿了五十块钱交给郑。

这是李健吾在《忆西谛》中写到的一个情节。

出版《鲁迅全集》是大事情，但说走漏风声就性命攸关，不免言重了。事实上，此举在当时是公开进行的。从1938年5月3日起，接连数日，《文汇报》上都刊出了预约广告，预约处为北京路上的通易信托公司和四马路上的远东图书杂志公司。6月1日，又刊出征订延期的广告，并说明普通本的装帧，由纸面黑字改为布面银字。

迁到法租界巨籁达路居住后，李健吾又见到了王统照先生。1936年春天，王统照来上海主编《文学》杂志，抗战爆发后，刊物编不成了，便来暨南大学授课，这样就和李健吾成了同事。王统照当时正在编《大英夜报》的文艺副刊，遂约李健吾写稿。副刊取名《七月》，抗战之意甚明。

是师长的嘱托，也是自己的责任，这期间，李健吾为该报写了许多文章，有剧本，有杂文，还有诗歌。诗作《对话》，是他当时心境的真实写照。全诗五节，前三节是这样的——

> 我爱这北方的云
> 　漂在天的梢头；
> 我想到我父母的坟
> 　埋在草里灰里。
>
> 为什么你不声不响

第七章 孤岛时期

  你这瘦小的人?
   我举不起这沉重的枪
    我是个瘸子。

  你的脸和铁一样青
   身子像一块铅,
  你的心好比一只鹰
   囚在笼子里面。①

杂文《皮克老烧勒三世》②,借十六世纪法国一个小诸侯国的国王皮克老烧勒的故事,讽刺日本军阀对中国的侵略——

  他是一个肝火旺的国王;什么国,书无明文,大概是十六世纪法兰西的一个小诸侯之类吧。他率领士兵,浩浩荡荡,一径奔向他的善邻,"膺惩"的借口是他的百姓贩卖烧饼,走过人家的地面,人家好意拿钱讨几个烧饼吃,挨了骂,又挨了打,最后自然也挨了人家一顿打。日本兵占据丰台,说是丢了一匹马。接着在卢沟桥跑了一个兵,人比马重要,自然就要长期战争了。皮克老烧勒的敌手是一个慈悲为怀的巨灵。这巨灵也许老了,犹如中国一样老,一样贪图安逸。

李健吾丰博的学识,使这篇两千多字的杂文处处闪现着机警与智慧。比如,当说到那巨灵的太子喀尔钢杜瓦(Gorgantua)时,顺便插了几句:"你以为我在说谁?我这里说的正是辣布莱(Rabelais)的喀尔钢杜瓦,没有听说辣布莱,我可怜你。鲁迅说只有人才会笑。他引用的正是辣布莱的两行序诗:写笑胜似写眼泪,因为笑是人的本色。"

---

① 李健吾《对话》,1938年7月17日《大英夜报》七月副刊。
② 收入《切梦刀》时改名为《烧饼之战》。

1938年9月30日,《七月》副刊停办。八十年代初,秦瘦鸥撰文回忆参与编辑《七月》副刊的经过,述及王统照约稿的情况时说:"当时经他邀约而为《七月》写稿最多的倒是戏剧家李健吾先生,他写的主要是杂文,以刘西渭为笔名,文章犀利泼辣,极为精彩。"①

教书之余,写文章,与朋友聚谈,是比在真如教书时活跃了许多。而国难当头,时势对人的催逼,又不知比先前大了多少。两相抵消,可以说孤岛初期,李健吾过的仍是书斋生活,和在真如时期没有多大的差别。其所作所为,不过是一个有良知的知识分子,在国难中的呻吟,在寂苦中的挣扎罢了。

整个1938年的春夏间,李健吾仍在苦闷中、彷徨里。是他喜爱的一个女学生,引领他走出书斋,投身于一个广阔的空间。

走 出 书 斋

她叫张可,也叫万芳。模样端庄俏丽,性情温和大方,搞翻译,写散文,更热衷于演戏,早在星期小剧场运动刚兴起时,即投身其中。这样一个多才多艺又俏丽大方的女孩子,喜爱她的不只是李健吾,更有同时期的好些年轻人——

> 我们又常上小剧场去看话剧。起先专是为了去看万芳的演出。戏剧才是她的专攻。万芳,玉琢的一个小下巴微向前兜着,直直的柔发,单层的眼皮(可笑那些美目的描写总是非大眼睛、双眼皮不行),穿一件浅灰法兰绒的旗袍,无声地笑着,不显山不露水地尽可能坐在角落里。她可是李健吾先生的得意门生。在演那个絮絮聒聒地活活把丈夫折磨得用剃刀片自杀的独角戏中,从幕后伸出一只要剃须水的苍白的手的那只手,就是李先生的。真怪!叫张可去演这么个角儿!随

---

① 秦瘦鸥《王统照与〈大英夜报〉副刊〈七月〉》,1981年《新文学史料》第一期。

她在台上怎样絮聒,还是令人感到她可爱——不枉了她叫张"可"。那么这个戏到底算成功还是失败?反正我们是大鼓其掌。①

这出独角戏叫《早点前》。演此戏是后来的事。其引领李健吾走出书斋,具体的行动是约他参加一次聚会,和于伶相识。"为了团结所有留在上海的话剧同志,由于伶同志出面,约大家在一个新开张的锦江茶室聚会。那一次去的人很多,我应暨南大学女学生张可之约,第一次在上海和大家认识了,自然包括于伶同志在内。我们互致了仰慕之情。不久就找了一个简陋剧场,演了我的《这不过是春天》。"②

张可的引荐只是个因缘。蓬蓬勃勃的戏剧活动,迟早会将中国话剧运动的这员骁将裹挟进去。

这也是他的责任。

前一年的12月31日,在汉口召开的中华全国戏剧界抗敌协会成立大会上,虽远在上海,李健吾仍与张道藩、方治、王平陵、田汉、阳翰笙、洪深、熊佛西、余上沅、欧阳予倩、赵太侔、马彦祥、陈白尘等十七人一起,被推举为理事。③是对他身处险境的关爱,也是对他在戏剧界地位的认定。而其时身在孤岛的理事,怕也仅他一人,平日那么热心公益事业,此刻能不负起应尽的责任?

就在1938年春夏间,星期小剧场运动初起时,李健吾即参与过演出活动。星期小剧场是一种群众性的业余演出,不售票,利用星期天上午大剧场不演出的空档进行。第二期公演,接连演了六个星期。5月15日,在新光大剧场举行第二次演出,三个剧目中头一个就是李健吾的独幕剧《十三年》。邹啸曾撰文评述:"第二次却有的甚好,有的尚欠严肃,'甚好'的是李

---

① 舒岱《一个笔名的消失》,《上海"孤岛"文学回忆录》(下),中国社会科学出版社1985年出版。
② 李健吾《〈爱与死的搏斗〉在"孤岛"时期的正式演出》,1981年《山西师院学报》第一期。
③ 秦贤次《张道藩的一生及其对文艺的贡献》,《但开风气不为师》,台湾文讯杂志社出版。

健吾的《十三年》,侦探与女革命者都演得不错。不慌张,不生涩,确是两个干练的人,彼此勾心斗角地舌战,煞是好看。那位在无线电里报告卖衣服的,我疑心就是作者自己,好一口流利的北平话!"①

邹啸即赵景深,他心里清楚,那肯定就是李健吾。

这仅是帮忙,还不能叫走出书斋。

和于伶相识后,李健吾就正式走出书斋,毅然"下海"了。

此前于伶曾以抗战初期的上海救亡演剧十二队为班底,组织青鸟剧团,演出似不太理想,又拟组织上海艺术剧院,法租界当局以严守中立为名,惟恐触怒日本军方,不予批准。

李健吾加入后,以留法学者的身份,通过高层人士的斡旋,疏通了各方面的关系,得到租界当局的允许,在中法联谊会戏剧组的名义下,于1938年7月,正式成立了上海剧艺社。申请批准的法文呈子,就是他写下,亲自送到嵩山路的法国总巡捕房注册的。"我们推举联谊会的会长赵志游做了挂名会长,顶住了一位想做秘书这个有实权地位的法租界地痞冯执中,选出了于伶同志做秘书。"

这样,上海剧艺社就以中法联谊会戏剧组的名义,正式租下了环龙路②十一号法租界工部局大礼堂,作为演出场地。只收半价,条件是多演法国戏剧。

上海剧艺社演出的第一个戏,是顾仲彝改编的《人之初》。

演出时,李健吾似乎又回到十年前,当清华戏剧社社长的时代,紧守在后台,观察着前台的一举一动。他手里握着表,看每幕的演出时间。演完一看,整整四个半钟头。

"怎么好?"他问导演许幸之,"夜场如何得了?"

若夜场八点准时开始,演四个半钟头,十二点半才能散场,而租界十二点就戒严,观众看完戏怎么回家?没有时间请求改编者的允许,也没有时

---

① 邹啸(赵景深)《星小的第二期公演》,1938年6月10日《文汇报》世纪风副刊。
② 今雁荡路。

间悠长地斟酌,李健吾当即和许幸之一起,着手检讨应当删改的场面,作为夜场上演的底本。多亏演员老练,总算圆满地将这临时删改过的戏演了下来。

演出是仓促的,却不能说是失败,甚至可说是意想不到的成功。一位林曦先生给《文汇报》世纪风副刊寄来文章,除对演出做了中肯的评价外,还对台上的布景提出质疑:"第三四幕窗外的巨厦也许是有意拿来暗示外面同样充满罪恶,但为什么装上本埠实有的公司舞场名号?负责人求真的态度是可佩服的,但像这样的真,在舞台上并不需要,或更不客气地说,该避免。"[1]

这样内行的批评,谁也得感谢。事前柯灵将稿子让李健吾看了,他写了《致林曦先生》,与林曦的文章在同日的报纸上刊出。除了感谢对方的批评外,还特意解释了布景太真的原因:那是大洋二十元买来的"真"。因为一家公司看见这是一个可以利用的广告机会,就向我们建议,它愿意出二十元(每场五元,从第二日起,共四场),要我们给它做做广告。你不晓得我们剧社多穷,所以,有二十元的收入,是乐得答应的。现在我揭破了这个"真"的背面,和艺术毫无关系,您或许要哑然失笑了吧。[2]

就这样,从1935年8月来上海,一直蛰伏于书斋的李健吾,终于在民族危亡的关头,走出书斋,走向了抗战文化的第一线。

就在为剧艺社的事忙碌不休之际,李健吾还有一个萦绕胸臆,又不便为外人道的隐忧,那就是悬念着至今仍滞留北平,难卜去从的周作人先生。

悬念周作人

中学时期的散文曾受到周作人的夸奖,出国前曾拜访过周作人,结婚时请周作人主持婚礼,作为京派文人的一员,无论于公还是于私,对这位京

---

[1] 林曦《戏剧印象》,1938年10月5日《文汇报》世纪风副刊。
[2] 李健吾《致林曦先生》,1938年10月5日《文汇报》世纪风副刊。

派文人精神上的领袖,李健吾始终是尊敬的。

抗战爆发后,周作人没有离开北平,起初人们对他的滞留故都,仅是同情与惋惜,很难将后来的事敌之举,与这样一个众望所归的人物联系在一起。

待到日本《大阪新闻》将周作人1938年2月9日,曾出席"更生文化建设座谈会"的消息及照片公布后,全国舆论大哗。5月5日,武汉文化界抗敌协会通电全国文化界,声讨留居北平迟迟不肯南下的周作人。

5月16日,《文汇报》以《武汉文化界声讨周作人》为题,转载《扫荡报》上的消息,并节录了通电的部分文字,其中说:"参加此剧之其他汉奸,原不足责,素以新文学权威著称之周作人及钱稻孙……不惜葬送过去之清名,公然附和倭寇,出卖人格,照片赫然,言论俱在,当非枉诬,诚我文化界之耻辱,亦国民中之败类也。"

抗战开始后,李健吾就一直关心着周作人的动向,经常给在北平艺文中学任教的山西同乡,也是清华校友的常风写信问询。常风在《记周作人先生》一文中说:"南行的朋友从(1937年)9月起陆续有信给我……还有原在上海的李健吾和武汉的凌叔华两位,他们都十分怀念周作人,希望我把周的情形告诉他们,我把他们的信都带给周看了。"①

看到《文汇报》上的消息,李健吾当然更急于了解周作人的近况。

这时周作人尚未出任伪职,许多人对他还存着不少的期待,总觉得以周作人的名望,不至于做出什么有辱人格的事体。李健吾的心情也是这样。他不愿意看到他所尊敬的人,成为不齿于国人的汉奸。于是又给常风写信,说在上海听到许多有关周的传闻,上海很多朋友都很关心周的境况,希望常风写篇短文寄给他,在上海的报上发表,以正视听。

不久,收到常风寄来的文章,名为《岁寒而知松柏之后凋》。内容也还客观,只是题目的倾向太明显,李健吾将题目改为《关于周作人——一封北平来信》,代拟了一个笔名,交给柯灵,在《文汇报》世纪风副刊上发表出

---

① 常风《记周作人先生》,1994年《黄河》第三期。

来。原是一篇文章,如今改为信,在正文中还能看出些破绽,比如第一段中说:"个人自去年秋天到现在常常和周作人先生晤谈,关于他的情形知道的比较清楚些,所以写出这篇短文,将这一年来周先生讲的话撮要记录,奉献给关心周先生的人们。"

诚如常风所说,这篇文章的主要内容,仅是将周作人近一年来的话"撮要记录",分条罗列,如其中一条是:今年三月间某邦改造社的记者访问周先生,请撰文章,他复以"无话可说,一年来便未提笔"。继询对于时局的意见,答以"今日之事须看明日的报始能知之。惟有一点可以断言,将来战争结束后,两个民族的感情比事变前更要恶劣。以前所谓抗某者仅知识阶级中人,今日则贵国军人深入中国内地民间,实在是自己作最好的抗某宣传,将来中国的全国的人都知道抗某"云云。①

不过,从倾向上说,还是想让上海的朋友知道,周作人不至于会不明大义,屈膝事敌。因此,最末一段,常风写道:"总之,周先生的处境十分困难,不过要他牺牲他的人格恐怕更要困难,道高一尺,魔高一丈,我们局外人只见光焰,初难知是道的光魔的光;岁寒而知松柏之后凋也,愿国人且网开一面,留待来日看个究竟。周先生听到国人这样关切甚而唾骂他,一定会知所取择的。"这样立论,在当时来说,仍不失为一种公允的态度。

文章署名"胡马"。李健吾在文后加了个《收信者按》——

> 上文为北平友人新近寄来关于周作人的消息一束。因为怕友受累,所以代他取了一个笔名。有一点最重要,友人未曾解释,即关于"更生中国文化协会"(?)的谈话和照相事。原因是我去信不便提起,友人也许根本不曾知晓。另外有一点也很重要,即目前求周先生自白,绝不可能:他的环境和心性都不允许。日人威逼利诱[是]事实,他的虚与委蛇也是事实。友人的话也对:我们暂时"网开一面",最好且以自警自勉罢!

---

① 胡马(常风)《关于周作人——一封北平来信》,1938年6月17日《文汇报》世纪风副刊。

此后一段时间,不断传来各种各样有关周作人的消息,时好时坏,总的趋向是坏。想到这样一位受人敬重的长者,竟这样昧于事理,李健吾更是忧心忡忡。1938年11月13日,久已不写新诗的李健吾,在《文汇报·世纪风》上发表了一首《消息》,以诗意判断,当是遥怀周作人的。这种情感,说不清,也不便说清,只好以诗的方式抒发了。全诗为——

  你这一片憔悴的红叶
  从什么地方飘到
  我这囚牢一样的楼头
  憩这短短的一生?

  什么地方来的这血
  你染了这样一身——
  看见怎样,惨烈的景象
  在你凄凉的旅程?

  是敌人的,还是我们的?
  是谁家年轻的女儿
  遭了奸污,还送了性命
  渗进了你的青春?

  你这不自由的象征
  第一次留下妇女
  对于人世不平的呼吁
  为了合理的生存

  你又看到了什么消息

带到我这漂泊者

囚牢一样阴暗的楼头

宣扬人类的福音

同年12月初,李健吾又给常风写信,询问周作人的近况。过了些日子,常风正打算去八道湾拜访周作人,好给李健吾回信,16日周作人派人给他送来一首新作的诗,写在澄心堂制的一种精美的信笺上,即那首著名的"劈柴挑担亦随缘"诗。常风便将此诗抄了一份,给李健吾寄去。收到回信后,李健吾复信说,"劈柴挑担亦随缘",可见有人拉他下水他就随缘,"大不妙"。

常风晚年在《追忆李健吾学长》、《回忆周作人先生》两文中,都将写《岁寒而知松柏之后凋》与寄"劈柴挑担亦随缘"一诗作为一事叙述,说"1938年12月初,健吾给我来信……我把这首诗抄给了健吾,并照他的要求写了一千来字的一篇短文《岁寒然后知松柏之后凋》"。显然是记错了。文章早在1938年6月17日《文汇报》上已发表,那首诗常风是同年12月16日才收到,李健吾收到就更迟了。

1939年元旦,刺客光临苦雨斋,周作人认为是日本军部所为,不敢再虚与委蛇了。先是辞去燕京大学客座教授的职务,1月12日,便接受了敌伪控制的北京大学图书馆馆长的任命。这是周作人下水的第一步,或者不妨说是先将脚伸进水里试一试。

周作人遇刺后又写了一首诗,名为《遇刺幸免赋诗志哀》,诗中有"我醉欲眠眠未得,儿啼妇语闹哄哄"之句。常风将这首诗也抄寄李健吾。

就在周作人已任北大图书馆馆长,尚未进一步出任更高的伪职时,或许是为了对周作人再尽点规劝之意吧,李健吾将这首诗,还有前一首,都交柯灵,在2月15日的《文汇报·世纪风》上发表。编者按中说:"右知堂诗二首,得其上海友人处,周氏态度,虽至今没有明澈表示,但从这些诗句里,他的处境与心情,却不难想见,故为刊布,以飨读者。"

1939年3月28日,周作人接受北京大学文学院筹备员之职,随后改为文学院院长。至此,爱国人士对周作人仍存有幻想,毕竟这还是大学的教职。待到1940年12月汪伪国民政府中央政治委员会正式通过"特派周作人为华北政务委员会委员,并指定为常务委员兼教育总署督办"一案,同时由汪伪国民政府发布任命之后,爱国人士对周作人的幻想就彻底破灭了。

不管怎么说,李健吾对周作人的担忧与期待,是合乎情理的,天不遂人愿,最后只能是一声无奈的长叹。世事纷扰,家境维艰,过去的也就过去了。

这一时期,李家仍住在巨籁达路,和孙大雨一家同居一座楼房。两家的关系越来越紧张。尤淑芬实在忍不下这口气,央求丈夫另找房子,离开这个是非之地。战事已开,租界里人满为患,根本找不下相宜的房舍。1939年8月24日(农历七月初十),儿子李维楠出生,住在这里更不方便了。时局这么乱,两家的关系这么糟,无奈之际,夫妇俩商议,还是尤淑芬带上三个儿女回北平在娘家住一段时间为佳。1940年3月24日,维楠满七个月这天,一家人合照了一张相,作为暂时分别的留念。几天后李健吾护送尤淑芬母子四人北上,在北平小住数日,独自南下返回上海。在北平期间,以情理论,该是看望过周作人的。

1941年6月间,李健吾又赴北平将家眷接回上海。这次北上,怕没有去看望周作人。来去匆匆,他还是见到了常风,谈起周作人附逆事,两人都扼腕叹息。

当初把家小送到北平岳父家,是因为邻里纠葛,此番接回,自然不能再在巨籁达路的旧宅居住了。好在这时租界里的房子,已不像抗战初期那样紧张,接家眷前,在姚主教路①另租了一处住所。始料未及的是,二房东是个地痞,整天打麻将,人来客往,很是嘈杂。仅住了一个多月,连定金也没让退,又搬到徐家汇多福村五号。这里的环境好多了,不远处就是田野,邻居也相安无事。一住就是五个年头,直到抗战胜利前夕,逃离上海时才离开。

---

① 今天平路。

舞 台 上 下

《人之初》之后,剧艺社接连演出了《爱与死的搏斗》和《这不过是春天》两个大戏。在这两次演出中,李健吾都起了卓异的作用。

上演《爱与死的搏斗》,是1938年7月间剧艺社成立会上定下的。此剧已有两个译本,看过剧本,都觉得译得不太上口,遂公推李健吾重译。李健吾也就当仁不让地接了过来。译的时候,在"eu"这个字上颇费了一番斟酌。按照十三世纪的意思译,最恰当的莫过于中国的"戏文";按照现代的意思,最恰当的莫过于"游戏"。最后,还是采用了于伶的建议,决定用有点偏离了原题的"搏斗"。两个星期后,新译本完成了,又顺便写了《本事》即"说明书"。

剧团立即投入排练。

1938年10月28日,《文汇报》刊出当天开演的广告。连演三天。同时加演奥尼尔新型独幕剧《早点前》,范芳翻译,李健吾导演,张方主演。范芳,张方,都是张可的化名,这是个独角戏,所谓的主演,实则是独演。

《爱与死的搏斗》演出后,反响强烈。尤其是两个女演员,蓝兰和夏霞,一个灵活,一个凝重,很得观众喜爱。法租界的教育总监Gnoisbois,在于伶陪同下,来到后台看望演职员,介绍过蓝兰,又转过身来介绍了剧作者李健吾。租界当局很满意,后来特意发给中法联谊会戏剧组二百元的奖金。

11月6、7两日,应各方要求,重演两天。这次演出,优待教职员、学生,广告中有"一律凭证八折限购当天门票"语。

演出期间,李健吾邀请王统照先生观看。王先生看过之后,写了首热情激昂的长诗,其中一段是——

苦痛,伤残,死亡,都一例预伏下
再生的根源!

> 是的，太狠太惨！——然而这正是
> 邃古到现时的人间！
> 不经穷迫难为变，
> 方眠温榻忘刀尖，
> 人间！——有多少年曾肯把苦、辛、劳、死
> 抛后面？①

料不到的是，初译本的作者出来说话了。11月7日，《文汇报·世纪风》刊出《两种译本的译者的对话》，包括两篇文章，一篇是徐培仁的《择吉开张的广告》，一篇是李健吾的《致徐培仁先生》。徐为两位初译者之一，初译本名为《爱与恨的角逐》，1928年创造出版社出版。

此前，冯执中曾发表文章向读者解释为什么数年前已有译本，如今却要重译的原因。其中说，他也曾费了几天的光阴，拿英文译本，徐氏译本和法文原本互相详细比对，觉得英文译本与法文原本尚相符合，但一读到中文译本，就深深觉得该译者太富于"创造"的精神了。假使罗曼·罗兰能看得懂中文，目睹别人拿这种"创造"的精神和译法来翻译自己的杰作，一定会有啼笑皆非的痛苦！②

更早些日子，李健吾曾在《申报·自由谈》上发表过《我为什么重译〈爱与死的搏斗〉》。随后徐培仁也写了《十年》，谈当年翻译此剧时的情形，心平气和，对李健吾的重译并无怨怼之辞。

显然，徐氏此番的发难，是对着冯执中的，李健吾受了池鱼之殃。徐培仁说，他不敢夸自己的翻译毫无缺点，但是若不惜吹毛求疵，严格批评，即就冯君"帮译"的"李译《爱与死的搏斗》"，虽已在开张之前锣鼓喧天，要想"上青天"恐怕还是难的。自然，这种在十年之后对照两种译文而译的"第三次"翻译，大约总可称为空前的盛举，不致使罗曼·罗兰听了"啼笑皆非"

---

① 见《诗刊》1980年11期。原件为影印，个别字或许有误。刊物上标明此诗写于1948年，据李健吾文章，应为1939年。
② 冯执中《李译〈爱与死的搏斗〉》，1938年10月30日《文汇报》世纪风副刊。

吧？我们且拭目待之。

李健吾的文章所以能同时与该文一起发表，显然是编辑柯灵先将徐文给他看了。在《致徐培仁先生》中，李健吾的态度是温和的。作为一个译者，他理解另一个译者被挖苦后的心情。先坦诚地道歉："您生了气。你要我怎样道歉才好呢？我不记得我在什么地方对先生有什么不敬。难道因为我重译了一下罗曼·罗兰的杰作？莫非我那篇小文《我为什么重译》起了什么作用？不！先生有一篇《十年》，回忆到当年的情况，并没表示什么反感。那么，为什么呢？我明白了，是因为冯执中先生的《李译〈爱与死的搏斗〉》。"

接下来，李健吾说了冯执中那篇文章发表的经过。有一天，冯执中拿了一篇文章来给他看，问发表后对他有没有什么不利。冯说，中法联谊会的会友屡屡问他，为什么有了译本的作品，还要请李某重译，他必须解释几句。李健吾回答说，站在我私人的立场，我就不能赞同，因为这会替我招惹仇人的，而实际上，我的仇人已经够多的了，实在没有心情领受。万一发表的话，希望把口气太强的句子删掉。冯执中说，站在中法联谊会的立场，责任由他担负，同时表示同意李健吾修改的建议。

事实仅仅如此，并不复杂，不像徐培仁所说的那种狼狈为奸的可怕。李健吾说，他只负译文的责任，至于冯执中那篇文章到底接受了他多少修改，有《世纪风》存留的原稿作证，徐先生可以向该编者索阅。

至于他的译文没有发表，那是他眼下没有时间做最后的整理，他的态度不允许他草率从事。徐培仁不是讥诮他的译文么？

对这一点，李健吾便不客气了，他说，即使没有发表，您还有一个次焉者的法子解决，就是：请您带您的译文去看一次戏。演员的词句您是可以听见的。入耳不入耳，您可以决定的。假如您不高兴去，您可以请一位朋友代理。假如您的朋友也不高兴去，您可以问一问不相识的观众。相信可以解决一半的问题。

第二年春天，演出《这不过是春天》时，李健吾亲自出马，饰演了警察厅长一角。第一次在上海舞台露面，他知道人们对他的企盼，一个星期的排演中,不厌其烦地给演员们讲各个角色的性格心理。

1939年3月25日,《文汇报·世纪风》刊出"上海剧艺社公演特辑",包括四篇文章,除于伶的《上海剧艺社与交谊社(上)》外,另外三篇都是关于《这不过是春天》的:李健吾的《放下〈这不过是春天〉》,陈西禾的《我爱的还是春天》,吴仞之的《带来了春天的消息》。这是上演前的开场锣鼓。

同一天的《文汇报》上,刊出了演出的预告:3月26日上午九点半,上海剧艺社假座新光大剧院,早场上演《这不过是春天》。编剧李健吾,导演陈西禾。演员,警察厅长——西渭,厅长夫人——夏霞,小学校长——柏李,冯允平——王明孙,白振山——林岱青,王秘书——徐立。

演出的效果,出乎意外的好。可说是剧艺社成立以来,演得最好的一出戏。演出结束后,剧艺社的主要人员顾仲彝、李伯龙、吴仞之、朱端钧、于伶、许幸之六人在一起座谈,总结这次演出的得失,对李健吾的演技赞不绝口——

> 仞之:……健吾果然是名不虚传,饰旁的角色不知道,厅长是演绝了。
>
> 于伶:我本春秋责备贤者的意思,更苛求于健吾:在对他的属员探长和秘书面前,官的好极了,可是在太太跟前似乎官而外,还应该丈夫一点,夫妻之间一点。比如发太太脾气一场戏,有点OVER之感。
>
> 伯龙:发白探长的脾气的那场戏的摔袖子,可真是加强味儿不少。
>
> 端钧:小动作用得多而且好,坐着的时候脚也随时在作戏的。
>
> 于伶:我发现他和冯允平同场的时候,帮衬着冯作戏的,这在别人可不易。
>
> 端钧:西禾也真能演戏,动作多干净,深刻,可是觉得发音太差,也许是我坐得太远。
>
> 仲彝:戏院的构造也有关系。有许多人都说听不见,一半西禾说

的是道地的北方话,弯着舌头的。

　　端钧:健吾说的就好,嗓音固然嘹亮,咬得也准,送得也远。恐怕西禾过于夸张,故意说得低而快,说得随便,也是有的。①

　　李健吾曾发表文章,名为《放下〈这不过是春天〉》,在这次座谈中,大家都说不能"放下",要续演一场。果然4月1日《文汇报》上刊出广告:因"观众强烈要求",明晨十时再演一个早场。演员题名中,李健吾、陈西禾都署了本名,不再是西渭、林岱青。

　　4月2日一早,下着滂沱大雨,一位有心人还在报上警告观众"当心招凉"。真的是"观众强烈要求"么? 一早,去剧场的路上,李健吾心里还在嘀咕,然而,八点多钟到剧场门口,看到这么早,就有三位女士两位男士痴痴地望着闭锁的铁门,他信了,同时相信自己第二场的表演定然可观:他得为那些冒雨而来的观众效力。

　　这期间,《文汇报》上接连发表了几篇文章,肯定了这出戏的成功。左翼评论家巴人(王任叔)说:"《这不过是春天》的演出,已尽它一部分旋转乾坤的力量。"②

　　剧评家邹啸(赵景深)谈了他4月2日一天之内,早上看了剧艺社的《这不过是春天》,晚上看了中法剧艺学校的三出戏的感受。对《这不过是春天》评价最高,对李健吾的演技更是佩服:"大家都好奇地要看看斫轮老手的技艺(因为从前不曾看过),无怪乎一出场就是一阵热烈的鼓掌……健吾每挥一挥手,走几步路,我觉得都是经过考虑的,很是恰当。"③

　　4月30日,又演了一场。星期早场,能连演三次,真可说是破天荒的了。

　　在这两出戏的演出中,李健吾,这位戏剧奇才,显示了自己独特的能力与价值。

---

① 《〈这不过是春天〉的观后谈》,1939年4月1日《文汇报》剧艺周刊。
② 巴人《我们需要艺术》,1939年4月8日《文汇报》世纪风副刊。
③ 邹啸《愉快的一天》,1939年4月8日《文汇报》剧艺周刊。

《黄花》和《草莽》

《黄花》和《草莽》,是李健吾在孤岛期间完成的两个剧本。

在李健吾的创作中,《黄花》是个异数——

> 我不是因为爱好舞女而写舞女,也不是因为醉心社会色相而写社会色相。没有比他们离我更远。我生平进过两次舞厅,一次是初到上海朋友请了去观光,一次是奉陪几位戏剧同志去和跳舞厅的主人商议把它改成话剧院。我完全不懂舞女:我所懂得的非常有限,不是街头看见的舞女,就是于伶兄剧本里的舞女。我是一个书生……
>
> 我不够资格写这出戏,更没意思诽谤大雅君子。
>
> 然而,这是控诉,不是文章作品。一股热情压抑着我,一种忿怒激逗着我,一腔郁闷噎窒着我。我用小机会倾泻出来。我放下学究的工作,腾出五天赶成这出小戏。①

那"一股热情压抑着我,一种忿怒激逗着我,一腔郁闷噎窒着我"的,是件什么事呢?

一位朋友从河内回上海,在船上认识了一位姣好的少女。住在通舱,在大餐间用饭,由与他同屋的一位旅客付账。同屋的旅客说,他在河内住宿时,旅馆的经理将这位少女介绍给他,说她身上仅有十一块钱,只能买一张船票。他答应供她三餐。到了香港,那位旅客把她送上岸,送到一家大饭店,问她此后的安排。她说没有安排,她没有钱,只能随命运摆弄。旅客急于原船赶回上海,只好把她留下走开。那位旅客说了她的身世:一位空军将士战死了,他的情人怀着三四个月的孕,绝了结婚的想望,带着罪孽的种子,不敢和世人相对,从大后方经河内来到香港。

---

① 李健吾《黄花·跋》,文化生活出版社1945年初版。

听朋友讲到这件事,李健吾萌生了写戏的念头。

这样一个听来的故事,又能写成怎样的一出戏呢?

得看在谁手里。别人或许写成对献身精神的歌颂,对社会不公的鞭笞。李健吾就不一样了。虽也说过"这是控诉"的话,不过是一时的激愤之辞,真正写起来,他关注的是人性的复杂,情感的执着。"我不鞭挞,这落在我对于人性的孕育之外。"①

自信是够自信的了,然而,他达到他的目的了吗?

他说他完全不懂得舞女。这不能成为失败的借口。女性的生存,女性的情感,永远是他关心的社会问题。有热情,有忿怒,还有郁闷,他写起来得心应手,仅用了五天的时间,比哪部三幕剧都用得少。是激情的沸腾,也是才华的喷涌。上承先前的《这不过是春天》,《黄花》是李健吾对女性心理探索的又一结晶。舞女姚丽莲,就是沦落风尘的厅长太太。

剧本完成后,抄了两份,一份寄给香港《大公报》文艺副刊,从1941年10月起连载,到12月8日太平洋战争爆发,只刊完了两幕。一份寄给在桂林的巴金,直到1944年方由重庆文化生活出版社出了单行本。在给巴金的信里,李健吾说他自己颇喜欢这个小戏。巴金则说:"我也是喜欢它的。在作者的几个剧本中,我特别喜欢这一本……他不要把女主角写作一个言辞激烈的英雄。可是在这平凡的少女身上,我们却看到了无比的勇气和力量。"②

《草莽》的情形和《黄花》正好相反。《黄花》是激于一时的义愤,五天之内草草完稿,《草莽》几乎用了作家一生,还只写成半部。

早就想写写自己的家世,要么是写一部长篇,要么是写一部大戏,看来是后一种形式占了上风。所谓的家世,就是他父亲的经历。先前听到的不少,真要动笔写,还得查阅一些资料。景梅九早年写过本小书,名叫《罪案》,内中记述李岐山的事迹甚详。"父亲以李大哥的名字在里面出现,我尊

---

① 李健吾《黄花·跋》。
② 巴金《〈黄花〉后记》,1944年重庆文化生活出版社《黄花》一书中。

敬这本小书,因为这书里记载父亲的革命事迹,因为出自景爸的活泼夸耀的文笔。"此书民国初年出版,早就绝版了,要在上海找这样一本书就更难了。

凑巧,巴金有。"我向他借的时候,告诉他用做《草莽》的参考资料,他再三嘱咐我为他好好保藏,因为他不久就去了辽远的内地。《草莽》上部的许多材料就是从里面借取的,我一直把它放在身边,它不仅是一本书,而且是一个纪念"。①巴金离沪去香港再转内地,是1938年3月的事。也就是说,从这个时候起,李健吾就开始收集材料,做写戏的准备了。

写作的时间,剧末未注明,《贩马记·后记》中说:"已是上海沦为'孤岛'时期的事了。准确年月已经记不清了,约摸在1938年前后吧。"②

关于它的发表,李健吾晚年曾说:"它原本是我在'孤岛'时期写的《草莽》的上部,中间巴金一度回到上海来了,我就托巴金把它的上部带到内地发表。巴金说好像有这么回事,他交给了王鲁彦在桂林主编的什么刊物,他说不清刊物的名字,而王鲁彦本人也死了,发表没发表他记不得。"③

发表了。在王鲁彦主编的《文艺杂志》1942年第一卷第二至第四期上。

是写家世,并非实写。"我爷爷做过贩马生意,我父亲是秀才,又闹过辛亥革命……中条山就在附近。我把它们全揉在一起,就成了这么一出传奇剧上部。"④

戏中的情节,大致说来是,辛亥年秋季的一天晚上,晋南一个村子里,农村青年高振义约情人金姑私奔,事到临头,金姑又不忍出走。事情败露,金姑父亲跟振义爷爷约定,三个月内振义发了财,就可订婚。经爷爷同意,振义去口外贩马。高振义是秀才,爷爷年轻时曾贩过马。振义去了口外,贩下的马被人偷走,回来路过平阳府(今临汾市),见到同盟会的朋友胡须,胡让他去潞村(今运城市)一家书店送信。官府要捉拿振义,书店的朋友让

---

① 李健吾《〈罪案〉》,收入《李健吾散文集》。
② 李健吾《贩马记》,宁夏人民出版社1981年出版。即《草莽》。
③ 《李健吾剧作选·后记》,中国戏剧出版社1982年出版。
④ 《李健吾剧作选·后记》。

他去中条山里躲躲。振义先回到村里,想见金姑一面,未能见上,得知金姑已许配给平阳府城防司令葛某。振义到了中条山里,操练士兵,准备起义。武昌首义的消息传来,振义率领部队,围攻平阳府,快打下了,适逢南北和议成功,清帝逊位,只好带兵退回家乡一带。如今他已是总司令了。他的部下抓住了葛某,有人求情,他念及与金姑的旧情放了葛某。对眼下的形势,他不理解,也有些厌倦战争,将部队委托给战友照管,要他们"等候孙中山改编的命令",他自己则要外出,"到什么地方寻找真理"去了。

不难看出,高振义的革命经历,和李岐山在辛亥年间的经历大致相仿。

这仅是《草莽》的上部。那没有写出的下部的内容,作者后来也透露给了我们:"上部写到辛亥革命宣统逊位为止。革命看似胜利,实际失败了。下部就从主人公寻找革命道路写起,吃尽苦头,他找黄兴,黄兴死了;他找孙文,孙文让位给袁世凯,处处落空。他流落在江湖上,中间还回了一趟家乡。回到家乡,有一天在桑树底下,遇见他的旧情人,旧情人的丈夫在军阀混战中被打死了,她成了寡妇。他向她旧话重提,她觉得没有这个脸,昧着感情回绝了他。他去了北京,在北京大学旁听功课,参加各种运动,最后认识了李大钊,和李大钊一道死在绞刑架下。"[①]

何以此后几年间,没有继续写下去,据李健吾自己说,是"上海沦陷,我决计不再写剧作,就把它收起,从此不见天日者四十余年"。孤岛沉没后,日军进驻租界,不再搞创作,是其时文化人表示气节的一种方式。再则,从1940年8月起,他应聘到孔德研究所做研究员,开始写《法兰西文学史》。直到太平洋战争爆发,日军进驻租界,仅完成两章,也是没有时间续写的一个原因。

实际上,以李健吾文笔之敏捷,所以一直未能续写,一个最大的原因是,下部的内容,除李大钊被绞杀还有点得之听闻的实感外,其余的主要情节,全是想当然。没有任何生活实感做支撑,也就难以下笔了。

幸亏没有写出来,勉强卒篇,怕也难以卒读。

---

① 李健吾《贩马记·后记》,宁夏人民出版社1981年出版。

剧 坛 盟 主

1939年1月22日,李健吾没有外出,在家里写一篇文章。

坐在写字台前,手里握着笔,写下了题目《一年来的戏剧生活》。别让人家以为是自作多情,又在旁边加上一竖杠,写上:编者命题。

1938年1月25日《文汇报》创刊,再过三天,就整整一周年了。《世纪风》副刊要接连推出几个"周年纪念特辑",对一年来的各类活动做个总结。文化活动方面,话剧的成绩最为显著,当然要打个头炮。柯灵将这个差使给了他。

他觉得好笑。一个仅是爱好,从未想到以戏剧为职业的人,怎就会忽然成了这场戏剧运动的中坚分子,且要写这类总结性的文字呢——

> 因为病,因为时间,因为人地生疏,几年来我很少参加上海的戏剧运动。但是,我之所以站开,实际更是为了一个致命的考虑,就是我不能够全心全意献给戏剧。晓得自己这个缺陷,最近这些年我也就是偶尔和大家碰碰头,从来不肯也不敢贸然谈什么运动,什么职业化。戏剧运动的客观条件固然恶劣,然而我以为要不出生入死,把生命赌在里头,仅仅空口白舌,坐井观天,都是论道,也还是永远白搭。自从上海沦成了"孤岛"以后,一切需要力量集中,好像票友下海,我也夹在同伴的中间,苦苦撑持这"孤岛"的"孤儿"似的戏剧运动,没有法子叫它声色并茂,确也用尽力量让它经霜不凋。①

这是实情,他只能据实写来。有时候疲倦了,病发了,一个人静静躺在床上,暖着热水袋,看着孩子们嬉闹,心里觉得相当赧然。他并不消沉,但是什么东西坠着他的情绪,不由自己,感到千斤担子似的悲观

---

① 李健吾《一年来的戏剧生活》,1939年1月25日《文汇报》世纪风副刊。

主义压在肩膀上。悲观主义和消极不同。他不打算拿戏剧做他的终身事业,只是挡不住自己爱好戏剧,好比那可怜的痴心青年,也许会朝秦暮楚,但骨子里,还是爱她,爱她,因为就是爱她。然而,这仍然挡不住他的心灰意懒。仿佛一个浪头打下去,晕头晕脑,问自己还想不想上去,马上风来了,前浪赶后浪,重新卷到海面,和露天赤日相接,只好又勉力往前游去。

不光自己这样,每个同伴不见得没有这种苦闷的情境。他来了,你倒了,同是一股子劲儿,不甘心,不泄气,你拍拍灰站直了:"看!我还好好活着!"于是彼此一招手,这群苦笑的同伴又呼啸起来。苦是真的,没有基金;没有剧院;没有保护;没有生活。然而,笑还要笑的,聚在一起,一个个忘掉失望、伤痕、颓丧、悲哀,心烧心,快活了,觉得光明在握,前途有望。意志坚定了,力量恢复了,咬着牙,忍着饿,朝着冷落的理想奔去。一星星一星星的火要灭的。现在聚在一起,就可以燎原了。没有比他们更可爱的了,这群暖流似的流离的青春。没有比他们更可怕的了,绝不理会艰窘由寸而尺地往开里放长。今天见面了,没有带走什么喜悦;明天依然漆黑一片;永远这样下去,只要中间起一点点裂痕,就永久心贴心地奋斗下去。没有比他们更伟大的了,这群赤手空拳的好汉,在台上犹如在台下,活着为了那不容易实现的梦,把打击当作冲锋陷阵的鲜红的标志。

在他们中间,自己算个什么角色呢?他想起一个粗野的比喻:"一只流落了二十年找不到主子的无家之犬。"

论年龄,他不过三十三岁,然则,留法学生,大学教授,剧作家,翻译家,批评家,一连串的头衔,还有那二十年之久的舞台经历,使他成了他们中间的一个异数。纵然亲热,那是尊敬;纵然虚心,那是讨教。就是剧艺社的主持人于伶,这些年轻人中间的老大哥,挂着秘书的职务,仅比他小一岁,论资历,论地位,也难以和他比肩。对他,说是关照,莫若说是倚重。他们比他,更知道他在这个团体中的作用。他能怎样要求他们呢?毕竟有这么多的差距。彼此间的消耗,陡然而起的纷争,是是非非,然而,"没有一个人丢下这块骨头",这也就够了。

他只有感激,感激这些真实而勇敢的伙伴。

安排发表这篇文章,从编辑角度说,是柯灵一己的筹划,从孤岛剧运的全局说,则是对李健吾劳绩的报偿。他有这个资格,有这个威望。

未必是他的心志,然而抗战的热情激励着他,朋友们的信赖催促着他,直到孤岛沦没前的三年间,拖着病疲之躯,拄着那根常年不离的拐杖,台上台下,不避寒暑,他确实为戏剧事业尽了最大的心力。

上海剧艺社成立后,并没有固定的演出场所,根据演出的情形,有时租工部局礼堂,有时租新光剧院,只能说是业余剧团的性质。而剧社同人,一直想有个专门的演出场所,让剧社成为职业剧团。

1939年夏天,听说爱多亚路①浦东大厦楼下"璇宫舞厅"不甚景气,有意出让,李健吾、于伶诸人一起找舞厅老板。经过一番交涉,将这个舞厅租了下来,改装成了"璇宫剧院"。租期四个月。

这年10月,张骏祥从美国回到上海,李健吾亲自到码头迎接。为了壮大剧艺社的阵容,李介绍张骏祥与于伶相识,并动员张留在孤岛,参加他们创办的上海剧艺社。张骏祥一心想到内地,婉言谢绝,后来还是辗转到了重庆,去迁至江安的国立剧专任教。他没有忘记老同学的一番情意,在江安时,组织上演了李健吾的喜剧《以身作则》。

为了搜求适合演出的剧本,1940年,和于伶几个人特意去找隐居在上海的丁西林,索要他的《妙峰山》剧本给剧艺社演出。

深厚的学养和快捷的文笔,情难自已,朋友们每有新作问世,他总要及时地给以评价。

《夜上海》是剧艺社在璇宫剧院的第一次演出,剧艺社特意出了《公演特刊》,并附录《本社周年专辑》。李健吾写了《〈夜上海〉和〈沉渊〉》,这是一篇声情并茂的文章,他以他那惯用的跳脱的语言,向观众介绍了于伶和林柯的这两个剧作。尤其是对于伶,字里行间充溢着难捺的激情——

---

① 今延安路。

有谁见过于伶先生吗?见过的人帮我一同想想。没有见过的人可以根据他历来的制作。有人会奇怪为什么这里谈到人。我们不预备揭示私人的生活。有些小报在为我们做这种工作。做的那样坏,那样无聊,以至于那样居心不可问。假如我们说,为了奔忙剧运,活生生把一个小孩子牺牲掉,偏偏就在牺牲掉的那惨痛一天早晨,有人却歇斯特里地诬谤他。谁能相信我们吗?是的,让我们把那些私事放开,因为对于朋友,尤其对于自己,那太神圣了,最大的敬意是沉默。我们所要谈的是人的基本成分,那最有影响于他的制作的物质和精神的作用。①

是朋友,对其工作的精神可以竭力地颂扬,而对艺术,纵然是这样一篇广告性质的文章,李健吾仍不失自己的分寸。"另外一点,我们应当指明的是,他没有清闲的时间做更长更细的推敲。匆促是他近年制作的一个平常的现象。"

稍后一些,又在李伯龙办的《剧场艺术》上,以沈仪为笔名,发表了《我怎样看〈夜上海〉》,说了两次看这出戏的不同感受。第一次看的时候,他认为这个戏是失败的,第二次,细细思索之下,觉得也还是一种成功。明眼人不难看出这是一种委婉的批评。以李健吾艺术感觉之敏锐,见地之执着,什么样的戏,需他两次才能得其底蕴?

是有些迂,可你不能不说这是一个真正艺术家的良知,重情谊,但不牺牲艺术。

而当整个上海剧运受到他人的非难时,李健吾又挺身而出,为之伸张,为之辩白了。

1939年初,一位名叫旅冈的作家,在香港《大公报·文艺》上发表《上海剧运的低潮》一文,指责孤岛的戏剧运动。李健吾并没有看到这篇文章,只是听一位朋友说了大致内容,便义愤难平,写了《关于〈上海剧运的低潮〉的辩

---

① 李健吾《〈夜上海〉和〈沉渊〉》,1939年8月上海剧艺社《公演特刊》。

正信——一个演员的自描脸谱》,对旅冈的不实之辞,给以严厉的批驳。①

没看过原文,那位朋友在转述时,将旅冈误为宗钰,宗钰的那篇文章是《一年来的上海文坛》。李健吾的文章发表后,吴仞之也发表了对《上海剧运的低潮》一文的批驳文章,其所据又是李健吾的文章。这样一来,竟是批错了对象。于是李健吾又发表《更正启事》,一面向宗钰先生道歉,一面申明自己写那篇《辨正信》的主旨:"因为大公报在内地销路很广,恐怕里面错误的事实发生恶劣的影响。我担心这成为一种倾向,不惟妨害内地对孤岛的了解,而且摧毁孤岛剧人的意志。旅冈先生那篇文章只是这种倾向的一个例证,所以忍不住出来说了两句。"②

上次没错,错了的是这次。宗钰即旅冈,都是作家卢豫冬的笔名。更料不到的是,大水冲了龙王庙,这两篇文章还都是萧乾约卢豫冬写的。③前一年夏天,萧乾已离开上海,赴香港恢复港版《大公报》,仍负责《文艺》副刊。

不光写文章推荐剧目,批驳不实之辞,他还精心辅导青年演员。1940年夏,剧艺社举办暑期训练班,李健吾亲自为学员们讲授"朗诵和表演"及"编剧论"。好多演员和导演,都以能得到李健吾的指点为荣幸。

能写戏,能演戏,又有一颗热心助人的心,李健吾在孤岛剧坛的声誉日隆——

> 假使问起上海剧坛上最有权威的人,熟悉内幕者一定会告诉你是李健吾。真的,他隐隐中占有了剧坛盟主的最高位置,有许多导演与演员,对他非常尊敬,非常听从的。④

师 生 之 间

1938年暑假中的一天,李健吾来到华铃赁居的亭子间里,一进门先脱

---

① 李健吾《关于〈上海剧运的低潮〉的辨正信》,1939年《导报》第四期。
② 李健吾《更正启事》,1939年4月8日《文汇报》剧艺周刊。
③ 卢豫冬先生致笔者信。
④ 董史《李健吾》,1942年6月1日《万象·剧坛人物志》。

去长衫,在小板凳上坐下,两人便亲热地交谈起来。

华铃本名冯锦钊,澳门人,原在复旦大学读书,1937年转入暨南大学外文系读三年级,遂成为李健吾的学生。起初华铃仅是随班听课,与李健吾没多少接触。抗战爆发后,暨大学生周鸿慈、徐微(舒岱)、林枫(品品)、孙家晋(吴岩)、张万芳(张可)等人创办了《文艺》旬刊。华铃也参与此事,并时有诗作在沪上报刊发表。1938年春,华铃写了篇分析诗的文章,送李健吾看,李看后介绍给朱光潜发表,这样两人才开始有了交往。

这是李健吾第一次来看华铃。闲谈中,李健吾说了自己上大学时的清苦生活,也说了一些得意的事情。在一次清华大学的作家座谈会上,首次和朱自清先生同席,朱先生欣喜地向人介绍:李健吾,长篇小说《心病》的作者,其中一章心理分析有独到的深度,非另有其人,而是自己班上作文得一百零五分的高足。李健吾还把朱自清及汉园三诗人何其芳、李广田、卞之琳的才具与华铃做了比较,华铃又是羞惭又是感激。

此后,李健吾不时邀华铃来家中做客,偶尔也去华铃的亭子间里坐坐。

这年7月间,华铃写了首长诗《再会了,欧裕昆》,让老师过目。李健吾看后,很是欣赏,做了修改,亲自交给正在编《大英夜报》副刊的王统照。7月26日,他写信告知华铃,那首诗中有两节诗格外感动他。也许因为华的情感太重,哭喊太过,所以有几节略欠意味,他代为删节了。最后三节则完全替华重写。"我昨天抄了一份,用你的笔名,当面交给王先生发表,共总是十二节。如若不用,或有稿费,都会直接寄给你的。你必须饶恕我的修改,我实在后悔我多事。这至少证明我多爱这首诗。"①

华铃很自负,觉得老师没有理解他那三节诗的意思,当即写信陈述自己的看法。李健吾也觉得华铃的看法有道理,7月30日复信给华铃——

读过你的信我越发的不安了。我实在后悔我那时改你那节的冒

---

① 转引自钦鸿《李健吾与华铃的师生情谊》,《华铃诗文集》,百花文艺出版社1994年出版。

失。因为你知道,我虽说做你的先生,但是也是个人,也是个有诗情的人,一冲动,就信笔写下去了。我现在觉得还是你有道理。你是原作者,我究竟是"读"呀。我回头到王先生那边去,如若能要回来,顶好。我再斟酌一遍,重新把你的诗交给他。怕的是他已发了。那就糟透了。但是,我还有一个补救的方法,就是用你的原文寄到香港或者是内地去。无论如何,你的庐山真面目可以露的。

你可以看出我很诚恳。在创作上,没有先后,只有好坏。一个小孩子可以写大人写不出的杰作;一个学生可以写先生写不出的杰作;一个先生哪,向例是 rate(落伍)。①

毕竟是年轻人,华铃平日多写爱情诗,这没什么不好,但是在全民族抗战的热潮中,又身处孤岛这样的环境中,就有点不合时宜了。是学生,爱护,但不袒护,李健吾告诫他:"我希望你更扩大你的诗才,不要老是在恋爱中间转圈圈,转出杰作也好,否则索性放下它。"华铃接受了老师的劝告,爱情诗写得少了,将主要精力投入政治抒情诗的写作。

年底,华铃拟自费出版诗集《向日葵》,请李健吾为之写序,虽是忙迫,盛情难却,还是答应了。这就是11月间发表在《星岛日报·星座》上的《诗人华铃论》。对华铃诗作的评价是——

有节奏,一种非人工的音籁;字句不求过分的锤炼。意义不求过分的深切,然而有一种抒情的幻想流灌在里面,轻轻袭收我们的同情。不像典雅的《红烛》,巧妙多在文字的精致;不像一般的诗歌,放纵热情和文字游戏;不像任何书呆子,流浪人;有热情,不太奔放,有音响,不太繁碎。这里是语言,是一切生活里面的东西,无以名之,名之曰本色。

---

① 《李健吾与华铃的师生情谊》。

李健吾写文学评论多用刘西渭这个笔名,这篇文章发表时,用的是本名。对此,华铃有些不理解,直到李健吾去世后,在给尤淑芬的信中,还提及:"是学生不成器,还是特别光宠?"实际上很简单,老师给学生的书写序,书中用本名,发表时自然也要用本名了。

1939年夏天,华铃毕业了,将去昆明教育界服务。临行前,李健吾为他写了许多介绍信,让当时在大后方的文学界师友杨振声、朱自清、陈梦家、孙毓棠、沈从文诸人关照一下他的这位学生。

办《文艺》杂志的一批暨大学生,大多是外文系的,李健吾对他们的活动是鼓励的,支持的。"所以广义的说来,都可说是李先生培养出来的。"①

学 术 研 究

写戏演戏,仅是业余的投入,平日,他的工作还是教书,做学问。

从1940年8月起,李健吾离开暨南大学,应老同学张定璜之聘,担任中法孔德研究所的研究员;孔德,法国实证主义的创始人。这是一所中法庚款委员会主办的社会科学研究机构。李健吾的工作是撰写《法兰西文学史》。后因太平洋战争爆发,该所解散,只写出了有关中世纪的两章,这便是发表在《学林》辑刊上的《罗朗歌》和《法兰西的演义诗》。前者两万五千字,后者两万三千字,恰是书中一章的分量。

《罗朗歌》是法国中世纪的一首长诗,十九世纪三十年代才公之于众,至今仍不知为何人所作。写的是公元八世纪时,查理曼国王出征西班牙,回军途中,其部将罗朗与追兵的一次残酷的战争。在强大的敌人的进攻下,罗朗和他的十万士兵全部牺牲了。全诗四千零二行。

正当抗战期间,李健吾率先研究并介绍这部法兰西的史诗,也和其时许多文化人研究南明史一样,意在激起国人的抗敌情绪,为神圣的抗战尽一分心力。一开头,在谈到法国十九世纪诗人文尼,将自己的剧本《罗朗》

---

① 吴岩先生致笔者信。

焚烧后,仅留下一首《号角》的诗,李健吾便说明了他此文的主旨——

一种说不出的凄凉的情绪涌在诗人的回忆:1815年之后的法兰西,颓败而衰弱,不由勾起他对于古代执戈的英雄的缅怀。从滑铁卢战役到巴黎之围,中间不过五十年,《罗朗歌》和其他中世纪的制作陆续投入祖国的怀抱,然而,法兰西受到第二次致命的打击。就在围城之中,1870年12月8日,巴芮,中世纪文学的权威,当着一群愁眉苦脸的学子,不愿意他们绝望,鼓舞他们的意志,开讲这样一个新颖的题目:《罗朗歌与法兰西国家》。如今,1941年,法兰西已然第三度降服于强敌;我们不晓得在什么角落,将要出来一位诗人如文尼,重新问罗朗和他的志士:

骑士的灵魂,你们还会回来吗?

渊博的知识,警策的文句,使这篇学术文章,读起来一点也不枯燥。即使对一个特殊的词语,他也要碧落黄泉,上下求索。诗中对法兰西用了"甜蜜的"一词,共用了二十次,八次放在"法兰西"之前,十二次放在"法兰西"之后,其中两次还是出于敌人之口。这一词语的运用,显示了诗人对故国的思恋——

诗人并不小气,他用"广大的土地"注解西班牙,他在布朗刚旦嘴里放进"那美丽的明朗的西班牙"。和法兰西一比,西班牙仅有的两次形容,简直缺乏感情。乡土的依恋,故国的眷顾,自然不是从这位无名的教士开始。屈原用美妙的比喻来表现他这种深沉的情绪:

鸟飞返故乡兮,狐死必首丘。

同样是:

陟升皇之赫戏兮,忽临睨夫旧乡;

仆夫悲余马怀兮,蜷局顾而不行。

荷马在《奥狄赛》的第九章,让主人公说:

抛弃家乡,就是住在异域一所富宅,对于他也没有比祖国和亲族更甜蜜的东西。

文吉勒在《乃伊德》的第十章里面,让他临死的战士想念"甜蜜的阿高司"。十字军远征给诗人平空勾起思乡病,里穆散的抒情诗人法笛就同样用"甜蜜的国王"称呼他的家乡。《罗朗歌》的作者当然知道希腊和拉丁的两位大诗人,因为谈到巴里刚的年龄,他说:

比文吉勒和荷马加在一起的年龄还要多。

知道他们的名字,并不足以证明他有心模仿他们史诗的情调或方式。怀念家乡是古今中外相同的,然而,像下面一行诗,如高昂所谓,感情流露的单纯有力,十足表明诗人的创造性:法兰西土地,你真是甜蜜的国王。

正如屈原所云:"狐死必首丘。"罗朗临死的时候,想起了许多他征服的土地,第一个到他心头的,是"甜蜜的法兰西"。

多么严密,又多么活泼,绕了一大圈,又回到了原处,但这原处不复是原处,而是升高了许多的别处,另是一番景象,另是一番理解。这升高,无须你吃力地登攀,只要依字句顺流而下,便让你身不由己地飘然欲仙。

《法兰西的演义诗》,则是对法国中世纪演义诗的整体评述。

艺术的囚徒

1941年3月14日深夜,将近十点钟光景,于伶和李伯龙来到李健吾巨籁达路的家里,诡称有人强迫于伶加入国民党,他得去香港避一避。相处几年,李健吾知道于伶是个重感情,不轻易做决定的人,也就没有追问实情。于伶不无依恋地对李健吾说:明天一早就要搭船去香港,他走后,要李健吾多去剧艺社走走。

这一段时间,李健吾不像先前那样常去剧艺社了。一则是剧艺社的一些矛盾他不愿参与,再则是转到孔德研究所,忙于撰写《法兰西文学史》,无暇顾及剧艺社的事务。

事后李健吾才知道,于伶是要去南洋从事抗日宣传活动,不久王任叔也暗中去了南洋。于伶到香港后没有去南洋,留港工作一段时间,又去了重庆,直到解放战争胜利后,才以军管人员的身份回到上海。

于伶在离开上海前,除了地下文委和剧艺社的几个党员外,只将这一消息告诉了李健吾、朱端钧、李伯龙三人。据袁鹰在《舞台深处筑心防》一文中分析,原因是剧艺社从诞生到壮大,"都得到他的热情的全力的支持,从选剧目、管理剧团,特别是同上层人士打交道,李健吾都出了许多好主意,参加奔走,打开局面。更难得的是他肯直言无忌,坚持自己认为正确的主张,坦率地指出工作中的缺点和失误。他的批评和指责,有时并不符合实际,但是有这么一位诤友在旁边,工作就能做得更周到些。以后,剧艺社如果遇到麻烦事,少不了还要依靠他运用自己的社会地位和处世经验同租界当局交涉,化险为夷。"①

这评价不能说低。但也不难看出他在他们心目中的地位。不管怎样热心,怎样卖力,在这个地下党控制的文艺团体内,他只是被当作"诤友",以避免"工作中的缺点和失误"。这是李健吾的情感接受不了的。他要的是信任,得到的却是隔膜;他要的是投入,结果只是利用。

这也就不难理解,他在《萧萧》杂志上写的那篇《杂记》,何以那样孤寂,那样悲凉了。电影《家》在孤岛上演,巴金的三哥,李健吾也称之为三哥的李尧林买了票,请他去看,盛情难却,也就去了,看后却大失所望。由此生发开来,他写了这篇《杂记》,分若干节,短的仅一句话,最长的也不过二百余字。摘录两节,以见李健吾这一时期的心境——

> 这或许就是为艺术而艺术的心情。朋友告诉我,某外国先生赏脸,把我归入为艺术而艺术的作家群,闻下报然。原因无他,此公恐怕一个字也没赐阅我的破烂文章。当然是有人归好了类供他用。不劳

---

① 袁鹰《舞台深处筑心防》,1991年《收获》第三期。

而获,便宜了他。

> 现代是生意眼的时代。只要嗅觉灵敏,没有饿得死的狗。何况人为万物之灵,岂止是一个"高高的鼻子"而已哉。何必熬脑汁,何必经验乎人生,一切正如王尔德(英国的那个唯美囚囊)所云,撒谎即艺术。戴前进之帽,行撒谎之实,胆敢指破,必把你打入象牙之塔。只要"加一把胡椒",艺术即垂头丧气而拜倒门下,虽唯美亦何妨?①

这样哀婉凄绝的申诉,在李健吾的文章中,尤其是这一时期的文章中,是绝无仅有的。于此不难窥见他所以不容于时,不容于朋友们的主要原因是什么。是艺术。都什么时候了,这呆子还讲艺术,而他的艺术又那么高,至少让人看起来是那么高。

李健吾的这一心境,在为夏衍写的一篇剧评文章中也可得到印证。党员作家中,李健吾对夏衍是信得过的。孤岛初期,夏衍离开上海赴内地后,他主动担当了夏衍的著作代理人。因此也就无所避讳,文中坦率地谈了对当时上海剧运的看法。

他说,一种恶劣的倾向,直到如今还在戏剧文学方面盛行。有些人从未涉足舞台,从未深尝人生,仅是见戏剧这一行有利可图,可以结识上流,便安置姓氏,排比语言,分场列幕,每幕结尾插一意想之中的惊人之笔,把这叫高潮。然后斟酌事实,往若干谈吐里嵌入一些富有时代感与诱惑性的警句,名之曰精心杰撰。正是这样一批买空卖空的剧作家,率同他们的喽啰和群众,依仗周密的茶酒联络,暂时攘去了浩大的声势与营业。悲剧成了情节戏,一切成了服装戏。②

这些看法,以李健吾生性之耿直,在平日的交往中不会不溢于言表。被讥为"唯美家",也就毫不足怪了。

---

① 李健吾《杂记》,1941年11月16日《萧萧》半月刊第二期。
② 李健吾《夏衍论》,写于1942年1月,收入《咀华二集》时改名为《上海屋檐下》。

这怎能让他服气。在需要他的艺术作肯定时,他是艺术家。在需要与他们自以为更其完美的艺术作比衬时,他只能是个"唯美家"。他们总是比他高明,因为一个唯美家只会爱国,却未必懂得政治,而一个懂得政治的艺术家(先从他那儿得到肯定),才是真正的艺术家。

于伶走后,这年7月,剧艺社举行过成立三周年的盛大庆祝会之后,又经受了一次突然的内部变化,元气大伤,勉强维持了半年,终于解散了。险恶的时局,给了它一个光荣的收束。

对李健吾在剧艺社的作用,当年就有人做过与今天完全不同的评价——

因为留法的关系,他也是中法联谊会的负责人之一,上海剧艺社成立,李健吾是发起人之一,而且他有不可磨灭的功劳。无论地位、声望、学识,他获得全体社员的爱戴。上海剧艺社拥有许多优良的导演,如吴仞之、佐临等,也是由于他的关系。剧本的供给,曹禺、袁俊等都能从远地寄来,也是他的交情,更有许多演员愿意受他的指挥。所以,上海剧艺社在沪上地位之日高,而且具有全国性,都可说李健吾有很大力量的存在。

他为人非常爽直,尤其是谈吐方面,一句话好像是一把锋利的刀,不肯看情面,很痛快的要骂就骂,要说就说,许多人对他很是怕惧。记得一九四一年九月上海剧艺社分裂时,大会中不客气揭露出许多不良现象,同时声泪俱下,好像开国会似的。①

毋庸讳言,他的性格不是没有缺憾,至少他不是个谦谦君子。"因为他个性太强的缘故,又不肯敷衍人家,人缘方面也不大好。但是,敬佩他学问的人对于他的脾气都能予以原谅。"②

1941年12月8日,日本海军突袭珍珠港,太平洋战争爆发。侵沪日军

---

①② 董史《李健吾》,1942年6月11日《万象·剧坛人物志》。

于同日近午时分,越过苏州河,"进驻"租界。由于日本突然向美英两国宣战,未向法国宣战,故侵沪日军未"进驻"法租界。虽说如此,法租界并未摆脱日军的严厉监管,与"进驻"相差无几。从1943年年初起,意、日、英、美、法等国,相继宣布放弃在华租界。同年8月,法租界始由汪伪政权"接收"。习惯的说法,从1941年12月8日到1945年8月15日,日本天皇宣布战败为止,为上海沦陷时期。

孤岛沉没了,在更其恶劣的环境中,李健吾,这艺术的囚徒,注定还要经受更大的磨难。

第八章　沦陷时期

（1941.12—1945.8）

做了李龟年

留在上海没有出路，还是回北大来做一个主任罢。1942年春末，周作人托人带话给李健吾，这样说。

孤岛沉没，孔德研究所朝不保夕，考虑到李健吾日后的生计，周作人假以援手。早在1940年12月，周氏就担任了伪华北政务委员会教育总署督办，安排李健吾在北京大学当个系主任不是难事。

师长的情义，李健吾不会不领，而此时出任北大系主任，意味着什么，他也不会不知。怎样回复呢？几乎是不假思索，"我写了一封回信给那人，说我做李龟年了，唐朝有过这个先例，如今李姓再添一个也不算怎么辱没"。①

李龟年是唐宗室子，通音律，后来流落江湖，成为著名的乐师。杜甫的《江南逢李龟年》就是赠给他的。李健吾说这话，表明他宁可去当戏子，也不去为敌伪效力。

抗战以来，民族仇恨时时烤灼着李健吾的心，不时传来的故乡的消息，

---

① 李健吾《与友人书》，1946年《上海文化》第六期。

更使这种仇恨有了实感。还在抗战初期,兄长李卓吾曾给他来信,说家乡失陷,那位曾送他去天津的希伯先生,先是做了几天维持会的新贵,又设法逃到了外县,一个儿子也被日本兵打死了。对这位照料过他的好好先生,李健吾还是有感情的。在一篇文章中,他说:"我宝贵我过去的生命,希伯先生是它一个寂寞的角落。他属于我的生命,他的悲哀正是我的悲哀。有谁说我不就是希伯先生呢?"①

一次,偶尔听到合唱《怎么办》中的乡音,他不由得情动于中。"他们的声音遥遥传来,仿佛平空一阵风,在夜晚吹落了我的骄傲的灵魂,前一分钟我还在说笑,好像一枚野气球在半空飘飘荡荡,自以为实实落落,有所凭借,忽然仿佛地心吸力,他们的坚强然而哀怨的乡音,把我扣在一片似已遗失然而富于人性的回忆的厚土。我这个倔强的浪子,自幼流亡在外,对于故乡的黑暗和忧患向来没有深厚的感觉,如今听着故乡的沉痛的声音流了眼泪。"②

他强忍着。在这声音里面,他看见了祖父的面貌,一个善良的农夫,个子高高的,人世的忧患,老早老早就压弯了他的腰,随着他的遇害遇难的儿子们,老早就入了土;他看见了西曲马村东倒西歪的土墙,永远没有希望翻修的残圮的院落;他看见了一个一个打皱的晒黑了的脸,老年人的,年轻人的,和他们的牲口一样没有语言,如今就像牲口那样破着嗓子嘶叫,也没有人理睬。声音明明在响,在他的面前,在他的耳边,可是人在什么地方?他闭着眼睛不敢睁开。睁开了,眼泪静静地流了下来。

这样一个国仇家恨时时铭记在心的人,怎会屈膝事敌呢,只能说周作人对他的这位年轻朋友还是不太了解。

就在复了那位朋友的信之后不久,孔德研究所解散,李健吾完全失业了。

正好这时,上海闻人黄金荣的孙子黄伟,忽然对话剧有了兴趣,由韩非

---

① 李健吾《希伯先生》,收入《希伯先生》。
② 李健吾《乡土》,收入《切梦刀》。

出面拉拢上海话剧界人士,组建剧团,演出牟利。得到这个消息,李健吾顿感绝处逢生,伙同朱端钧、黄佐临、洪谟诸位朋友,一起加入了黄伟组建的荣伟剧团。

就这样,李健吾跳出了象牙之塔,扔掉了清高,摔开了诱惑,从此以戏为生,成了一个二十世纪四十年代的李龟年。

先前在剧艺社是客串,得到的是敬重,敬重不免生分;如今是正式下海,是朋友间的合作,不分彼此,共度时艰,个人的才能得以淋漓尽致地发挥。黄伟知道他笼络的是些什么人,也知道这些人为什么会跟他合作,收益之外,同样看重声誉,平日总是以礼相待,称作先生。

加入荣伟剧团后,李健吾贡献的第一个剧目是话剧《秋》。

本来巴金约他改编《春》,约陈西禾改编《秋》,临动手前,陈西禾要跟他调换,他同意了。演出时调动大批人马,由黄佐临导演。这是话剧走向商业化的第一炮,表明了这批文化人不与敌伪同流合污的志向。

不久即脱离荣伟剧团,主持华艺剧团在卡尔登剧院的演出。此后两三年间,除偶尔导演和演出外,他的主要工作是为各剧团提供剧本。1943年10月,黄佐临、石挥、李德伦等创办苦干剧团,演出的剧本几乎全是李健吾提供的。沦陷期间,文化人都以不从事创作相标榜,因此改编外国名剧成了一时的风气。

李健吾一生写作和改编剧本共四十多个,其中写于抗战期间的有十二个,除了《黄花》和《草莽》外,全是改编剧本。这仅是就剧目的数量而言,若考虑到此前此后写独幕剧较多,而这一时期为了演出,所写全是多幕剧,从字数上说,约占他全部剧作的一半。

对沦陷期间的戏剧生涯,李健吾是有清醒认识的——

> 从前把话剧当作业余的活动玩玩,当时竟成了生活的惟一根源……我们最后也找到了靠山,那些值得感谢的闭口不谈政治的商人。我们有一技之长,他们利用我们这一技之长来做生意,商业自然而然形成我们的掩护,我们可以苟全性命于乱世了。所以,让我不妨

再重复一次:我是一个有良心的小民,诚不足道也矣。①

这卑微的目的,并不妨碍事业的成功。"田汉是战时后方剧坛的旗手,李健吾则是沦陷区剧坛的巨人。他不但勤于写作,艰苦支撑着上海剧运的发展;并且致力选择有抗战意识的题材,在不损艺术素质的情形下,对民族抗战略尽微薄,这一点在他的创作上虽不必过于重视,但可见出他的人格。"②

最能见出李健吾人格的,或许该是这样一件事,已然成了李龟年,仍不忘对王文显先生的接济——

> 其后"七七"事变发生,学校纷纷南迁,我以为王先生一定也去了西南联大。孤岛时期,我已经和孙瑞璜夫妇相当熟,他们告诉我王先生没有去西南联大,在上海的圣约翰大学教书。于是我就常到圣约翰大学去看王先生和王师母。后来上海沦陷了,我看王先生的生活相当拮据,就把王先生的《北京政变》翻译过来,交给洪谟导演,剧名改为《梦里京华》,1942年由美艺剧社在辣斐花园首次演出……当时有上演税可收,我每星期拿着一个黑皮夹到剧场收过百分之六的上演税,然后转交给王先生。③

独具特色的改编

李健吾改编的剧本,除《满江红》、《啼笑因缘》外,几乎全是从外国剧本改编而来的。

对这一工作,李健吾是不满意的。他的不满意,不是说自己改编得不好,而是这一工作,不合他的本意。"人属于一种有遗憾的动物,喜欢做的不

---

① 李健吾《与友人书》。
② 司马长风《中国新文学史》下卷,香港昭明出版社1978年出版。
③ 李健吾《王文显剧作选·后记》,人民文学出版社1983年出版。

一定都能够做,时间不允许,环境不允许,尤其是,说也可怜,机会不允许。通过允许的往往多是不最喜欢的工作,悲哀就在这里。拿我自己来说,悲哀给我力量,悲观主义让我积极。我要写的戏永远没有写,我要改编的戏永远没有改编。我敬爱的作家,我向他们学习了不少东西去,自来没有掏出半根木桃酬谢。而酬谢的倒多是未尝谋面的人情和世故。"①

不是本志,并不能说明做得不好。事实上,对每个剧本,他都是竭力经营,使之尽可能地完美。不光是演出的需要,也是一个艺术家的职责。

萨尔度(1832—1908),是法国十九世纪一位曾轰动一时的剧作家,长于戏剧结构,注重形式技巧,后世的评价并不高。李健吾所以一下子改编了他的三个剧本,另取的中文名字分别为《花信风》、《喜相逢》、《风流债》,用他的话说,和萨尔度遇在一起,纯粹是时间、环境和机会的巧合。为了争取观众,为了情节容易吸纳,为了尝试萨尔度在剧场造成的营业纪录,经朋友提议,他便接纳下这份礼物。手头没有萨尔度的剧作,恰好图书馆里有,虽说不全,也有十来册之多,于是翻了翻,掂了掂,信手选出这样三出。

改编这样一个连自己都不怎样佩服的剧作家的剧本,李健吾依然充满了信心。"我不想一笔抹杀萨尔度的价值。向他学戏是一种危险,他的假货多于他的真货,他的技巧超过他的材料,他的戏剧巧于他的人生,他的紧张往往只是舞台熟练的结果。初出茅庐的人最好回避他,但是老于战场的人,没有什么好怕的,原来什么颜色还他一个什么颜色……"②

初出茅庐的是别人,老于战场的是他,只有李健吾才敢这么轻松地说出这样的话。这也是他为人为文的一贯风格。

就是对有"鸳鸯蝴蝶"之讥的张恨水的小说,他也敢一试身手,且得到钱钟书的赞赏。在《与友人书》中,不无得意地说——

不瞒你说,为了在敌人眼中争地位,我甘冒"文化人"的攻击,把人们臭骂的张恨水的鸳鸯蝴蝶作品也搬出来改编,《满江红》和《啼笑因

---

①② 李健吾《风流债·跋》,上海世界书局1943年初版。

缘》都是我的制作,钟书兄还大夸我把《啼笑因缘》改活了。我这个人不作则已,要作就作个痛快。我对朋友讲,有一天我会把他们印成书的。我不觉得有什么可丢脸的。说实话,《啼笑因缘》的第五场,就是仞之导演的那一场,我至今还有些喜欢。那是创作。人家把这看做下流,我把这看做是积极。①

可惜的是,《啼笑因缘》这个剧本,如今已找不见了。在众多的改编剧本中,李健吾自己最满意的是最后改编的《王德明》与《阿史那》。在一封虚拟的致友人的信中,他不无自豪地说:"朋友,你若问我这'戏剧家'的头衔有没有比较可观的东西可以比配,我愿意厚起脸皮来说,除非是莎翁的那两出伟大的悲剧的改编。我在《王德明》和《阿史那》两出戏里面下过功夫,他们是我在改编之中最唐突也最高攀的冒险。以后我不相信我再改编什么剧作了……"②

先前的改编,仅是把时间、地点、人名改为中国的,于史无凭,这两出戏里的主人公,在《旧唐书》和《新唐书》里都确有其人。如阿史那,是突厥的皇族;阿史那·杜尔真,官爵封号完全和历史一致。也的确有一位定襄县主下嫁阿史那,但并非阿史那·思摩,而是阿史那·忠,"以功擢左屯卫将军,尚宗室女定襄县主,始诏姓,独著史"。那场战争不一定实有其事,却并不违背历史的真实。这样的改编,真可说是一个创举。另一方面,在剧情与人物性格的处理上,语言与性格的切合上,也更中国化。若不是作者自己说明,外人很难相信这是由外国名剧改编而来——

> 如若发现改编者自作聪明的地方太多,必须加以原谅,因为他下的心力,大都有一个根据,一种观点的根据:他要《阿史那》百分之百是中国的,虽然他希冀莎士比亚也在这里获有同等的分量。他有改编的经验,但是改编莎士比亚,他觉得在基本的灵魂的共鸣以外,必须留意

---

①② 李健吾《与友人书》。

> 两点：一，到历史里面搜寻他的高贵；二，到语言里面提炼他的诗意。此其所以，他把《阿史那》放在初唐，同时，语言，他尽可能提高它的格局，还要它明白浅显，完成它的表现的使命……
>
> 但是，最重要的是，他并不把这种工作当做改编，完全相反，对于改编者，这正是一种怀胎十月的创作。他用尽自己来成就它的产生。这里是字句，是结构，是技巧，也是血肉，也是生命。即使失败，他将不因之而有所疚心。①

司马长风对李健吾的改编剧作评价很高。对改编剧本，"一般人以为并非完全创造，多不大重视。但李健吾的改编剧本，则当别论。因为他只借重原著的骨骼，完全以中国的风土，创造出崭新的人物、氛围和意境。那是化异国风情为中土本色的神奇，不留一丝一毫的斧凿痕迹……尤其是对话的贴切、自然，当代无与伦比。在这方面与郭沫若的作品恰成比照，郭沫若的史剧，命意深刻，就是对话不像对话"。②

蛰伏中的译述

写戏，演戏，只是李健吾这一时期生活的一个侧面，用他的话说，是"表面的活动"。更多的时间，他躲在家里翻译法国文学作品。早就有心志将福楼拜的全部著作译介过来，先前忙于生计，无暇着手。如今失了业，不搞创作，戏剧活动又占不了他的全部时间，正好利用这一时机，完成昔日的心愿。

他说，戏养活我，是我表面的活动，其实我每天伏在案头正常的工作乃是翻译。我希望自己有一天刊行福楼拜小说集；好在他写了没有几部作品，并不似无期徒刑那样可畏。我从前研究这位现实主义大师，总觉得不

---

① 李健吾《〈阿史那〉前言》，1947年《文学杂志》第二卷第一期。
② 司马长风《中国新文学史》下卷。

做些什么来心中不免耿然。虽说我越来越不那样爱戴他,但是他的优点自属优点,我的心愿仍是心愿。于是清早上街买菜,稍稍分享太太全日的辛苦,下午埋头翻译。就这样陆续译成了《情感教育》《包法利夫人》,而且一字一句修改好了《圣安东的诱惑》《三个故事》;仅仅余下《萨朗宝》,译了不到一章,敌宪在半夜把我拘了去。

翻译中,最愉快的一件事是,书中包法利给妻子立碑一节中,有一个注释寻觅了半年,最后还是钱钟书无意中发现,写了个短笺告诉他的。这个短笺让他欢跃了一整下午。

是怎样一个注释呢?

查李译《包法利夫人》,最后一章里,两处提到立碑事,均有注释。笔者曾就此事请教钱钟书先生,蒙钱先生作复,说想来是后一处的拉丁文。即"行人止步,勿践贤妻"的拉丁原文是 Sta, viator amabilem conjugen calcas,完全抄袭德国十七世纪初叶麦尔席(Francois Mercy)将军的墓铭:"行人止步,勿践英雄。"(Sta, viator heroom calcas)①

对《包法利夫人》的译文,李健吾是自信的,"我有理由相信我的《包法利夫人》的译本将是一种良心的酬劳,福楼拜会欣赏我还他一个可取的风格"。②几十年后,他的这个自夸得到翻译界的认可,他的译文成为"情感移植"的典范。西安外国语学院的张成柱先生在《文学翻译中的情感移植》③一文中,对李健吾的译文做过对比研究。比如书中爱玛求勒乐先生宽限几天还债,若采用模仿和对应的译法,应译为——

她胆怯,也求他,甚至她把她的一只白而长的漂亮的手放在商人的膝盖上。

"让我安静!人们会说您想引诱我。"

"您是一个坏人!"她叫道。

---

① 钱钟书先生致笔者信。
② 李健吾《与友人书》,1946年《上海文化》第六期。
③ 张成柱《文学翻译中的情感移植》,1993年《中国翻译》第四期。

"噢！噢！随你说吧！"他笑着又说。

他把她轻轻推向楼梯。

"我恳求您，勒乐先生，再等几天！"

她呜咽起来。

"得了，好，流泪了！"

"您使我绝望。"

"我很不在乎！"他关着门说。

显然，这样的译文没有很好地将原文中的情感移植过来。句子平淡无奇，人物性格和语言没有性格化、情感化。爱玛从恳求、落泪到绝望所掀起的感情波浪没有得到淋漓的展现；而勒乐从嘲弄到逐客所表现出的冷酷、奸诈、下流等性格也没有惟妙惟肖地移植过来。李健吾的译文就不同了——

她胆怯，她央求，甚至拿她又白又长的玉手放在商人的膝盖上。

"请吧！人家会以为你有心勾引我呐！"

她喊道：

"你这个无赖！"

他笑道：

"哈！哈！你倒发起火儿来啦！"

他轻轻朝楼梯口推她。

"我求您了，勒乐先生，再宽限几天！"

她呜咽了。

"嘿嘿！眼泪也使出来啦！"

"你是朝死路逼我！"

他关了门。

"关我屁事！"

虽是蛰伏，跟朋友们还是时有来往的。杨绛的第一个话剧，就是一次小聚时，在李健吾与陈麟瑞的鼓动下写出来的。

陈麟瑞和钱氏夫妇是邻居。1942年冬季的一天，陈麟瑞请杨绛上馆子吃烤羊肉，李健吾也去了。大家围着一大盆松柴火，拿着二尺多长的筷子，从火舌头里抢出羊肉夹干烧饼吃。据说这是蒙古人的吃法，于是提起了李健吾改编的《云彩霞》里的蒙古王子，陈麟瑞改编的剧本《晚宴》里的蒙古王爷。李健吾和陈麟瑞都笑着对杨绛说：

"何不也来一个剧本？"

杨绛从来没写过剧本，觉得这话太远了。可是烤羊肉的风味不容易忘记，这句话随着一再撩拨了她。年底下闲着，便完成了剧本《称心如意》。先送给邻居陈麟瑞看，提出恳切的批评意见后，重新改写。以后这剧本就转入李健吾手里。忽然有一天，李健吾来电话说，立刻就排演，由黄佐临先生导演。出乎杨绛意料的是，李健吾自己也粉墨登场，饰剧中徐朗斋一角。对杨绛来说，这一切真是太称心如意了。①

毁誉难说的《青春》

这是李健吾解放前写的最后一部创作剧本。也是他的戏剧代表作之一。写的是辛亥年间，晋南农村，一对青年男女田喜儿和香草反抗家长的干涉，自由恋爱的故事。

李健吾说它是用写《贩马记》时舍弃的一个材料写成的。以剧情推测，在《贩马记》中，当用于高振义与金姑恋爱的剧情中。确也是的，若写了这些，整个剧情的进展就太迂缓了。

在《青春》里，有李健吾童年生活的影子，具体点说，他就是那些名叫小虎儿、小黑儿的顽童中的一个。作为背景的关帝庙，就是他读村塾的地方。剧中的两位姑娘，香草和香菊，都实有其人，是他的两个已故去的姐姐

---

① 杨绛《〈称心如意〉原序》，《杨绛作品集》第三卷，中国社会科学出版社1993年出版。

的小名。

这是一出喜剧,显示了作者的编剧技巧和语言功力。香草后来在父亲的胁迫下,嫁给了罗举人年仅十一岁的儿子罗童生。一天,罗举人带上儿子和媳妇香草来亲家村里,香草和田喜儿相会时被罗举人发现,罗举人要休了香草。香草爹是村长,嫌女儿丢人,要女儿自尽,又于心不忍。父女间有一场对话——

  杨村长:你说不出口,是不是?那么,听我讲,跟我到庙里头来。
  香　草:庙里头?
  杨村长:嗯,庙里头。(站起)我带你到大殿,你对关老爷磕三个头,求他老人家保佑你下辈子好好儿做人。
  香　草:是,爹。
  杨村长:你要是往日都像现下这样听话,不会落这样一个下场。(难受)做爹的不止我一个人,心狠的也不就是我一个人。你自个儿明白,嫁出去的女儿,要是婆家休了回来,别说你做媳妇儿的,我做爹的先就脸上挂不住。
  香　草:是女儿不好……
  杨村长:这话就不必说了……我也是一样难过。(拭泪)你起来,到里头给关老爷磕三个头,我给你一条带子,你拿着一个人到后头院子,挑一个矮点儿的桃树………我说不下去了,你自个明白。(哭了)

然而,整体看来,这出戏不能说是成功。材料的单薄和事件推进的奇突,难以造成引人入胜的戏剧效果固然是一个方面,主要的还是,写这样纯情的农村题材作品,非作者所擅长,人物的语言也就难以紧贴其性格的内涵。再则,题材的陈旧、遥远,对于敌寇钳制之下的上海观众来说,不能说没有相当的隔膜。

写成后,李健吾将剧本给黄佐临看,黄看后说他不喜欢,转给了费穆,费穆却十分喜欢,说要排出来。演员有乔奇等人。上座率不怎么好。

对这出戏,当时就有人提出批评。青年作家徐光燊给李健吾写信,说他喜爱话剧,常常出了买药的钱带了失望回家,只有您的作品是少数的例外。你透视人生,透视人与人的关系,可是这些深邃的思考,却落在一朵如枯去的黄花的梦里。读您的剧本正如读一首诗,这首诗,虽是从现实中提炼出来,可是朗诵时,却与现实的步伐失去一致了。《青春》里面最后一幕的大团圆,显然是一种生硬的凑合,这类悲剧,可以说是一种典型的故事。

　　批评者惟一没有顾及的是,作者原是将它当作喜剧写的。我们不能责备作家原先就没有放入的东西。但大体说来,批评者的意见还是对的。

　　在答复徐光燊的信中,李健吾说,喜剧,尤其是高级喜剧,往往和悲剧为邻,它让人在笑后感到悲哀,不由不坠入思考;这种笑,才有韵味;这种笑,不仅仅一笑了之,往往倒是真正的悲剧。人世或者由于制度的缺陷,或者由于性格的缺陷,往往形成一种错误,悲剧家把它们看成是悲剧,喜剧家把它们看成是喜剧。莫里哀伟大的地方就在这些特殊的造诣。①

　　始料不及的是,这出在当时没有引起怎样重视的戏,解放初期,在宣传婚姻法的年月,却风靡一时。只是这已与李健吾没多大关系了。辽宁评剧院的两位青年人,将它"改编"为评剧叫《小女婿》。却又不说原作者为谁。

　　风靡一时的是《小女婿》,不是《青春》。

轰动一时的《金小玉》

　　创作的剧本反应平平,改编的剧本又一次获得绝大成功。

　　1945年3月,李健吾改编的《金小玉》由苦干剧团演出,立即轰动上海剧坛。黄佐临导演,石挥饰男主角范永立,丹尼饰女主角金小玉,李健吾在第二幕中饰总参议。

　　和他此前改编的《花信风》、《喜相逢》、《风流债》一样,这出戏也是根据

---

① 徐光燊、李健吾《剧坛往来》,1944年《万象》第五期。

萨尔度的话剧改编的,原作名为《托斯卡》(*La Tosca*)。李健吾的剧本是前一年冬天就写好的。虽是改编,却很能体现出李健吾的戏剧风格,情节推进自然有致,丝丝入扣又引人入胜。

1925年暮春的一天,青年学者范永立在北京石观音寺观赏着刚出土的一尊观音石像,天晚了,仍不回去。他是来接应从监狱里逃出来的革命党人莫同的。莫同的姐姐孙太太托人给他送来一包衣服。包袱皮上有她的名字"莫英"。京剧名旦金小玉,是范的情人,来石观音寺找范,曾见过那个包袱皮。范永立掩护莫同逃出了石观音寺。京城警备司令王士琦带人来抓莫同,迟了一步,在草丛中捡到那个包袱皮儿。

当天晚上,孙厅长家里设宴,招待京城的要员,总司令(张作霖)的七姨太出席。北伐军打到河南,奉军反攻过去,收复开封,孙厅长想借此运动七姨太,出任河南省长,特意让金小玉来唱戏助兴。宴会上,七姨太申斥王士琦,嫌他办案不力,放跑了革命党人。若不能尽快逮捕莫同,他的警备司令的位置将不保。找到范永立就能抓住莫同。想到金小玉与范永立有私情,王士琦以在石观音寺捡到的包袱皮为凭,对金说,范永立与孙太太有染,激起金的醋劲。金知道范永立的藏身之处,当即坐了王士琦的车去找范,王派人紧随其后。

范永立藏在金小玉为他购置的一处院子里。听得有人来,莫同躲进房后的水井里。金小玉来后,痛斥范永立不该背着她又和孙太太私通,经范永立说明,并告知藏在这儿的是孙太太的弟弟莫同,金始知上了王士琦的当,惜乎为时已晚。王士琦已带人将这一带包围。为了让金说出莫同的藏身之所,王士琦严刑拷打范永立,金明知范永立不让她招供,眼看心上人将被拷打致死,还是说出了莫同的藏身之所。

在王士琦的公馆里,王为了逼金小玉做他的姨太太,让金的养母与琴师写了卖身契。接到立即处决范永立的命令后,金小玉苦苦哀求王士琦放了范,并答应做他的姨太太。王士琦安排部下假枪决,金小玉将这个消息告知范永立,范很感激。见范的性命得保,趁王士琦非礼之际,金小玉用裁纸刀将王刺死。始料不及的是,王士琦安排的假枪决是假的,范永立被抬进来了,已死去。悲痛之余,金小玉引刃自杀,倒在范永立的身上。

剧本中,每幕之前的场景介绍,也很有特色,可说得上是优美的散文。加以剧情紧张曲折,语言生动,使这个剧本极富可读性。剧中人物也都栩栩如生,语言行为切合身份,富有个性。如第二幕一开始,在黄家的客厅里,几位军政要员纵论前线军情,中心人物是黄总参议。这是个夸夸其谈,自以为神机妙算的角色。当着一群同僚,他分析吴佩孚(子玉)和靳云鹗、米振标等人的缺陷,口若悬河,滔滔不绝。演出时,李健吾亲饰此角。不难想象,他那满口纯正的京片子,该是如何的流光溢彩——

> 黄总参议　我觉得"命"这个字,不可以不信,也不可以全信。拿子玉来说,有得意的时候,就有失意的时候。他打仗以前,先叫张其锽给他算卦,利则进,不利则退。可是现在怎么样?南不能攻,北不能守,美其名曰坐镇中州,可是,大帅大军一过黄河,我看他就是望风而逃,落荒而走,惶惶然如丧家之犬!我跟了大帅十多年,从不言命。我们如今和春秋战国差不了许多,我只有四个字请大帅牢记心头,那就是——
>
> 但次长　(回头向那边太太们示意)听总参议讲!
>
> 黄总参议　那就是,待机而动。
>
> 常院长　所以大帅每战必胜!
>
> 但次长　(并不落后)正所谓知其可为者而为之,其不胜者,未之有也!
>
> 黄总参议　子玉失败在一个骄字。
>
> 但次长　(补充)骄必败。
>
> 黄总参议　就拿党军来说,兵不足额,枪不足用,原是乌合之众,其所以侥幸取胜者,不过占了一个心字。锐气一销,包管一败涂地。子玉计不出此,一败于汀泗桥,再败于贺胜桥,张皇失措,拱手把武汉三镇让给跳梁的南

军,就吃亏在一个骄字。

常院长　像他手下的靳云鹗……

黄总参议　早就不是他的人了……小靳一直跟南边通声气……其实,乳臭未干,他懂什么!像死守武昌的刘玉春……

但次长　也还算得一个人才。

黄总参议　也就是半个。勇而无谋,怎么好担当守城的重任!

任总长　大帅拿下开封,依总参议看,河南有几个月可以平定?

黄总参议　(狂笑)几个月?雷翁,你这个陆军总长是怎么当的?

任总长　(不开心)依你看……

黄总参议　依我看,不出一个星期。到了那时候,西据华山,南据武胜关,屯兵中原,虎视四方……

任总长　总参议以为毅军米振标……

黄总参议　米振标!他前清带兵到现在,兵老将衰,整个儿毅军该是享享清福的时候了。不是我说一句笑话,连人带马,他部下没有一个不是六十开外的!

常院长　总参议以为他可靠?

黄总参议　他是有名儿的墙头草,东倒西歪,由不了他。也就是这个缘故,大帅和我倒信得及他。他没有作为。他成不了事,他也坏不了事。我有四个字送他:坐——以——待——毙!①

　　和剧本比较起来,李健吾似乎更喜欢自己饰演的黄总参议。跟朋友们谈起来,"不说他的剧本好,总以他所演的黄总参议一角沾沾自喜。同时因为观众对他有好感,有些熟人直称赞他,使得他更加得意非凡"。②

　　或许是太得意了吧,竟闹出了笑话。

　　有次开演前,李健吾在后台跟演员大谈其黄总参议的演法,如何撩袍,

---

①　李健吾《金小玉》,上海万叶书店1946年出版。
②　《李健吾登台,石挥削发》,1946年5月4日《文汇报》世纪风副刊。

如何甩袖,如何抽雪茄,如何吐掉牙签,说到得意处,一不小心,把那作道具用的劣质雪茄烟,猛吸了一口咽了下去。他是从不吸烟的,就此中了烟毒。正好轮到他上场,勉强支撑着将戏演完,一到后台就大呕大吐,面无人色,几乎晕了过去。朋友们看他情形不对,只好雇车送他回去。上了车,车夫问拉到哪儿,他头也不抬,凄然欲绝地说了五个字:

"上海殡仪馆!"

一个大活人怎么要去殡仪馆呢?车夫骇了一大跳。原来李健吾住的多福村五号,就在上海殡仪馆对面,平日坐车回家,他总是这么说的。

《金小玉》演出一个月,轰动全市。

这样一出戏,所以能出现轰动效应,除了剧情引人入胜外,还有一个重要因素,就是使用了电光布景。尤其是剧中酷刑拷打革命党人的戏,用的暗场,从幕上映出人物受刑的情景,很新颖,也很刺激。让人想到眼下的处境,激起对日本侵略者的同仇敌忾。

时间一久,日本宪兵注意到了这个剧目,立即下令停演,同时也注意上了李健吾这个人物。

被捕与逃亡

1945年4月19日夜,两点钟左右,李健吾一家已入睡了。

突然,有人敲灶披间的后门,不是通常的敲,而是擂。没多一会儿,门被砸开了,三个人冲进来,直奔二楼。接着又传来呵斥之声。李健吾对尤淑芬说:"怕是强盗来抢劫二房东的,我去找巡警吧。"说罢穿上衣服从前门跑出去了。

尤淑芬也起了床。那三个人从楼上下来,问尤:"李健吾呢?"

至此,尤淑芬方知是日本宪兵来抓丈夫的,谎称昨晚未归。宪兵摸了摸床上的被子,说被子还是热的,肯定是躲出去了,还会回来。三个宪兵一边等人,一边打起手电筒在家里搜查。趁对方不注意,尤淑芬将李健吾的一捆书信(其中有与重庆的朋友们的通信),从书橱里抽出扔到床下,又用脚往里踢踢。过了一会儿,仍不见李健吾回来,两个宪兵带上搜查到的东西走了,留下了一个叫横地藏行的伍长在家里等候。

床上三个孩子,老四还在摇篮里,尤淑芬坐在床边的凳子上,轻轻地摇着摇篮。横地藏行躺在李健吾的被子里,要尤也躺下,尤不肯。此刻她惟一的愿望,就是健吾返回时,能察觉到家中情况有异,不进家门,而去朋友家里躲躲。

李健吾在街上转了一圈,没找见巡警,又返回来,刚到门口,见里面静寂无声,怕尤淑芬有什么意外,忍不住大喊:"淑芬,淑芬!"

就这样,一进门便被逮住了。淋着蒙蒙细雨,映着暗淡的街灯的微光,在横地藏行的押解下,被带到贝当路①上的沪南日本宪兵司令部。

第二天一早,尤淑芬雇了辆黄包车去贝当路。车夫知道了她的遭遇,很是同情。宪兵司令部的等候室,有个长长的廊子,等了好久,两个宪兵牵着一条大狼狗从那头走来,突然放开手里的绳索,狼狗照直朝尤淑芬蹿过来。

"咬就咬吧,健吾都不知道怎么样了,我还怕什么!"尤淑芬闭上眼,等着狼狗扑上来。

到跟前了,后面的宪兵打个呼哨,狼狗退了回去。

丈夫是在这儿押着,但是不让见面。

回来的路上,车夫劝她:"少奶奶,你一个女人家这样跑不方便,还是找你先生的朋友们帮忙吧。"

这话提醒了尤淑芬,没回家,当即去找清华同学、建筑师吴白桦,商量营救办法。

李健吾被带到宪兵司令部,当天就过堂审问。

起初审问他的,是那个留在家里将他逮捕的横地藏行。个子不高,分头,镶着金牙,那粗犷的面貌,让人想起上海滩常见的不入流的油头粉面的恶少。他甚至觉得,这样一个宪兵,不配审问像他这样的思想犯。

但是另一个人配,太配了。

---

① 贝当路,今衡山路。

第八章 沦陷时期

这个人就是承审他的萩原大旭军曹,修长的身体,冷峻的面容,沉思的仪态,双目炯炯有神,让你不期然而起一种畏惧之心。这个绍兴师爷式的宪兵,完全是个冷血动物。他看定你,先不开口,打量你,微笑一下,同情而又彬彬有礼。开口了,乃是一句平常的:

"先生,吸烟吗?"

李健吾摇摇头,谢谢他的好意,然而心乱如麻,神经在高度戒备之中紧张着。

萩原那清癯的长脸,高高的鼻子,陷在两旁的眼睛,一时间让李健吾联想到诗人徐志摩,然而还要枯瘦,好像李莲英在他研究光绪时勾起的心理作用。冷静,文雅,心思绵密,又好像意大利的政治学者马嘉外里(Machiaveli)留在他精神之中的可怕的印象。对了,一点也不差,正是马嘉外里、李莲英、徐志摩三个人合成这样秀丽而险鸷的日本军曹的形象。后来他知道了萩原的身世,大为吃惊,原来这个日本宪兵战前竟是个和尚!

经过四个小时的反复问答,一无所得,萩原气恼了,站直身子,冷然说道:"你这个人不说实话,我有法子叫你说的。跟我来。"

三人穿过厨房,李健吾还以为是要寻找饭菜给他吃,想不到转出厨房,来到一间空旷的古怪的大房间,有橡皮管,有水龙头、长凳、绳索、湿毛巾,还有一个水泥砌成的高高的大浴池,样子好像一座矮塔。萩原让他脱去衣服,然后与翻译两人一起,将他捆在长凳上,湿毛巾搭在嘴上,开始灌水。翻译坐在浴池边沿,用铅笔记录。萩原站在李健吾的头旁,一边问口供,一边用橡皮管子不住地往李健吾脸上喷水。

"你说你不是共产党,我问你,你看过《八月的乡村》,你能说没有?"

喝够了冷水,李健吾的眼睛、鼻孔、耳朵和嘴,尽可能地摇摆躲闪,一边还得在痛苦之中挣出答话,稍微慢一点,水龙头就对准了脸。

"你有《八月的乡村》那本坏书,你能说没有?"

他说他看过那本书,不过那是很久以前的事了。他研究文艺,自然逢到书就看,不足为奇。看不见对方的面部表情,仅仅听见冷笑了一声。

"你为什么研究清朝的光绪?"

他说他觉得这是一个有趣的性格,研究他是为了写一出戏。

"你这个人坏透了。"萩原骂道,又问,"你演了一个月的《金小玉》,不演了,不是下乡就是做什么?你喜欢写革命戏,不是革命党是什么?"

连续的用刑,李健吾已奄奄一息了。

"好了,你快要死了,你有什么遗嘱,告诉我,我好传给你的女人和孩子们。"

翻译拿着纸,要李健吾把遗嘱说出来,他好记下。忍受了一个多小时的水刑,临到遗嘱两字,李健吾干枯的眼睛不由自已地有了泪水。全身在打冷战,冷水窒息了他的喉咙和耳管,牙齿轹轹作声,虽说气息幽微,终于迸出了一句话:

"告诉他们我是好人。"

又断断续续地说:

"爸爸……死得苦……叫孩子们好……好儿……做人……"

忽然,萩原笑了,叫翻译解了绑,一边命令李健吾穿上衣服。

经过一天的审问,被关进木头牢房里,李健吾纳闷萩原从什么地方打听出这些乱七八糟的陈旧材料,一定是他搜到一本《咀华二集》,看见里面有一篇论萧军的文字。可里面也有论夏衍和叶紫的文字,为什么单选《八月的乡村》作为证据呢?大约是因为这本小说叙述东三省的游击战,所以特别惹他注意吧。

事情比李健吾的猜想简单得多。

过了一天,还是这个萩原,和和气气地把他邀到前面,满以为将有大祸临头,不料对方摊出了所谓的罪证,倒叫他心定了许多。指着一份《歌谣》,说是只有共产党才对农民表示兴趣。他说,这是北京大学出版的,便可证明不是共产党的刊物。又摊出一本《罪案》,问为什么看这种书,他说书里面谈到他的父亲,收藏这本书是为纪念。最后,萩原从一堆材料里拣出一个薄薄的小蓝本子,好像多年的老友不曾晤面,今天忽然在公堂上对质,他一下子悟出萩原所以问起《八月的乡村》的缘由了。这是他平日做读书札记的手册,上面有最初读《八月的乡村》时写的一些感想。

从这两次不同形式的审问中,李健吾已大致明白了自己被捕的原因,一是他改编的《金小玉》,他们认为是影射日本军官;一是他们看他忽隐忽现,形迹可疑;一个更重要的原因,是想通过他了解共产党在戏剧界的活动。

监牢外,尤淑芬和吴白桦积极地活动着。通过清华同学会主席孙瑞璜,打通了李祖莱的关系,正好尤淑芬的父亲尤乙照(字芸阁)在南京伪政权任职,来到上海,又打通了郑洪年的关系。将近二十天后,日本沪南宪兵司令部接受李祖莱和郑洪年的保单,收取五十万元的保释金,将李健吾释放。保释金是孙瑞璜代付的。

出狱的这天早晨,萩原亲自送李健吾到大门口,约好下次见面的时间和地点。翻译告诉接李健吾的人,萩原军曹缺一件大衣穿。

回到家里,李健吾方知,全仗了太太的机警,将那一捆信件踢到床下,否则不定会是怎样的后果。过了没几天,剧院送来《金小玉》的演出费,不多不少,正好五十万元,转手还了孙瑞璜垫付的保释金。萩原要的大衣,自然是得送去的。

指定的会面地点是离宪兵司令部不远的大合咖啡馆。到了那天,李健吾提早去了等候。萩原来了,改了装,西服,呢帽,若不是光头,很不容易看出是个日本宪兵。要了咖啡,李健吾提心吊胆地陪着喝。

"你知道不知道陈愉这个人?"萩原在桌上写了陈愉二字。

"不知道。"

"田汉呢?"又写了田汉二字。

"是位前辈作家,很有名。"他不能再说不知道了。

萩原探过身子,机密地,朋友似的,推心置腹地,用英语说道:"He is on the road to Shanghai."(他正取道往上海来)

李健吾表示惊奇。双方沉默下来。不到半点钟便分手了。自然是李健吾付账。此后每逢星期天,李健吾都要借故外出,与萩原会面。怕妻子担惊受怕,没告诉,尤淑芬还是知道了,觉得这样下去不是办法。就在这样的境况中,李健吾还是静下心来,为苦干剧团写了两个戏,一个是《王德明》,一个是《阿史那》。

不久,柯灵第二次被捕,风声又紧了,朋友们都劝李健吾还是离开上海为好。尤淑芬也力主及早躲开。

去哪儿呢?只能是屯溪了。

屯溪是皖南的一个大镇,属休宁县。因地理与物产的关系,抗战前就很繁华,有小上海之称。抗战期间成了东南的一个战略要地,国民党政权在这里驻扎着许多机关和部队。

正巧这时,李健吾在清华校友王辛笛那儿,认识了一个经常来往于上海与杭州、屯溪之间的商人,名叫李化,近日也要送家眷去屯溪,愿意带他一家同行。家里没有积蓄,只好将仅有的几件金银首饰,交给李化作为一路的费用。路线是先去杭州,再经富阳去屯溪。柳亚子有外室在杭州,陈麟瑞是柳亚子的女婿,事先做了安排,李健吾到杭州后可在柳家落脚。为了避开日本宪兵的监视,6月中旬的一天,李健吾先独自一人起程赴杭州,暂住在柳家。随后,李化一家与尤淑芬并四个孩子也到了杭州。会齐后,两家人雇了两条小船,溯富春江而上,前往屯溪。为避人耳目,一路上李健吾化名李绍贤。一过富阳,就进入国统区了,他的心情顿时舒畅起来——

> 我带着一家大小逃出上海……在自由的土地呼吸着自由的嘘息,小船绕过富阳,我的心胸怎样形容不出来的舒展呀!我被毒阳晒成了黑人,黑得多叫开心!再会,永远再会了,萩原大旭![1]

说来也巧,过了富阳,竟遇见清华同学朱君惕(原名朱定山),一眼就认出了他。化名不必用了,李绍贤又成了李健吾。这一带俗称阴阳界,即国统区与敌占区的交界处,朱君惕就是国民党派在阴阳界上做工作的干部。老同学避难路经自己管辖的地界,朱君惕很是热情,当即打电报给屯溪方面的国民党负责人吴绍澍。一到屯溪,李健吾一家便受到吴绍澍的欢迎,

---

[1] 李健吾《萩原大旭》,收入《切梦刀》,上海文化生活出版社1946年出版。

具体负责接待的是吴的下属毛子佩。

在屯溪待了一个多月,8月中旬,传来了日本投降的消息,李健吾先独自一人回到上海,在华业大楼搞到一套住房。不久尤淑芬也带着孩子回来了。

历史又一次捉弄了这个书呆子。在上海苦撑了八年,坐过日本宪兵的牢房,受过酷刑,好不容易盼到胜利了,他不是以沦陷区的一分子来迎接"国军"的光复,也不是以流离失所的难民的身份辗转归来,却是随同国民党接收人员一起从后方荣归。这一特殊身份,很快使他处于一种尴尬的境地,并由此引发了后来的另一个失误。而这另一失误,又被人为地扩而大之,导致了他此后几十年间说不清道不明的坎坷与悲伤。

第九章　复兴时期

(1945.9—1949.5)

当了编审科长

逃离上海前,多福村的房子已退租,回到上海后,通过业主的内侄唐某,李健吾一家在西摩路①的华业大楼里租到一套房子。房子大,家具不多,显得空荡荡的。这是座高层建筑,有电梯。住在这儿的大都是社会上的名流,李家的上一层住的是京剧名角俞振飞。

抗战胜利后,大批人员回到上海,一时间房子很是紧张,能在华业大楼里搞到一套房子,真可说是万幸。这种状况一直持续到第二年,仍未缓解。1946年5月,女作家沈樱到了上海,好长时间找不下房子。连郭沫若一家到了上海,也是先落脚在朋友家,报上曾发表访问记《沫若夫人的烦恼》,导语中说"他们要搬家了,可是还找不到固定的房子"。

在这样的情势下,李健吾住在那样高级的大楼里是很显眼的。虽说跟别的住户比起来,他不算富有,甚至连孩子坐电梯都要遭人白眼。对李健吾住在华业大楼,好些人是有看法的。说是"劫收",未免言重。抗战胜利后的情形很复杂,谁都在尽最大努力搞房子。各人的境况不同,不能说搞

---

① 今陕西北路。

到好房子的,都是用了不正当手段。他是名人,又是清华毕业,结交上层人士多,两个月前逃离上海,且是随国民党政工人员一起回来的,自然就捷足先登了。

上海光复后,国民党组建上海市党部,吴绍澍出任市党部主任委员,任命毛子佩为市党部宣传处长,经同学朱君惕推荐,吴绍澍和毛子佩聘请李健吾担任宣传部编审科长。这让他有些为难。一个向来标榜超脱政治的书生,怎好一下子弃文从政呢?

然而,情理上说,又不好推诿。逃亡的路上,曾得到毛子佩诸人的关照,如今抗战胜利了,百废待举,人家要你帮忙,岂可断然回绝。另一方面,对他来说,这个职务也不是没有一点吸引力。多少年了,他总想弄个剧院,自己经营演出,而要达此目的,非得在政界有点门路不可。还有一个小小的私心,他的岳父尤乙照以汉奸罪被捕,关押在南京,传言将被释放,他想弄张路条,把岳父接到上海来。①

有利有弊,孰轻孰重,拿不定主意,此时郑振铎已公开露面,他向郑请教,郑说身在公门好修行,有个自己人担任此职,对进步文化事业或许有益,不妨先答应下来。这只是朋友间的劝慰,不能说就是郑振铎的怂恿或许可。

于是他跟毛子佩说好,先干一个月试试。这样,从9月1日起,就去市党部上班了。编审科长,实际就是书刊检查官,凡将出版的书刊,将上演的剧本,都要先送编审科审查,通过后方可出版或上演。对进步剧作与书刊肯定有所关照。各人的理解不同,又是职分所系,删改甚至查禁,想来也不会没有。

可叹的是李健吾,对自己扮演的角色总感到有点好笑。他是个嘴上没遮拦的人,看到一些内部材料,免不了给朋友们说说。一次,当着郑振铎等朋友的面,说了一件内部情报,随即朗声说道:

"哈,我当了特务了!"

---

① 李健吾《自传》,中国社会科学院档案室存。

"你知道什么叫特务!"郑振铎没好气地训斥。

实在也不是干这种事的材料。9月1日做起,到了9月30日,整整一个月,言而有信,他送上辞呈。毛子佩不好说什么,只得批准。对这一段经历,李健吾后来是这样说的——

> 我已经说过我对政治一向是不求甚解,在敌伪时期我做的也只是一个民族立场(太太吃苦耐劳,理性又强,帮我坚定了不少我的立场)。但是一碰到政治问题,我就不肯深入一步考虑。所以,我从日本宪兵队放出以后不久,胜利光临上海,像我这种根本不在政治是非上坚定自己立场的书呆子,自然就盲目地乱兴奋一阵。所以国民党市党部约我帮忙搞文墨,我就以为"大义所在,情不可却",明知自己和他们毫不相干,答应了帮忙一个月。9月1日我正式踏进那座富丽堂皇的大楼,乱哄哄不像办公,忽然半个多月后,我偶尔看到重庆一通密电,大意是防止共产党人员从重庆来到上海活动。当时报上正在宣传统一战线,眼看毛主席就要飞到重庆,而事实上却密令各地防止共产党活动!我平生顶顶恨的就是阴谋、捣鬼,自己本来不是国民党,何苦夹在里头瞎闹,夜阑人静,我深深为自己的糊涂痛心,我决定回到明哲保身的小市民身份,混到9月30日那天走掉。①

在胜利的喜悦中

就在李健吾还当着编审科长的这个月的21日,夏衍从重庆飞抵上海,接上组织关系后,便来看望李健吾。这是他到上海后看望的第一个朋友。

此前两人并不相识。整个抗战期间,夏衍一直在大后方,版税等事无法接洽,李健吾从朋友处得知此事,自告奋勇,当了他的"著作人权益代理"。这种义勇行为,很让夏衍感动。

---

① 李健吾《我学习自我批评》,1950年5月31日《光明日报》。

在华业大楼李宅,两人一见如故。此前夏衍看过李健吾的《这不过是春天》和《咀华集》;在《咀华二集》里,还收录了评夏衍剧本《上海屋檐下》的文章。李健吾也曾读过夏衍的剧作《心防》和《法西斯细菌》。两个戏剧家遇到一起,自然就谈起了彼此的剧作,一语不合,竟"争论"起来。

夏衍说:"我写剧本是半路出家,您写评论则是科班出身。"又说他的那些剧本都不过是"试作"。

李健吾说:"你写了十几个剧本还说是'试作',那么我写评论更是'试论'了。"

夏衍问:"那么你的本行是什么?"

李健吾说他的专业是翻译和研究法国文学,接着很认真地问道:"那么你的专业呢?"

夏衍毫不迟疑地回答:"本行是新闻记者,写剧本是副业。"

显然,这种争论都有自谦的意思,几个回合后,李健吾做了结论:"我们还是同行,都可以说是杂家。"

夏衍接着说:"我承认,在这么一个时代,杂一点也不坏,但你的杂比我的高明多了。"

第一次见面就谈得这样坦诚,还有别的原因,主要是李健吾的几个知交也都是夏衍的朋友,如郑振铎,还有仍在重庆的马宗融。

提起马宗融,李健吾便问:"你怎么认识他的,我正在惦念着这位马大哥。"

夏衍说:"他是天官府郭老家的常客,又是中国艺术剧社的热心支持者,是赵慧深介绍给我的。"

这样,从赵慧深谈到了《雷雨》中的繁漪,又谈到夏衍二十年前就认识的、会在大学讲台上唱昆曲的赵景深。有这么些旧友,新交也成了老友,夏衍不禁想起叶圣陶《赠李健吾》中的句子:"当年沪上承初访,执手如故互不拘。"觉得跟李健吾交谈,真有一种"承初访"而又"互不拘"的感觉。①

---

① 夏衍《忆健吾》,1984年《文艺研究》第四期。

夏衍所以能在抗战一胜利，就飞抵上海，乃是受了周恩来的派遣，恢复《救亡日报》。正式出版时改名为《建国日报》，10月20日复刊，同月24日即被查封。夏衍还负有一项特殊使命，就是带来了中华全国文艺界抗敌协会的《慰问上海文艺界书》和《调查附逆文化人的决议》。这次拜访中，夏衍将这两个文件都交给了李健吾。

上海尚无全国文协的分会，《慰问书》是以朋友的口气，写给上海文艺界的几个代表人物的——

景宋、振铎、丐尊、统照、健吾诸先生并转
在敌人铁掌下坚贞不屈的文艺界先生：

  谨代表大后方及解放区的作家和文艺工作者向诸位表示诚恳的慰问。八年以来，诸位先生在敌人的包围之中，继而是在敌人的直接的屠杀的威胁之下不屈不移，备尝辛苦，为中华民族保持了崇高的气节，中国人民以诸位为光荣，中国文艺界以诸位为骄傲。数年来，我们以亲人的心情关念诸位的安全，然而无法可想。现在敌人屈膝了，我们用欣喜的心情向诸位表示这一点诚意。祝诸位健康！

  敌人的投降，只是中国人民解放事业的一个段落，真正的艰苦工作，还放在我们的前面，我们期待着诸位的领导力量。①

信中并说，附带一个请求：在这次神圣的抗战中，汉奸如此之多，是中华民族的奇耻大辱，本会已设立机构，负调查文化汉奸之责，但因情形隔阂，进行不易，特恳请诸位分神着手调查并搜集证据，由景宋、振铎、健吾先生负责约集与推动，想诸位一定慨然允诺的。

文协所以让李健吾与许广平、郑振铎三人一起负责调查附逆文化人，原因自在不言中。三人都表现了高尚的民族气节。许广平也曾被日本宪兵拘捕受刑，郑振铎隐姓埋名数年，绝不为敌寇所用。

---

① 1945年《周报》第四期。

接到全国文协的信后，李健吾很快就起草了《上海文艺界复中华全国文艺界抗敌协会书》，起首说——

> 惠函9月23日由夏衍先生带到了。感谢诸位先生的慰问，我们在这遥远的八年当中，彼此非常之疏隔，有时连通信也不可能。在这期间，真像被浓雾遮迷了双方的视线，被无情的炮声掩盖了两地的听闻，我们是多么希望早些得到你们的音讯呀，就是快上一分一刻也好。

鉴于中华全国文艺界抗敌协会在抗战期间成绩卓著，且已取得合法地位，信中建议，只要在全称中省去抗敌二字，就可名正言顺地继续领导全国文艺界，从事建国工作。至于调查文化汉奸，正在设法进行，并在各刊物中发表言论，严正检举。这些败类，缵颜事敌，卑鄙恶劣，无所不用其极，此间文艺界同人深明除恶务尽之理，摘奸发伏，不肯后人，誓当为中华民国洗涤这一空前的奇耻大辱。

签名者依序为郑振铎、李健吾、满涛、黄佐临、师陀、郭绍虞、王以中、夏丏尊、辛笛、陈西禾、周建人、蒋天佐、徐调孚、吴岩、陈麟瑞、董秋斯、杨绛、许杰、钱钟书、张芝联、柯灵、唐弢、许广平、罗稷南等二十四人。①

此信的起草人只能是郑振铎与李健吾两人中的一位。郑振铎日记中无此记载。从签名顺序与文字风格上看，当出于李健吾之手无疑。再则，其中提到9月23日接到全国文协的信，这也正是夏衍所说，21日抵沪后与党组织接上关系，即去看望李健吾的日子。

10月14日，尚在重庆的中华全国文艺界抗敌协会，接受上海文艺界朋友们的建议，召开理监事联席会，改名为"中华全国文艺界协会"，并决定成立上海分会，委托郑振铎、夏丏尊、许广平、李健吾诸人筹备。

经过短时间的筹划，10月27日，中华全国文艺界协会上海分会在金城银行七楼举行成立大会。主席团由郑振铎、李健吾、许广平、姚蓬子、顾一

---

① 1945年《周报》第五期。

樵五人组成。姚蓬子代表全国文协总会。夏丏尊因病笃未出席,转年4月逝世。

开会了。先为抗战阵亡将士和殉难的文艺工作者静默三分钟。

郑振铎致开幕词,并报告筹备经过。姚蓬子简略报告文协总会八年来的工作。接下来,李健吾报告抗战期间上海文艺界的情形。

他将这八年分作三个阶段,一是1941年12月8日即太平洋战争爆发前,二是太平洋战争爆发至1943年8月1日法租界被日伪占领,三是此后直到日本投降。有人说文学与现实政治无关,经过这一次的试验,我们知道文学与现实政治是无法分开的了。无须说工作的情形,我们只要看对付变迁的态度,是那样的惨淡消极,尽可能争取与后方作家同一步骤,就可以知道。第一阶段,中国军队退出,敌伪变脸,费了很大周折,才利用中法联谊会的名义演出。我们希望在孤岛配合内地的作家采取一致的行动。留在孤岛上的人总想做一点事。第二阶段,话剧团体全部解散,刊物报馆与文化也同时停止。头两个月看风色,然后再研究对付的方法。我们不应该逃避,只要不与伪方合作,设法演出,向群众灌输民族意识。第三阶段,伪方得到租界,取缔任何艺术团体的活动。郑振铎躲了起来。即使有被捕的,也不出卖朋友。彼此保护联系,留一个干净的地位。话剧必须演出,又必须面对现实。只要投资人的资本干净,就争取合作演出,并在演出中注入抗战意识,像《蔡松坡》一类的剧真是举不胜举。日伪所能抓到的不是货色,是货色的都躲起来了。不敢说积极,但却替民族留下了清白和潜在力。①

会上选举出文协上海分会的理事和监事。理事依序是郑振铎、许广平、李健吾、柯灵、唐弢、巴金、姚蓬子、夏丏尊、夏衍、于伶、顾仲彝、赵景深、张骏祥、叶以群、葛一虹等十五人。监事依序是马叙伦、周建人、黄佐临、郭绍虞、顾一樵等五人。

顾一樵和顾仲彝分别作简短致辞。通过会章和宣言。讨论了三起提

---

① 赵景深《上海文艺界的一个盛会》,《文坛忆旧》,1948年北新书局出版。

案:《要求政府迅速开放言论自由》《请求保障作家权益》《组织特种委员会,检举附逆文人》。

会后聚餐。艺术家们有的唱戏,有的朗诵诗作。赵景深用昆曲唱了《西厢记》中《佳期》一节,兼做身段。朱维基用上海话朗诵了自己的诗《对太阳》,这首诗刊在《综合周刊》第二期上,朗诵前先分发刊物,让大家对着"课本"听诗人用上海话读诗。周煦良也用四川话和北京话尝试着背诵自己的诗篇。李健吾朗诵了卞之琳的《春城》、徐志摩的《毒药》、孙毓棠的《海盗船》及何其芳的《我想谈说》。

12月24日,文协上海分会举行第一次理事会,推举郑振铎、许广平、李健吾、姚蓬子、叶以群五人为常委理事;郑振铎、葛一虹为总务股正副主任。

文协上海分会成立后,聚会很多,每次聚会都热闹异常。在这些聚会上,李健吾多有精彩的表现。他的拿手好戏是朗诵。

就在文协上海分会成立的同时,影剧界筹建上海影剧人协会,李健吾为筹备委员,正式成立时改名为上海戏剧电影协会,李健吾当选为理事。后来还当选为宋庆龄组织的戏剧福利基金会的保管委员。这些仅是民间团体的职务,同时他还是公营剧院管理委员会的委员,兼着海光剧院的经理、挂名的国家文化委员会委员。

这一时期,他的主要精力放在与郑振铎一起创办《文艺复兴》,与顾仲彝一起筹建上海市立戏剧学校。此外,社会上各类有关文化及戏剧方面的座谈会,他也总是积极参加,报刊上还不间断地发表着他的各类文章。

最为得意的,或许是由袁水拍引领,去马思南路①的中共办事处,拜会中共副主席周恩来夫妇。邓颖超当年在北师大附小教书时,曾看过李健吾的演出,见面时拉着李健吾的手说:"你就是李健吾。健吾,那时你可有名了。"

可以说,抗战胜利后的一年间,是李健吾人生最得意的时期。

从来好景就不长。一年后,他就渐渐体味出,自己实际上处于怎样一

---

① 现名思南路。

个尴尬的境地了。可叹也可贵的是,他的热情并没有随处境的尴尬而成比例地减弱,仍顽强地支撑着,甚至反比例地增加着。

他不愿意承认现实,——这个现代的堂吉诃德!

创办上海实验剧校

1945年10月初的一天,刚辞去编审科长的李健吾,来到上海市教育局的楼上,找国民教育处处长朱君惕(即逃往屯溪路上曾关照过他的清华同级同学朱定山)。

日本投降后,李健吾想到,上海话剧界人才济济,各演出团体又缺乏演员,办一个戏剧学校正当其时,也是他多年的梦想。从时间的接续上看,这或许是他急于辞去编审科长的另一个原因。跟黄佐临商议,黄表示同意,于是他拟了一个呈文,两人共同签名盖章。学校的名字拟为上海市私立戏剧专科学校。新办学校,须教育局批准。他今天来教育局,就是来办这个事的。

朱君惕告诉他,该见见教育局长顾毓琇即顾一樵,顾写过戏,且是清华老校友,一定乐于帮忙。李健吾自然同意。朱君惕兴冲冲地跑上楼,下来告诉李健吾,顾表示热烈欢迎。于是,在朱君惕的陪同下上楼去见顾毓琇。

看过呈文,顾毓琇十分赞同,说很愿意帮这个忙,且说在重庆曾见过黄佐临。又说,这个学校是市立还是私立,最好还是市立,因为天长日久,经费由私人筹措怕有困难。

李健吾表示同意。

顾毓琇想了想,又说:"光你们两个人还不行,必须添上顾仲彝,才能各方面都照顾到。""我们欢迎顾仲彝合作,但是到哪里找他呢?"孤岛时期,李健吾与顾仲彝在一起搞过戏,算得上老朋友了。

顾毓琇笑了,说就在社会局,如今是那里的戏剧与电影处的副处长。

教育局和社会局在同一个大院里,两座大楼,一座东西向,一座南北向。出了教育局,在社会局大楼门口前面遇见顾仲彝,让他看过呈文,说了顾毓琇的意思,顾仲彝当即应允,签了名并掏出随身带的印章盖了章。当天,李健吾就把这个徒具形式的呈文递了上去。没几天批了下来。正式名称为上海市立戏剧专科学校。

最发愁的是校址。后来还是朱君惕出来帮忙,说他接管的四川北路一所日本小学,是一座四层大楼,可以拨出两层做市立戏剧专科学校的校址。

谁来当校长呢?既然顾仲彝领衔,那就是顾仲彝了。可官大一品的顾毓琇却另有考虑,他私下里告诉李健吾,内定的校长是熊佛西,不过熊在重庆还没下来,先由顾仲彝当一个时期,一则熊佛西是他的故交,再则熊的资望高于顾仲彝。他叫李健吾不要对顾仲彝讲起,以免事出意外,可能有变化。

办剧校就得有演出场所。当时虹口一带有四家敌伪影剧院。顾毓琇不愧是官场老手,先下手为强,要顾仲彝担任接管委员会主任,李健吾和黄佐临担任副主任,办理接管事宜。顾仲彝代表社会局,李健吾和黄佐临都是非官方人士,凡事由顾做主。

四个影剧院中,靠近火车站的一家影院是私人的,应当发还,就由顾仲彝做主发还了,李健吾和黄佐临连看也没去看。其余三家,他俩都先看过了。黄佐临看中了那家日本人为自己建成的剧院,就当时的规模来说,相当于姚克代表英国人做经理的兰心剧场。

一天上午,顾仲彝和李健吾、黄佐临三人正式去看剧院。一座地点极好而建筑破旧的影院,叫新中央剧院。靠里的一家,是南昭剧场,房顶被炸弹炸掉了。从这家影院往南进去一条小街,就是那座日本人建成的剧院,叫东和剧场。顾仲彝看了也很满意,同意收回后做学校的实验剧场。

接管后,由社会知名人士组成一个公营影剧院管理委员会,李健吾和黄佐临都是委员。同时给这三个剧场都改了名字,并派专人管理,新中央剧院改名为海光剧院,李健吾任经理;东和剧场改名为胜利剧院,顾仲彝任经理;南昭剧场改名为上海剧院,林圣时、彭振球任经理。三个剧院总盈余的百分之四十,给市立剧校做基金并修复上海剧院。

这样顺利地完成了接管工作,顾毓琇很称赞了顾仲彝一番。至此,可说是一切顺当,就剩下招生开学了。不料,半路杀出一个煞神来,前功尽弃。

这个煞神就是中央文化运动委员会(简称文运会)主任委员张道藩。他来迟了一步,听说顾毓琇、顾仲彝、李健吾、黄佐临等人办了个戏剧专科学校,又接管了虹口三家影剧院,大不高兴。他是中央大员,顾毓琇也惹他不起,为了周旋起见,被迫请客,约顾仲彝和李健吾作陪。在此之前,张道藩已背着他们视察过那三家影剧院。

这些情况,起初李健吾并不知晓。来饭馆的路上还纳闷,不知顾毓琇请客是为了什么。届时一介绍,才知道主客乃张道藩,还有一位张道藩的亲信名叫虞文的。大家都很客气。

"南京已经有了一个国立戏剧专科学校,沪宁如此相近,上海再办一个,不怎么相宜吧。"酒菜摆上,张道藩单刀直入地说。

李健吾默不作声。

顾仲彝是内定的校长,只得委婉地解释了一遍,说沦陷期间从事话剧的人多了,上海是一个大城市了,等等。张道藩只是不听,坚持认为上海不应当再办戏剧专科学校。眼看就要闹僵。真要闹僵了,上海的剧校就办不成了。

"上海办戏剧学校是实验性质嘛。"顾毓琇提示说。

顾仲彝似有所悟,立刻接口说:"是啊,学校是实验性质,就叫上海市立实验戏剧学校吧。"

这样,张道藩才点了头。接下来谈到了胜利剧院暨剧校的实验剧场。

张道藩说:"文运会需要一个演出场所,胜利剧院就正合适。"

顾毓琇、顾仲彝和李健吾都不作声。

张道藩哈哈大笑,说:"就这么定了。"

顾仲彝哑巴吃黄连,一肚子委屈说不出口。这桌酒宴就这样不欢而散了。

作为补偿,张道藩给了顾仲彝、李健吾每人一个南京政府文化委员的头衔。直到"文化大革命"期间审查历史时,李健吾才知道他曾有过这么一个显赫的职务。

胜利剧院被张道藩抢走了,只好将靠里的那家上海剧院作为剧校的实验剧院,顾仲彝任经理。

黄佐临看过那三家影剧院后,再也没过问过公营影剧院管理委员会的事,虽说委员会中还挂着他的名字。

1945年11月,剧校开始招生,12月1日,正式上课。校址即那所日本小学校内的两个楼层。校长顾仲彝,教务主任吴仞之,电影科主任张骏祥,话剧科主任黄佐临,剧院主任李健吾。后来成立研究班,李健吾又转任研究班主任。教师有严工上、师陀、于在春、吴天、姚克等人。

1946年7月,熊佛西来剧校任教。顾毓琇早就有让熊佛西任校长的计划,顾仲彝也有所耳闻,正好顾毓琇要剧校演他的《岳飞》,顾仲彝便以抗议为名,辞职不干。转年2月,熊佛西正式接任校长。这期间先后来剧校任教的,还有欧阳予倩、田汉、洪深、曹禺、陈白尘、朱端钧、赵景深、凤子等。

实验剧校从创办之初,就表现出较浓厚的民主倾向,学生多次外出参加民主爱国运动和进步戏剧活动。上海市政当局对此极为不满。1946年9月,上海市参议会以"节约开支,普及国民教育"为借口,通过了"裁撤剧校,以其校舍改办国民学校"的决议。师生们没有屈服,团结一致,展开一场声势浩大的护校斗争。进步文化界也予以声援,郭沫若、茅盾、田汉等一百七十余位知名人士联名发表了《为上海市立实验戏剧学校裁撤问题告社会人士书》,并发表了致南京政府教育部长朱家骅、上海市长吴国桢的公开信,以示抗议。在强大的社会舆论的压力下,市参议会不得不取消原决议。这一斗争,持续四个月之久,终于取得胜利。在校任教的同时,李健吾还是海光剧院的经理。接管后不久,内弟尤炳圻来到上海,李健吾便将剧院的日常事务委托尤管理。海光剧院在虹口区海宁路上,虽说破旧却小而紧凑。二十年代原名维多利剧院,洪深曾在此演过《西哈倍》。

李健吾办剧院,一心想扶持话剧事业,初办时,曾和十个话剧团签订了演出合同,也还真有一番新气象。后来,时局不靖,物价飞涨,越来越难以维持。就在这样的境况中,还是支持了新中国剧社的演出。

这个剧社是田汉组织,受中共地下党领导的。1947年曾去台湾演出,正赶上"二二八"事件,剧团在动乱中遭受损失。回到上海后,无处落脚,由欧阳予倩向熊佛西讲情,要求在海光剧院演出。李健吾知道这也是生活所迫,慨然允诺,并利用自己在公营影剧院管理委员会任职的方便,为它争到了半年的合同。剧团要购置许多道具,无力解决,上海影剧界的进步人士,曾在海光剧院举行义演,为新中国剧社募集演出资金。曹禺、赵景深、田汉、白杨、周璇等都登台表演或讲话。连张道藩也出席并讲话,还捐了一千万元的法币。

后来剧团每月亏本,电费负担不了,剧院方面颇有怨言,管委会秘书杨某来查账,也在委员会里表示反对。结果勉强维持了半年,李健吾才以期满为借口,得到剧社谅解之后停止演出。①

这期间,剧院的经济压力不断增大。三十几个职工全靠演出的收入维持生活。没办法,只好改为日场放电影,晚上演话剧。原本是无可奈何的事,李健吾去世后,却有人写文章,说当年所以演电影,是"剧院认为演话剧不如放美国电影赚钱,话剧被扼杀了"。明明是时局和剧团自身的原因,却反诬他人,不免有失厚道。

又苦苦撑持了一年,仍无转机,李健吾只得辞去了经理的职务。

编辑《文艺复兴》

> 六时许,到联华,今夜为《文艺复兴》请客也,到者不少,谈得很高兴,此月刊大约下月中可以问世也。

这是郑振铎1945年10月12日《日记》中的一句话。②也是如今所能查找到的,有关《文艺复兴》的最早的记载。

在此之前,即抗战刚刚胜利那些日子,唐弢、柯灵、钱家圭和刘哲民四人就创办了一个综合性的刊物,名为《周报》,由唐弢、柯灵编辑。十六开

---

① 李健吾《实验剧校的诞生》,1982年《戏剧艺术》增刊《上海戏剧学院三十年》。
② 《郑振铎年谱》,陈福康编著,书目文献出版社1988年出版。

本,每周一期。当时上海虽有近二十种综合性刊物,却没有一个文艺性刊物,许多作家只能在综合性的刊物上发表作品。郑振铎认为,偌大的一个中国,竟没有作家的文艺园地,实在不成话。便与唐弢、柯灵商量,要他们在《周报》之外,再发行一个文艺刊物。这几个人尽管感到困难,鉴于郑振铎的一腔热情,又因其在文学界的声望及丰富的编辑经验,还是勉力应允了。郑振铎并提出,若办一个文艺刊物,不妨就叫《文艺复兴》。

这次在华联请客,就是确定办刊物后的第一次聚会。可能就是在这次聚会上,确定了《文艺复兴》的两位主编人选,用李健吾的话说,"闲谈之中,便把编辑的责任落在西谛和我的头上"。①

郑振铎与李健吾均为主编,这个安排,显然是郑振铎的主意。对此,李健吾自己心里是清楚的——

> 出这样一种大型杂志,完全是振铎的主意。他为什么看中了我,可能有这么几个原因:一则是,我在贝公馆(即日本驻沪宪兵司令部)受尽折磨,没有出卖朋友,根本就没提起他和我的交往关系。在日本宪兵萩原大旭审问我怎么样到的暨南大学当教授,我就跳过了他(他是文学院长),说是校长何炳松看到我在《文学季刊》上发表的关于《包法利夫人》的论文,就打电报约我到上海教书的。萩原大旭觉得这话尽情尽理,大概在日本是这样的,也就相信了我的话。二则是由于我思想上有些中间偏右,他为了团结广大的投稿人和读者起见,挑我这个小兄弟来,做他的助手。三则是,他清楚我刘西渭不搞个人主义和小圈子,对任何人、任何事不存私心,可以避免祸根,单从当时的投稿人的姓名上,就可以领会一切。②

再加上一点,就更完全了,那就是郑振铎相信李健吾的编辑水平。

---

① 李健吾《关于〈文艺复兴〉》,1946年《上海文化》第十期。
② 李健吾《关于〈文艺复兴〉》,1982年《新文学史料》第三期。

郑振铎说"下月中当可问世",实际上,创刊号是1946年1月10日出版的。与此同时,钱家圭、刘哲民创建了上海出版公司,《文艺复兴》和《周报》等刊物,就都由出版公司发行。出版公司的经济后台是晋成钱庄。这家钱庄是刘哲民和钱家圭两位经营的。据李健吾说,王辛笛可能通过金城银行有所帮忙。钱庄在河南路五百八十号,出版公司的办公室也就设在那里。

《发刊词》是郑振铎写的。"文字慷慨激昂,从欧洲文艺复兴说起,从晚清说起,从鲁迅说起,有声有色,铿锵有力,是一篇难得的号召文章。"

创刊号刊出的作品,主要有郭绍虞的论文《从文人的思想论到狷性的文人》,辛笛的诗《刈禾女之歌》,巴金的小说《第四病室》(连载),茅盾的短篇小说《一个够程度的人》,杨绛的短篇小说《ROMANESQUE》,钱钟书的短篇小说《猫》,李健吾的剧本《青春》,刘西渭的书评《清明前后》,赵景深的散文《记上海文协成立大会》。

巴金的《第四病室》,原本要连载下去的,因原先与书局有约,不能先行刊载,从第二期起便停载了。刊物的封面,都是李健吾设计的。第一卷用了意大利文艺复兴时期的大画家米开朗琪罗的作品《黎明》,意味着胜利了,人醒了,事业有前途了。第二卷仍是米开朗琪罗的作品,名为《愤怒》,意味着国共谈判破裂了,内战又开始了,流离失所的人民又要辗转沟壑了。第三卷选用了西班牙著名画家高讶的《真理睡醒,妖异出世》,意味着当时上海乃至整个国统区民不聊生,走投无路,一片黑暗的境地。第四卷仅出了两期,选用的是名画《手》。后来出的三个中国文学专号,用的是陈洪绶画的《屈原》。

虽说是个大型文艺月刊,实际的编辑,就是郑振铎和李健吾两人。无所谓编辑部,郑振铎在"庙弄"的家,李健吾在华业大楼的家,还有出版公司的小办公室,都是编辑部。大体的分工,李健吾负责创作,郑振铎负责中国文学理论和文学史一类的稿件。也不一定,有时稿子寄到郑家,有时稿子寄到李家;有时寄到出版公司,便由一位叫阿湛的年轻人,送给他俩看。快付印了,总是李健吾拿上编起的稿子,送往"庙弄",让郑振铎过目。《编后》和《编余》一类的文字,也分别由两人写。郑振铎编的,称《编后》,署"谛";

李健吾编的,称《编余》,署"健"或"健吾"。据此能大致看出这一期刊物是以谁为主编起的。

这个刊物,是当时全国惟一的一个大型文学刊物。所发表的,大都是当时国内著名作家的作品。巴金的《第四病室》停载后,继而连载的是李广田的《引力》和钱钟书的《围城》。在《编余》中,李健吾特意指出,"可喜的是,从第二期起,我们有荣誉连续刊载两部风格不同然而造诣相同的长篇小说,弥补我们的遗憾和读者的怨望。李广田先生的诗和散文,有口皆碑,钱钟书先生学贯中西,载誉士林,他们第一次从事于长篇制作,我们欣喜首先能以向读者介绍"。晚年回忆此事,李健吾仍以刊发《围城》为荣——

> 手里捧着《围城》,不禁感慨系之。这是一部讽刺小说,我是最早有幸读者中的一个。我当时随西谛(郑振铎)编辑《文艺复兴》,刊物以发表这部新《儒林外史》为荣。我在清华大学当西洋文学系助教时,就听说学生中有钱钟书,是个了不起的优等生,但是我忙于安葬十年不得入土的先父,又忙于和朱自清老师一道出国,便放弃了认识这个优等生的意图。我只知道他是本校教授钱基博的儿子,家教甚严。①

上海出版公司是个小型私营企业,支撑这样一个刊物,是很不容易的。一开始就遇上了难题。刊物售价,投资人核算成本,拟定为一千元,郑振铎和李健吾考虑到销路,坚持定为八百元。七折批发,实收五百六十元。每册亏本一百元。就这样,"报摊上讲,许多人问,翻,听说卖八百元,只好叹口气走了。"②

出到第二卷,就有些力不从心了。不久,内战爆发,上海市面上,货币贬值,物价飞腾,刊物愈来愈难以维持。1947年8月1日前的三卷,尚能按期出版,至坏不过是脱期,而这时,简直有点办不下去了。郑振铎鼓励刘哲

---

① 李健吾《重读〈围城〉》,收入《李健吾文学评论集》。
② 李健吾的发言,1946年1月27日《文汇报》星期座谈副刊。

民说:"当前所有的进步刊物,有的被封,有的停刊,只有《文艺复兴》硕果仅存了,一定要坚持下去,这是有政治意义的。"并说,改天可以邀请上海的作家来谈谈,听听他们的意见。

8月19日,由郑振铎、李健吾具名,邀请郭沫若、茅盾、巴金、曹禺、靳以、钱钟书、杨绛、艾芜、臧克家、马宗融、王辛笛、唐弢等人,在晋成钱庄楼上聚餐。饭菜由一家著名的专做闽菜的厨房做好送来。席间,郑振铎说了出版公司及刊物的难处,恳请诸位名家鼎力相助。各位作家都签了名,表示愿与刊物共度时艰。郭沫若慷慨陈词:

"你们就是不发稿费,我们也为你写稿。"

几个文人的努力,终究敌不过无情的时势。这个慷慨激昂的聚会,还是成了"最后的晚餐"。第四卷仅出了两期。销量也由原来的两千挂零,跌到不足两千。1948年9月起,又勉强出了"中国文学研究专号"的上卷和中卷。下卷1949年8月出版,其时上海已解放了。

办刊物,李健吾不光重视名家的稿件,也注意培养文学新人。当时在致远中学教书的汪曾祺,就是在《文艺复兴》上接连发表数篇小说,引起文学界注目的。唐湜成为书评家,也是在《文艺复兴》上起步的。他的文笔酷肖李健吾,声言曾有意揣摩过李健吾的风格。还有在编辑部工作的阿湛,平日也写小说,李健吾总是细心给予指点,有时也予以刊发。正是李健吾的提携,阿湛成了与汪曾祺齐名的青年作家。这样一个很有才华,也很有前途的青年作家,解放后被打为极右派,送往青海劳动改造,惨死在那里。晚年,想到阿湛的不幸,李健吾感慨不已——

想着汪曾祺,再想想阿湛,一样从《文艺复兴》迈步,两样结局,假如你能读到《文艺复兴》,能不为这位奋发有为的落魄的小说家叫屈?想到这里,我不禁为之怅然者久之。

……死的最可怜的,莫过于阿湛,戴着一顶极右派的帽子,远死在青海,孤零零一个人,这初出犊儿的小说作者就这样无声无息地夭折了,命也夫!多有希望的一位年轻人!谁能断言他今天不会成为另一个汪曾祺呢？①

办刊期间，李健吾并未放弃翻译与创作，他的出手之快，甚是惊人。诗剧《浦罗米修斯被绑》，是本近十万字的书，他译好后让王延龄誊抄。王当时在《文艺复兴》编辑部帮忙，算是他的助手。整整誊抄十天。王猜想李健吾翻译此剧起码也得两个月吧。问李究竟用了多少时间，李健吾微笑着伸出一个指头：一个星期！②

奔走呼号

有抗战前的声望，有抗战中的业绩，更有抗战后的各种头衔，这一时期，李健吾成了大忙人，办剧校，办剧院，编刊物，写文章，还经常出席各类座谈会，为文化事业奔走呼号。他也真有精神，拖着一根文明棍，频频出现在各个报刊的座谈会上，有时去不了，就写出书面发言。

《文汇报》复刊后，经常组织专题性的"星期座谈会"。凡文化方面的，李健吾总是积极参与。1946年1月25日的第四次座谈会，是杂志编辑人座谈会，在广西路蜀腴川菜馆进行，到会者有《民主》的许广平，《周报》的唐弢，《文坛》的魏金枝，《中学生》的徐调孚，《文艺春秋》的范泉等十四家刊物的主编。李健吾未去，事后送去了书面意见，表示再困难，也要将《文艺复兴》办下去。"至于我本人，决不罢工，我担心投资人会立即加以接受也。那就糟透了，糟到不可收拾。"由此引申开来，他说，写作这事，当作职业，对作家不见得是好事，"因为当成职业作家之后，生活的圈子就收缩了，写时除了提用已有的见闻题材之外，不能再去发现新的东西，因而只能使他在短短的时期内增加新作品的产量。拉长了看，反而是缩短了他的写作生命。现在我们应使能写作的人分布在各种行业里。要他们临时写作而不是要

---

① 李健吾《关于〈文艺复兴〉》，1982年《新文学史料》第三期。阿湛，本名王湛贤。
② 王延龄《李健吾译书》，1997年《书城》杂志第一期。

他们脱离已有职业。这样由于生活接触的范围广泛,新鲜的题材也就能不断地被发现,写作的源泉也就永也不会枯竭,作品的整体,也就更充实,更能反映现实。而作者的写作寿命也就能延长。"①

抗战胜利后,因为美国电影的冲击,上海的话剧运动本来就步履维艰,不料市政当局宣布,从1946年2月1日起,"娱乐捐"将增加到百分之六十。话剧属娱乐活动,若照此税率征税,必将置话剧运动于死地。一时间舆论大哗,各报刊或发表文章,或组织座谈,大张挞伐。1月31日,文汇报社《星期座谈》专栏,假座五马路航运公司会议室,组织话剧界知名人士座谈,主题为"捐税苛重是剧运致命伤"。

这次座谈会,李健吾出席了,同时出席的有宋之的、吴楚生、吴仞之、舒湮、唐纳、王家齐、陈西禾、石华父。提出书面意见的是张骏祥、顾仲彝、葛一虹。2月10日的《星期座谈》第五期上刊出了发言的记录。李健吾在说明征税畸重不利话剧事业的发展后,又揭露了影剧院接收中的弊端。②

到了5月间,市政当局不得不接受话剧界和舆论界的抗议,将话剧的娱乐捐减至百分之二十。

同年6月17日,上海文化杂志社举办"战时战后文艺检讨座谈会",到会者有郭沫若、郑振铎、夏衍、李健吾、赵景深、萧乾、江禄煜、郭天闻、孙德镇。人虽不多,可分为两类,一类是抗战期间在大后方的文化人,一类是在沦陷区的文化人,也有的是先在沦陷区,后来又到了后方,如赵景深。独有萧乾是刚从国外回来。各人就自己所见所闻,谈了战时战后的感受。除过出逃的两个月外,整个抗战期间,李健吾都在上海,故对战时上海文艺界的情形知之甚详。在发言中,他谈了一个奇怪的现象,也为其时话剧的商业化做了辩护——

---

① 1946年1月27日《文汇报》星期座谈副刊。
② 1946年2月10日《文汇报》星期座谈副刊。

当时剧本的出版是无须审查的,演出才须审查。说来也很好笑,到了抗战的后期,许多汉奸鉴于局势不同,竟有以投资演出富于正义感的话剧电影,来谋赎罪的投机观念。所以,有许多戏,原来不与敌伪勾结的人不敢演出,很多倒是由汉奸支持而演出的。

因此,在沦陷期间,其他文艺部门充满了汉奸气息,惟有话剧倒很多值得一看的。在抗战初时,成绩最佳的当推上海剧艺社,至太平洋战争发生始停顿。此后,该剧社由"主流"转而为"暗流",上海的剧运一时暂趋沉寂。稍后,黄金荣氏的令孙黄伟,颇有兴趣于话剧,希望把剧人仍集中起来;当时托韩非来和我谈起,我极表赞同,即与佐临、朱端钧等一起参加。一切都商业化,我们都作为剧团的雇员。当时内地有人指摘我们流于商业化了,但是,沦陷区中的剧团若不商业化而政治化,只有与敌伪汉奸勾结"政治化"了。①

10月间,《上海文化》月刊举办《上海杂志界的申诉》笔谈会,李健吾写了《关于〈文艺复兴〉》。

1947年1月16日,文汇报社举办第五十四期星期座谈,到会者有凤子、李健吾、吴仞之、俞颉、梅朵、王戎、陈白尘、吴天、吴祖光、刘厚生。座谈的主题是当前话剧运动的处境。李健吾作了长篇发言。他认为,就过去一年来说,话剧确实是失败的。一半的原因在社会,如政治、经济等条件的恶劣,另一半,更主要的原因,还在话剧工作者身上。剧作者为什么写不出剧本呢,他认为是剧作者的理想太多,过分好高骛远,一心只想写伟大的作品,不屑面对现实,先抓小东西来写小作品。许多话剧工作者常说"拼到底",以此表示献身话剧事业的决心,他也不以为然,说这也是打败仗心理的表现。要知道拼到底,底就是死,好像前面只有死路一条,我们只得勇敢地走这条死路。这是消极的奋斗。我们还是要以欣欣向荣的快乐劲儿去争取我们的生存。今天的问题是怎样争取生存,而不是

---

① 1946年《上海文化》第六期。

如何拼死。①

2月23日,文汇报社举办第五十六期星期座谈,主题为"被扼杀被摧残的文化"。李健吾出席并讲话,同时出席的有郑振铎、邓初民、胡风、潘梓年、翦伯赞、洪深、田汉、周建人、胡绳等各界知名人士。

这期间,李健吾还利用自己主编《戏》周刊的机会,为戏剧事业呼吁。

《戏》周刊是《前线日报》上的一个副刊,从1945年11月17日创刊起,李健吾连续主编了五期。在第五期上,李健吾写文章推荐洪深的剧本《鹤顶红》,同时发表了方英的文章《两出坏戏:〈野玫瑰〉和〈黄鹤楼〉》。其中说——

> 《野玫瑰》这个剧本几乎成为陈铨教授的一块心病。人人指摘他在抄袭《这不过是春天》,十多年前的一个老剧本,流传相当广远。他把北伐换成抗日的背景,警察厅长换成伪政委会主席,却又丝毫没有身份,却又一嘴汉奸的特殊理论,特殊,因为完全出于陈铨教授的臆造……《这不过是春天》的作者是李健吾,好笑的是他俩是同学,彼此是都相识。

这腔调,怎么看都像是李健吾的。

《前线日报》是国民党的报纸,陈铨是国民党的剧作家,正走红,或许就是因为发表了这篇文章,李健吾不能再编《戏》周刊了。从第六期起,改由吴天主编。

与石挥的争论

1946年5月,对李健吾来说是一个多事的月份。他那支善于驳难的笔,几乎就没有停歇。先是跟石挥就演员的待遇与地位问题争论,接着又

---

① 1947年2月9日《文汇报》星期座谈副刊。

就戏剧大众化的道路与田汉商讨。

先看与石挥的争论。

话剧业的积习或者说是传统,加上眼下的不景气,直接影响到演员的声誉与生计。在4月下旬出版的一期《周报》上,有"话剧皇帝"之称的青年演员石挥,发表《话剧演员的地位和待遇问题》一文,为演员的权益呼吁,准确点说是抗议。在这篇怒气冲冲的文章中,一上来就劈头盖脸地质问——

> 演员是不是人?是不是有他自己的存在?
> 演员是不是有他自己的人格?
> 在演出中,他自己是不是也有他自己的创造?
> 演员是不是也同一般从事艺术工作者一样可能被承认为艺术家?
> 那么演员应该有什么地位?
> 演员在一个戏的演出中,应该占什么地位?
> 演员的演技在整个演出艺术成就上应该占个什么地位?
> 演员的修养与人格在社会上又应该占个什么地位呢?

接下来一宗一件地申诉话剧演员的悲惨境遇:我们在舞台上已经冒寒忍暑工作了多少年了,我们对演戏工作的热诚与爱好使我们从来就不想到"我所有的贡献给了她,但她又给了我什么"?于是被家庭赶出来的流浪公子,为演戏而丢弃家庭地位的千金小姐,这些年来我们把我们一生最最最可珍贵的岁月交给了"演戏",我们并没有得到什么报酬呀!甚至连家庭的谅解社会的同情与地位都没有,我们又是为了什么呢?演剧运动!这一切铺垫,都是为了提出一个最为实质性的问题:为什么演员就应该这么苦,而编剧导演倒抽去百分之若干的税。这是一篇长文。最后说,这并不是他一己的私愤,而是代表了一大批演员的心声。"老友蓝马自重庆来,首先谈到这个问题,苦干同人更具体的谈了几次,乔奇、白穆、韩非诸兄也略谈过,大家都感慨自悲而气愤,可是这不是感慨气愤就能解决的问题,今天我综合地提出来,让大家来研究讨论,我们愿意接受任何人的意见。"①

石挥的抗议显然是有所指的。

李健吾坐不住了。石挥1940年到上海后,无论孤岛时期还是沦陷时期,长期与李健吾共事,多次在李健吾的剧作中扮演角色,如《金小玉》中的王士琦,《乱世英雄》(《王德明》)中的王德明。虽说李健吾也参与演出,但他的主要身份都是上演人暨编剧,心安得理地拿上演税,从未有人提出异议。怎会料到,在他眼皮下成长起来的石挥,竟率先发难。在随后出版的一期《周报》上,李健吾写了《与石挥书》。跟石挥的怒气冲冲不同,他是以一个长者的身份来劝导的,一起首便说明自己的态度——

> 读到你在《周报》发表的文字,那为演员的待遇和地位而呼吁抗议的文字,我觉得石挥这孩子可爱,也究竟会写,说出弟兄们的惶惑,谦虚而有分量,委婉而有情理,深深触到我两三年来闷在心里的一点观感。我是一个从演戏演出来的小伙子,大概我十六七岁在北平走红的时候,你还不清楚爱美戏剧运动是一个什么东西。二十年来,我没有法子戒我这个瘾,咱哥儿俩同过台就是一个证明,上海的演员我几乎很少没有配过戏。所以,我如今回应你的文章来写文章,一大半是站在你的立场的。②

然后他说,话剧的前途虽说无限光明,但有些风气叫他看了头疼。政治、经济、教育和社会所赐予的厄难,远在话剧内部的不合理的纠纷之上。石挥所提出的这个问题,只有在话剧职业化之后才能解决。从话剧的传统上说,它与辛亥革命不前不后,一同在中国落地。这个光荣的起始,暗示了一个光荣的使命,直到如今,而且永远为革命服役。又由自己从事话剧的经历,谈到在上海剧艺社时期,"演职员的待遇是平等的,我做演出主任同

---

① 石挥《话剧演员的地位和待遇问题》,1946年4月27日《周报》第三十四期。文中"苦干同人"指苦干剧团的同事。
② 李健吾《与石挥书》,1946年5月4日《周报》第三十五期。

时演戏,待遇大概并不比韩非、英子、黛云他们多。大概是从荣伟剧团起,演员开始有了高低的等级,也渐渐有了拉角儿的风气。"

说了这么多,他还是要为上演人抽上演税,导演抽导演税辩护的。其理由是,话剧"是我们文化运动的一个最活跃的部门,所谓文化运动,是起于几个觉醒的人,所谓知识分子是也。这就是为什么,领导话剧运动的一直是前进的文艺之士。他们是属于少数的。他们以坚强的意志,卓越的学识,此伏彼起把话剧弄成了今天的热闹场面。社会上第一眼看见的是他们,他们是灵魂,也是旗帜,不仅演员,就是投资话剧的商人,也跟着演员喊他们先生。话剧如今虽说走上了商业的道路,依然活在他们的掌心"。

而上演税高于导演税,在李健吾看来,也是理所当然的。"中国的话剧传统,它是文学的,所谓少数先觉者都是文学之士,文艺这个名词说到最后乃是相当狭义的,尊敬剧作人心理,不算剧作本身,就是这个文学传统的结果,演员称呼他们'先生',商人更不敢不称呼他们'先生'。所以,他们有优势为自身争取权益(他们大都是生活上没有保障的危险分子,在常人心目之中,他们远比演员危险,政治上有了问题,总是剧作人先受迫害),上演税高于导演税……最有才能的应当挣钱最多。"

李健吾倨傲的态度,教训的口吻,激怒了石挥。在月余后的一期《周报》上,石挥写了《复李健吾先生》一文,痛加驳斥。

石挥出生于1915年,比李健吾小九岁。对李健吾称他为"孩子",先就有些不高兴。"您看得起我,说觉得我这个'孩子'可爱,我心里透着一股子美劲儿,其实细想想,我的脸蛋儿,曲线,年纪,个头儿真是没一星可爱之处,你要爱的该是我提出这个问题的出发点,我的出发点是可爱的,打死我我也是这么说。"

对李健吾所说,话剧的传统是文学的,少数先觉者都是文学之士,演员的创造仅止于表达,剧作人比演员危险等,石挥更是不服气,反驳道——

这段话,您太抬高了剧作人,也太贬低了演员,您没有称一称他们相互间必然"相等"的重要性。"少数先觉者都是文学之士"里边包括着演员，因为"演剧艺术"虽然不专属于文学，而它有文学的成分在，彻底的话，仅只"文学"是不能育成一个完美的演剧艺术的，他一样要有剧作人和导演的"全副人生知识作基础"，此外他还要有剧作人与导演所不必要有的"表演技能"。您说"演员的创造止于传达，他的艺术性能是解释的，不属于独立创造"，如果您不否认刘宝全和杨小楼的演艺价值的话，我就不必要再有更多的解释了。

您喜欢演戏，可是您怎么不喜欢拉黄包车？正是因为演戏本身有您醉心的"文学"这个宝贝在。①

李健吾不是说，因为剧作人的重要作用，演员称他们为"先生"，连商人也跟着称他们为"先生"吗，石挥讥讽道：商人称剧作人为"先生"，商人也称演员为"先生"，这是"人敬人"的一种正常现象，不见得剧作人称商人为"儿子"吧。

公允地说，李健吾的看法是偏狭的。即使有那个意思，话也不该那么说。他所激怒的，不是一个石挥，而是一个强大的演员群体。他没有再反驳，他应该后悔自己的孟浪。

与田汉的商讨

这回不再那么倨傲。对方是一位从大后方归来的大人物。

1946年5月初，田汉从重庆回到阔别九年的上海。上海戏剧界同行，对这位中国话剧运动旗手的到来，表示热烈的欢迎。《文汇报》曾发表专题文章《欢迎田汉先生》。

5月8日，李健吾致书田汉，就戏剧艺术大众化问题，向这位大后方归来的戏剧家提出建议。对李健吾来说，这是难得的一次屈尊求教。他的谦恭，出于至诚，彬彬有礼，如同一位讨教的后学。他建议，旧剧改革应遵循

---

① 石挥《复李健吾先生》，1946年6月29日《周报》第四十三期。

两个路线,一是文人路线,一是音乐家路线,前者在制词,后者在谱曲,文人给旧剧以新的思想内容,音乐家赋以相应的新的音乐形式,而眼下则应先从音乐入手。非一时之感兴,乃是他多年来思索的结晶——

> 往年在巴黎读书,偶和程砚秋先生相值,他提出改良平剧这个问题来和同学们讨论。我说了一番迂论,一番书生之见的呆话。我不妨再向先生烦渎一次。我这样说:改良平剧实际应当先从音乐入手,这才是一了百了的办法,平剧的致命伤乃在音乐失却了创造力,没有新调新谱出来,永远在老戏(原来是新的)之中兜圈子,等于生命停滞。唱些什么是重要的,但是怎么唱似乎更其重要,因为这是它本身艺术存亡的关口。当然,中国乐器的简单先就限制了音乐的繁复的适应。不过改良中国乐器,又要根据中国音乐本身的需要和乐理使用。是人驾驭乐器,不是乐器驾驭人。这不容易。第一要真懂,懂中国音乐,懂外国音乐,然后第一的第一,他还得生来就是一个天才。有这样一位天才。平剧(应当称作歌剧)就复兴了,就又活了,不然的话,有一天平剧摹仿话剧会成为一个四不像的。①

对隐隐有沦陷区"剧坛盟主"之称的李健吾的来信,田汉自然不会怠慢。

5月13日下午,上海戏剧界在光华剧院聚会欢迎田汉的归来,田汉在会上发表了讲话。李健吾出席。交谈中,田汉曾回答了李健吾信中的一些问题。这是两位大戏剧家的第一次会面。

5月14日,田汉写了复信,长达八千余字。这不是一封普通的信,可说是他对旧戏改革的纲领。

信中,先叙述了对李健吾久仰的情愫,说于伶夫妇辗转到桂林时,曾对他娓娓谈到过李健吾及其他在敌后战斗的戏剧工作者的名字,让他耳熟而

---

① 《李健吾致田汉信》,1946年5月25日《周报》第三十八期。

神往。他所领导的新中国剧社曾拟演出李健吾的剧作《黄花》,后因太平洋战争爆发而作罢。在昆明时,曾读到李健吾发表在《大公报》上的一篇散文,里面写道,那位日本宪兵曾低声说田汉正在取道往上海来。其实他当时一点也没有到上海来的打算。此番初到上海,李健吾移樽就教,那么谦虚,那么恳切,他感念不已,觉得不应当辜负李先生的期待,也不应当放弃这个就教李先生和许多朋友们的机会。

然而,对李健吾满怀希望提出的旧戏改革的建议,田汉是不以为然的。他认为思想内容和艺术形式不能分开,就改革而言,应当先从思想内容入手。田汉的话语全然一副革命剧作家的口气——

> 照我们的见解,新的思想内容真能与旧有的形式揉和混合,是会使那形式起质的变化的。再若把新的形式适当地渗透到旧形式里面,更可使旧剧的艺术形式丰富广阔成为新内容的优秀的容器。改革旧剧的内容使适合现代需要是我们的政治任务,由此而创造戏剧的民族形式是我们的文化任务。这一改革真是"兹事体大",绝不是文人们一厢情愿的片面的尝试可以完成的。当然有待于文人与音乐家及其他艺术工作者集体的努力。①

在纵论了旧剧改革的种种理论之后,田汉提出了十七条具体措施或设想。

到第二年春天,田汉领导的新中国剧社从台湾归来,通过熊佛西的关系,经李健吾的斡旋,取得演出合同,在海光剧院长期演出。后来因剧院也难以维持,合同期满后,李健吾不得不婉拒续演。革命讲的是牺牲,他缺乏这种精神。这一事件,怕也给李健吾与田汉后来的关系添上一层阴影。

从与石挥的争论到与田汉的商讨,李健吾日后的处境,多少已露出一些端倪。正在风头上,眼下他浑然不觉,得等到《女人与和平》演出后的那

---

① 《剧艺大众化的道路——田汉致李健吾信》,1946年5月25日《周报》第三十八期。

一场大论战,他才能意识到那难以逆转的窘况。

旁 敲 侧 击

从1946年5月1日起,到第二年9月,一年多的时间,李健吾作为特约撰稿人,在《铁报》上开辟《旁敲侧击》专栏,署名法眼。位置多在头版左下角,有时也在报头之下的右上角。这家报纸是国民党上海市党部主任委员吴绍澍主办的,具体负责人是宣传处长毛子佩,属复兴社系统的报纸。辞去编审科长后,李健吾与吴绍澍的关系断绝了,与毛子佩的关系却通过《铁报》又延续下来。

这些文章,没有标题,栏名即题名。每天一篇,每篇仅三百字左右。并非一整篇文章,而是由两三则或四五则不等的言论组成,每条前用"△"号标出。时间长,总计在十万字左右。在李健吾的作品中,可说是一个极为特殊的门类。从中不难看出他在这一时期的政治态度与思想感情。解放后这些文字从未披露,就是李健吾本人,在公开发表的文章中,也从不提及。

5月1日即《旁敲侧击》专栏的首篇,仅两则——

△谁说人民不懂得"民主"?"市参议员完成普选","民主"眼看就要来了。怎样一个来法?"警察保卫团戒备下"。不单"戒备",而且"戒备森严"。候选人之中有一位王先青先生,据说他曾经当众自称"民主是不是真理,还要研究",想来如今在戒备森严之下,应该有所心得了。至于笔者,在"戒备"圈外,对于"民主"式的"普选",犹在埋头"研究"之中。

△警察局因为警士少,于警官(参阅临时参议会的质问记录)如今开始招考了。警力既然单薄,为了考场均安全起见,似有请保卫团派员保护的必要。这样一来,市民明白保卫团的重要性,不久,财政局在捐税单后注明加收保卫团的制服费立时就乐于输将了。

5月6日,亦为两则——

　　△每一个汉奸在受审时都说自己"两袖清风,一贫如洗",当然是"放屁,放屁"。不过,解到监牢,法庭当然未曾见到财产,有所声明,也是人所周闻。近来逆产想是有了下落,不然的话,那宣判中"除留给其家属必须生活费用外,其余均没收充公"一语,将如何交代?或曰,交代在最先捉汉奸之人。

　　△曾经沦陷的民间,最近有一成语很是流行:"人心思汉",今之为政者,亦有所警觉否?或曰,小民无知,胡说霸道,置之可也。

5月7日,为五则——

　　△凯旋了,可喜可贺。那红红的是什么颜色?吃了八年苦的老百姓和打了八年仗的弟兄们又在流血,那响亮的是什么声音?是冲锋的军号,是催战的战鼓。那中间又是什么人在欢呼?是发过了抗战财又发胜利财的官商合唱队。他们在欢迎内战,准备再发一次内战财。

　　△凯旋了,成千上万的老百姓回不了家。从五月起,火车涨价了,轮船涨价了,没有一样东西不涨价,就是一封平安信也寄不起了。

　　△凯旋了,老百姓饿得树皮也啃不动了。

　　△一无事事的国大代表白吃白喝,"吃住交通,筹委会仍与供应",谁也发发慈悲,送送那些不为名不为利八年来随政府流亡的老百姓?

　　△凯旋了,老百姓的代表和统治者,可喜可贺。

　　写专栏之外,也写点性质大体相近的单篇文字,比如1946年4月,《铁报》另辟有专栏《二十年目睹之怪现状》,李健吾就写了一篇,讽刺阎锡山留用日本军队。全文平平,只是开首的三两段,简述自己的籍贯,可以让我们想见他是一个怎样的山西人——

朋友们一来就问我是哪一省人,弄戏的朋友们都指我是北平人,许多人都当我是江南人自幼寄居在北平。昨天晚饭就有一个朋友猜错了我的故乡。等他听说我的原籍是山西,笑了,说:"你是老西儿,太想不到了。"

我回了他一句:"老西儿都不知道我是老西儿,你当然更要想不到了。"

所以,我虽然自幼在外,丢掉山西人特有的土相,我是山西人,道地不假。

因《铁报》的政治背景之故,解放后,对这些文字,有关方面作政治审查时,认定"政治上仍属反动"。李健吾亦同意。①看看这些文字的内容,就不难明白,是怎样的一种反动。为《铁报》写文章是一事,写什么文章又是一事,当分别论处。再则,判断是非,对人对己当用同一尺度。若在反动报刊上发表文章即为反动,那么在革命报刊上发表文章必是革命。诚若是,则解放后历次政治运动中批判的那些"毒草"文章,仅凭这一条就不成其为"毒草",对它们的批判岂不成了自批其颊。

未酬的心志

"以至在二十五年之后,某出版社要出版他的旧作时,李健吾竟弄不清自己被批判过的《咀华集》究竟出过几种。"这是李健吾的研究生李清安,在为业师写的一篇传略性的文章中说过的话。

二十五年的计算,是从1957年至1982年,那么这家出版社就是宁夏人民出版社,所出的旧作即《李健吾文学评论选》。既要出评论汇集,当然就得弄清《咀华集》出过几种了。

---

① 见李健吾档案材料,中国社科院档案局存。

《咀华集》与《咀华二集》是出了的。弄不清的是,"咀华三集"即《咀华记余》出过书没有。连李健吾的女儿李维永,在整理乃父的著作时,也疑心出过一本《咀华记余》。

现在可以说,没有出过,但写过;想写成一本书,却没有写完。

这便是抗战胜利后,以《咀华记余》为总题写的一组文章。

1945年8月18日,《文汇报》复刊,9月6日该报《世纪风》副刊复刊,仍由柯灵编辑。第二天,《世纪风》上便发表了李健吾的《咀华记余》,这是一篇不足千字的短文,其中说,"于是记众人之余,以补自己的不足,灯呀,全仗你微弱的光给我照亮了",可视为将要写作的连载文章的序言。奇怪的是,落款为"三十三年",莫非前一年就写出来了?李健吾有在笔记本随时记下一些感想的习惯,若非笔误,那就是这种情况。

9月10日刊出第二篇,正题仍为《咀华记余》,却有了篇名《刘西渭是我的仇敌》。全文不足千字,表明自己的批评态度,为下一步评骘作品,进而臧否人物廓清翳障——

刘西渭相信自己是一个心平气和的读书人,他拿公平来酬报字句的分量。愉快是他的心情,他不计较时间的损失,——光阴一去不复返,还有比这更大的损失?他愿意做人人的畏友,假如不能做人人的好友。他希望自己有所服役于自己宝爱的理想,不徇私,因而有所效劳于私。

一九一八年,司汤达Stendhal由米兰写信给他的老友,讥讪当时法兰西文坛的风气:"这个人不和我的意见一致:所以是一个蠢货。他批评我的书,所以是我的仇敌。他是我的仇敌,所以是一个坏蛋,一个小偷,一个杀人犯,一匹驴,一个骗子,一个土匪,一个恶棍,等等,等等,等等,等等。"

万一无意之中伤了什么人的尊严或者虚荣,刘西渭自己不至于得到那样一串动物的名称;大方些,饶恕他的冒昧,因为过失原本含在各自作品的本身。郝辣斯的警告是太值得听取了:

"你发表的东西你永远不能毁坏,
你说出去的话你永远收不回来。"

果然,接下来的一篇,正题仍是《咀华记余》,篇名为《无题》,就恣肆汪洋,无遮无拦,一口气批评了七位女作家艺术上的得失。看看这些名字吧,丁玲、凌叔华、林徽因(音)、萧红、冰心、庐隐、杨绛,就可想见李健吾当时是多么的自信自负了。而立论的大胆与超卓,足令文坛人士惊骇。

在现代中国妇女里面,有四个人曾经以她们的作品让李健吾心折。他不想把她们看作流行的"女作家",因为侮辱她们,等于伤害他的敬意。她们好像四种风,从四个方面吹来,从不同的社会角落出来,传统不同,环境各别,因而反应和影响也就不能趋于一致,有时候也许完全相反。具体地说——

一位是从旧礼教里冲出来的丁玲,绮丽的命运挽着她的热情永远在向前跑;一位是温文尔雅的凌叔华,像传教士一样宝爱她的女儿,像传教士一样说故事给女儿听;一位是时时刻刻被才情出卖的林徽因,好像一切的历史性的多才多艺的佳人,薄命把她的热情打入冷宫;最后一位最可怜,好像一个嫩芽,有希望长成一棵大树,但是虫咬了根,一直就在挣扎之中过活,我说的是已经证实死了的萧红。①

无意做细致的分析,每人都值得奉上一篇专论。令李健吾钦佩的是,这四位女作家,都在最初的创作中,就显现出一种力量,从自我生发出一种真挚而又广大的品德,将特殊的新颖的喜悦带给读者。却不是没有差异。最像一位典雅的中国人的是凌叔华,然而最伟大的却是丁玲。萧红的前途没有穷尽,林徽因的聪明和高傲隔绝了她和一般人的距离。附带说句,李健吾对林徽因一直是很敬重的,曾写过专文赞颂林的小说《九十九度中》,

---

① 刘西渭《无题》,1945年9月12日《文汇报》世纪风副刊。

这里所以不客气地指出了林的缺憾，一个可作猜度却未必准确的原因是，其时战乱刚刚结束，消息阻塞，传说林在大后方死于肺痨。前文中用"薄命"一词可证。少了顾忌，也就多了畅达。

早在十年前，写过一篇专论萧军（田军）的文章，李健吾总觉得怠慢了萧红，在这里特意将萧红与萧军做了比较："萧红的才分远在她的同伴萧军之上，你不要想在《八月的乡村》寻到十句有生命的词句，但是你会在《生死场》发见一片清丽的生涩的然而富有想象力的文字。"不是一时的冲动，前一年六月间所写《小蓝本子》一文中，李健吾就责备自己当年持论的不公——

> 真正属于自己灵性的纯高的活动的，大都是读书或者思维的记录。关于《八月的乡村》那些笔记，其实不足珍惜，我早已写成文章，在《大公报》发表，收在被敌伪没收的《咀华二集》里面。假如有什么值得可惜的话，应当是给人家看的文章有些文饰，给自己看的笔记就比较赤裸裸了。《八月的乡村》实在不如《生死场》，然而先到我的笔锋下面的不是萧红，未免不大公道。其后听说萧红死了，心里有所憾然，也觉得抱歉。当着好作品而沉默，站在文艺批评的立场看，近似一种道德上的懦怯行为。①

作为与前四人的比较，李健吾毫不客气地评价了更早成名的冰心与庐隐。其立论真可说是振聋发聩。这两位女作家的作品，在李健吾年轻时，都曾给他留下相当的印象，尤其是冰心的《寄小读者》。但是，如今年纪大了，他发现她们的作品缺乏什么东西让他心折。他认识她们，觉得她们的面貌在相当程度上，可以说明她们的性格及作品的风格。比如冰心，仿佛平静的湖水，清浅，平静，没有经过山的险巇，也就没有山的气势，可以让你休歇片刻，然而不能让你惊奇或者深思。浅显是她的特征，浅显是她的生

---

① 李健吾《小蓝本子》，收入《切梦刀》。

活。比冰心稍后成名而早亡的庐隐,也是同样的浅显。她们全拿自己做中心。不同处在于,冰心以基督徒的信仰完成自己的感情,庐隐则孤雁一样无依无靠,在酒和眼泪里面讨生活,狂乱,把感情当作思想,把颓废看作正常。社会的存在只是为了她的折磨,这样她便成了自己每部小说的主人公。

这浅显的缺憾,深层里说,是因为她们不像男子的接触浩广,加以本质往往狭隘,传统又时时勒制,无论哀矜如庐隐,还是幸福如冰心,自我就成了她们创作的惟一的根据。尊崇自我并无过错,错在她们仅仅停留在自我的表面,从来不曾汲取其中深邃的灵魂。说到底,还是没有能够认识自我。

李健吾对庐隐是相当熟悉的。1928年,当庐隐与李唯建相恋并同居时,李唯建是清华大学外国文学系二年级的学生,与李健吾同班且曾同住一个宿舍。好多次,李唯建将他拖到校外的野地,在圆明园的废墟上坐下,将庐隐的种种分析给他听。记得最让李唯建惊异的是,庐隐竟能一面和客人应酬对答,一面挥笔成文,并不感到妨害。

回首往事,李健吾只能感叹:她有才情,但是,多容易,多不郑重自己的才情!

李健吾说他十年前曾说过一句冒失话:多产的庐隐没有给自己留下一行永生的句子。此番重提,虽未加品评,看得出来,他对自己的不幸而言中是颇为自得的。

提出冰心和庐隐,是为了与丁玲、凌叔华、林徽因、萧红做对比,这四位之外,李健吾"庆幸自己犹如任何人,又看见一位能文善写的女子。那就是以写喜剧在最近知名的杨绛。她的成就值得我另写一篇文章分析。她的嘴角永远透出一丝会心的微笑,让你明了她的谦虚,然而健康的心灵会还生命一个真实"。

这里又做了个许诺,看样子他要将《咀华记余》写下去了,紧接着而来的社会活动(成立中华文艺界协会上海分会)打断了他既定的安排,直到1946年8月16日,才发表了一篇《咀华记余》,此后再也没有以这个名目写过文章。《咀华记余》的惯例,一如《咀华集》和《咀华二集》,一是评中国作家的作品,二是署名刘西渭,依此寻找,则这一时期发表的《方达生》和《从生命到字,从字到诗》①,应当视作《咀华记余》里的篇章。稍有乖离的是,前者的着重点在分析舞台演出,而不是剧本中人物形象的塑造,后者仅泛论诗歌创作的规律而未涉及具体的诗人。

在《女人与和平》的演出,受到楼适夷等左派文化人的批判后,又以刘西渭的笔名写了一批文章,可惜全是评介外国戏剧,未曾涉及中国作家与作品。

再写一本《咀华集》,这个雄心勃勃的计划有头无尾,也就不可能出书。

《和平颂》引发的不和平

1946年12月初的一天,李健吾正在伏案写作。他在将阿里斯托芬的闹剧《妇女公民大会》改编为《和平颂》。阿里斯托芬是古希腊伟大的戏剧家,这个剧本他早就读过。这次改编,他在戏里增加了一个原作中没有的人物,一位可笑的皮鞋匠。

正在写着,儿子维楠,忽然发神经似的跑到他旁边,笑着问:"爸爸,你说还会打仗吗?"一时间,他瞠目不知所对。

孩子神秘地若有所知地说:"会打的。日本工厂开工了。"然后跳蹿着走开了。

他正在想戏,一下子叫搅得啼笑皆非,比他笔下的皮鞋匠还要尴尬。这可怜的孩子,大概是在课堂上听老师讲起,才这样若有所得地来说给他听。

怨不得孩子,也怨不得老师,报上就常常有将要打仗的消息。一想到时局,李健吾有些气愤了,他真想问问那些正人君人们,让他们替他回答孩子的这个简单的问题。他实在没有口才让一个天真无邪的孩子相

---

① 《方达生》,1946年7月2日《文汇报》世纪风副刊;《从生命到字,从字到诗》,1948年7月《中国新诗》第二集。

信,在那样悠长地忍受了长期的祸殃之后,中国人和中国人眼下正在拼命,正在打仗,正在没有理性地厮杀。为什么?把你们的理由全部搬出来,抹上粉,搽上胭脂,尽可能往好里打扮,只要能够叫我的小孩子明白中国人和中国人打也是应当的,甚至于是好玩的。你们全有理,但是当着我的八岁小孩子,我不敢说你们能够把理说得明白透彻,叫他听了一下子就懂,犹如任何人问他:"中国人应当不应当恨日本人?"他毫不迟疑就答:"应当。"

李健吾知道,谁也不会理睬他的责问。

他怨,他恨,他是个老实人,没有许多借口,美丽而动听,为他粉饰现实的残酷。他是学艺的,曾诚心诚意地入山拜师,就是如今,有人说他"为艺术而艺术",也从来不肯辩解。他学的不是广告术,难以天天把自己油漆成招牌。艺术不是逃避。健康的艺术永远正视人生。无论你怎么说,这个世界多么需要安宁,需要和平。

带着这一腔的义愤与企盼,李健吾写完了他的《和平颂》。①

所以写这个剧本,还有另一个原因。观众演出公司因为没有好的剧本上演,已欠下几千亿元的巨债,而辣斐剧院也冷清了好长时间,朋友们都劝他写一个上座的剧本,以挽回公司和剧院的颓运。富于舞台经验,善于把握观众心理而又格调不俗,恰是他的绝活儿。朋友们都知道,就他有这个本事。

改编来得快,往往效果也好,于是他选择了阿里斯托芬的名剧《妇女公民大会》,将它改编为《和平颂》。

《妇女公民大会》是阿里斯托芬的代表作,其写作动机,显然是由于为国事蜩螗而伤心。剧中,一群妇女,穿戴上丈夫的衣帽,出其不意,把政权夺到了手。诗人鼓励不理外事的家庭妇女干预政治,因为"共和国顾问一个坏似一个。他们中间偶尔有一个人做了一天好人,就有权一连做十天坏人"。浑水摸鱼成了政客们的家常戏法,一个男子绝望之余就说,"把政权

---

① 李健吾《我写〈和平颂〉》,1946年12月14日《文汇报》浮世绘副刊。

交给妇女吧,这是雅典还没有试过的惟一新办法"。诗人的讽刺只是为了:国家怎么样才能够走上正轨。①

年底,李健吾将剧本交给观众演出公司排演。《和平颂》这剧名太呆板,难以引起观众的兴致。有人建议改个名字。李健吾提出,不妨叫《女人与和平》,熊佛西和许多朋友都反对,说是太不严肃。但是,李健吾和几个朋友考虑下来,仍然取了这个近似滑稽的名称。彩排完了,导演笑着对张石流先生说:"看,要多下流有多下流。"

1947年1月17日,《女人与和平》在辣斐剧院正式演出。一位文学好友看后,对李健吾说:"这出戏应当全是'希腊的'就好了,例如第一幕。"

"你以为第一幕是'希腊的'了?"李健吾反问。

对方点点头。

李健吾噗哧一声笑了,接下来对朋友说,"那些最色情的,才是最'希腊的'。"

洪深是内行,提起一出名叫《阿尔开尼亚》的西方笑剧,要李健吾在《女人与和平》中采取打倒独裁者的主题。

"你不怕我会坐监牢,戏会演不出?"他觉得洪深还是太天真了。

又有一位某先生,嫌李健吾不正面点破战神,作为打倒的对象,在李健吾看来,这样的建议,也未免同样忽略演出的环境。

上演的同一天,《文汇报》刊出洪深、柯灵、凤子、丰村、叶圣陶祝贺的诗文。前四位是文章,叶圣陶的是诗,刊出的是他的手迹——

  人生苦难关冥世,
  讽刺流传见政情。
  谁识健吾酸楚意,
  和平颂里悼苍生。

---

① 李健吾《阿里斯托芬——热爱祖国的伟大喜剧家》,1954年11月15日《人民日报》。

然而,始料不及的是,这样一出"和平"的戏,竟引发了一场绝不和平的论战。

2月7日,《文汇报》浮世绘副刊登载梅朵的文章《两出女人的戏》,其中之一即为《女人与和平》,对此剧已稍有微词。2月22日《文汇报》妇友副刊发表文章,题为《女人是这样赢得和平的吗》,提出明确的批评。

一天,田汉见了李健吾,说:你该写篇文章,对那些批评意见做出自己的回答。

起初李健吾并不介意。他很坦然,觉得无论从创作的本意,还是从剧场营业状况上考虑,都问心无愧。然而,当看到一位化名曰木的先生及一位署名安尼的先生所写的剧评文章时,他意识到,这样的批评,已不是一般的观众意见,而是代表着某一种力量了。

不能束手就擒,他开始反击,为自己,也是为参与该剧演出的朋友们辩护。在《从剧评听声音》一文中,他毫无遮掩地把家底全抖了出来。说报上的文章是他让朋友们写的,为的是辣斐剧院欠了巨额外债,又冷了许久,争取这次能翻过身来。

对剧名改为《女人与和平》,他也不怕掉份,直言不讳地说了其中的曲折。他说,职业剧评家和曰木先生一样的有心人的迎头痛击,早就在编导的预料之中。假如有谁想费笔墨确定它的价值,还是赶紧放弃,那太糟蹋时间,也太浪费精神。假如值得批评,刘西渭先生会献丑的。但是刘西渭看了这个戏除去笑以外,一点颜色也不给它。刘西渭即李健吾本人,这样说无异于讥讽对方的水平在自己以下,不配谈这出戏的好坏。

安尼的文章中,指责李健吾和辣斐剧院是为了骗观众的钱,才演出这样的坏戏,李健吾反驳说——

> 无论如何,安尼先生是对的,就是骗术而已。不骗术怎么能活下去,观众演出公司欠了几千亿元的债,安尼先生不见得肯垫出来罢?有哪一位仁兄肯吗?救救这群苦孩子!他们不仅等饭吃,而且等好戏演。李健吾是个什么东西,也配盼和平,那是挂羊头卖狗肉。我赚了

几百万元上演税是事实,所幸全派了师友的正经用场,算是替自己减减罪修修福。但是,观众演出公司还清了债,还赚了不大不小一个数目,苦的是没有戏演,愿诸公有以教之。①

李健吾刁钻刻薄的反批评,让楼适夷看不下去了,写了篇《从答辩听声音》,交给柯灵。柯灵让李健吾看了,李健吾写了《敬答适夷兄》。3月初,两篇文章同时刊出,柯灵并以编者的身份写了《赘言》。

楼适夷是立场鲜明的左派文人,中共地下党员,又是从大后方来的。在他看来,李健吾也太猖狂了,即使《女人与和平》卖了钱,辣斐剧院还清了债,纯正地承受了进步传统的新话剧又何在呢?这样做,只会"杀死了艺术,阻碍了话剧的前途"。在楼适夷的眼里,李健吾根本就不是进步话剧工作者,批评的辞锋,也就格外的严厉——

> 李先生不愧为封建独裁政体下的文人,他拉人捧,却不许人批评。他说"说风凉话容易,把一个剧团撂在你身上试试看!"纯真的批评,在他看来是风凉话,而且你试试看,这触头多重!于是李先生允许人家的"言论自由",便成了空口的诺言。如果李先生撂在肩上的不是一个剧团而是一个政府,当然一切人民的言论,都将禁尽灭绝,因为人民肩上都没有政府,没有一群公务员跟他要饭吃,还有什么发言的权利呢?②

对楼适夷的身份,李健吾自然是清楚的,无话可说,又不能不说,他的答辩真是简单到不能再简单了,却仍不失以往的俏皮尖刻。全文仅百余字——

---

① 李健吾《从剧评听声音》,1947年2月23日《文汇报》笔会副刊。
② 楼适夷《从答辩听声音》,1947年3月3日《文汇报》笔会副刊。

> 读过适夷兄的文字,非常感谢他的善意,因为当局者迷,经人一点,虽是顽石,也有成金的味道。有些事情,我不太清楚,所以也无从了解,但是适夷兄心中有数,我全盘收下。我相信天佐兄的话,应当沉默。这是一种学习。希望自己有一天还可能长进,所以谢谢适夷兄的仗义直言。但愿有一天,他还和我谈天气。特别谢谢天佐兄,他把做人的道理教我。①

柯灵在《赘言》中说,李健吾的《从剧评听声音》发表以后,他曾收到不少辩答和反驳的文章,当时觉得剧作者既已表示接受批评者的意见,问题大致解决,可以无须再讨论下去,因此未予发表。前天收到楼适夷的稿子,那惊人的坦白使他激动,现征得两位执笔人的同意,将原文与答文一并发表。并说,楼适夷提出的几个问题,实比对李健吾的批评更为重要,希望大家不要当作攻击私人的文章来读,那就好了。于此可知,在这期间,柯灵是承受了一定的压力的,所以再掀起讨论,实有不得不然的缘由。

至此,事情该结束了。没那么容易。一星期后,《文汇报》新文艺周刊发表《"一团和气"》,署名荒野,不光对李健吾大张挞伐,且波及柯灵。那"一团和气"的题目,就是冲着柯灵来的。作者认为柯灵的《赘言》,"好像是为了团结,而实际仍不免是市侩主义的驱使"。楼适夷的仗义直言,"实在是他对当前的文艺任务有负责的思想,因为他不但认清了好坏,而且进一步的对好坏,以行动来认起朋友和仇敌来了"。

既将李健吾划归为仇敌,当然也就用不着客气。"如果我们不安心受骗或安心装聋装瞎的话,李健吾给适夷的《敬答》,就是真正接受了他的批评吗?老实说,以李健吾以前在批评他的人的面前的嚣张一世,气焰万丈来看,要得到这一问题的解决,不是那样容易的。"②

---

① 李健吾《敬答适夷兄》,1947年3月3日《文汇报》笔会副刊。天佐即蒋天佐,中共党员,翻译家。
② 荒野《"一团和气"》,1947年3月10日《文汇报》新文艺周刊。

左派文化人不光攻势凌厉,而且花样翻新。就在荒野文章刊出的第二天,某先生化名一农,投书储安平主编的《观察》周刊,为楼适夷及荒野的文章叫好,同时引用《观察》编者的话,提醒《观察》的编者,不要有成见,以为凡左派作家都不"正面辩论,仅用了许多为时下文人所习用的那些轻浮语气,挖苦他人"。①

这里,有一个现象值得注意,即,在批评李健吾的作者中,除楼适夷用了真名外,曰木、安尼、左平、荒野、一农,全是化名,且大都或隐或显地表明了自己的左派立场。对这一点,《观察》的编者已有所觉察,在一农来信后面,特加按语指出:"我们惟一引为遗憾的,即一农先生一方面希望我们发表他的信,而他自己又不署真姓名,不附通信地址,这种态度我们深为不取。"

李健吾没再作任何表示。他知道自己遇上了什么样的对手,也知道对方已将他当作了什么样的人物。

在这场论争(后来已不是论争而是攻击了)之中,站出来主持公道的,是作家许杰。楼适夷的《从答辩听声音》与李健吾的《敬答适夷兄》刊出后,明明看出楼文的凌厉,也明明看出李文的无奈,许杰在《听过声音以后》一文中,仍想弥合双方的裂罅——

> 今天看了适夷兄的《从答辩听声音》,以及健吾兄的《敬答适夷兄》,我倒放下了心。像适夷兄的那种直率而坦白的责难,像健吾兄的那种诚恳的接受,这倒使我放大了勇气。这种态度,是文艺界的朋友们,应该建立的态度,我真的非常高兴。②

接下来分析了《女人与和平》的思想倾向,以为实则是健康的,积极向上的,只是在表现上有些隐晦,现在经李健吾一说,就更明朗了,确实是那

---

① 一农《文坛两事》,1947年《观察》第二卷第二期。
② 许杰《听过声音以后》,收入《冬至集文》,新纪元出版社1947年初版。

么回事。同时责怪剧作者,若早点表白一下,这次争论中的许多无谓的话,原就可以避免了的。随后,许杰还写了一篇《皮鞋匠论——〈女人与和平〉人物研究》,详细分析李健吾创造的这个戏剧人物的深刻含义。

《女人与和平》在上海停演后,又应邀去台湾演出。行前,经费不足,李健吾特意赠送二百块大洋。在台湾的演出,又一次引起轰动。其时随父亲旅居台湾的马小弥曾亲见演出的盛况。①

可惜的是,无论是许杰的善意调解,还是该剧再次上演的成功,都无法挽回左派文化人对李健吾其人的成见了。物极而反,他开始从事业的巅峰上往下跌落。

退 守 书 斋

左派文化人的批评,对李健吾来说可谓创伤痛深。文坛上的笔战,他经历过多少回,惟有此番非同往昔。过去,朋友间闹翻了,改天见了面,几句笑话就烟消云散,谁也不会介意,而这次,他是被进步阵营视作敌对分子的。

战后的辉煌转眼就过去了。仅仅一年多天气,无论他参与筹办的组织(如全国文协上海分会),还是他带头创办的机构(如上海实验剧校),都已与他了无瓜葛。世事的变化就这么快,快得让他晕头转向。往后怎么办呢?

戏是不能写了。《和平颂》成了他改编剧本的绝唱,也是解放前所写剧本的绝唱。

也不发表那些惊世骇俗的评论了。做学问吧,过日子吧。

这种心绪,从1947年3月之后,他在《文汇报·笔会》,这个他发表零散文章的主要阵地,所刊载的文章的题目上,也能看得出来:《别木午骑士》(4月1日)、《安梯高尼》(4月11日)、《陶哀妇女》(4月21日)、《艾翁》(5月10

---

① 马小弥《忆李健吾伯伯》,1984年《青年作家》第五期。

日)、《窝荻浦斯王》(5月15日)、《阿嘉麦静隆》(5月31日)。都是介绍西方戏剧名著的。

1947年8月,由钱钟书介绍,李健吾又回到暨南大学外文系教书。

华业大楼上那所宽敞华丽的房子,早就是他人攻击的口实,这时更成了明确的"罪证",说他是"劫收"下的。他一家人,本不算太穷的,而在这座豪华大楼里,相形见绌,要算是较为寒酸的住户了。里外不是人,干脆搬出去吧——

> 由于物价飞涨,我出不起房钱,就由佐临介绍,把房子顶给一位他的朋友,说是给他的爱人养病,我就在1942年中搬到东宝兴路路口卖菜的场合住家。①

这是李健吾晚年所写的一篇文章中的说法。1942年显系笔误。黄佐临的这位朋友是何人呢?据尤淑芬老人谈,是金山。1946年夏,金山率员赴长春接收日伪"满洲映画株式会社"即后来的长春电影制片厂,其妻张瑞芳随后赶去。1947年10月,解放军围困长春,接收工作中辍,金山夫妇回到上海。张瑞芳原有肺病,"在沪期间,由于疾病未痊愈,基本上是卧床不起"。②据此可知,李文中的笔误,应为1947年,也可知李健吾搬出华业大楼的时间大约在这年的10月。

这里所说的"顶",是当年上海的一种转租方式,即租赁者再将房产租赁给他人,他人一次付清一笔租金即可长期居住。这次顶房子,金山付给李健吾八根金条。李健吾用其中的六根租下东宝兴路一七三弄九号的一所房子并修缮。剩下的两根,一根送给郑振铎,赞助他出版《中国版画史图录》。另一根送给了致远中学校长高宗靖。他是李健吾的学生,办学遇到困难,正好李健吾手头有这根金条,便慷慨赠予。

---

① 李健吾《关于〈文艺复兴〉》,载1982年《新文学史料》第三期。
② 李涵《独具魅力的表演艺术家张瑞芳》,《中国话剧艺术家传》第三期,文化艺术出版社1986年出版。

李健吾说他所以搬家，是"出不起房租"。绝非如此。笔者依据李氏档案中所述当时本兼各职，其收入抵三个教授的薪水，若说不阔绰则可，若说穷到出不起房钱，只能是有意遮掩什么。尤淑芬在给笔者的信中，则说"顶"无异于抢夺。用语虽严苛了些，却道出了"被迫"的一面，或许更近乎实情。

在《敬答适夷兄》一文中，李健吾透露，蒋天佐曾劝他"应当沉默"，看来他是接受了这一劝告。不写戏，不写评论文章，去大学教书，搬出华业大楼，便是最切实的沉默。"我是一个快活的人，然而生活教会了我怎样沉默。"多少年前他说过的这句俏皮话，如今才得到真切的验证，只是太惨痛了。

李健吾不是个淡泊的人。从来不是。他是个单纯而又热情的人。没有世俗的经验，却有着世俗的热情。前面引用过的荒野的文章，曾有"以李健吾以前在批评他的人面前的嚣张一世，气焰万丈"之语，虽不无夸张与诋毁的成分，既敢于公开说出，足见李健吾的性格中有这样的根性。平日虽说随和，大度，笑语朗朗，而骨子里，绝不是什么谦谦君子，不妨说是个傲骨峥嵘的家伙。对过心的朋友，那是真好，对看不上眼的人，怕也会真的不好。这样，可以想见他世俗一面的人缘定然不会甚佳。早在1942年，有人在一篇称赞他演技的文章中，就坦率地指出过："编、导、演，他样样来得，可是他却不善于处世，人缘欠佳，这对他的艺术生命的拓开，不无损失！"[①]当年他看了或许不以为然，如今也未必能想起这句话，但相似的劝告，定然会记起的。可惜一切都为时太晚。

正在事业的巅峰，经受这样一次打击，李健吾心境之黯淡，可想而知。

事实上，对大后方来的那些文化人，他早就有些看法。说是以楼适夷为主的大后方来的文化人在教训他，倒不如说，他早就将他们教训过了。只能说这一报还一报太不相称，他是调侃，人家动了真的。1946年6月，正

---

① 孟朗《从〈梁山伯与祝英台〉说到李健吾的编、导、演》，1942年9月26日《话剧界》第七期。

当春风得意之际,李健吾在一篇文章中说——

> 朋友,你应当明白,我在话剧里面求生活,并不是为了"地下工作",而是尽量在可能的条件下弄两个干净钱来过最低的生活。良心叫我这样做我便这样做……你们在大后方的斗士有政府做靠山,即使政府帮不了你们多少生活上的忙;我们流落在沦陷区的总以为你们头头是道。①

当大批文化人,经过八年苦斗,回到上海时,有些人不免会有志得意满之感,看不起留在沦陷区的同行。这,原也在情理之中。别人说说也就算了,李健吾这书生,觉得自己虽留在沦陷区,表现并不比别人差,竟不买这个账,将自己的这种厌恶质直地表现出来。这,能不让大后方归来的同行倒噎一口凉气么?

父亲参加政治活动被人暗杀,李健吾成年后厌恶政治,躲避政治。而父亲为国家为民族奋斗不息的精神,又时时鼓舞着他,从父亲延续下来的血脉,又时时激励着他。几十年的书斋生活,他不谙熟政治,父亲的丰功伟绩,又让他自以为可以领袖群伦。创办剧校,经管剧院,都可说是基于这样的冲动。像前辈文人一样,有了文学的才能,自以为也就有了经邦济世的才能。明乎此就知道,李健吾不是一个没有政治热情的人;同样,明乎此也就知道,他的政治热情是一种怎样的热情。

对李健吾知之甚深的柯灵曾说过:健吾是"书生",或者说是"书呆子",他本人和他的一些熟朋友都这样看。在解放后相当长的时期里,有一种流行的观念,以为喜欢埋头书案的知识分子必定脱离政治,走的是所谓白专道路,这是一种好心的误会。书呆子不关心政治是少数,多数人并不如此,古往今来,已有无数事实作证。例如健吾,不但不缺少政治热情,有时只嫌过多,但对实际政治十分隔膜,却是事实,这是一般知识分子的通病;这从

---

① 李健吾《与友人书》,1946年《上海文化》第六期。

他的少数作品也能看得出来。①

李健吾那不着边际却又火一样的政治热情,有时也真叫朋友们为他难堪。文化人中,在政治上可说很内行的夏衍,对此深有体会。读李健吾的剧本《这不过是春天》也好,《梁允达》、《云彩霞》也好,谁都会感到作者是一个熟知人情世故的人,可是在生活中,他却是那样的天真、坦率,有时竟天真到使人觉得有点不合时宜。1947年,夏衍在顾仲彝家里遇到李健吾,在座的还有吴仞之,当时国民党开始发动了内战,上海人民已经把胜利叫作惨胜,国民党的威望在上海也已经一落千丈。可是,当吴仞之对国民党大员的"劫收"表示愤慨时,李健吾忽然说:

"我父亲参加过孙中山领导的辛亥革命,所以我是血缘的国民党。"

吴仞之和顾仲彝都哑然无语。你说他完全不关心政治吗？肯定不是,在艰苦的孤岛岁月中,他是抗日、团结、民主的坚强斗士。说他对国民党有感情么,也完全不是,在四十年代他写的文章中,对光明与黑暗的斗争,他是爱憎分明的、义正词严的。②

有时只嫌太多,却又那么不合时宜,可说是对李健吾政治热情的恰当概括。

退守书斋,保持沉默,是最好的选择。沈从文的遭遇,对他也不无警醒作用。1947年春天,就是上海文化界批评李健吾的《女人与和平》时,一个更其严厉的批判沈从文的浪潮已在全国文化界掀起了。

1946年11月,沈从文在天津和上海的《大公报·文艺》同时刊出《从现实学习》,不久便遭到文化界的批评。许杰在那篇为李健吾辩护的文章中,就有这样的话:"至如沈从文之流,他是自绝于人民之路,人家的好意他不接受,反而红起脸来讥笑人,那就没有办法。不过,他如果能够反省,能够改过,那还是行的。"连许杰这样的人也得跟上叫嚷,可知这场批判运动的激烈与广泛。1947年10月,沈从文又在《益世报》上发表了《一种新的希

---

① 柯灵《李健吾剧作选·序言》。
② 夏衍《忆健吾》,1984年《文艺研究》第六期。

望》,更是激怒了左翼文化界,大张挞伐,斥之为反动文人。

这当儿,在致远中学教书的汪曾祺曾去看望巴金,李健吾也在座,谈及此事,他对汪曾祺说:劝劝从文,不要写这样的杂论,还是写他的小说好了。①巴金也很以为然。这是李健吾在以自己的沉痛教训,规劝远在北平的沈从文。从巴金也很以为然上,可以看出这样的心境不光李健吾有,相当一部分文化人也都感到了处境的艰窘。

整个解放战争期间,中国共产党始终在两条战线上作战,一条是军事战线,一条是文化战线。倘若说1949年4月23日南京的攻克,标志着军事战线的决定性的胜利,而在此之前,已先在文化战线上取得了决定性的胜利,其标志便是对李健吾、沈从文的批判。对李健吾的批判算是一次演习,对沈从文的批判则是真正的进击。1949年10月1日中华人民共和国成立,而1949年7月就在北平召开了全国文艺工作者代表大会,这一时序上的差异,也间接地说明了,文化战线的胜利较之军事战线早了一步。

李健吾的沉默战略取得成功,教书,译书,写些不疼不痒的文章,一时间,左派文化人不再攻击这个手下败将了。

最能看出李健吾这一时期心绪的,该是这样一件事。

1935年李健吾离开北平,去上海暨南大学任教,还时常和朱自清先生通信。此后两人再未见过面。抗战开始后,朱自清随学校去了昆明,李健吾滞留上海,连通信联系也不可能了。1948年8月12日,朱自清在北平病逝,8月30日下午四时,上海文协与清华同学会联合举行朱自清先生追悼会,李健吾在会上只有一个简短的发言,其中说——

> 朱老师桃李满天下,我是他的学生中最没出息的一个。假如我有一点好,我所受的他的影响是无法估计的……我所说的朱先生的教育,说得不够,只是一点点,说不上情绪。②

---

① 汪曾祺《沈从文转业之谜》,《花花草草坛坛罐罐——沈从文文物与艺术研究文集》用作代序,外文出版社1994年出版。
② 见《朱自清先生纪念》,1948年《文潮月刊》第五卷第六期。

以李健吾平日的伶牙俐齿,能言善辩,在这样的场合多是滔滔不绝,何以忽然谦逊地说他是"学生中最没出息的一个",又说"说不上情绪"呢?惟一的解释只能是境遇不佳导致心绪不佳了。

他只有四十二岁,可他的心境已坠入苍暮。

惶惑中的期待

沉默只是相对而言,非是与文化界完全隔绝,平日相契的朋友,照样往来不断。接触最多的还是杂志界的同仁们。

1948年底,战场上的局势已日趋明朗。国民党政府在行将垮台前,对文化界的钳制也更加凌厉。为了应付即将到来的变革,几个进步期刊的编辑人,定期聚会。常是每到星期六晚上,轮流当东道主,相约在跟上次不同的地点秘密聚餐,交换一些有关解放战争和文化艺术界意外遭遇的信息。作为《文艺复兴》的主编,李健吾和郑振铎自然不可或缺。参加秘密聚餐的,还有《中学生》主编叶圣陶、徐调孚,《世界知识》主编冯宾符,《观察》主编储安平等人。

白色恐怖越来越严重,中共地下党组织安排一批文化界进步人士离开上海,绕道香港,前往北平。1949年2月间,郑振铎接到通知,离沪赴港,临行前留话给李健吾:出完"中国文学研究专号",《文艺复兴》不出了。具体事宜,则托付给已参加《文艺复兴》编辑工作的唐弢。想当初郑振铎约他一起办《文艺复兴》时,他心高气盛,立志要在自己手里复兴沉寂了八年之久的中国文学,如今,不光自己迭遭磨难,心灰意冷,连刊物也维持不下去了。

此前,郑振铎曾让李健吾来他家挑书,说他将出卖一批英文书,叫李健吾先挑。

李健吾如约前去,挑了几部,其中一部是难得见到的1911年再版的森茨伯里的三厚本的《批评文学史》。一看扉页上签名,竟是茅盾的,上写"雁冰手持",字体异常秀丽,下面还盖着印章。李健吾有些犹豫,回过身子问郑振铎：

"这部书可以拿吗？"

郑振铎笑了，说："送给刘西渭，茅公也一定心甘情愿。"

这部书，李健吾一直带在身边，视同至宝。

在此期间，李健吾还得为周作人的事操心。

两人的关系，此时又增加了一重。李健吾的岳父尤乙照曾在汪伪政府任职，日寇投降后，与周作人一起被关押在南京老虎桥监狱。尤乙照的儿子尤炳圻，是周作人的学生。1949年初，解放军进抵长江北岸，南京政府岌岌可危，便采取非常措施，准许关押在老虎桥的囚犯，除无期徒刑者外，均可取保释放。1月26日，周作人出狱后，第二天即在尤乙照与尤炳圻的陪同下，乘火车来到上海，住在北四川路横浜桥南岸尤炳圻家的小楼上。这样，李健吾除照料岳父外，还得为周作人的生计奔走。在周作人的日记中有这样的记载："五月十三日，平白交来小头五枚，系王心笛所赠，连前龙洋共有十一，均由李健吾转来者。"①

5月26日，上海解放。

6月6日，上海市军管会发布第一号文教命令，接管市立实验剧校。军代表黄源在会上，向全校师生庄严宣布：

"接管这个学校，在政治上有很大意义。国民党反动派不要你们这个学校，我们共产党和人民政府不但要你们这个学校，而且要发展它。"

上海解放后，李健吾见到了多年不通音讯的同父异母弟李养吾。李健吾与母亲、姐姐在北京居住时，养吾一直在家乡，长大后参加了八路军，曾在延安学习，这时已是新政权的干部了。后来李养吾在北京高等法院工作，直到离休。

这期间，李健吾思想上更为苦闷，对自己的前途忧心忡忡。很快也就平静下来。他接到了去北京出席第一届"中华全国文学艺术工作者代表大

---

① 转引自钱理群《周作人传》，北京十月文艺出版社1990年出版。王心笛应为王辛笛，当是周作人误听致误写。

会"(简称文代会)的通知。

6月21日,陈毅市长设宴欢送大会代表。27日,八十几位代表乘坐派有部队沿途护送的专车北上。和李健吾相熟的是巴金、靳以、辛笛、唐弢、赵家璧等人。

这次文代会7月2日开幕,19日闭幕,被称为国统区和解放区两支文艺大军的胜利会师。会议期间,李健吾与巴金等几位上海来的朋友,数次去沈家看望沈从文。沈的处境让他们唏嘘不已。这样一位成就斐然的作家,竟然没有受到邀请,被排除在文代会之外。当文艺界的朋友们喜气洋洋地欢聚一堂之际,他却在收拾行装,准备去设在石家庄的华北革命大学学习。

也是在这次会议期间,李健吾又见到了郑振铎。作为大会的主要筹备人,郑振铎还是那样温煦,那样善良,兄弟般关心着他这个小弟弟。

曾参加过文代会的山西作家姚青苗,会议期间去看望过李健吾。当时他正全力以赴地为开明书店整理《莫里哀选集》,开会、会客之间,都手不释卷,见缝插针,那种潇洒而又勤奋的风采,姚青苗十分佩服。言谈之间,对新中国的成立,李健吾衷心地感到高兴。①

返回上海后,李健吾去看望周作人,盛赞北京的新生气象,文艺人士的被重视。正是李健吾的这番赞扬,促成了周作人随后给周恩来写信,为自己的行为分辩,对往后的生计不无裨益。

1949年8月,上海实验剧校改名为上海市立戏剧专科学校,熊佛西仍任校长。此前,李健吾已由暨南大学转到复旦大学任教,按教育部门领导的意见,李健吾留复旦任教授,熊佛西不同意,只好在复旦兼职,主职仍在剧专。

学校改为专科后,原有机构调整,演员组改为话剧表演科,技术组改为舞台美术科,研究班编导组改为理论编剧科,后又改为戏剧文学科。李健吾原为研究班主任,便转任戏剧文学科主任并兼任校工会主席。

---

① 姚青苗《生者与死者》,1993年《黄河》第一期。

第十章　剧专时期

（1949.6—1954.6）

小心翼翼地步入新社会

全国解放了，面对一个新的世界，李健吾的感情是复杂的，亲切，隔膜，还有些不安。

早在四年前，1945年10月间，他就对新中国做过展望。其时《文汇报·笔会》和《周报》，联合搞了一次《我理想中的新中国》笔谈，参加者有上海文化界的知名人士数十人。李健吾的笔谈，刊登在《周报》上。在说了没有文盲、没有失业的人，没有技术家（因为每个人都是技术家）之后，又说，还希望这个国家一百二十分的可爱，标志是——

假如每个做官的人，每星期看一两本新文化作品；

假如每一个需要娱乐（因为人人需要）的人，能够每星期看一两出有价值的话剧或任何高级的消遣；

假如每一个平民能够每年有一两次的远近旅行；

于是，趣味向上，一团和气，这四五万万人将如何招人喜爱，在和平自由之中，携手前进呀！①

---

① 《我理想中的新中国·李健吾》，1945年10月13日《周报》第三期。

这哪里是对新中国的展望,分明是一幅世外桃源的图景。别笑,谁也没见过新中国,谈的本来就是理想。严格地说,这"新中国"是对抗战后国民党统治下的中国社会的企望,自然不会太高。

四年后的今天,一个崭新的中国矗立在眼前。对李健吾来说,这新中国,虽则陌生,又透着亲切,也不能说没有他先前的理想的成分。不同之处在于,理想是空的,而这是实的,虚实之间必然会有差异,其为"新中国"则是一样的。以平日的自信,他李健吾就是新社会的主人,父子两代,在不同时期,不同领域的努力,不就是为了国家的独立,民族的解放,一个崭新的中国?

然而,现实却在不断地提醒他,你不过是个自由知识分子,国家的解放,民族的独立,新中国的诞生,你李健吾并无尺寸之功。岂止无尺寸之功,还有一些招人非议的污点,如"劫收"剧院和公寓,如担任国民党市党部编审科长。在当时的情势下,或许有顺理成章的道理,而在今天,都成了百口莫辩的过错。奋起直追,为时已晚,且易授人更多的口实。往日的声望与为人,不允许他趋炎附势,而眼下的态势,又让他不能不有所顾忌。不必说是如履薄冰,那对谁都不合适,无论是新社会,还是李健吾本人。于是,跋前踬后,小心翼翼,便成了情理中的必需。

这是心态,做起来还是一如往日的健朗,一如往日的无遮无拦。先前有一个坦诚,足可一以当百,如今却不得不请回久违的谨慎,交相为用。最能见出他的这种心态与行为的,该是与革命作家们在一起的时候。

1949年12月4日下午二时,《小说》编辑部假座百老汇大厦,举办《高干大》座谈会,参加者有魏金枝、程造之、柯灵、叶以群、靳以、李健吾、许杰、冯雪峰、周而复。其中周而复是刊物的编委,也是这次座谈的主持人,靳以则是刊物的实际负责人。冯雪峰是党的负责人,叶以群、魏金枝都是左派人士。感谢记录者李金波与薛若梅,忠于职守且文笔畅达,不光笔录下每个发言者的话语,还几乎是如实地记载下每个发言者的声音与神态。稍加还原,当年的这次座谈会,便复现在我们的面前。①

  天气很好,阳光洒满了整个房间。魏金枝对着窗口,坐在单人沙发里。刚刚理过发,一抹鲁迅式的胡子显得格外整齐。程造之坐在他的对面。他们两位到得最早。周而复站在靳以的后面,闲谈着。叶以群抽着烟,柯灵一进来,就脱去他的外衣。紧接着,李健吾进来了,他的棉布大褂显得非常别致。若梅小姐忙着请已到的各位签名。许杰、冯雪峰尚未到。周而复看看表,说:"怎么样,先谈起来好吗?"

  于是大家过到隔壁的房间,在长方形的桌子边坐了下来。桌上放着瓜子、杨梅干、花生糖,又送来了茶水。屋里响起了嗑瓜子的声音。

  周而复先发言,说了《小说》这个刊物当年在香港时,就有开座谈会讨论作品的传统,说了欧阳山其人、《高干大》的创作过程,末后说,这里接触到的问题很多,大家谈吧。这才捏了好久的一粒瓜子放进嘴里。

  一会儿没有说话,只有嗑瓜子的声音。

  周而复要靳以先谈,靳以不肯,程造之开口了,说欧阳山以前写的小说,句子的结构、词藻,都不好懂,写的也是小资产阶级题材,去了延安,深入合作社,才能写出这样好的小说,可见要写东西,必须先有深切的体味和了解。

  电梯响,进来的是许杰,在桌边的空位上坐下。

  李健吾发言了,说他读《高干大》时,首先对书名感兴趣,不知应念作"干大"还是"干大"(音达)。开头以为他很高,干是瘦的意思,大是尊称,后来看到书中的一个人物给爹叫"大",才想到"干大"是干爹的意思。究竟是干爹的意思,还是因为他又高又瘦?

  许杰说:我看只有一个意思,就是干爹。

  李健吾说:我读了这本书后,想,这是老解放区最好的长篇小说之一。我看的时候还不知道作者在合作社里工作,觉得他要写农村改革,从合作社写是很好的办法。合作社碰到很多的农村经济问题。故事的线索很自然很好。其次,我认为欧阳山不是写合作社,而是写高干大,写高干大怎样

---

① 《〈高干大〉座谈会》,1950年《小说》第三卷第四期。

挽救垂危,如何同困难做斗争,上级不赞成,他克服了困难作拼死战。作者写的不是合作社,而是人,写人写得这样强壮、结实。

正当这时,又听见电梯响,大家向门口看了看,是冯雪峰来了,他带笑说:"来迟了。"李健吾接着发言,再一次肯定《高干大》是老解放区最为成功的长篇小说之一,同时指出,老解放区小说写农民在共同性上都很成功,然而有时候还难免机械观察的缺点,根据外形来写,没把农民的灵魂抓出来。我一口气看完,一夜没睡,这里的人物真是把我抓住了,因为作者把他先抓住了。

又说,如果要以一个读者的立场来说,我要责备高干大,他对儿子的婚姻太残忍了,叫人觉得有些不忍(向坐在他旁边的靳以看一看,像在征求他的意见)。他儿子到底是好人。(把脸儿转向正面)对别人热心,对儿子不关心,固然是公而忘私,但我总觉得有点过分,有点不近人情。不知作者要写他的为公忘私,还是要写出农民单纯的本性,我不敢下结论,不过,我总觉得不舒服。也许这是我浪漫的要求。书里末后恶斗太戏剧化了。从小说欣赏上说似乎过火,不写这一段也可以站得住脚了。

靳以发言,完全不同意李健吾的看法,说高干大这个人物写得很突出,他的儿子没一点儿出息,从头到尾没做过正经事,尤其是末后还要捣鬼,应该罚他,这样的结果我觉得太人情了。打架一段,我倒觉得打得非常好,作者一定也会打,打法活灵活现,这一段增加了气氛。其他人物也都写得好,活生生的,像真正的人。

李健吾忙说,关于儿女,我跟靳以是一面的两个看法,并不相反。儿子没出息,这是写高干大为了服务,以致忽略了自己的儿女,不仅在婚姻问题上,并且在生活方式上,走的道路上,我总觉得做亲爹的要负责任。

柯灵说,有一段写得很好,并说这是很蕴藉细致的手法。

李健吾接上说,这加强我所说的写得好,写得细致,证明作者对农民的了解很深刻,写高干大并不是了不起的人,还有缺点,他是活的,使人觉得很亲切。往往别的小说写农民的心理过程不够,写高干大却写到他的缺点,使他活在读者的心里。他有缺点,但是克服了,写得很细致。《高干大》

里的风景写得不孤立,如旧小说里的描写一般,不突出,感到亲切。

靳以又不同意李健吾的看法,说,这里风景我认为是更新的写法。(向健吾)你说是旧的,我认为应该说是更新的。

魏金枝附和靳以的看法,说他看了同一套丛书的四部长篇,《高干大》印象最深刻。李健吾先生说欧阳山很好地写了农民的心理过程,我以为这话还不大合适。据我的看法,单只看了一个高干大,或是一群农民,还不能这样综合地表现出农民的心理过程。高干大的好处,固然在乎他能一面注意农民的要求,一面又反对官僚主义者去妨碍农民的利益。更重要的,还在乎高干大信仰他所从属的党,是一个为人民谋福利的党。一个高干大,就是所有农民要求的化身,也是一切人民要求的化身。

许杰发言,第一我同意李健吾的意见,这小说是以人为中心,是写人的,并做了详细的分析。同时指出,小说末尾的打架,我感到不必那么打,再说斗争巫神也不是高干大把他打了就算了。高干大的儿子高拴儿这个人物,没有写好,写拴儿没有照顾到环境。好像这环境不曾给他影响似的,这不能不说是些疏忽。

有了许杰的支持,李健吾的兴头又高了,说,欧阳山,一个广东人,到北方几年把方言语汇用得这样好,如说:我美美地揍了他一顿。"美美地"用得很美,普通我们用"狠狠地"。冯雪峰发言了,说他只看了半本,看完后再写点书面意见,他觉得这本书的中心思想是反对官僚主义。

李健吾接下来说,雪峰的意见很新,是反官僚主义,讲得有道理。区干部的意见不一,有赞成的,有反对的,写农民自发的对工作的认识。高干大和农民结合,他了解农民是直接的,有自发的计划。农民间有赞成他,也有反对他,他赤手空拳地干,结果证明了他是对的。冯雪峰并不买李健吾的账,李健吾说农民"自发"他以为不对,是有领导的。高干大本人是一个共产党员,而共产党是走的群众路线。

李健吾说:我曾对同学们说,这是一个好悲剧。高干大是正面人物,非常值得钦佩,他的缺陷是从旧社会带下来的,使他成为悲剧人物。旧社会的东西有的根深蒂固,血肉相混地留在他的身上。他的政治任务完成了,但本人是经过失败了的过程的。

冯雪峰说:我看高干大是成功的,他是很好的共产党员。

以群说:我觉得这不能说是悲剧,应该说是喜剧,他的事业成功了。

李健吾说:高干大的仇恨心理很严重。

以群说:他的仇恨是由于对人民的爱而出发的,从为人民服务的立场出发的。

许杰委婉地赞成李健吾的意见,说高干大不接受上级的指示自己干,结果成功了。有一个条件:群众拥护他。如果干了,而干错了的话,应如何呢?

冯雪峰说:说他有错误是对的,说他反领导,还没到程度。区委书记是同意他的。这是群众工作,不比在军队里。他也并没有闹独立性。

以群又一次附和冯雪峰的看法。

李健吾说:我为什么说这是悲剧,因为任务完成了,个人却可能死了,像哈姆莱特。

冯雪峰当即反驳:你这意见我不同意,哈姆莱特完成什么任务呢?我说的任务,是历史任务。

李健吾强调:你说的是哲学上的意义,我说的悲剧是从戏剧意义上来讲的。

周而复插话:过去大家对悲剧的了解和悲剧的定义是成问题的。

以群说:被打伤也不是什么悲剧,只是受到一点损失而已,结局还是成为劳动英雄了。

后来还谈了些,整个气氛就是这样。最后周而复作总结,对作品的评价,几乎完全同意冯雪峰、以群的意见,强调小资产阶级出身的知识分子,必须像欧阳山那样,经过改造后深入群众实际生活,才可能写出成功的作品。

参加座谈的共九人,有内容的发言共计三十八次,其中李健吾发言十三次,占三分之一。发言多,一是积极,再是,他的发言,从一开始就受到非难,不得不起而辩解。同时不难看出,他在发言中,一面尽量迎合冯雪峰、靳以、周而复诸人，一面又想坚持自己对于作品的真实看法。这样一来，总是处于被动挨打的位置。他的意见，有些明显是正确的，也受到了冯雪峰、靳以、周而复的非难。与他处境相似的是许杰和柯灵。这三个人，都是长期留在上海的作家，也即是周而复所说的小资产阶级出身的知识分子作者。

过后不久，李健吾又参加了《小说》编辑部召开的关于《种谷记》（柳青著）的座谈会。

开这样的会，不能不去，去了不能不发言，发言了又不能不受到批评。这两难处境，几乎成为那个时期，像李健吾这样的知识分子的定式。不去不行吗？去了不发言不行吗？显然不行，挨批评仅是文艺思想问题，不去，去了不发言，可就是对新社会的态度问题了。

学会了自我批评

小资产阶级出身的知识分子作者，必须经过改造后深入群众实际生活，才可能写出成功的作品。在《小说》编辑部召开的座谈会上，周而复的这句话，说出了共产党改造知识分子的模式：先改造思想，再深入生活，最后是写出"成功的作品"。

按照这个步骤，1950年春天，上海文化界开始思想整风。在剧专，李健吾成了整风的对象。4月3日，写出整风总结暨自我检查《学习自我批评》，油印出来，送交学校领导审阅并存档。这是一篇数千字的长文，一面谈自己的身世和经历，一面分析各种错误思想产生的原因。在详述了父亲的业绩及遇难经过后，他说，我就越发养成了奋发争强、不甘示弱的孤高心理，同院住着好几家人，我很少同他们的孩子在一起玩，不是跟姐姐比赛念书，就是一个人溜到南下洼子的穷人窟或者苇塘散步。《晨报》的副刊常常有文章捧我的戏演得好，我在小学六年级就有大学生找我做朋友，本来因为穷苦而孤高，如今禁不住虚荣心煽惑，简直养成了自视甚高的风头心理，给个人主义埋下了深深的伏线。接下来说他怎样不问政治而又受了个人主义等错误思想的毒害——

> 我本来是一个革命家庭出身的子弟,按说应该很早就有阶级的觉悟,但是个人主义把我害了。书呆子的唯文学观,逐渐使我离开实际,悬在半空,再了不起也只是纸上谈兵。我活在空想里头,空想加强了我对实际政治的回避。我热情地赞美革命,可是我对政治并不了然,假如我对国民党冷淡,不是因为政治上认识清楚,而是站在个人思怨的立场:出卖革命利益的阎锡山都叫国民党捧上了天,别的也就不必提了。政治是龌龊的;于是我就不问一切,大转向钻进了文学。
>
> 个人主义,自由主义,小资产阶级意识,再加上唯文学观和不健康的身体,活活把我弄成了一个不尴不尬的知识分子。走这条路,我并不心甘情愿,尽管心地清白,拒绝敌伪势力的诱胁,既然待在上海吃开口饭,势必就要沾染小市民心理倾向。热情失去现实对象,很容易变成种种作人、作事的错误根源。头一个我要指出来的,就是真正要不得的、没有立场的所谓好人主义作风,随便什么人只要跟我说上三两句话,马上我就滥拿感情应酬,朋友们一来就说太一厢情愿,然而缺乏事实做基础,一受打击,感情受伤,马上我又撒手不管。

检查的中心,是对抗战胜利后参加国民党上海市党部工作的认识。因为有以上各种错误思想,抗战胜利后,自然就盲目地乱兴奋了一阵。所以国民党市党部约他帮忙搞文墨,他以为"大义所在,情不可却",明知自己和他们毫不相干,还是答应帮忙一个月。后来偶尔看到重庆一通密电,说是要防止共产党人从重庆来上海活动。当时报上正在宣传统一战线,眼看毛主席就要飞到重庆,而事实上却密令各地防止共产党活动。他平生最恨的就是阴谋、捣鬼,自己本来不是国民党,何苦夹在里头瞎闹,夜阑人静,深深为自己的糊涂痛心,遂决计回到明哲保身的小市民身份,混到9月30日那天,终于义无反顾地走掉。

文末,诚恳地祈求——

>上海解放到现在,将近一年了,在这期间我即使略有一点进步,一定也还差得很远,盼望大家帮助我,像医生一样,一点一点治好我的病,让我尽快成为一个可能健康的人,尽快站在岗位上,有效地为人民服务。①

或许是李健吾的检查也还深刻吧,《光明日报》于5月31日全文刊布。原来的题目《学习自我批评》,像领导同志的报告名字,编辑给改为《我学习自我批评》。不是殊荣也不是苛待,那个时期,报刊上正连篇累牍地刊发旧知识分子的自我批评或曰自我批判文章,与李健吾同版就刊登了师大教授董渭川的《由个人出发和由工作出发》。一年后沈从文也在《大公报》上刊出《我的学习》。②

学会自我批评或者说是自我糟践,是这批从旧社会过来,而又被认为是资产阶级知识分子的文化人,在新社会的必修功课。"文化大革命"中的"检查"、"请罪",不过是后来的进一步的发扬光大。

在整风中受到批评,不能不影响到李健吾在上海文艺界的地位。1950年7月召开的上海文代会上,他的感触一定很深。五年前召开的中华全国文协上海分会成立大会上,他是主持会议的五主席之一,而这次会上,他仅被选为上海文艺工作者联合会的候补委员,文学协会的理事。

真的要被时代抛弃吗?不能,他要奋起直追,积极表现自己。这一心理,在《我有了祖国》一文中不难看出。很难想象,这位一向以文字轻松俏皮,流畅自如见长的作家,会写出这样声嘶力竭,乱了章法的文字——

>然而,现在,我有了祖国!一个我要喊给世界听的祖国!一个让我打心里在骄傲的祖国!从前它对我只是土地和民族,这一年来,祖国给我添了一个崭新的辉煌的意义:政治!在反动统治下,那一直让

---

① 李健吾《我学习自我批评》,1950年5月31日《光明日报》。
② 沈从文《我的学习》,1951年11月14日《大公报》。

我感到愧对而无法掩饰的隐痛所在,如今散失了,我可以挺起胸脯,走在群众行列,兴奋而又荣耀地喊着:中华人民共和国万岁!

它是我的,是我们人民的。在这个祖国,人民翻身了,而且,更光荣的是:我们的祖国走在全世界最进步的行列中了,从前就没有国家拿它当作国家看待!如今没有人敢拿俏皮话挖苦我心爱的祖国了:你敢伸出肉拳头,我们的政府和战士就和人民团成一个铁拳头,连你连肉拳头捶成烂浆!然而一个更大的事实是:你不敢!真理在豺狼狐狸之前现身了,它们只能低头认输,要是心里还有鬼打算,我们的祖国如日之东升,照穿了你的肚肠!

是谁把祖国还给我的?是谁让我深深爱着这红光满面喜气盈盈的祖国的?共产党!以毛主席为首的共产党!以全体人民意志为意志的共产党!①

最能说明李健吾在解放初期的惶惑与困窘的,该是这样一件小事。不知为什么,反正不会是主动的,李健吾要写一份检查,总也写不成,最后还是夏衍代笔才完成了这个艰巨的任务。几乎没有他不娴熟的文体,就是写不出一份像模像样的检查。谁能相信这是真的?

然而,竟是真的。

在抗美援朝的热潮中

1950年6月,美国派兵侵略朝鲜,同年11月,中国人民志愿军入朝,协助朝鲜人民军抗击美军。全中国掀起了抗美援朝的热潮。其时,李健吾正准备响应上海文艺界深入实际的号召,去工厂体验生活,创作反映工人生活的剧本,只好作罢。身为学校工会主席,他领受了学校委派的任务,组织同事和学生,开展抗美援朝的宣传活动。

---

① 李健吾《我有了祖国》,1950年10月8日《解放日报》。

在不长的时间内,共写出了五个独幕剧,计《战争贩子》《伪君子》《原子笔大王》、《景明大楼》、《如此纪律》,在华东各地演出。前两个是李健吾写的,曾在《解放日报》发表。12月,这五个剧本合成《美帝暴行图》,由新华书店华东分店出版。

后来,李健吾还写了两个相声,一个叫《原只是一个货色》,一个叫《学杜鲁门》。后来由平明出版社出版了单行本,名为《原只是一个货色》。看看《学杜鲁门》中的一段,就知道这是两个什么样的相声了——

甲 (就地一滚,成了疯狗)汪!汪!汪!汪!(追乙)汪汪!汪汪!

乙 嗜,嗜,我是中国人。

甲 咬你中国人,是人就咬。汪!汪汪!

乙 这样啊!(立定,结结实实给了他一脚)不给你点颜色,你也不知道厉害!

甲 哎呀!(爬起)你怎么真踢?我是学杜鲁门。

乙 我真把你当做疯狗哪。

好在他还知道自己在做什么。在《原只是一个货色·跋》中,他说:所以写这两个相声,"惟一值得原谅的借口,或许就是:为了配合政治任务赶写出来的"。

这期间,中国人民保卫世界和平反对美国侵略委员会上海分会成立,李健吾被推举为该会委员。

他的政治热情更高了。上级号召给前线捐献子弹,他是工会主席,负责收缴钱物。在这项工作中,仍能看出他的慈悲心肠。一位同事,家境穷困,要捐献四十发子弹,他劝他稍微照顾一下自己,叫收入多的朋友多捐献些。

不光自己,他们全家都沉浸在这热潮中。大女儿维音是私立粤东中学的团支书,十七岁了,一天到晚忙学校的工作。政府号召青年参军。有天清早,父亲碰到女儿,问道:

"你有什么新决定吗?"

"我已经报名了。"女儿明白父亲的言外之意,朗声答道。后来组织上没有批准,未能如愿。

连年仅四岁的小女儿维永,也兴奋不已。1951年1月19日,上海下了雪,在东宝兴路住所的阳台上,看见雪在空中飞舞,维永也欢欢喜喜地舞着,一面舞一面唱道:"一颗子弹不算多,送给朝鲜的大哥哥,快快打倒美帝国,平壤解放真快乐!"

全家人合计,都给志愿军写慰问信,尤淑芬的早就写好了,李健吾却老是没有正经工夫。2月21日,是个星期天,先是维音拿她这一学期的总结让父亲看,随后儿子维楠提出和父亲挑战写慰问信,看谁先写完。李健吾的兴致上来了,说什么也不能让儿子领了先,当即便写了《致在朝鲜作战的中国人民志愿军》一文。起首便是"英雄侠义的人民志愿军",接下来写了自己全家及平日所见的感人事迹,又引用了大女儿学期总结上的一段话后,最后说——

> 这是一个十七岁姑娘的赤裸裸的真心话,和她一样的青年正不知有多少。他们爱你们!崇拜你们。他们念过历史,但是他们找不出一个历史上的人物,配和你们比上一比。政府紧紧靠在你们后头,人民紧紧靠在你们后头,新中国成为一个巨人站起来,毛泽东照着我们走路!美帝和他的喽啰只有发抖!
>
> 毛泽东就是和平。人民要活在和平里头,而你们就是和平的前卫。这是一个伟大的时代,我庆幸我和儿女都是吸着你们远远送来的清新的气流。花要在这里开,果子要在这里结。诗人啊,新的史诗等着你们在写!①

是为了改造思想吧,1950年冬,李健吾从学校抽调出来,前往安徽蒙城县参加当地的土地改革工作队,任县土改委员会委员,并下区里担任区

---

① 李健吾《致在朝鲜作战的中国人民志愿军》,1951年2月23日《大公报》。

委秘书,负责解决土改中的疑难问题并与县委联系。历时两个月。工作队结束前,队员们先作自我鉴定,再由小组同事作组织鉴定。李健吾在自我鉴定中说,通过划分阶级的工作,他明白站稳立场,学习政策,掌握标准和了解情况的重要性。分析资料,要心细胆大,提出疑难点,给领导上做参考。这种工作正好可以针对他平日的缺点:急躁和浮夸,主观和徇情。总结这一阶段的工作,他觉得自己有这样几个优缺点。优点:即时解决问题,不拖沓;随时提醒别人工作;能够用心克服平日缺点,沉着应付。缺点:当家思想不够;欠主动。

小组鉴定中,对他的评价还是很高的。只有优点,没有缺点。其中第四条是:生活作风朴素,劳动观念强,身体不好,天气寒冷,仍能坚持工作。①

从蒙城回来,1951年1月31日,李健吾与郑君里、孙道临、周小燕等十九位上海文艺界人士,组成华东文艺工作者调查团,赴山东省老解放区参观学习。主要在莒县走访民兵英雄,参观土改成果。十数日后回到上海,李健吾写了五篇文章,计《向劳动人民学习》、《我爱这个时代》、《民兵英雄》、《淹子崖》、《读〈铺草〉》,先在报上发表,后来合为一书,取名《山东好》,由平明出版社出版。这是一本通讯报告集,也可以勉强算一本散文集。写得仓促,粗糙,很难看出他往昔散文那种素朴而隽永的风貌。从"向劳动人民学习","我爱这个时代"这类文章名字上,也可以看出他急于表达的,是一种什么样的心情。

莫非他的创作才能就此枯竭了不成?

不能这么说。恢复疲倦的体力,也许只需一宿的酣睡,而恢复心灵的活力,得一个相当长的时期。十年后,再一次来到山东,李健吾终于恢复了创作的活力,写出了《曲阜游记》和《雨中登泰山》这样的散文名篇,重现了青年时期写作《希伯先生》诸篇的风采。

眼下,他只能写一些应景文章,慢慢地适应这新的时代。

---

① 李健吾《土改工作队鉴定表》,中国社科院档案局存。

1951年春天，镇压反革命运动开始后，有一项政策是鼓励各类反革命分子主动坦白交代，李健吾曾去当地派出所登记。派出所的工作人员听了他的叙述后，认为不属于登记对象，劝他回去。这样的宽大，他很是感激。①

平明出版社

1949年底，巴金、李健吾、王辛笛诸人投资创办了一个出版社，名为平明出版社，具体事务由李采臣负责。社址在汕头路八十二号。

李健吾所以投资这个出版社，是因了与巴金兄弟的关系，而巴金兄弟所以张罗创办这个出版社，则是因了与文化生活出版社创办人吴朗西的决裂。

李健吾与巴金兄弟几人均有情谊。与巴金，原本就一见如故，愈到后来愈益诚笃。两人平日情似兄弟，巴金的兄弟对他也就以弟兄相待。1945年巴金的哥哥李尧林去世后，李健吾写的悼念文章就叫《挽"三哥"》，其中说："他是巴金的三哥，我们这些热情的喽啰，便也喊他'三哥'。"②巴金的弟弟纪申，在李健吾去世后所写的怀念文章中径称李健吾为大哥。文化生活出版社，简称文生社，是吴朗西、伍禅、柳静（吴妻）、丽尼等人投资，于1935年5月创办的。同年8月，应吴朗西的邀请，巴金从日本回国，主持编辑工作。此后，文生社的工作主要是在巴金的主持下进行的。抗战开始后，文生社的总部迁到重庆，另在桂林和上海设办事处。抗战胜利后，直到1948年，总部才迁回上海。第二年，吴朗西改组出版社，成立文化合作公司，并设董事会，由此引发了内部的矛盾。李采臣是巴金的弟弟，又是吴朗西在立达学园的学生，精明能干，一直是文生社的得力人手。吴朗西与巴金不合，于巴金赴北京开会之际，将李采臣辞退。这样一来，巴金与吴朗西

---

① 李健吾《自传》，中国社科院档案局存。
② 李健吾《挽"三哥"》，1945年11月29日《文汇报》世纪风副刊。

的矛盾就公开化了。遂有另办出版社之举。

巴金在其译作《六人》的后记中,对吴朗西已有怨怼之词,不过尚未指名道姓。1950年3月,平明出版社出版了罗淑的译作《何为》。1951年6月再版时,巴金写的《再版题记》中就公开透露了他与吴朗西之间的隔阂:"我手边正放着昨天收到的文化生活出版社吴朗西先生私人印发的攻击我的小册子。这本小书在平明出版也是我的罪名之一,说是没有在事先征求他的同意。我的答复是:这本小书跟文化生活出版社十五年前印过的《何为》是两个不同的本子。(而且1950年2月文化生活出版社的负责人并不是他。)倘使他今天要把在文化生活出版社绝版数年的《何为》重印,只要他得到译者家属的同意,他也可以重版那个旧的本子。但是作为罗淑全部著译的整理人的我,为了表示对读者负责,对译者负责起见,认为我现在有权要求出版社毁弃十五年前的旧纸版。"①从这里也能看出,创办平明出版社,确是在与吴朗西闹翻之后,否则吴不会散发"攻击"巴金的小册子。

李健吾在平明出版社究竟投资多少,不得而知,眼下所知道的只是,自从平明出版社创办后,李健吾几乎所有著作,都交平明出版,共计出版各类著作十二种。1954年,在公私合营的浪潮中,文化生活出版社与平明出版社,均并入上海新文艺出版社,即后来的上海文艺出版社。李健吾在平明出版社从未领过利息。公私合营后,从1955年起,每季领取定息二百八十元,股金系所出书籍的稿酬积蓄。

平明出版社成立后,为了出版社的生存,也是为了自己的"进步",李健吾打算翻译《马克思恩格斯论文学与艺术》,已翻译了一小部分。后来不知为什么(多半是心绪不佳)不译了,连书带那一小部分译文交给了王道乾,王译完后,在平明出版。书印得很多,拿到一笔可观的稿费,王道乾用它办了婚事。②

平明出版社内部也存在矛盾。1953年8月2日,巴金致萧珊信中说:

---

① 巴金《何为·再版题记》,平明出版社1951年出版。
② 周忆《"他有跳蚤起跳的严肃"》,1994年《东方》第二期。

"我非写出一部像样的东西来才不白活,否则死也不会瞑目……忙对我的创作没有妨碍。可是像平明那样的人事纠纷或者舒服的生活会使我写不出东西来的。"①

在"那样的人事纠纷"中,李健吾起了什么样的作用呢?纪申所写的《怀念健吾大哥》中,多少透露了一些情况——

> 他为人是那么的正直热情,诚挚爽朗。记得出版社闹内部矛盾时,他总面对现实,义正辞严、语重心长地站在真理的一边,从不玩花样。②

黯然离去

李健吾在剧专的处境并不太好。

工作上,他是勤勉的,负责的。

作为戏剧文学系的教授与系主任,他为全校开了"剧本分析"课。其时教材缺乏,他便从英文译出高尔基、托尔斯泰、屠格涅夫的戏剧集,凡有人译过的,就不译了。后来结集出版,计有高尔基剧本七种、托尔斯泰剧本三种、屠格涅夫剧本九种。

与李健吾同在戏文系任教的魏照风,对他这一时期的工作与为人曾有记述——

> 我们天天见面,坐在一张办公桌上,有时交谈系内教学工作,有时则高谈阔论,使我感到他的平易近人,单纯可亲,风趣乐观,胸无城府。他为筹建戏文系和培养年青一代的戏剧创作人才煞费苦心,全力以赴。健吾上课非常有吸引力,举例精辟,议论风生,尤其对中外文坛

---

① 巴金、萧珊《家书》,浙江文艺出版社1994年出版。
② 纪申《怀念健吾大哥》,1983年2月9日《文汇报》。

掌故非常熟悉,俯拾即是,增加了讲课的魅力,并能引导同学对某些文学戏剧问题,进行研究探讨,甚至外系同学也来旁听,有时窗台上都坐满了人。尽管这样系内还是矛盾重重,使他应接不暇,尤其是师生之间的思想矛盾,使他大伤脑筋。①

魏照风还说了这样一件事。某年暑假前夕,师生共作郊游,吃西瓜时,一个坐在女生旁边的助教,忽然拿起刀子插进西瓜,大耍其流氓腔调。这引起李健吾极大的愤怒,认为一个新中国的青年不应当有这样的举动,当场声色俱厉地批评了他,由此可见李健吾嫉恶如仇和公正无私的品质。

无论怎样勤勉地工作,无论怎样积极地表现,对这位有点历史问题,又性格直爽,才华外露的教授,从解放区过来的党的负责同志总是不太信任。这让李健吾很是苦恼。消沉了是抵触,积极了又是假的,进退失据,左右为难,真不知该怎样活着才好。心绪不佳,已着手翻译的《马克思恩格斯论文学与艺术》不译了,诸如《我爱这个时代》一类大而无当的文章也不写了。

"三反"运动中,李健吾又受到了审查,主要是交代历史问题。好在没有受到多大的冲击,小组意见是"有进步要求",剧专领导仍让他担任原来的职务。

然而,好景不长。1952年全国高等学府实行院系调整,山东大学艺术系戏剧科与上海行知艺术学校戏剧组并入上海剧专,于11月间正式成立中央戏剧学院华东分院(1956年12月又改名为上海戏剧学院至今)。1953年1月,华东分院领导做出决定,将戏剧文学系撤销,学生分别转到复旦大学和中央戏剧学院。这样一来,李健吾在学院里的一切职务也就随之消失。当年学校的创办者,如今仅是个无足轻重的教授。大概从这时起,李健吾就意识到自己在上海待不下去了。

这时又听到一个消息,华东文化部副部长彭柏山在北京对朋友说,李

---

① 魏照风《怀念李健吾同志》,1983年《上海戏剧》第二期。

健吾在上海表现不好。不光学院领导对他有看法,上海文化界领导也有了看法,这就更坚定了他调离的决心。①

早在1952年夏天,李健吾曾联系过去北京工作的事。这年7月31日,萧珊致巴金的信中曾说:"你知道不知道,李健吾将离'剧专',去北京人民出版社,专搞翻译。"巴金当时在朝鲜采访,不知其详,后来又接到萧珊信,8月15日致萧珊信中说:"健吾去北京工作甚好,不知他什么时候动身?见着他时请代问候。"②可见当时连单位都联系好了,不知何故后来没有办成。

这次他是下了决心,非走不可了。

谁能帮这个忙呢?只有郑振铎。这位老朋友老上级,解放后受到重用,担任文化部文物局局长兼考古研究所所长,是个有地位的人物。

1953年春,李健吾给郑振铎写信,表示了想离开上海去北京工作的意思。夏天,专程来到北京,去黄化门郑家看望郑振铎。说了自己在上海的处境后,郑振铎痛快地说:

"你离开'狗熊'吧,还是到文学所来,我们新近办的。我是所长,何其芳是副所长。你明天来我家吃中饭,算我给你接风。"

"狗熊"是他们平日对熊佛西的戏称。

第二天,李健吾准时去了,让他惊奇的是,郑振铎还特意请来周扬陪客。周扬当时担任文化部副部长。无论是将李健吾从中央戏剧学院华东分院调出,还是调进文学研究所,都得借助这位副部长的大力。郑振铎的安排真可说是周到细致了。

吃饭中间,周扬微笑着问李健吾,在上海看到什么好戏。

"我新近看到唱黄梅戏的严凤英,嗓子甜甜的,很中听,预料很有前途。"

饭后,周扬即告辞,郑振铎让李健吾改天去北京大学看望何其芳。当

---

① 李健吾《自传》,中国社科院档案局存。
② 巴金、萧珊《家书》,浙江文艺出版社1994年出版。

时文学所归北京大学管,就设在学校里。他去了,两人也是多年不见的老朋友,何对他来北京表示欢迎,并约定从第二年起,李健吾就来文学所工作。

就在这年秋天,当年沈从文被摒弃于文艺界聚会之外的命运,又照准地落在了李健吾的头上。

1953年9月23日到10月6日,全国文学艺术工作者第二次代表大会在北京召开。上海的数十名代表中,竟没有李健吾的名字。郑振铎曾提出意见,可惜无人理会。远在朝鲜战场采访的巴金听到此事,在致萧珊的信中说:"健吾未去参加文代会,郑振铎提意见,这是对的。健吾是个有修养的作者,如能克服自己的缺点,前途未可限量。不帮他进步,把他关在门外,这是损失。"①

同样的屈辱,在前一年举行的第一届全国戏曲观摩演出大会上,他已领教过了。辽宁评剧团的两个年轻人,根据他的话剧《青春》"改编"的评剧《小女婿》,荣获文化部颁发的一等奖。而此事竟与他无任何关系。若说辽宁的那两个年轻人无知,不晓得李健吾是谁,还情有可原。而主持此事的文化部及戏剧方面的领导人,多是四十年代过来的,能看不出《小女婿》脱胎于何剧,能不知道李健吾是何许人吗? 只能说不将他当回事罢了。

有人告诉他说,《小女婿》是根据《青春》改编的,他说:随它去吧,我不介意,我但求无过就行了。②

无论如何,他要尽快离开这个让他伤透了心的上海。

1954年初,文化部下达调令,正式调李健吾为北京大学文学研究所研究员。

虽说去意急切,并没有当即成行。他得将所带的课讲完,对得起学生,慎始而善终。老马恋栈,往后不会再上讲坛了,他不会不有所留恋。7月,学校放了假,这才携一家大小启程北上。

---

① 巴金、萧珊《家书》。
② 李健吾《贩马记·后记》,宁夏人民出版社1981年出版。

启程前,为筹措路费,颇费了一番周折。大女儿维音从粤东中学毕业后,考入青岛工学院,前一年已考入留苏预备班。他两口,四个儿女,还有大小家私,由沪迁京得一笔不小的开支。按新社会的规矩,搬家的路费是可以报销的。他那旧脑筋接受不了这新规矩,自己搬家,怎能让公家出钱。可他手头没有这笔钱。当时实行的是供给制,他每月的薪水仅七百斤小米,平日又没有多少积蓄。正好《包法利夫人》的译稿已交给人民文学出版社,先预支了一笔钱(按米价折钱),方渡此难关。

　　就这样,怀着黯淡的心情,李健吾带上全家,离开奋斗了二十年的上海。当年应郑振铎之聘来暨南大学任教时,年方二十九岁,雄心勃勃,要在上海滩上干一番事业,如今四十八岁,功成名就,却不得不怅然离去。成为讽刺,也是惟一可告慰的,又是郑振铎这位兄长帮了他。

第十一章　北京时期

(1954.7—1966.6)

"来了,回来了"

来了,回来了,带着一身尘土回到故乡似的北京来了。易卜生的派尔·根提扔掉爱情和故乡,到国外寻找事业和黄金去了,一眨眼工夫,就见生龙活虎的小伙子成了驼背,也带了一身尘土,海底捞月一样什么也没有捞着,回到了痴心等他回来的姑娘(姑娘老了,可怜人!)旁边,头枕着她的腿,听她唱着儿时听惯了的摇篮歌,闭了眼睛,永远闭了眼睛(可怜人)。他在世上兜了一个圈子,又兜到了老地方。我比他运气,不等背驼,就回到你的身边来了……我多庆幸自己不是易卜生笔下的老浪子!我带了一颗新生的心,来会你这在新生中的岩石。①

从这段文字,可以看出李健吾初回北京几年间的心情。来了,是从上海来了;回来了,是说他原本就是住在北京的。这回来,是无奈的,也是欢悦的。看不出屈辱,却不能说没有屈辱。写出来的文字,总比窝在心里的

---

① 李健吾《说游山的脚力》,1957年《人民文学》第三期。文中派尔·根提,今译培尔·金特,为易卜生名剧《培尔·金特》主人公。

情感亮丽些。

文学研究所隶属北京大学,学校一时没有相宜的房子,初到北京,他一家暂住在民康胡同二十五号。这房子是尤淑芬的弟弟尤炳圻分得的祖父的遗产。年底,学校有了房子,遂搬入中关村二公寓二单元一楼住家。在这里一直住到1958年,文研所脱离北京大学的隶属,划归中国科学院哲学社会科学部(中国社会科学院的前身)。

就在1954年的下半年,即刚搬回北京不久,李健吾又回(也得叫回!)了一趟上海,为他刚刚离开的中央戏剧学院华东分院讲授莫里哀。

在外人看来,这不是太滑稽了吗?先前连系主任都要撤掉,仅仅数月之后又作为上宾迎了回来。说穿了一点都不滑稽。华东分院领导未必不知此中的难堪,可是上峰有令,不得不依令而行。此举关系中国学术界的声誉,责任太大,谁也奈何不得。

从1953年冬起,中国政府先后邀请苏联戏剧专家多人,来北京和上海的戏剧学院讲学,并主持师资进修班或讲习班,帮助培训专业的表演、导演和舞美人才。在中央戏剧学院安排教学课程时,一位苏联专家以不屑的口气说:

"你们中国没有一个人懂得莫里哀和莎士比亚。"

时任中央戏剧学院院长的欧阳予倩当即回答:

"中国有个李健吾,可讲莫里哀。"

此事上报文化部领导,部里当即做出决定,抽调李健吾参加北京上海两地的编剧师资进修班的教学工作。专讲莫里哀。在这样的背景下,李健吾来上海讲课,自然谁也无话可说了。讲得怎样呢,上海戏剧学院教授魏照风回忆说——

  一九五四年他应邀来沪,为上海戏剧学院编剧进修班讲授莫里哀喜剧专题,他是这方面的权威,具有丰富的学识,边讲边示范表演,如对《答尔丢夫》(即《伪君子》)的讲解,简直像演一出戏,显示了他对莫里哀剧作的精通和表演才华,把同学都迷着了,从而介绍了作者的生平和戏剧创作特点,以及喜剧的独有风格,使同学获得很多知识。①

1955年春天,李健吾旧病复发,站都站不起来,整整在床上躺了半年。四处求医,均无效验。后来还是西苑医院一位老大夫给治好了。说来可笑,这病是婚后没两年就得下的,他一直以为是风湿症,也一直是按风湿症治的。这位老大夫一看,说不是,是腰脊椎脱位。治的办法很简单,大夫和他背靠背站定,两人胳膊从后面勾住,像幼儿园的小朋友做游戏那样,先是轻轻地你背我一下,我背你一下,越来越快,用力也越大,然后大夫猛一使劲,又猛地一顿,脱位的脊椎便复原了。从此扔掉拐杖,再也没犯过。

养病期间,他参考前一年在北京上海两地讲莫里哀的讲稿,写成《莫里哀的喜剧》,全文四万余字,系统地,也是全面地介绍和评价了莫里哀的喜剧艺术。②此文发表,显示了李健吾在莫里哀喜剧方面独步的造诣,不光是莫里哀喜剧的翻译家,也是莫里哀喜剧艺术的研究专家。早在1949年6月,开明书店曾一次推出李健吾翻译的莫里哀喜剧八种,而作为这方面的研究专家,则是由此番的讲学与这篇长文确定的。

上海的老朋友来了,会去看望他,他也会邀他们来家里用饭。1954年9月初,巴金来北京开会,10日晚,李健吾约巴金与黄佐临来家里用饭,还请来曹禺作陪。黄佐临因为晚上还要开会,没有来,巴金与曹禺都来了。

在北京,也常参加一些文化界的座谈会。比如1956年,何其芳的《论红楼梦》一文公开发表前,曾将前八章打印分发有关专家,李健吾接到一份。随后召开了座谈会。会上,青年文学评论家蓝翎在发言中说,文学作品人物名字的流行,可以看作一种社会效果,但不能看作判断典型的惟一尺度,并举出武大郎、马大哈为例。这时李健吾插话:"还有姜太公呢。"

北京毕竟是首都,政治气氛浓郁,文化气氛也同样的浓郁。最重要的是,五方杂处,各逞其能,也就有了大家的风范、容人的雅量。原本就成长

---

① 魏照风《怀念李健吾同志》,1983年《上海戏剧》第二期。
② 李健吾《莫里哀的喜剧》,《李健吾戏剧评论选》,中国戏剧出版社1982年出版。

于斯,而今故地重返,旧雨又衍新知,李健吾很快便融入了北京的文化圈中。讲学,发表文章,参加一些文化界的聚会,他的心情日渐开朗了。

人都说知识分子应当耐得住寂寞。这得看怎么说。应当和不得不然是两回事。若这种耐得是主动的,那不叫寂寞,该说是一种境界,或者说是派头,若是被动的,那不叫耐得,而是冷落,搁在谁身上也不好受。李健吾不是一个耐得寂寞的人,他是那种心情越愉快,精神越足,越能做事,也越能写出好文章的人。寂寞对他来说,无异于窒息。

也不是没有小小的不快,比如他一到北京便去拜访法国文学专家罗大冈,都是这方面的翘楚,按说罗是应当回访的,而竟没有。各人心性不同,处事方式不同,他只能苦涩地一笑。

1956年的夏天,对北京的知识界来说,是清爽宜人的。一天上午,当夏衍那颀长的身材,穿件浅色西装,打着紫红色领带,风度翩翩地走进人民日报社旧楼一层的会议室时,与会的作家学者们,觉得自己也同样的舒畅。

前些日子,中宣部部长陆定一在《人民日报》上发表《百花齐放,百家争鸣》。随之,在胡乔木的直接过问下,《人民日报》成立副刊部,增设杂文专栏,并于7月1日刊出第一篇杂文,何其芳写的《批评与障碍》。此前副刊部曾写信约请多人撰文,响应不太热烈。

请来谈一谈,胡乔木说。是提议也是指示,身为人民日报总编辑的邓拓当即照办,遂有了这次的座谈会。到会者均为北京文化界的文章高手,除胡乔木、夏衍、邓拓外,还有胡愈之、萧乾、王任叔、曾彦修、林淡秋、袁水拍、王子野、舒芜、李健吾诸人。

口才好的声名早就尽人皆知,又有逢会必说的癖好,李健吾的发言极为精彩。一口京片子,如同上下翻飞的利器,忽然谈到钱钟书,慷慨陈辞,惟恐在座的人不能认同,把一个学人的风采描绘得淋漓尽致。他认为钱钟书是一位出色的学问家,一部《谈艺录》恰是适宜副刊的文章。还举出当年在上海译《包法利夫人》时,一条注释困扰了他半年之久不敢落笔,后来是钱钟书帮他解开了羁绊。

正当李健吾语惊四座,得意非凡之际,夏衍风趣地说:

"李健吾,你吹钱钟书,我捧杨绛。她写的那几个剧本可不错呀。"

李健吾笑了,大伙也都笑了。

开过会不久,李健吾便寄来杂文《蛇与爱》。这是一篇出神入化,精妙绝伦的短文,李健吾又恢复了往昔的灵气——

> 吃我的动物,当然我怕,例如狮子老虎。叮我的动物,我也有些怕,例如蚊子、苍蝇。不过这种畏惧心理又和怕蛇心理不完全一样。也许狮子和蚊子加在一道,才有一点蛇对我的精神的威力罢。我只说,"有一点",因为这里少了蛇的形体。蛇成了妖,像《西游记》里面的巨蟒,孙行者也束手无策了。
>
> 如果它是《雷峰塔传奇》里面的白娘娘,千妖百媚,多情多义,该怎么办呢?

接下来说,我没有理由不爱它;许仙没有理由不爱它。世上岂有男人而不爱女人的吗?问题在他不知道它是蛇精。可是事有凑巧,她在端午节喝醉了酒,现了原形。而你只是一个普通人,一个长久活在怕蛇的更长久的传说之中的寻常人,看见如花似玉的美人忽然变成巨蟒,横在床头,又怎么办呢?许仙该怎么办呢?

当然是怕和爱,又怕又爱,不是怕老婆的怕:怕在这里其实就是爱。我说的是真正的怕,性命休矣的怕。

偏偏许仙在不知道白娘娘是蛇的期间爱她!爱过她!即使是在知道了以后,回想起来,斩不断,理还乱,那股甜滋味依然涌在心头。有谁不爱美妇人,谁又不爱一心向着自己的美妇人?天呀!怎么你会是蛇,蛇精!躲你,躲你的时候,我在爱你。你追赶前来,我,我又怕你。而且,天呀!你不惜一切来爱我,虽然你是蛇,蛇精。你是法海所谓的"孽畜"。可是你宁死也要爱我,爱我一个人。我怎么能在怕你之中又爱你?我这个人无家无业,无名无位,又非美男子,是什么让你这样爱我?单只爱我一个人?

创造这可怕而又美丽的巨灵,你是有心考验自己,考验我们这群"许仙"？你给了我们男子怎样一个考验呀，一个原来是蛇的美妇人，偏又多情！偏又敢于和天神比并！这里是最可怕和最可爱。

在做了各种各样的假设与感喟之后，作者归结到他的题旨，赞美集可怕复可爱于一身的白娘娘，同时又给我们指出一条窥探艺术堂奥的捷径，即尽情地体味人与自然的和谐，"这需要把象征手法和阶级分析暂且放在一旁"。

接到这样的文章，让编者作难。于今看来，这些见识也算不得唐突，但在当时则少有人道及。尤其是行文中一些含蓄的笔墨，比如说蛇向来待在阴森的地方，冷不防会蹿出来咬人，甚至缠住你不放。还有些明显不合时宜的提法，比如说要人们在欣赏这类艺术作品时，暂且将象征手法与阶级分析放在一旁。凡此种种，都让编者疑虑难决，担心这是一篇越轨的文章。左思右想，仍拿不定主意，后来还是决定送给胡乔木审阅定夺。胡乔木说，这是一篇极有见地的文章，可以一字不易地发表。

9月5日，《蛇与爱》全文在《人民日报》副刊上登载，署名丁一万。

对此事，时任副刊部编辑的姜德明是这样看的："李先生的思想和文风常有越轨的地方，他不愿意重复别人说过的话，这对那些墨守成规，不敢越雷池一步，而又神经过敏的人来说简直是可怕的。然而这也是他的散文出奇制胜之所在。李先生当然不知道此文发表前后的纠葛，我至今也不明白他何以要化名丁一万，我若不道及此事，也许很少有人知道这是李先生的作品了。"[①]

孩子们都是在南方长大的，到了北京，该带他们各处玩玩。1956年春季的一天，李健吾夫妇带孩子们去逛西山。天刚亮，就乘上了去西山的公共汽车。行途中，他全神贯注又兴味盎然地，观察着天际云彩颜色的变化——

> 东方是一片明亮的带一点淡紫的红光，西方也是一片红光，但是

---

① 姜德明《"我是好人"》，《绿窗集》，百花文艺出版社1983年出版。

色调深了,也不怎么明亮。就在这歌颂黎明、千变万化的曙色里,层层叠叠、浓妆淡抹的云雾罩住了西山,远的是蓝颜色,近的是紫颜色,好像不是山,只是一条颜色深浅、有高有低的带子,横在天地之交的晴空。而整个又蒙着一幅灰灰的细纱。太阳在我背后一点一点高起来了。西山的秀丽的轮廓开始走出了朦胧的画面。好像有一个戏法大师信手一指,紫雾就淡了,淡紫雾就不见了,西山露出它的面目,而一道真正的云,忽明忽暗,兜着山腰游来游去。①

游山途中,他忽地想到当年在清华大学上学,游西山时曾骑过的小毛驴。

那时,校门外的柳树下,每天早晨总有七八条毛驴拴在河边。星期天没事,他就骑上一条,直奔西山。驴夫兼充向导。若骑的是一条公驴,那就有趣了,一见母驴走在旁边,就扯嗓子乱叫,连骑驴者也觉得自己像是违犯了什么社会公约,对不起整个斯文社会似的。

当年骑过的那些驴都哪儿去了? 正在这时,从老远的山道上一颠一扭地下来一条毛驴,驮着两只筐子。后头走着一个小伙子。

"里头是什么?"李健吾迎上去问。

"杏儿。"小伙子高高兴兴地回了一句。

"这驴是你自己的?"

"不是,是合作社的。"小伙子响亮地说。

至此,李健吾方恍然大悟,驴和牛一样,都参加了合作社,忙生产去了。好嘛,他望着小伙子的背影,笑着对他喊道:

"把驴养胖点儿哟!"

1957年春季的一天,李健吾忽然在报上看到一条新闻,说有些合作社,因为有了机器,不重视牲畜,一条牛还卖不出一条牛犊的价钱。这时,他又想起当年在清华大学时骑驴游西山的情景,似乎有了个解决这一问题

---

① 李健吾《说游山的脚力》。

的办法。在散文《说游山的脚力》末尾,自作聪明地写道——

> ……我心头一动,不由就鬼精灵似的起了一个念头:为什么不把驴(单单是驴,牛马之类高贵动物还是另请高明想办法吧)搁到公共汽车终点,供旅客游山呢?对了,可能找不到驴夫。不过我有办法。我在火车站看见新华书店分销处有一处牌子写着"无人管理",为什么不把毛驴拴在桩子上,也来一个"无人管理"呢?也许又有人说了,万一阁下骑了驴,骑来骑去,最后把驴骑走了呢?说这话的人,大概忘了我们游山玩水,只是忙里偷闲,岂能因小失大,将驴来换社会主义社会?①

说牛马之类的高贵动物还是另请高明想办法吧,在他看来,他这样的处理毛驴的办法,该是高明的了。我们今天看了,怕要喷饭,以为这位大学者是在开玩笑,或是在嘲讽什么。无须责怪,他是诚挚的,一个自恃高明的学者对新社会的那种诚挚。再说,这毕竟是1957年的春天,过了这个春天,再诚挚,他也不会贡献这样"高明"的意见了。

拔了这面"白旗"

提心吊胆地,总算平安地度过了1957年的"反右派"运动。

他应当庆幸,庆幸1954年从上海调到北京是明智之举。若仍在上海戏剧学院,仅凭领导先前对他的看法,此番就难以过关。先前不过釜底抽薪,撤了戏文系使他的职务荡然无存,此番正好戴上帽子,让你老老实实。你积极吗? 一个假的就可"化夷为险",百口莫辩。

还应当庆幸的是,他来到文学研究所这样一个纯学术单位。仅三四年时间,只有过去的辉煌,没有当下的纠葛,也就不会招人疑忌。再则,所长

---

① 李健吾《说游山的脚力》。

郑振铎早在1954年6月间出任文化部副部长,副所长何其芳也是多年的老朋友。李健吾是在上海待不下去才投奔他们的,能保护自然会竭力保护,断不会做出什么对人不起的事。若不是有这层关系,仅凭前一年在《人民日报》发表的《蛇与爱》这篇杂文,就可定他为右派而绰绰有余。

据此,说是郑振铎、何其芳庇护他过了反右这一关,一点也不为过。

这是事后的评判。在当时,或许李健吾认为自己本来就没事;也确实不算个事,可要说你有事也就有事。人只有在事后才会幡然而悟。若不是这样认为,那个夏天,他也就不会兴致勃勃地写他那篇重要论文,长达四万字的《科学对十九世纪法兰西现实主义小说艺术的影响》。①他是个情绪型的学者,若情绪不好,断不会写出这样的好文章。

也不是没有一点风险。他的《青春》被辽宁评剧团改编为《小女婿》,轰动全国,改编者并得到一笔奖金。这年春夏间,在《戏剧报》工作的唐湜知道这个情况后,激于义愤写了一篇文章,去中关村找李健吾看过,拟在《戏剧报》刊出。不料形势骤变,唐湜被打成右派。李健吾知道,如果这篇文章发表,必将受到追查,祸及自身。连忙赶到编辑部,找到上海剧专时期的学生张江东,将那篇文章及时抽出,这才没有出事。

明明是朋友多方保护,自己又那么提心吊胆,可悲可悯的是,对1957年没被打成派,他还沾沾自喜。1958年春,曾写文章自我表白——

> 反右派斗争期间,不常见面的朋友笑问:"你没有成右派?"话问得爽辣。因为我学习马列主义很晚。那么为什么没有成右派?说来简单。一句话,我抹杀不了成绩。而且我一定首先肯定成绩。记得去年四月里,上海一位读者要我谈谈话剧。我开口就先比较。比较的结果是话剧在解放后有了飞跃的进展,说是一日千里,也不为过。我说的是我的感性认识。别的我不管。反正我不能昧良心,造谣言。②

---

① 李健吾《科学对十九世纪法兰西现实主义小说艺术的影响——〈包法利夫人〉成书百年(1857—1957)》,1957年《文学研究》第四期。
② 李健吾《永远跃进》,1958年3月9日《光明日报》。

这样的话,出于李健吾笔下,又是在反右派之后,不乏其真诚,然而,总让人觉得另有一种味道,得意?还是浅薄?

到了1958年夏天,当那场思想整风运动简化为"插红旗,拔白旗"时,情况就不妙了。

起初不是李健吾不妙,是他的保护人郑振铎不妙了。

一切都来得那么自自然然,煞有介事。出版《古本版画丛刊》等古籍是郑振铎的夙愿,且早已进行,不意1958年5月间,自恃博学的康生却提出意见。5月23日,郑振铎立即致函上海古典文学出版社,急急如律令,其中说"全部已印者,均作为'内部参考资料',不广泛发行。关于《天竺灵签》一书,尤要作为严格控制的'内部参考资料',如未发出者,请勿发"。于此可见郑振铎对康生意见的重视。

要整你,再补救也不抵事。事实上,康生在提意见的同时,已做了周密的布置。6月2日,上海《文汇报》即刊出王天心5月27日写的批评文章《选择影印古书的目的要明确——对〈天竺灵签〉、〈历代古人像赞〉的意见》,指责郑振铎影印这些书是厚古薄今的一种表现。

6月7日,在康生的授意下,《光明日报》在"评郑振铎编的两种古代版画"栏题下,刊出王琦和张若的两篇文章,批评的仍是《天竺灵签》和《历代古人像赞》。实际上,这两本书除向香港少量发售外,未曾在国内发行。[①]

这期间,郑振铎继续参加各种社会活动。甚至参加最高国务会议,听毛泽东主席的讲话。

到了9月,批评突然升级。14日,北京大学中文系二年级一班的瞿秋白文学会集体写作的《评郑振铎先生的〈中国俗文学史〉》,在《光明日报》的文学遗产副刊发表,措词十分尖锐,公开指出郑振铎是"资产阶级专家"、"白旗",其《中国俗文学史》中的某些观点"实质上服务于帝国主义向外侵

---

① 陈福康《郑振铎年谱》,书目文献出版社,1988年出版。

略的行动"。

9月24日,茅盾以文化部长身份约郑振铎去他的住所谈话,同时有吴仲超、王冶秋、钱俊瑞、徐光霄诸人参加。郑作检查,钱徐二人的批评极为尖锐。下午回到家,郑振铎在日记中写道:"下决心不再买书,并清理积欠,作为改造思想的基础。"①

也就在这期间,中央决定郑振铎率文化代表团,出访阿联酋、阿富汗等国。

出国是出国,批判是批判,两个系统做出的决定,互不干扰。10月8日,郑振铎在文学所会议室里,做了深刻的检查,先回顾并检讨自己大半生的文化活动,接下来检讨《插图本中国文学史》一书中的错误。这次会议,李健吾参加了。看到自己一向敬重的老朋友、老领导,莫名其妙地受到这么严厉的批判,李健吾既惶惑而又无能为力——

> 记得我们最后一面,你坐在你领导的文学研究所的一间会议室的长桌的前面,长桌四周团聚着十多位新朋旧友,气氛异常严肃,不是讨论什么文学课题,而是批判你的思想。你虚心听取识与不识者对你这位开路人的高谈谠论。你的划时代的造诣是《插图本中国文学史》。偏偏就有一位后辈,长篇大论,说你犯了这样那样的错误。这种违心之言,不才如我,只能将信将疑。还有一位年轻同志,据说还要写文章批判你的《中国俗文学史》。这篇文章后来发表了没有,我已经毫无印象,反正你也没有机会领教了。我只记得这是我们最后一面。当时会散了,我同情地过去和你握手,谁料竟是最后的握手!②

与此同时,文化部系统的报刊,正在紧锣密鼓地准备大规模地、公开地

---

① 陈福康《郑振铎年谱》,书目文献出版社1988年出版。
② 李健吾《忆西谛》。

批判郑振铎的思想和著作。

意料不到的事发生了。10月17日,郑振铎率团乘苏联"图—104"飞机起程,途经苏联上空时,飞机失事坠毁,一行十六人全部遇难。

人死了,又是在执行公务的途中,当然是烈士,各报刊原来准备好的批判文章,立即全部撤下,换成悼念文章。好端端的一面"白旗",转眼间又变成了一面红旗,也真够红的,染着血,映着火。

郑振铎批不成了,但运动不能停止,谁来顶这一杠子呢?

李健吾无论如何没有想到会是他。更没有想到,被批判的是那篇《科学对十九世纪法兰西现实主义小说艺术的影响》。

批判的组织者,懒得动脑筋,连批判的模式都照搬对郑振铎的那一套儿,不肯创一点新意。

好在已有现成的铺垫,不必临时组织青年学生给编辑部写信,做出一副群众自发,与我无关的假象。这年5月间,文学所三位年轻研究人员,杨耀民、陈燊、董衡巽,给本所的刊物《文学研究》写信,说是"读你刊1957年四期刊载的李健吾先生的"文章,认为"这篇文章里存在着一些问题"。首先是超历史阶级的观点,其次是资产阶级文艺观点,第三是治学态度不够严肃。除此而外,文风也成问题——

> 最后,我们附带谈一下这篇文章的文风。我们知道,作者是一个作家,擅长语言技巧。但是他在这篇文章里,似乎故意运用一种特殊的风格——追求辞不达意的"简炼",很多句子欧化得让人看不懂,加上概念模糊,思路不清,因而在阅读该文时,我们感到十分吃力。这种"立志不让别人看懂"的文风,也正表现了作者脱离人民大众的资产阶级作风。
>
> 我们是新中国的研究人员,我们读不懂,人民肯定读不懂;人民读不懂,而你偏要这么写,不就是脱离人民大众的资产阶级作风?——不是什么逻辑推理,简直就是铁的准则。

此信在同年6月25日出版的《文学研究》第二期刊出。只需就此深入，便成批判之势。果然，第四期上便刊出了当初写信者三人中的陈燊的长篇批判文章，名曰《评李健吾先生的〈科学对十九世纪法兰西现实主义小说艺术的影响〉》。作者年轻气盛，行文花哨尖刻，似乎要与李健吾的文笔一比高低。第一节标题为《"它走不动"》，开头几句是——

> 年纪稍大点的同志，也许在解放前阅读过李健吾先生的《福楼拜评传》和他以刘西渭的笔名发表的《咀华》二集。在这几本书中，李先生的资产阶级唯心主义的学术观点是表现得淋漓尽致的。解放十多年了。祖国山河都起了激烈的变化，而李先生的学术观点，正如他在《科学对十九世纪法兰西现实主义小说艺术的影响》一文里所表现的那样，还是依然故我！

以下几节的标题是《子虚乌有的阿基米得的支点》、《是自然主义，还是现实主义？》、《资产阶级学者的旧衣钵》、《材料与观点无关吗？》。最后一节是《原因在哪里？》，直捣黄龙，其中说——

> 因此，我们可以断言：李先生是文学研究工作领域内的一面白旗。这面白旗历二十年如一日，甚至不因我们祖国解放后惊天动地的变化而有所变化，确实是惊人的。
>
> 为什么会这样呢？
>
> 原因在于：一方面，李先生还没有认清自己资产阶级学者的老一套错误，没有决心抛掉这一套，而只想改头换面地加以利用；另一方面，李先生还没有真正相信马克思主义是真理，还没有认真地学习马克思主义，平时的学习，也只停留在字句的表面，而没有深入体会马克思主义的精神。这两方面无疑是互成因果的。
>
> 在这里，如果要找最后的原因，那只能是世界观与立场问题。

毕竟是同事,又是学生辈批判老师辈,帽子戴上了,措辞还不算恶毒。

接下来也和当初对付郑振铎一样,让李健吾在文学所的会议室里接受群众的批判,或者说是帮助。文章的发表要迟些时日。对李健吾的批判,曾因下乡一度中断,回来后又继续进行,直到第二年春天。批判主要集中在他的资产阶级学术思想上,并涉及他的阶级立场。哪儿疼往哪戳,对有点历史问题的人,这是最便捷,也是最致命的一着。

有什么可说的呢,只能认了。

经过这场锥心的批判,元气大伤,李健吾沉默了,很少发表文章了。1960年春,天津《新晚报》编辑王永运,来北京邀名家写稿,先去看望早就相识的李健吾。这时,李健吾已从中关村的北京大学宿舍搬出,在东城的九爷府学部宿舍住了一段时间,又迁到无量大人胡同(现名红星胡同)的学部宿舍,与卞之琳等人同住一个院子。刚睡过午觉,显得很疲惫,听了对方的来意,李健吾以低沉缓慢的声调说:

"最近单位正在批判我的资产阶级思想,一时恐难动笔。"

王知道《文学研究》上发过粗暴的批评文章,但对何以如此却不知底里。李健吾不愿多加解释,仅淡淡地说:

"文化主管部门从1958年初就着手准备批判郑振铎先生的资产阶级学术思想,而且写出来一批批判文章,不料郑先生访问苏联时飞机失事,只好把批判文章全部扔掉,换上悼念文章。"口吻的冷漠平淡,好像是叙述一件与自己毫不相干的事情。

三十年后,王永运将当年访问李健吾的事写成文章,发表在《戏剧电影报》上,不知是王本人还是编辑,在正题旁边另加副题,其中一句为"因戏挨批,顶替失事郑振铎",指出事情的前因后果。①

这面"白旗",就这样拔掉了。

从此李健吾的人生,又进入一个凄凉寂寞的时期。

---

① 王永运《怀念李健吾》,1992年6月21日《戏剧电影报》。

下乡接受社会主义教育

拔了"白旗"之后，1958年10月，李健吾与同事一行二十余人，下乡了解人民公社，接受社会主义教育。

此前，北京大学文学研究所划归中科院哲学社会科学部，由中关村迁至建国门内学部大院办公。

下乡的地点，是北京西南房山县长沟乡，那里新成立了人民公社。下乡期限原定三个月，实际只待了两个月。

解放后，历次大的政治运动到了后期，都有让运动中的受批判者下乡锻炼的做法，至"文化大革命"中的下干校，一住数年，可谓达于极端。新社会的农村，是个奇妙的地方，一方面，最能显示社会主义的优越性，如集体化、新变化等；另一面，它又是穷苦的，落后的。这看似矛盾的两面性，遂成了资产阶级知识分子最好的发配地，既可以感受新社会的新气象，接受社会主义教育，又可以通过繁重的体力劳动和艰苦的生活环境，达到改造他们的思想的目的。而实际运作起来，又有种种的不同，其中之一是，某些贤明的领导，将它变成保护受批判者的一种权宜之计。当一些领导决定将正在运动中受熬煎的知识分子派往农村锻炼时，多少也有借这个革命的名义，让他们避一避风头的意思；即便领导者全然是让他们去吃苦，去锻炼，而农村散漫的生活，远离尘嚣的环境，实际上也给了这些受批判者以休养生息的机会。

至于这次，在拔"白旗"运动之后，学部领导让这批"白旗"们下乡，似乎两种意思都有点。

10月底的一天，一行二十余人由正副队长带队，乘坐公共汽车来到长沟，先在公社休息一晚。第二天分作两队，一队由副队长率领，驻在山下一个富庶的村子；一队由队长率领，驻在山上一个贫瘠的村子。分在山上的，连同队长共七人，五男二女。二女中有一人是杨绛。队长是一位谦虚谨慎的老党员。

在《第一次下乡》一文中,杨绛记述这次下乡的情况甚详,也甚生动。笔者曾写信问杨先生,五男中可有一人是李健吾,当时杨先生在病中,嘱其女儿回复,说确如所言。下面,摘录杨先生文中几段,不一定全是写李健吾的,不过大致可以看出李健吾下乡期间的情景——

我们初下乡,同伙一位老先生遥指着一个农村姑娘说:"瞧,像不像蒙娜·丽莎?"

"像!真像!"

我们就称她"蒙娜·丽莎"。

打麦场上,一个三角窝棚旁边,有位高高瘦瘦的老者,撑着一支长竹竿,撅着一撮山羊胡子,正仰头望天。另一位老先生说:

"瞧!堂吉诃德先生!"

"哈!可不是!"

我们就称他"堂吉诃德"。

那是一九五八年"拔白旗"后,"大跃进"时的十月下旬,我们一伙二十来人去受社会主义教育,改造自我。可是老先生还没脱下资产阶级知识分子的眼镜,反而凭主观改造农村人物呢!①

农民让出一个大炕,给五位老先生睡。后来天气转冷,村里腾出一间空房,两位女士打扫了,糊上白绵纸,买了煤,生上火,他们一伙就有了一个家。两位女士则"打游击",换过好几个住处。

灶上常吃白薯。几个老先生吃了白薯,肚里产生大量气体,又是噫气,又是泄气。有一次,一位老先生泄的气足有一丈半长,还摇曳多姿,转出几个调子来。杨绛和女伴走在背后,忍着不敢笑。后来杨绛拣出带的一瓶食母生,给他们"消气"。

有一天,他们分组到村里访病问苦,也连带串门儿。撞到了"疯婆子"

---

① 杨绛《第一次下乡》,《杨绛作品集》第二卷,中国社会科学出版社1993年出版。

家里。一间破屋,一个破炕,炕头上坐着一个脸黄皮皱的老大妈,正是先前曾见过的那个疯婆子。杨绛起初有点害怕,懦怯地近前和她打招呼。她很友好,请他们坐,一点不像疯子。于是杨绛便坐在炕沿上和她攀话。她的话杨绛不大懂,只知是连篇"苦经"。问起她的伤腿,她就解开裤腿,给杨绛看她腿上的伤疤。同组的两位老先生没肯坐,见那疯婆子解裤腿,慌忙逃出门去。杨绛怕一个落单,忙着一面抚慰,一面帮她系上裤腿,急急辞出。杨绛埋怨两位老先生撇下她逃跑,他们只是鬼头鬼脑地笑,说是怕那疯婆子还要解衣解带。

村子附近的山里出黏土,经火一烧,变得很坚硬,和一般泥土烧成的东西不同。黏土值钱,是村民们增加收入的一大财源。他们曾去参观他们挖掘,是一位挂过彩的退伍军人邀请他们去的。那天,队长有事回北京去了,其余六人全去了工地。只见村支书肖桂兰带着一群小伙子和大姑娘铲的铲,挖的挖,装在大筐里,背着倒在小车上堆聚在一处。几个老先生仅象征性地帮着搬了几团泥块。那位退伍军人还要款待他们吃饭,他们不好意思打扰,赶紧饿着肚子溜回自己的食堂。

下乡期间,他们还搞"诗画上墙",给村里的空墙上写满了自编的"大跃进"诗歌。还想为村里写一部村史,没完成。

阳历年底,村上开始过节,宰了猪,他们不好意思分享老乡过节的饭食,特意买了两只鸡、两瓶酒送给厨房。这个村子出厨师,大显身手,做出不少拿手好菜。他们一直在厨房里面用饭,连日吃白面馒头和花卷,都是难得的细粮,理应回避。据杨绛说,这或许也是促成他们提前回来的原因。因为再过一个月就是春节了。

离开村子前,还做了总结。随即便挤在一辆卡车的拖厢里,经过大半天的颠簸,于黄昏时分回到北京。

沉浸在看戏与评戏中

被当作"白旗"拔掉,对李健吾的打击是严重的。

第十一章 北京时期

此前,他还有一股政治热情,比如1958年夏天,当美国出兵黎巴嫩时,曾满腔热情地配合形势,写了独幕剧《死亡路上》,收入人民文学出版社出版的《我们和阿拉伯人民》一书中。这是一出政治活报剧,写美国政府的几位首脑人物怎样一边操纵股市,大发其财,一边研究出兵干涉黎巴嫩内政,而在伊拉克发生军事政变后,总统艾森豪威尔、国务卿杜勒斯均相继晕倒过去。写出这样的剧本,纯粹出于一种政治热情,艺术上则一无可取。

一夜之间成了"白旗",他清醒了:躲得过初一,躲不过十五,是你的,总得给了你。

此后,不同了。工作自然还是要做的。比如所里分配给他的任务,除主编《外国古典文艺理论译丛》外,又着手编辑《外国戏剧理论译丛》。周扬多次在会议上讲,作为一个有高度文化的国家,不光要借鉴中国的文学遗产,也要翻译外国的文学遗产。学部将这一任务给了外文所,外文所又落实在李健吾头上。外文所的这一宏伟计划,曾受到中宣部的表彰。

对于译著,他惟一的一个心愿,就是翻译完莫里哀的全部喜剧。1958年冬,解放前在"苦干剧团"即相识,并参加过《金小玉》演出的白文,从南京来北京,去家里向他请教莫里哀《没病找病》一剧的演出,他沉痛地说:

"翻译了《莫里哀全集》,我就搁笔了。"①

才五十二岁,对于一个学者来说,正当壮年,无奈之中,他的兴趣完全转移到看戏与评戏之中。平日交往的,也多是戏剧界的朋友。只有在戏剧界,大家仍对他保持着往日的敬重。

少年时就演戏,一生写戏不辍,他爱的是话剧,对京剧和其他地方戏,并没有多大兴趣。他自己曾说过,"我从十岁到三十岁,有将近二十年的光景是在北京度过的。我看京戏只是偶尔的事,还是挑着看的。对京戏的感情并不怎么纯厚。"

是不爱,怕也是不会,据说他平日是连一句京戏也不哼不唱的。然而

---

① 白文《追忆李健吾》,1983年7月14日《文学报》。

他懂,几乎是先天的懂,几乎是所有的戏。

当研究员不能再研究什么,那就自得其乐,在这"声色犬马"中消磨壮年的时光吧。

他的看戏,有时是剧团邀请,如人艺排出郭沫若的《蔡文姬》、老舍的《茶馆》,会请他这位老戏剧家观赏,提意见。某些外地剧团来京演出,也会送票请他去看戏。更多的,还是听说哪儿演什么好戏了,自己掏钱买票去看。看了好戏,多半会写文章评价一番。

就是看戏,也不是没有烦恼。这,缘于他火热的个性,也缘于处境的寂寞,可说是情有难违,而势有必至。最突出的例子,该是看郭沫若《蔡文姬》的演出,及随后写的两篇剧评文章。

1959年11月间,郭沫若的话剧《蔡文姬》完成后,由北京人民艺术剧院演出,焦菊隐导演。公演前,先邀请在京的文化界名流观赏。演出结束后,当即举行座谈会,郭沫若亦在座。李健吾抢先发言,说这个剧本写得多么的好,焦菊隐的导演又多么的妙。究其实,无论焦菊隐在导演上下了多大的功夫,剧作本身的缺陷是很明显的,对话枉有激情而啰里啰嗦,场次紊乱,人物性格前后相左。明眼人一眼就能看出,以李健吾在戏剧艺术上的造诣,不会看不出来。

散场后,有人问李健吾:"真的像你说的那么好吗?"

李健吾笑着说:"就那么说说嘛,哪有那么好。"①

就那么说说,尚可视作逢场作戏。不尽此也,过后他竟写了一篇捧场文章,在报上发表。虽说主要是谈焦菊隐的导演艺术,仍不能不让戏剧界的朋友们讪嘲。

为了挽回这个面子,他又写了一篇剧评,先为前一篇文章辩护,说因了欣赏焦菊隐在导演中能坚持自己的看法,"这需要认识,更需勇气",他才"写一篇感兴的小文,表示我的敬意"。接下来,以谈导演手法的方式,谈了自己对郭沫若剧作的真实看法——

---

① 笔者访王平凡先生谈话记录。

第十一章 北京时期

郭沫若同志的历史剧,热情奔放,充满积极浪漫主义精神;戏剧性强(有时候陷入为戏找戏),是非性尖锐,处处带着他个人的演说情调。(十三四年前,我听他的演说,像烈火一样燃烧我的心!)但是另一方面,他的剧本并不细贴,词句缺乏对生活的恰如其分的笔致。像是有一阵风,把你带进他的历史世界,不给机会让你细看。他的话剧实质上很像歌剧。他却偏偏写的又是话剧。①

虽说难免受现实政治的遏制,也主动地学习着用一些流行的政治术语,有些生硬、拗口,他的这些剧评还是更多地作艺术上的分析,不乏其真知灼见。最能显示他的艺术分析能力和艺术见地的,不是对演出剧目的评析,而是那些率性而为的,谈戏剧技巧的小文章。最有代表性的,该是从1961年7月4日起,在《人民日报》上发表的那组共计七篇之多的《艺术短简》。比如其中一篇《〈窦娥冤〉——丑的插入》,全文不过数百字。一开始,用问答的方式,提出问题:关汉卿的名作《窦娥冤》既然单纯有力,为什么在第三出的开端又要借重丑的打诨,岂不破坏悲剧的气氛?接着说,悲剧气氛和结构,包括环境与形势,有密切的关系——

> 这段打诨有它的适宜性,又必须适可而止。它只能在刑讯之前插入。此外任何地方插入打诨,都不相宜。那就会破坏悲剧气氛,像你所问起的。剧作者只要空气动荡一下。他希望避免凝滞。而且即使动荡,动荡本身也起推动作用。亚里士多德推崇备至的悲剧范例《俄狄浦斯王》,同样出现这种性质近似的插入。就《窦娥冤》来说,它只能在刑讯(更大的恶运)之前,决不许来在刑讯之后。关汉卿确定它的使用与时间,说明他对悲剧境界的天才匠心。②

---

① 李健吾《看〈蔡文姬〉的演出想到的》,收入《戏剧新天》。
② 李健吾《〈窦娥冤〉——丑的插入》,收入《戏剧新天》。

在评析演出剧目时,若感情投入,也同样能写出精妙的文章。1961年,山西晋剧院青年团赴京演出,看到久违的家乡戏剧,李健吾激情难捺,写了《可喜可贺——看晋剧青年演出》一文,起首便说:"家乡人而不了解家乡,我怕是其中的一个人。说来也怪,父母的饮食习惯却照样继承下来。从小离开山西,有一回听见人唱眉户调,好像感情也有根,一经触动,眼里迸出泪来。"接下来评价演员的功力,演出的效果。①

这类剧评,因了所评的大都是某一次具体的演出,或是某一个地方剧种,虽不乏精到之论,笔下总少了些许的灵气。反倒是专门评价某一著名演员,带了对人的情感,笔端每每放出熠熠的光华。《海派与周信芳》就是这样一篇好文章。

1935年秋天,初到上海后,曾有朋友请他看周信芳的戏,他说:"跑到上海来听京戏,我看也就算了吧。"他会演戏,且有盛誉,对戏剧名家多不以为然,有一次竟对朋友说过:"我如果唱戏,梅兰芳有他吃的!"梅兰芳都看不在眼里,周信芳更是等而下之了。

话是这样说,还是去看了。看的是《四进士》。看之中,他就听出周信芳的嗓子不够纯洁,有沙音。不过味道厚,并不妨碍人物性格的塑造。不提防间,台边忽然跑出一声"好赃官!"像迅雷一样,自天而降,让他浑身打颤,又像紧跟着一把火,烧得他的心也沸腾了。形式主义是感动不了观众的,更不用说震动。他被征服了——

> 周信芳演戏,不管什么戏,都是全力以赴。不草率,不偷巧,认真走进角色,因而角色的态度永远明朗。有戏的时候如狼似虎,没有戏的时候帮助有戏的演员如狼似虎。这种有人有我的合作精神,应当是演员(作为演员看)的最高品德。他的演出给人以强烈又和谐的感觉。②

---

① 李健吾《可喜可贺——看晋剧青年演出》,收入《戏剧新天》。
② 李健吾《海派与周信芳》,收入《戏剧新天》。

值得探究的是,在稍后的两年间,李健吾写了几篇题目很大,带有综述性的大块文章,如《社会主义的话剧》之类。这样大的题目,似乎和他的身份不太相称。说清了,一点也不奇怪。他又得意了。

生活条件的变化,是一种征兆,也会改变一个人的心境。1961年夏天,学部在东四干面胡同建起一座四层四单元的高档住宅楼,李健吾分到了一套。据说这座楼房,是刘少奇指示修建的,体现了党对高级知识分子的关怀。得到这样的礼遇,心里的欢喜乃至得意也就不难想见了。

更重要的是政治环境的松动。1962年2月,多年冷落之后,李健吾参加了在广州召开的全国话剧、歌剧、儿童剧创作会议。且在这样高规格的会议上,受到了文艺界领导人的表扬。

这是戏剧界的一次大聚会,邀请全国戏剧界的名流学者参加,国务院副总理陈毅亲自到会讲话。文化部副部长林默涵在讲话中称赞说:李健吾正在编一本书,叫《外国戏剧理论译丛》,收集从亚里士多德到莎士比亚的古典戏剧理论著作,有一百多万字,将来出版了,最好人手一册。

这次会议后,文艺界的气氛宽松了许多。

他不是个深沉的人,时局的任何一点好转,领导的任何一点表彰,都会令他兴奋不已。而这次会上,两个"一点"同时莅临,他不会不有所触动,有所自励。会后,绕道去上海,看望了上海戏剧界的老朋友魏照风等人,又和魏照风一起去锦江饭店看望了曹禺、老舍和张庚。

精神上的这一变化,明显地表现在写戏评上。若说此前的写戏评系无奈的逃避,那么,此后则是有意的进击,甚至可说是冲锋陷阵,为王前驱。在这样的心境下,写几篇高瞻远瞩的大文章,也就不足为奇了。

"文革"之后,戏剧评论及戏剧理论研究方面,李健吾出版了两本著作,一为《戏剧新天》,上海文艺出版社1980年4月出版;一为《李健吾戏剧评论选》,中国戏剧出版社1982年9月出版。论编辑时间,则是前者在后,后者在前。《戏剧新天》中收录的,主要是戏评文章,均系解放后所写,共计四十六篇,其中写于1959年至1965年之间的有三十七篇。这些文章,在书中系按类型编辑,现在按写作时间排列如下,不仅可以看出李健吾这一时期所写剧评文章的全貌,还可以看出一些别的名堂。

1959年:《改编剧本——主客问答》(4月)

《怎样训练一个演员演"阿尔巴贡"》(6月)

《战歌——看话剧〈东进序曲〉》(7月)

《看京剧〈绿原红旗〉》(7月)

《拉杂说〈大雷雨〉——看中央戏剧学院演出后》(8月)

《"赵太后新用事……"》(9月)

《看〈蔡文姬〉的演出想到的》(11月)

《现实与理想——看〈阴谋与爱情〉的演出》(12月)

1960年:《舞台剧本改编为电影剧本——两个外行人的漫谈录》(4月)

《每个时代每个阶级对戏剧都有自己的要求
  ——漫谈电影〈今天我休息〉》(6月)

《〈甲午海战〉与历史剧》(12月)

1961年:《〈刘三姐〉——一首抒情的戏剧战歌》(1月)

《海派与周信芳》(6月)

《从〈柜中缘〉谈起》(7月)

《〈窦娥冤〉——丑的插入》(7月)

《〈窦娥冤〉——悲剧性》(7月)

《〈陈州粜米〉——喜剧性》(7月)

《可喜可贺——看晋剧青年演出》(9月)

《社会主义是一首美丽的诗》(无月份)

1962年:《漫谈一些编剧技巧问题》(5月)

《于伶的剧作并及〈七月流火〉》(12月)

《社会主义人物的抒情诗——致佐临同志》(12月)

《试谈导演莫里哀的喜剧》(无月份)

1963年:《社会主义的田园剧——喜看〈红色宣传员〉的演出》(1月)

《迎成都市川剧院》(1月)

《〈秀才外传〉剧本分析》(1月)

《戏剧的特征》(3月)

《社会主义花开早——迎晋南蒲剧院青年剧团》(4月)

《充满人民的乐观精神——看高甲戏》(6月)

《独幕剧——时代的尖兵》(10月)

1964年:《社会主义的话剧》(4月)

《社会主义话剧的戏剧冲突》(4月)

《为社会主义的独幕剧鼓掌》(4月)

《喜看京剧现代戏会演》(7月)

1965年:《精彩的小喜剧〈打铜锣〉》(1月)

《风景这边独好——谈话剧〈英雄工兵〉》(无月份)

能看出什么名堂呢?最明显的该是强烈的政治倾向,比如好些文章的题目中均有"社会主义"一词。再是题目的夸饰色彩,如称歌剧《刘三姐》为"一首抒情的戏剧战歌",高甲戏"充满人民的乐观精神"。当年写《咀华集》及《咀华二集》里的文章时,简练到以原作的名字作为自己文章的名字,仅在题名下附以"×××作"字样,那是一种自信,一种大家的气度。如今,写一些篇幅并不太长的剧评,却要在题名中做明确的政治表白,连"每个时代每个阶级对戏剧都有自己的要求"这样冗长的话语,也用来做了题名。是时代的局限,也是前后心态的不同。

颇具讽刺意味的是,在发表了《社会主义的话剧》这样综述性的大文章后,李健吾感觉好得不行,以为自己已然取得了某种资格。1965年,又写了万字长文《社会主义的喜剧》,按说喜剧是他更有资格评述的,却未能发表。1981年4月,在编辑《李健吾戏剧评论选》时,将此文收入,并写了一段附记,其中说:"这篇东西在十年浩劫后,无意中被我发现,上面有刊物的图章:证明是1965年10月6日之前的学习笔记一类的东西。"是为了考证此文的写作年月,同时也透露了这是一篇退稿,——1965年下半年的政治气氛,已不允许李健吾这样的"资产阶级学者"以权威人士自居了。

他那近似堂吉诃德的热情,只有碰了头,才知道走不通。别人是看见南墙就往回返,他是非得碰个大包才知道那真的是墙,真的走不通。

雨中登泰山

1960年7月的山东之行,李健吾写出了他的散文名篇《雨中登泰山》。①

这次去山东,是文学所组织的一次旅游,去的地方是曲阜和泰山。同行者多是年轻人,仅他年长,五十四岁。正是暑假期间,在北京大学上学的儿子维楠也去了。

或许是考虑到登泰山的艰辛,他们越过泰安,先去了曲阜。

在曲阜逗留三四天,饱览了曲阜及周围的名胜。游览情形,在后来写的《曲阜游记》一文中记述甚详。全文平实,清晰,有蕴含而不乏风趣。

游览了曲阜后,再折返而北,登临向往已久的泰山。在泰安留宿一夜,约好第二天清晨出发登山。不巧的是下起了雨,且越下越大。盼到十一点半,天色转白,一些年轻人尚在犹疑间,李健吾不由喊了一声:"走吧!"挎起背包,带头出发了,眼前的景象——

是烟是雾,我们辨识不清,只见灰蒙蒙一片,把老大一座高山,上上下下,裹了一个严实。古老的泰山越发显得崔嵬了。我们才过岱宗坊,震天的吼声就把我们吸到虎山水库的大坝前面。七股大水,从水库的桥孔跃出,仿佛七幅闪光的黄锦,直铺下去,碰着嶙嶙的乱石,激起一片雪白水珠,脱线一般,撒在回旋的水面。这里叫作虬在湾,据说虬早已被吕洞宾度上天了,可是望过去,跳踯翻腾,像又回到了故居。我们绕过虎山,站在坝桥上,一边是平静的湖水,迎着斜风细雨,懒洋洋只是欲步不前,一边却暗恶叱咤,似有千军万马,躲在绮丽的黄锦底下。黄锦是方便的比喻,其实是一幅细纱,护着一幅没有经纬的精致

---

① 《雨中登泰山》及《曲阜游记》,均收入《李健吾散文集》,宁夏人民出版社1986年出版。

图案,透明的白纱轻轻压着透明的米黄花纹。——也许只有织女才能织出这种瑰奇的景色。

毕竟年龄大了,不及年轻人的矫健,上十八盘时,李健吾抓住铁扶手,揪牢年轻人,走上十几步,就得歇一口气。终于在下午七点钟,上到南天门。

心还在跳,腿还在抖,人到底是上来了。低头望着新整然而长极了的盘道,他奇怪自己居然也能上来。走在天街上,轻松愉快,像没事人一样。一排留宿的小店,没有名号,只有标记,有的门口挂一只笊篱,有的窗口放着一对鹦鹉,有的是一根棒槌,有的是一条"金牛"。地方宽敞的摆着茶桌,地方窄小的只有炕几,后墙紧贴着峥嵘的山石,前脸正对着万丈的深渊。

在山上住了两天。一次在山顶散步时,李健吾细细观赏着头上与山间缭绕的云彩。眼前的景色让他欣喜不已——

你正在欣赏"齐鲁青未了",忽然一阵风来,"荡胸生层云",转瞬间,便像宋之问在《桂阳三日述怀》里说起的那样,"云海四茫茫"。是云吗?头上明明另有云在。看样子是积雪,要不也是棉絮堆,高高低低,连续不断,一直把天边变成海边。于是阳光掠过,云海的银涛像镀了金,又像着了火,烧成灰烬,不知去向,露出大地的面目。两条白线,曲曲折折,是涞河,是汶河。一个黑点子在碧绿的图案中间移动,仿佛蚂蚁,又冒出一缕青烟。你正在指手画脚,说长道短,虚象与真象一时都在雾里消失。

仅凭以上两段引文,不难看出,李健吾那支气势磅礴而又能精描细画的笔,是怎样的灵动自如。和《曲阜游记》相比,两文的不同处在于,一个记的是名胜古迹,门廊庭堂,楹联石刻,是静止的,一个写的是自然景观,山光水色,飞瀑流云,是动态的。同样的功力,自然是后者更具声色。至于此番游览的意义,有吗?文末,作者淡淡地说——

山没有水，如同人没有眼睛，似乎少了灵性。我们敢于在雨中登泰山，看到有声有色的飞泉流布。倾盆大雨来的时候，恰好又在七真祠躲过，一路行来，有雨趣而无淋漓之苦，自然也就格外感到意兴盎然。

整个一篇文章，真当得起"意兴盎然"四字。作者这样说了，我们也觉得不必再加一个字，遑论那些硬添上的社会意义。

常人不这么看。我们总要在平常的人生中，寻找各种各样伟岸的意义。登泰山，要么是感受那"一览众山小"的气势，要么领略那"日出跃东海"的景致，而雨中登泰山，感受不了前者，也领略不了后者，可说是最让人沮丧的事，所谓无一可称道者也。李健吾不然，凭了他那双独见胜处的眼，那支涂抹由心的笔，竟将这样一件在常人看来聊胜于无的憾事，写得如此气势恢弘，意兴盎然，怎不让人击节叹服。

而全文又是那样平实，自然，一切似乎都在不经意间。晚年，李健吾曾与一位晚辈谈过此文的写作。那是1982年夏天，马小弥（马宗融与罗淑的女儿）从北戴河回来，去看望李伯伯，在李家用饭。说起燕塞湖的美，李健吾忽然重重地放下筷子，指着小弥的手说：

"写下来，吃完饭就去把它写下来，这就叫灵感！"

马小弥呆呆地大睁着眼，似乎不明白李伯伯为何如此激动，李健吾解释说：

"我那篇《雨中登泰山》现在忽然受到重视，入了中学课本。当初也不过是一时若有所感，把当时的感受如实地记下来罢了，可写的东西多得很，要多练。"①

《雨中登泰山》入选中学语文课本后，撤下来的是杨朔的《泰山极顶》。两文所写情境几乎相同，都是去看日出而没有看上，也都是写一路上的山

---

① 马小弥《忆李健吾伯伯》，1984年《青年作家》第五期。

水景色。不同处在于，李健吾是在写景中寄寓情感，而杨朔则将一切都归之于最后的感慨：没有看到日出，更为欣慰的是看到人民公社这轮朝日，在齐鲁大地上冉冉升起！

在杨朔的这类散文中，游览胜景，绝不能看到常人心仪的自然景观，若看到就无法做文章了。如《海市》中，去长山群岛看海市蜃楼，没看到，看到的是人民公社的新渔村；再如《西山红叶》中，去西山看枫叶，没看到，看到的是老向导那颗火红的心。这样的文章，全部笔墨，都要归结到那个"文眼"，即外在赋予的政治含义。在作者，不失为一种精巧的用心，推而广之，却只会衍化为虚假矫情的文风。

1982年，中学课本的编选者，将《泰山极顶》撤下，换上李健吾的《雨中登泰山》，实在是贤明之举。

西 北 之 行

1963年秋天，李健吾是忙碌的，也是愉快的。春天参加了广州的全国戏剧会议，心情好了，笔头勤了，腿脚也勤了。9月间，应邀至兰州西北师范学院讲学，顺道至西安、延安一行。约10月间，又回到故乡山西参观。

兰州讲学，显系内弟尤炳圻作伐。

敌伪时期，尤炳圻曾任北京大学文学院日文系教授，并赴日参加日本作家池菊宽主持的东亚文学工作者会议。抗战胜利后，去上海，协助李健吾管理海光剧院。解放后回北京接受改造，旋即被分配到兰州西北师范学院任教。1957年，因听日本电台广播，被打为右派。他是日本文学专家，译有《杨柳风》、《我是猫》、《破戒》等日本文学作品。

去兰州，西安是必经之地。李健吾早有来西安一游，会会老朋友的打算，便在西安待了些日子。

中国剧协陕西分会负责招待这位老戏剧家，并帮他找见负责秦剧改革的封至模和整理剧目的李静慈。1921年封至模在北师大上学时，曾与在北师大附小念书的李健吾同台演出过陈大悲的话剧《幽兰女士》，一个饰小姐,一个饰丫环。数十年后重逢,倍感亲切,拉长叙短,无所不谈。李静慈知道许多李岐山的掌故,后来李健吾曾托他打听有关父亲的死因及其他事情。

来西安前,8月间,李健吾参加了中国戏剧家协会召开的北京戏曲工作会议,剧协陕西分会和西北大学中文系请他传达了会议精神。延安戏剧界的朋友,也邀请他去。正是多雨季节,时间有限,他搭乘小飞机直飞延安。在那里,作了一次关于独幕剧创作问题的讲话。朋友们的盛情款待,令他深为感动。

从延安回来,又专程去富平县看望了兄长李卓吾。解放前,李卓吾曾在陕西省政府任职,解放后,一直在陕西耀县煤矿当会计,默默无闻,其时已退休在家。这是兄弟俩解放后第一次见面,也是此生的最后一次见面。

在西安期间,还瞻仰了杨虎城将军的坟茔。

在兰州西北师范学院,李健吾为外语系的师生讲《莫里哀和巴尔扎克的现实主义精神与手法》。

从兰州回来不久,中国科学院哲学社会科学部组织一批专家学者,去山西侯马参观"先进点"。侯马在山西南部,距运城仅数十公里。从1931年为父亲开吊至今,三十二年了,李健吾从未回过故乡,明知这次未必能回运城,还是去了。毕竟那是父母之邦,即使到不了运城,能去趟山西也是好的——

>一九六三年某个季节里,中国社会科学院(当时叫什么"哲学社会科学部")发动大家到侯马镇去参观。我们在侯马住了下来,一下子就住了十来天。每天不是看曲沃县的王某某的国务院的先进点,就是到绛县去看吴吉昌的棉花试验田。记得有人悄悄指着一个小土城的庄院,说:这是北京市市长彭真的太夫人住家所在地。他可能姓魏什么的,我因为不关心政治佚事,也就转眼忘光了。①

---

① 李健吾《悼念蒲剧老艺人阎逢春》,见《李健吾戏剧评论选》。彭真原姓傅。

大概是这批学者快要走的时候吧,晋南地区领导觉得盛情有欠,就让地区蒲剧院到侯马礼堂特别给他们演了两场戏,其中一场是青年演员的,演的是现代戏,戏是山西有名的作家西戎编的,叫《青春的光彩》。李健吾看后,似乎有些意见,也不管成熟不成熟,就贸贸然在戏散后闯进了后台。他觉得蒲剧后继有人了,很为它高兴,就直言不讳地把那些意见全说了。后来办事人知道这些人爱看老戏,就请阎逢春、王秀兰等蒲剧名演员给他们又演了一场老戏,其中有王秀兰的《藏舟》,阎逢春的《舍饭》。他记住了《藏舟》,是因为头一回看王秀兰演这出戏。阎逢春和王秀兰的演技又一次征服了酷爱家乡戏剧的李健吾。

虽说离老家只有几十公里,最终未能回去祭扫父母的坟茔。

在"整风"与"四清"中

才几个月,到了1964年春天,文艺界形势急剧恶化。

起因是,1963年12月12日,毛泽东在中宣部文艺处编印的一份关于上海举行故事会活动的材料上做了批示,其中说:"各种艺术形式——戏剧、曲艺、音乐、美术、舞蹈、电影、诗和文学等等,问题不少,人数很多,社会主义在许多部门中,至今收效甚微。"根据最高当局的这一指示,中宣部系统的各部门开始整风,学部自然也不例外。

在这次整风中,李健吾险些被定为汉奸。

到了6月,整风结束,每个人都要作鉴定。李健吾的问题有两条。一,上海沦陷后,李将自己所写的剧本售与日本人暗中经营的剧团,并为该团导演,拉演员;二,1945年9月,当过国民党上海市党部的编审科长。学部党组织的结论是,第一个问题,虽未发现李与日伪有其他政治联系,但所作所为是丧失民族气节的行为;第二个问题,在任职期间,曾禁演进步话剧,删改进步剧本,并利用职权乘机劫取公寓剧院,即在退出市党部后,仍为上海市党部主任委员吴绍澍的《铁报》每日写稿,政治上仍属反动。

当组织上派人将以上结论让李健吾过目并签字时,他拒绝在第一条结论上签字。多亏这次他主意真,若承认"所作所为是丧失民族气节的行为",不就等于承认自己是汉奸吗?

党组织最后的结论:对这两个问题作政治历史问题论,可作结论。①

1964年6月27日,毛泽东做了关于文艺问题的第二个批示,文艺界的局势就更其严峻了。

也就在这期间,西方组从文学所分出,成立外国文学研究所,并组建西方文学研究室,李健吾随之成为外文所西方文学研究室研究员,仍干他原来的老差事——主编《外国古典文艺理论译丛》。这是个独角戏,好歹由他去做。不管怎样,能过了"整风"这一关,总是值得庆幸的。有工作可做,也就行了。为此,他曾约徐士瑚译布莱德雷的《莎士比亚悲剧的事实》、马修·亚诺德的《批评的职能》,曹葆华、徐士瑚合译莫尔根的《约翰·富斯塔夫爵士的戏剧性格》。

9月,李健吾随外文所人员赴安徽寿县农村参加"四清",也叫农村社会主义教育运动。名目是"社教工作队"。年龄大了,名单中本没有他,是他主动要求下去的。他认为这是一个改造自己主观世界的好机会。一面挨批评,心灰意懒,一面又积极寻找机会改造自己,几乎成了那个时代知识分子的一个共同特点。如今看来难以索解,而在当时,一切都那么自然,谁也不觉得奇怪。

到寿县后,具体地点是寿县城关生产大队。初下来,领导照顾,安排他住在南门外的棉花良种分场。嫌不能直接参加运动,他又主动要求下到花园生产队。能参加具体工作,他很高兴,也很积极。这个生产队,有个上面下放的陶瓷厂,经济问题较多,他高高兴兴地去外地调查。1965年5月17日,工作队结束前,他写了一份全面的汇报,名字当然得叫《自我检查》,对自己八个月的工作做了一番自我鉴定。其中说——

---

① 李健吾《科学技术干部简历表》,中国社科院档案局存。

第十一章 北京时期

> 作为一个长久待在大城市的知识分子,没有农村工作的经验,我在开始一个时期,经常担心自己犯原则性的错误,把工作搞坏了,给运动带来损害,也害怕出丑丢脸,露出自己的资产阶级尾巴。我缩手缩脚,顾虑很大。

接下来说,他的想法是抱定"双十条",对"四不清"干部宁可失之于严,也不可失之于宽。宣讲"双十条"期间,他被分在一个有大队书记和大队长的小组,他们发表意见滔滔不绝,一般社员大都默不作声,让他着急,却没有什么办法应付。后来在小组的一次会上,他要求上头采取措施,打击"四不清"干部的气焰,由于态度急切,引起了地方干部(省里来的)的误会,认为他是在批评他们。这种急躁情绪,有时候也反映在别的方面。例如,他参加勾拐生产队的老农和队委的会议,再三盘问他们为什么不种高产作物玉米,就让对方觉得他有不相信他们的意思。

不过,随着运动的发展,他觉得自己还是在成长着,他的主观主义和形而上学的思想方法,逐渐在走下坡路。从查证工作里,他领会到实事求是的必要性,发现把政策交给群众,群众就一定会把问题解决好了。他认为自己的思想水平确实是提高了,甚至都有了进一步自我革命的迫切要求——

> 阶级斗争是严重的。在党的领导下,广大群众和我都着实上了很好的一课。和党内走资本主义道路的当权派作斗争,无形之中,也就在和我自己的资产阶级思想作斗争。我的主观世界也一分为二,让坏思想和坏习惯眼面前涌现出来,我有了进一步自我革命的迫切要求。①

随后便回到北京。1965年5月,又去江西丰城县参加了一个月的"四清"。这次是主动要求去的,还是组织差遣,不得而知。

---

① 李健吾《自我检查》,中国社科院档案局存。

第十二章 "文革"时期

（1966.7—1976.9）

被揪出来

1966年7月底，学部大院里贴出第一批大字报，其中一张说，许多专家学者长年拖欠出版社的钱不还，是一种剥削行为，并将拖欠者的名字与款额抄示于后。李健吾名列其中，欠人民文学出版社一千零四十六点七元。

此中情由，李健吾是一清二楚的。1953年底，他将《包法利夫人》译稿交人民文学出版社。第二年夏天，要从上海迁往北京，搬家费用不足，不得已，预支稿费。出书后，编辑按每千字三元结算，编委会觉得太低，改为千字五元。当初借钱时，以米价折算，结算时已发行人民币而米价上涨，反倒欠下出版社一笔钱。这种情况，好多作家都有。究竟谁欠谁，原是一笔糊涂账，一直就这么吊在出版社的账上。既然有人提出来了，李健吾觉得不该受此侮辱，当即去出版社还钱，还一千五百元，意谓连利息亦在内。出版社会计以非常时期，劝其暂勿还，执意不肯，无奈，只得收下，并开了收据。

他气恼，也不无得意，一种挽回人格的胜利。运动刚开始，尚未被揪出，也不知后来的发展，还能允许他意气用事，或者说是按知识分子的常规行事。

听说汝龙被批斗，生活陷入困境，李健吾觉得该帮朋友一把。

一天,带上平日出门常带的那个小黑提包,来到西单,进了汝龙的家里。眼前的境况让他伤心,汝龙一家大小挤住在两间小屋里,很是狼狈。谈话间,他从提包里拿出一叠钱递过去。说道:

"这是二百元,你留着过日子吧。"

汝龙认为自己有罪,该受苦,说什么也不要这个钱。

李健吾不好再说什么,默默地走了。虽说没接受朋友的周济,汝龙心里还是很感动的,亲友们都断了来往,李健吾的处境也危在旦夕,他竟不怕风险,特意来拉自己一把。李健吾去世后,汝龙在给巴金的信中谈了此事,说:"人能做到这一步不是容易的啊!"①

1966年8月9日,在外国文学研究所的一次群众大会上,李健吾被"揪出",罪名是"反动学术权威"。

同时被揪出来的,多是所内资深的专家学者。仅西方文学室与李健吾同时被揪出的就有罗念生、杨绛等人。被揪出者,统称"牛鬼蛇神"。此后,凡革命群众开会,牛鬼蛇神们一律不准参加,只能坐在空落落的办公室里反省自己的罪行。

有一天,报上发表了《五一六通知》,李健吾、杨绛诸人在办公室里正细细研读这个文件,并窃窃私议,忽被召去开大会,满以为按这个文件的精神,会请他们重新加入革命群众的队伍。不料大会上,群众愤怒地控诉他们的种种罪行,并公布今后的待遇:一,不发工资,每月发生活费若干元;二,每天上班后,身上挂牌,牌上写明身份和自己招认并经群众审定的罪状;三,组成劳动队,行动听指挥,并由"监管小组"监管。外文所规定,牌子为圆形,白底黑字。

专家学者们的名声太大,招来北京一些学校的红卫兵的批斗。有一天大雨骤至,不知哪儿闯来一批红卫兵,将各所被揪出的人都召到学部大院的大席棚里,押上台示众,并给每人都戴上报纸做的高帽子。纸帽上写着各人的反动身份,如"黑帮"、"国民党特务"、"反动学术权威"等。

---

① 转引自巴金《"掏一把出来"》,《随想录》,三联书店1987年出版。

不光在所内受批斗,在干面胡同的宿舍院里,也起了红色风暴。有一天晚上回来,几个革命职工的家属,开会批斗同院的牛鬼蛇神,斗完又勒令他们脱去鞋袜,排成一队,弯下腰,后面的人扶着前面的人脊肩,绕着院内的圆形花栏跑圈儿,谁停步不前或直起身子就挨鞭打。发号施令者是一个平日"极左"的大娘,执行者是一群十几岁的男女孩子。

就在这样的危厄中,李健吾还受到了杨绛的关照。革命群众通知煤厂不得给牛鬼蛇神家送煤,这样一来,各家所用的蜂窝煤,就得一个个自己到煤厂去买。一位常给杨家送煤的老工人,答应给她家送一车煤,杨绛便央求他给李健吾和唐棣华家也送些煤,老工人送了。①

就在这前后,李健吾的小女儿李维永就读的北京一〇一中学的红卫兵,抄了李健吾的家。是一个星期天的晚上。一伙中学生闯进了李家,又敲又打,极为蛮横,翻出照片,凡衣着是过去的,或稍为打扮的,全撕碎烧掉。就是在这次抄家中,李健吾长期保存的一批珍贵照片,如李岐山夫妇的结婚照,许多文化界名人的照片,均荡然无存。他们还要李健吾交出全部图书,有的同学知道,李家的书籍另在一处保存,李健吾虚与委蛇,学生们也未坚持,仅拿走放在家里的一些书籍。最让他痛心的是,多年来费尽心血编起的《外国戏剧理论译丛》的稿子,码在桌子上高高的一大摞,抄家时被整堆地全搬走了。从此再没有找见。②

外文所的革命群众也来抄过两次家。

因有政治历史问题,李健吾成了外文所天然的批斗对象。好多人认为他确是反动分子、资产阶级学术权威;也有个别人挺身而出,为他学术方面的"反动性"辩护。在一次批斗会上,他的年轻同事,弟子辈的青年学者柳鸣九,曾力排众议,为这位老学者辩解。 1982年夏,柳鸣九陪美籍华人学者木令耆去干面胡同拜访李健吾时,李健吾指着柳鸣九对木令耆说:"他们

---

① 杨绛《丙午丁未年纪事》,《杨绛作品集》第二卷。
② 据李健吾女儿李维永见告,李先生主编的《外国古典文艺理论译丛》和《外国戏剧理论译丛》"文革"后均已出版。《外国戏剧理论译丛》只出了一本,另二本在"文革"中被抄走后遗失。

批斗我时,这孩子挺身说了真话……"①

秋凉后,革命群众将西方文学室的"牛鬼蛇神"和外文所的两个"黑"领导,安顿在楼上一间大屋里,写交代或做检查。这时,"牛鬼蛇神"的称呼已不常用,有的称为"老家伙",也不常用,一般称作"老先生"。中午不准回家。早上来时,各带一个饭盒,在炉子上烤热了吃。平时参加所里的劳动,不算太重。这种生活时人称之为"住牛棚"。

1968年秋冬时节,"工人、解放军宣传队"进驻学部,对知识分子实施"再教育"。一律军事编制。外文所为一个连队,西方文学室为一个班。全体批判对象,先是"集中"住在办公室里,六至十人一间,每天清晨练操,上下午和晚饭后共三个单元分班学习。

这期间,有件事最能体现李健吾身处逆境仍嫉恶如仇的品格。据其时同在牛棚的高莽先生回忆,事情是这样的——

> 我记得在牛棚中生活期间,管理"牛鬼蛇神"的一名军宣队队员要每个人每天写两万字的"认罪书"。有位老同志私下说了一句:"这不是开玩笑吗?每天不干别的活儿,光抄也抄不下两万字。"有位仁兄将此话汇报了上去,说"此乃反军言语",于是这位老同志挨了一顿臭骂。大家对此事极为不满,每天把憎恶的目光投向那位仁兄。仁兄天天生活在不安之中。有一天,仁兄在诵读毛主席名篇时,由于心情紧张,误把"共产党"读成了国民党。李先生抓住机会,同样对那位仁兄狠狠地进行了一番教训,用语文雅,泼辣无情,慷慨激昂,淋漓尽致,解了大家的恨。那真是一篇好文章。这一行动,充分表现了李先生的为人与性格。②

过了些时候,年老体弱的可以回家住,已六十二岁的李健吾自然包括在内。学习的时间,也渐渐减为上下午两个单元。

---

① 木令耆《悼念李健吾先生》,1983年香港《秋水》杂志春夏季号。
② 高莽《在人生的峭壁上——记李健吾先生》,手稿,未发表。

到了第二年,就传出风声,说学部的知识分子,都要下"五七干校"。会去哪儿呢?干校的地点在纷纷传说中逐渐明确,下放的日期却只能猜测,只能等待。一时间人心惶惶,谁也不知道此番下去,会是怎样的命运。

"送饭的人也去了"

1969年11月中旬,文学所和另一所先下去,地点是河南信阳地区罗山县丁洼人民公社。罗山无地可耕,干校也就无事可做,一月后,迁往相距不远的息县东岳人民公社。

转年7月12日,大批人员乘火车离京,李健吾与外文所下放人员同行。第二天抵信阳,旋乘卡车转息县东岳。此时仍是军事编制,各所一律称连。

初下来,分住农村老乡家,同时开始自建房舍。12月,新房落成。除先下来的两个所的房子外,其余各所新房均在一处,称"中心点"。息县乃古代息夫人的封地,极贫瘠,民谚说:"天雨一泡脓,天晴一片铜。"

在干校,一个重要的任务是清查"五一六分子"。据钱钟书说:"学部在干校一个重要任务是搞运动,清查'五一六分子'。干校两年多的生活是在这个批判斗争的气氛中度过的;按照农活、造房、搬家等等需要,搞运动的节奏一会子加紧,一会子放松,仿佛间歇疟,疾病始终缠住身体。"[①]

除搞运动外,再就是劳动了。初到干校,李健吾分在菜园班,参加平整菜地等大田劳动。冬天,又调去养猪。据说是朱虹见李健吾在大田劳动辛苦,征得连队领导同意,将他调去的。活儿轻些,人也自由些。朱虹是1953年北京大学西语系毕业,分配到文学所,后来又与李健吾一起过到外文所的,当时也就是三十七八岁的样子。过了一段时间,张羽也调来养猪。菜园班的班长是苏联文学专家高莽。

猪圈远离中心点,在菜园附近,建有两间简易房子,李健吾与张羽住一

---

① 钱钟书《〈干校六记〉小引》,《杨绛作品集》第二卷,中国社会科学出版社1993年出版。

间,另一间存放饲料和工具。李健吾很勤快,常没事找事做点什么。起初张羽不理解,后来方悟出,这样做是为了不去参加会议,少惹麻烦。劳动毕竟比开会愉快些。闲来无事,李健吾也会给张羽和朱虹讲些过去的事,如当年商震怎样资助他的留法,等等。空闲时间,就去野地里转悠,采集中草药。①

同在菜园班,专司白天看护菜园的杨绛,对菜园周围的环境有过详细的描述:西南有个大土墩,干校的人称为"威虎山",和菜园西北的砖窑遥遥相对。"威虎山"以西远去,是干校的"中心点",外文所这个连的宿舍在"中心点"的东头。朱虹是女同志,在连队的宿舍住,李健吾不愿走动,常是朱虹饭后上工时,替他将饭带来。一天下了雨,张羽不在,朱虹送来饭,稍坐片刻便回去了。空旷的田野上,就剩下李健吾一人,感慨不已,他写了首诗,名为《送饭的人也去了》——

> 太阳出来了,
> 草坪上的麻雀跳,
> 花儿使劲伸出头来笑:
> 沙!傻!傻!
>
> 太阳也归去了,
> 冈峦上的草儿摇,
> 乌鸦飞过我的头上叫:
> 丫!她!她!
>
> 风来了,
> 窗幔儿欢喜;
> 风也去了,

---

① 笔者访问张羽先生谈话记录。

挟走了义气。

雨来了,
热闹地踢我的窗;
雨也去了,
不易干的泪痕挂在玻璃上。

送饭的人来了,
拖着木屐咯咯地走在我门前;
送饭的人也去了,
咯咯地把凄凉向天边开展!①

1971年1月,干校送一批老弱病残的学者回京,共十一人,没有李健吾。

3月间,李健吾请假回京探亲。其时东岳一带闹猪瘟,在京期间,曾专门去市内的药店寻找治猪瘟的药,用自己的钱买下。回去后,干校将迁往明港,买下的猪药,全送给了当地老乡。

清明节那天,学部干校全体人员迁往信阳附近的明港镇,住在一所部队的空营房里。这时林彪出逃事件已公布,清查"五一六分子"的运动也就不了了之。明港的生活条件要好得多。"我们住的是玻璃窗、洋灰地的大瓦房。伙食比学部食堂的好。厕所再不复是苇席浅坑,上厕也不需排队了。居处宽敞,箱子里带的工具书和笔记本可以拿出来阅读。"②

然而,就在这时,晴天霹雳,传来了他的大女婿和大外孙女突然去世的噩耗。

大女婿刘启陆,1955年哈尔滨工业大学毕业后即留苏读副博士,与李

---

① 未发表,存李维永女士处。
② 杨绛《干校六记》,《杨绛作品集》第二卷,中国社会科学出版社1993年出版。

维音在苏相恋成婚。回国后,夫妇俩都在国防工业部门工作。60年代末,支援三线建设去了四川白龙江一处国防工厂。大外孙女刘瑛,原来一直跟随李健吾夫妇生活,后来也接去了。三线工厂的条件很差,厂区在江的一侧,生活区在江的另一侧,来往须得乘船摆渡。1971年4月15日,父女俩乘船过江,人多,行至江中,大女儿被挤落江中,父亲见状,当即跳入江中抢救,亦被急流卷走而亡。料理完丧事,李维音带上小女儿住在母亲家。

尤淑芬来信,告知这一噩耗,李健吾当即流下眼泪。

从北京回来不久,他没有再请假回去。

这年冬天,李健吾患了疟疾,原来微胖的身体,急骤消瘦了下来。从春末就患上的高血压,也一直居高不下,曾一度昏厥过去。这时,政策稍为宽松,允许一批年迈体弱的专家学者回京,李健吾获准回北京家中养病。临行匆匆,未来得及写信告知家中。时间是1972年2月,旧历年前的几天。

听得叩门声,李维音过去开门。一个短小、瘦弱、伛着腰的老头儿站在门外,变化太大了,仓促间她竟没认出这就是父亲,愣了一下才惊叫道:"阿爸!"将父亲扶进家门。听见维音的喊声,尤淑芬和小女儿维永也从房里出来了。

丈夫和女儿去世,维音心情抑郁,白天拼命工作,晚上下班回来,学做衣服消磨时光。曾给爸爸做了件中山装,又短又小,李健吾穿上连夸:"不错!不错!"他理解女儿做这些不过是为了贪心。①

李健吾回京养病,再未去干校。1972年7月,学部干校结束,人员全部返京。1973年1月,撤销连排班编制,恢复原先的所室名称。李健吾亦随之恢复原先的职务和工资待遇。

黄金般的心

"文革"期间,朋友中,巴金受的冲击更大些。自己久久不得平反,妻子萧珊亦患病去世。知道巴金的存款冻结,平日开销又大,生活窘迫,李健吾

---

① 李维音女士致笔者信。

总想给点切实的帮助。

机会来了。1974年初夏,大女儿维音参加当时的七二八工程(后来的秦山核电站)设计,为三废组组长,要去上海作三废设计审查。这是最可靠的人了,他决定实施自己的计划。一次去臧克家家里串门时,对臧说:

"老巴是个好朋友,重感情,有学问,不但创作丰富,在文化出版事业上也做出不小的贡献。朋友们弄了钱,我要设法给他转去。"①

李维音临行前,父亲递过一个信封,并嘱咐:

"自个找,不要打听,不要用巴金这个名字。见了李伯伯,就说朋友们都很想念他。"

从父亲的话语里,女儿感到的是,父亲对李伯伯的思念更甚。信封上是武康路某号,名字是李芾甘。她知道里面装的是钱。

到上海后,一天晚上,会议上没有安排活动,李维音按照地图,找到武康路。这条街挺长,她是从离巴金家最远的东口进去的,在黑暗中,勉强辨认着门牌号码,直到九点多钟,总算找到了巴金的家,一扇快要倾倒的大铁门。

见了李维音,看罢信,巴金很激动,把维音让进卧室里。床上很凌乱,没有坐处,一老一少就站着聊天。从老人的语气神态上,维音能感到巴金很想念她父亲。她劝老人,别把他人的胡言乱语放在心上。巴金说,现在没人理睬他的事,趁此机会,他在翻译赫尔岑的作品,中午听法语广播。

很晚了,还要赶回住处,维音告辞。巴金送出大门,维音劝他回去,巴金不依,一直送到武康路西口。路上嘱咐维音,一定要向她爸爸问好,说他很好,运动开始时还挺认真,后来越听越不对头,全是瞎话,就慢慢不搭理,不走心了。②

从后来巴金写的文章中知道,这次带去的五百元,是汝龙的款子。汝龙在后来致巴金的信上说,这是李健吾的意思。

---

① 臧克家《一个勤奋乐观的人》,1983年《散文》第二期。
② 李维音女士致笔者信。

又过了一段时间,二女儿李维惠要去上海出差,李健吾让女儿给巴金捎去三百元。这是李健吾自己的。

这两件事,晚年,躺在病床上,巴金仍念念不忘。汝龙称赞李健吾有一颗黄金般的心,巴金深以为然。在《病中(二)》一文中说:"关于健吾,我想到的事太多了,他是对我毫无私心,真正把我当作忠实朋友看待的。"在另一篇专写李健吾的文章中,引用了汝龙信上的一段话之后,接下来说——

> 汝龙是少见的真挚的人,他一定没有忘记那十年中间种种奇怪的遭遇。我也忘不了许多事情,许多嘴脸,许多人的变化。像李健吾那样的形象,我却很少看见。读了汝龙的信,我很激动。那十年中间我很少想到别人,见了熟人也故意躲开,说是怕连累别人,其实是怕牵连自己。一方面自卑,另一方面怕事,我不会像健吾那样在那种时候不顾自己去帮助别人。①

---

① 巴金《"掏一把出来"》,《随想录》,三联书店1987年出版。

第十三章 晚年时期

(1976.10—1982.11)

重 新 握 笔

"四人帮"的垮台,带给李健吾的欢乐是有限的。

他的身体糟透了。高血压,冠心病,肺气肿,怕冷,冬天守着火炉子,窗户被风吹开了,都没有力气站起来去关上。夏天还得穿丝棉裤。稍稍见好时,只能拄着拐杖在近处走走,上下楼也是气喘吁吁。

家里的状况也让他心绪黯然。岳父去世后,岳母王蕴玉一直住在他家,患直肠癌已到晚期,疼痛难忍,妻子为此整天闷闷不乐。小女儿维永身体不好,常年与药罐为伍。他每天早上起来的第一件事,便是为她们熬药。从息县回来时,他带了许多草药,其中有消疼的,为了减轻岳母的痛苦,悄悄地将这类草药加进去煎熬。

纵然年迈体衰,郁郁寡欢,面对新的局面,他还是鼓起了生活的勇气。除按时服药外,每天都要坚持锻炼身体。一早起来,在室内做做气功,练练腿脚。至于重新拿起笔来写作,一时还无从谈起。

是《人民戏剧》编辑王育生的怂恿,鼓起了李健吾重新握笔的信心。

并非他的学生,仅听过他的讲座。还是在北京大学上学时,文学社曾请李健吾去讲莫里哀的喜剧。王育生记得清楚,李先生讲得极为生动,每到忘情之处,常情不自禁地"现身说法",串演剧中人物。连台词带动作,边讲边示范,满台生辉。对李健吾的文学评论和戏剧评论,王育生也很钦佩。当编辑的本事,就在于物色作者和琢磨出好的选题。粉碎"四人帮"后,禁忌少了,很想请李先生为《人民戏剧》写点文章。

于是他去拜访李健吾。

初见面,不由得感慨万端。面前是一位疲惫不堪,形销骨立的老者,与五十年代神采飞扬的风貌判若两人。叙过旧情,说明来意,李健吾悲伤地说:

"心脏不好,眼睛又长了白内障,剧场去不了,连电视也少看;再说日记、资料被造反派抄走,搁笔十年,怕是连文章都不会写喽。"

见此情景,王育生只好黯然告退。

此后,又多次造访。是编辑诚意的感动,也是与戏剧结缘太深,无奈之际,李健吾说:"你一定要我写,就帮我做定稿人吧。我信得过你。"①

就这样,1977年9月间,他接连写了《合理性》、《集中》、《高潮》、《第一幕》四篇文章,陆续在《人民戏剧》特辟的"写戏漫谈"栏目里发表。

细细看看这四篇文章,能寻按出李健吾笔下从生疏到熟练的痕迹。比如第一篇《合理性》,开头是这样的——

> 毛泽东同志教导我们说:"一切种类的文学艺术的源泉究竟是从何而来呢?作为观念形态的文艺作品,都是一定社会生活在作者头脑中的反映的产物。"戏剧当然也不例外。但是从社会生活到文学艺术的形成,这个过程并不简单。光靠头脑推敲观察心得是不够的,写戏的人还应当时刻想到用来反映生活的表现工具,也就是媒介的特殊性。②

这是"文革文章"的特定格式。第二篇《集中》的开头,也引用了毛泽东的语录。不同处在于,讲究了引用的方法,没有放在开头,且稍稍化解开

---

① 王育生《忆健吾先生》,1990年3月26日《文学报》。
② 李健吾《合理性》,1977年《人民戏剧》第九期。

来。到第四篇《高潮》,就纯然是当年刘西渭的笔法了,仍以开头为例——

> 一般观众看戏从不关心高潮,就像海燕不在乎乌云四起的天空变化一样。他们爱的是惊涛骇浪,一浪高似一浪。看戏时他们哭了,他们笑了,受到感染,得到教育:"好戏! 好戏!"至于高潮是什么? 出现在哪里? 往往想也不去想它。
>
> 可是写戏的人,在布局上,心里想的,眼里望的,却正是这个航标:高潮。
>
> 布局上? 那它显然是情节的产物了?
>
> 情节的产物也没有什么不光彩,戏剧创作必须重视情节。十九世纪初叶法国多产作家斯克里柏的佳构剧,在技巧上影响了整整一代人,包括稍后的本国人雨果和更后一些的外国剧作家易卜生。①

见解又是那样新颖。他认为,一出戏的高潮不一定在结尾,有两种高潮方式,一种是情节的转变,一种是性格的转变。在某些戏里,两者又往往是统一在一起的。并具体分析了高尔基的《夜店》,莎士比亚的《罗密欧与朱丽叶》,中国现代戏《李双双》和《曙光》,中国古典戏《琵琶记》,各有各的高潮所在,并非都在结尾。

后来黑龙江一家刊物上,曾有人撰文就戏剧高潮问题,跟作者商榷。②

经过这样一番操练,李健吾又拿起了他的笔,写剧本,也写研究论文和文学评论。

这一年多,他又迷上了气功。原本性情开朗,加上长期的气功锻炼,他的身体竟渐渐地好了起来。只是原先那红润白胖的面容,瘦了下来,用臧克家在一篇怀念文章里的说法是,"粉碎'四人帮'以后,他复原了。只有一

---

① 李健吾《高潮》,1977年《人民戏剧》第十期。
② 佚名《高潮在哪里》,1979年《黑龙江戏剧》第三期。

点变化,人的面部骨头多,肉少了,精神更健旺了"。

技痒难耐,他甚至想重操旧业,在《咀华集》《咀华二集》之后,再完成《咀华新篇》,这便是1979年到1981年两三年间,断断续续在报上以刘西渭或西渭的笔名发表的《读师陀同志的〈伐竹记〉》《重读〈围城〉》《读〈新凤霞回忆录〉》等评论文章。虽说笔下不乏昔日风采,毕竟年事高迈,思维不及当年敏捷,多的是人生感触,少了艺术的顿悟,远不及《咀华》两集中那些篇章的思绪飞扬,灵动腾挪。即使这样,识者仍有宝刀不老之叹。比如那篇《重读〈围城〉》,多年后的"《围城》热"中,一家出版社想出版一本评《围城》的集子,广求博采,终难成书,最后编辑感叹说:还数李健吾先生的一篇最好。

这期间,李健吾写了几篇法国文学研究的文章,如《〈人间喜剧〉的革命辩证法》①等,并为《中国大百科全书·外国文学》拟定词条《福楼拜,G》。

最难忘情的,还是写戏,几乎是一鼓作气,接连写了几个话剧剧本。

"风过去了,脚印消失了"

第一个剧本是《一九七六年》。1977年11月完稿,比轰动一时的《于无声处》还要早一年。全剧四幕。剧情大致是,1976年清明节前后,内地某市一家纺织工厂,来了一个"中央首长"的特派员,名叫尚卫青。党委书记李随东,是个深得"中央首长"喜爱的造反派。原党委书记兼厂长赵中,如今是党委副书记兼厂革命委员会副主任。尚卫青此番下来,是替首长送"评《水浒》"材料,同时设法解决自己的组织问题。他一来,就先让总工程师黄任之退休,又解散了厂里的科研小组,同时组织起工人民兵,弄得全厂停产。工人群众紧紧地团结在赵中的周围,与尚卫青和李随东展开斗争,保护被迫害的老劳模刘玉。到了国庆节后,"四人帮"篡党

---

① 李健吾《〈人间喜剧〉的革命辩证法》,1979年《文艺论丛》第四辑。

夺权的阴谋被粉碎,赵中已得知内情,而尚卫青一伙还在训练工人武装,为反革命暴动做准备。赵中早已安排人,掌握了工人民兵;厂保卫科长唐志山又及时揭露了尚卫青的真实面目,原是一个在抗美援朝时期的逃兵。粉碎"四人帮"的喜讯传来后,赵中立即率领全厂工人恢复了生产,并上街游行庆贺这人民的胜利。

李健吾曾数次改动,一直不太满意。这也难怪,那两年的政治形势,绝非他这样一位枯坐书斋的老先生所能把握。再则,写这样大型的,与政治生活贴近的戏,原非他的所长。整个看来,这是个失败之作,空耗了他的宝贵光阴。

与前剧的完成仅差两个月,写于1978年1月的《大妈不姓江》(后改名《喜煞江大娘》),是一出独幕喜剧,方显出了他的当行本色。同是写当前的社会生活,采用喜剧这一形式,笔下就灵便多了。演员的出场及那一大段台词,机警俏皮,仍是李健吾喜剧的固有特色。大幕将启未启之际,先由小李,一个自以为有想象力的"怪人",站在台前对观众做了这样一番表白——

亲爱的观众,我是我们研究所的"怪人",这是同事给我起的外号,原因是有想象力。我们这个所是研究岩石的,我的想象力就有了用处。写这出滑稽小戏的人,看中了我这一优点,要我代他说明一下故事发生的地点和时间。时间,非常简单,在1977年的9月里。我们正在大忙而特忙——为了布置明天开大会欢迎部里来的首长,听说还有讨论工资的事。时间的重要性就在这里。关于地点,我正站在上下楼梯之间的平台上,即使是一个宽大的平台,也决不能像露在外头的舞台那样大。所以,如果某一演员朝台口走,亲爱的观众,你们不必担心他会摔下去,墙会把他挡住的。幻想的最大的妙处,就是原有的东西我们看不见。譬如,那边是下楼的楼梯,舞台工作者不好安排,因为舞台面盖死了,让水泥抹平了。大家设想有这么一个下楼的楼梯吧。好在上楼的楼梯是有的,又平又宽,万一有谁从上面滚下来,也

第十三章 晚年时期

不会受伤的。①

没完。接下来,小李说,我喜欢这一排窗玻璃,光线从这里射过来,正好照亮我的笔记本。你们看,有几位同事正在急急忙忙往自己的办公室跑。我问过写戏的人,他写些什么;他说是关于"四人帮"的。我把戏拿过来看了一遍,发现他没有抓准主题,也不懂得突出主题,所以我帮他说明一下地点和时间,别的我就不管了,让他"文责自负"吧。哎呀!幕早开了,我该进入角色了。

同年8月,李健吾又写了小喜剧《一棍子打出个媳妇来》。

儿子李维楠在长春工作,有次回北京,给他讲了这么个故事。当年自行车紧俏,为青年人结婚的必备品,所谓四大件之一。有个年轻工人,千方百计,为对象买到一辆女式凤凰牌自行车。对象是个虚荣心极强,索要财礼而不重情感的姑娘,非要那种小轮子,出口转内销的自行车不可。这位青工知道邮电局一位姑娘有这样一辆自行车,无奈之际,趁姑娘下夜班回家时,从背后一棍子将姑娘打昏,抢了自行车。第二天方知,这位姑娘正是他师傅的外甥女,后悔不迭,去医院还了自行车,并向姑娘道歉。盘问之下,姑娘知道了内情,原谅了小伙子,在舅父的撮合下,与小伙子喜结良缘。②

这期间,断断续续,直到1979年3月,李健吾完成了另一出大戏《吕雉》。和《贩马记》一样,这也是一出历史传奇剧,也是仿照南戏的写法,不分幕,只分折,没有人物表。全剧七折,另有尾声。从公元前205年刘邦拟废太子刘盈,立庶子如意为太子写起,中间写到刘邦的死,皇后吕雉施用种种计谋,将赵王如意害死,将戚夫人摧残成"人彘",确保了儿子刘盈的地位。尾声写到十五年后,吕雉在疯病中死去。

写这样的戏,乃当年的时尚,同样的题材,还有陈白尘写的《大风歌》。

---

① 李健吾《大妈不姓江》,1979年《山花》第七期。
② 李健吾《一棍子打出个媳妇来》,1980年《陕西戏剧》创刊号。

批判的矛头,都是指向江青及其同伙。

  李健吾此生所写的最后一出戏,是1980年11月的小喜剧《分房子》。戏的本事,是听另一个孩子说的。依剧情推断,当是大女儿李维音。某研究院分房子,经院长关照,给他的司机分了一套。总务科长巴结院长,要给司机分两套,而年轻的女技术员金大玉和年迈的副总工程师顾久生,理应分上房子却没分上。金大玉打抱不平,找总务科长评理,为顾久生伸张正义。在金大玉的雄辩之下,总务科长只好将一套房子的钥匙给了顾久生。整出戏也还紧凑,合乎情理又不失讽谕之旨。比如写院长想关照司机又含而不露,最终还是露出来了——

  总务科科长　（站起）院长。
  院　　　长　坐下吧。我没有事,转悠转悠。（就便坐下）看看分房子分好了没有?
  总务科科长　（一直站着）差不多啦。现时分房子,有政策,按照工龄、年龄、孩子的年龄等,公平合理,不偏不倚,出不了什么差错。
  院　　　长　这样就好,分房子把你们忙坏了。
  总务科科长　（一直站着）没有什么。分内事,忙点儿也是应该的。您的司机也分到了房子。
  院　　　长　（站起）那我走了,我来也就是了解了解。
  总务科科长　（送院长）院长就是好,体恤民情,亲临前线,掌握实际,我们一定照您的精神办,您就别操心了。
  院　　　长　那就好。①

  整个来说,这出戏的喜剧意味不及《大妈不姓江》浓郁。主要是作为全剧中心人物的总务科科长的身上,喜剧因素不是很多,另一个人物金大玉,

---

① 李健吾《分房子》,1981年《小剧本》第二期。

说话却是一味的吵吵嚷嚷，也就削弱了全剧的喜剧意味。

说来实在可悲，虽说拼了老命写出五个剧本，竟一个也没有上演过。两出大戏，连发表也没发表。《一九七六年》经过几次修改，及至改出来，已过了时令，没人再喜欢这类剧作了。《吕雉》倒是正当令，可惜"《十月》编辑部看不上眼，亲自拿去又退回来的"。后来出版《李健吾剧作选》时，他将此剧编入，这才第一次与读者见了面。至于《一九七六年》，则迄今尚未面世。

三个小喜剧，都是在朋友们的关照下发表的。《一棍子打出个媳妇来》，是寄给陕西戏剧界的朋友，在《陕西戏剧》上发表的。据说，有位文艺界的领导同志看过不喜欢，发了脾气，说是瞎编。《大妈不姓江》，是寄给蹇先艾，发表在刚复刊的《山花》上。《分房子》则是写成后，恰巧《剧本》月刊的老朋友来访，拿出来给他们看了，也还满意，便拿回去在《小剧本》上刊出。

至于写这几出小戏的心情（两出大戏也同样），李健吾直言不讳——

"文化大革命"整整十年，遭难的不计其数。打倒"四人帮"以后，幸存下来的，也都是心头压了多年的闷气，像山洪冲出闸门一样，恨不得一泻千里。我按捺不住，一连写了几出戏……

这就是"文化大革命"后我写这三出小戏的"简历"。为了大家出"闷气"，我写成小喜剧，逗大家笑笑，好让大家"向过去诀别"。它们只能是我走过的脚印。风过去了，脚印消失了。如此而已。①

老而弥深的情感

过去，李健吾很少写回忆往事的文章，一则是年轻、忙，再则也与他信奉的艺术宗旨有关。在作品中隐去自己，连带地也就不写关于自己的文章，进而也很少写怀念他人的文章。比如朱自清去世后，以他与朱先生的关系，是

---

① 《李健吾独幕剧集·后记》，宁夏人民出版社1981年出版。

应当写篇怀念文章的,而竟没写,仅留下在一次悼念聚会上的发言。那篇《蹇先艾》该是个例外,是应柯灵之命,表达对大后方同行们的一份情意。

如今人老了,也就由不得回忆起早年的事情,怀念起往昔的师友。

1979年4月,写了《"五四"期间北京学生话剧运动一斑》,细致地,也是动情地回忆了自己早年参加戏剧活动的经历,顺便也写了那些年家庭的变故。比如头一次演戏的情景——

> 小学的王老师建议我们演戏,我头一个响应。找不到剧本,我们自己编,编得好坏就不管了。戏的内容,已经忘了个精光。用现在的眼光看,可以说是不堪入目。女角由我扮,我学胡恨生学得"破绽百出",可是到底也有几分相似。演戏时,我的服装都是从姊姊那里搬到我身上来的。她是多么爱我这个小兄弟!她不声不响地给我量尺寸,给我修改。她却从来不露面,从来不去看戏,免得女附中的老师抓她的辫子。她做裁缝还不算,还当了我的衣服库。妈疼我,由着姊弟两个人胡闹。父亲的一个姓周的朋友知道了,大为反对,把我叫去臭骂一顿。可是不起作用,我照样演我的戏。我在会馆的几家人中间是个寂寞的人,姊姊不作声,我又不开口,会馆也没有人知道。①

李健吾一生受知最深的人有三个,郑振铎、巴金与何其芳。受知的情形又各自不同。郑振铎属亦师亦友,他两次大的工作安排,一次从北京到上海任暨南大学教授,一次从上海戏剧学院(当时叫中央戏剧学院华东分院)调回北京,都是得力于郑振铎的援手。巴金是几十年不渝的老朋友,他的许多著作都是经巴金之手出版发行。何其芳小他六岁,敬重他,也很欣赏他的才华。他到文学研究所后,何一直是他的顶头上司。1957年的"反右派"运动中,李健吾能幸免于难,全靠了这位有着"延安背景"的诗人的暗中照拂。巴金仍健在,用不着写,何其芳1977年去世,也不必匆忙。写了

---

① 李健吾《"五四"期间北京学生话剧运动一斑》,收入《李健吾戏剧评论选》。

的是郑振铎,即《忆西谛》。

不是没有机缘。1981年春天,郑振铎的儿子郑尔康来找李健吾,请这位长辈为他父亲写篇怀念文章,纵然年老体衰,记忆力减退,李健吾还是慨然应允并很快写出。这是一篇至情至性的好文章,搅着血,拌着泪,激情喷涌,满纸悲怆,读后令人有泣不成声之感。开头是这样的——

> 现在记忆力很差了,不是尔康,亲自来找我写,我是不肯搅动我这浑浊的记忆之海的,因为一切在这里是如此平静,如此拖泥带水,好像都和自己无关,而又挣脱不开。二十多年不见尔康了,看见他长得像他父亲那样壮实、高大,我想起了你,西谛!你的个子高大,给人一种旧小说中人物的英雄气概,虎虎有生气,天生嫉恶如仇。仿佛要杀尽人间的一切妖魔鬼怪,轻易不同人苟言苟笑似的。然而平日接人待物,笑语风生,彬彬有礼,又像慷慨大度,深谋远虑,别是一种儒将风度。你爱护人,原谅人,和你的魁梧身材、洪亮声音、豪爽性格,宛若两人。看着尔康,想着西谛,你的矛盾形象忽然在我的心头亮了起来。我说"矛盾",只是就我的感受而言,实际你永远是出生入死的先锋官,为追求真理而在多方面战斗的一个带头人![1]

全文七千字,以他特有的那种跳踉多姿的文笔,动情地叙述了与郑振铎二十多年交往中的大事,又句句落在实处。涉及的文学名家,计有王统照、周作人、沈从文、巴金、靳以、卞之琳、曹禺、林徽因、金岳霖、张奚若、秦瘦鸥、阿英、夏衍、王辛笛、唐弢、柯灵、茅盾、何其芳诸人。

这几年,巴金常来北京开会,只要时间允许,总要去干面胡同社科院宿舍看望李健吾夫妇。倘若时间不方便,或前或后,也要在信中说明。孰料为题写书名,两位老朋友差点翻了脸。1981年5月下旬,巴金赴京参加中国作协主席团扩大会议期间,又去看望李健吾。其时,中国戏剧出版社正

---

[1] 李健吾《忆西谛》。

准备出版《李健吾剧作选》和《李健吾戏剧评论选》。谈话中,李健吾让巴金为自己的这两本书题写书名。巴金不同意,说他的字写得坏。李健吾坚持要他写,他坚决不肯。当年,李健吾的剧作大都是由巴金擘画出版的,这么个面子都不给么?他有些恼怒了,质问道:

"你当初为什么要把它介绍给读者呢?"

两人都不再说话。最后还是巴金让了步,用桌上放的一支圆珠笔,题写了两本书的书名。李健吾这才高兴了。在《李健吾剧作选》的后记中,曾提及此事——

> 在活着的老朋友当中,心里一直有这么一个"李健吾"的,数十年如一日,怕是不多了。他就是巴金。尽管他的日子过得那么忙、那么苦,解放前为"李健吾"写的戏剧坚持到底,把"李健吾"写的一些不成材的东西一部一部印出来。特别是创作的话剧,不分好歹,在重庆印,在上海印,虽然有些偏爱,友情却十分可贵,所以这回印《李健吾剧作选》,我就老着面皮请他用圆珠笔,在扉页上题几个字,他推辞不过,只得答应。

1981年8月,写了《梦里家乡》,回忆少年时在家乡,姐姐带他到地里打枣虫,妈妈带他去北相镇看病。1982年,写这类文章就更多了,计有《桃花源里出新境》、《丁西林和他的剧作》、《我走过的翻译道路》、《关于〈文艺复兴〉》、《实验剧校的诞生》。对父亲去世后,捐赠金钱,资助他一家大小度过危难时光的冯玉祥将军,更是不能忘怀,写了《缅怀冯焕章先生》,只是一直没有发表,想来还在家属手中。

不光是写文章,还将这浓郁的怀旧之情付之实际,为师友们的文集写序。1982年3月,应李广田的女儿李岫之请,为《李广田选集》写序,随后又应李青崖之子李颢之请,为李青崖翻译的《莫泊桑短篇小说选集》写序。临去世的前一个月,还应编者之请,为当年北师大附中的老师石评梅的作品选集写了序。或许就是为了写好这篇序吧,他曾乘公共汽车去陶然亭公园,想再一次瞻仰石评梅与高君宇的坟墓。然而,当他兴冲冲地来到公园

门口,向售票员打听他们的坟墓时,得到的却是冷漠的回答:

"那坟'文化大革命'时全叫人给挖了,尸首也不知扔到哪儿去了,你还找什么?"

听了这话,他发了愣,眼睛一红,眼眶里的泪水险些流出来。惘然站在公园门口,好半天说不出话来,像背负着半个世纪的重量,压得他喘不过气来。在序中,他悲怆地说——

> 人事无常,变化太大了。可是再大,也容不下我这颗失望的心。儿时没有了,高君宇和石评梅的坟也无处可寻了,我的心沉沉的,仿佛掉在井里。然而今天却偏偏轮到我——你的不及门弟子给你的选集写序。编者还特意找出我在1928年写的文章《悼评梅先生》,供我写作参考。我的笔好沉重啊!①

最为难得的,或许该是为大学老师王文显先生编定剧作选了。这是胡乔木亲自到他家里,嘱托他办的;胡也是王文显的学生。为此,他数次写信给魏照风和张骏祥,多方搜集资料,终于编成了《王文显剧作选》,由人民文学出版社出版。让接替他做助教的张骏祥写了《序》,他自己写了《后记》。为了让更多的人了解这位已去世多年的老戏剧家,又约魏照风写了《〈委曲求全〉的演出》,他则翻译了温源宁在《不完全的理解》一书中所写的《王文显先生》,及1930年美国《波斯顿报》上的一篇介绍《委曲求全》在美国演出盛况的文章。随后,将《序》、《后记》和这三篇文章,连同他1943年为王先生《梦里京华》所写的跋,一并交给《新文学史料》杂志发表。②

有这样的学生,王先生九泉之下,也该瞑目了。

如果说,为王先生编剧作选,还是受人之托的话,为蒲剧老艺人阎逢春鸣不平,终使阎逢春的名字写进《辞海》,就全是他的呼吁之功了。

---

① 李健吾《〈石评梅选集〉序》,收入《李健吾散文集》。
② 1982年《新文学史料》第三期。

阎逢春,1916年生,自幼随父学艺,山西运城人,蒲剧著名须生演员。唱腔苍劲有力,表演潇洒大方,尤其擅长帽翅功,在晋陕甘数省名望极高。就是这样一个优秀的表演艺术家,"文化大革命"中备受摧残,1976年在贫病中去世。死后默默无闻,若无其人。1978年春夏间,南昆《十五贯》电影重新放映,李健吾去看了,听到有些观众对况钟在苦思闷想时帽翅的摆动很感兴趣,不由得想起了阎逢春,随后写了《悼念蒲剧老艺人阎逢春》一文,在《山西日报》发表。

在这篇文章中,他将阎逢春的演技与京剧名角周信芳的演技做了比较,明确提出在《跑城》等戏上,阎逢春超过了周信芳——

> 我看过上海京剧团周信芳同志的《跑城》,堪称一绝。后来我看到了阎逢春同志的《跑城》,才恍然于这个"绝"字下早了,真是不怕不识货,只怕货比货。他把徐策这个老人的急切心情刻画到了难以比拟的高度。技巧的纯熟和高超,形象的深厚和坚定,像狂飙一样,把你带到一尘不染的享受的乐园。最难得的是这一切只为了人物内心活动服务。形式主义已经被形式所消灭。听他唱戏的家乡人,为什么那样称道他、热爱他,一定是有他们的道理的。

> 海派须生周信芳同志名气比他高,可是作为演员来看,说一句公平话,有些戏得让阎逢春三分。阎逢春死了,晋南的观众一定有戚于心。是啊,到哪里再找一个阎逢春去?

换个人说这样的话,会被认为是少见多怪,或是故作惊人之语。《跑城》是周信芳的拿手戏,说《跑城》不及阎逢春,不就等于说周信芳不及阎逢春么?李健吾这样说,至少你得掂量掂量。

那些年,常有原上海剧专的学生来北京看他。1978年秋季的一天,来了一位当时正负责《辞海》现代戏剧人物条目的老学生,向李健吾请教活人死人入辞典的问题。他们谈起了田汉、周信芳,还有黄梅戏的严凤英,都是在十年浩劫中死难的。或许是不久前刚写过关于阎逢春的文章吧,李健吾就谈起了阎逢春的演技,说他在蒲剧里也算是首当其冲的了,应当收入《辞海》。那位女学生唯唯否否了一阵子,面有难色。回到上海后给他写了一封信,意思是说阎逢春名气不大,演的又是地方戏,《辞海》不收了。

三年后,编辑《李健吾戏剧评论选》,收入《悼念蒲剧老艺人阎逢春》,李健吾特意在文后写了一篇千余字的《附记》,历述自己与阎逢春的交往,并再一次肯定了这位老艺术家的成就。

早先,他并不认识阎逢春。解放后有一年,晋南蒲剧院来北京演戏,去看了,终场后,贸然跑到后台去看阎逢春。阎正在卸妆,一听来者乃李健吾,很感动,说抗战期间,他逃难到西安,生活没有着落,后来是李健吾的七叔李少白出钱办剧团,才把他们救下来的。并说来京后,已看过李少白先生。还告诉李健吾,景梅九(李健吾称作景爸)曾帮助他们整理过剧本。

本来想好好谈谈,让阎给他介绍别的演员相识,一来是阎正在卸妆,二来是阎称他"作家",反让他不好意思再打扰了。

再一次见面,是1963年学部组织一批学者去山西侯马参观,晋南地委特意安排阎逢春、王秀兰等蒲剧名演员演出那次。

历述了两人的交往后,接下来写了与那位负责《辞海》现代戏剧条目的学生的谈话。文末感伤地说——

因而新版《辞海》就看不见阎逢春的名字。我心里多难过!不是为我当年的学生难过,而是为蒲剧的老艺人阎逢春难过!你演的戏不比周信芳差,只因为你在地方上演戏,就在历史上失去了你的光辉地位!像你这样的旧演员有的是。晋剧丁果仙就是其中之一。可能我那位学生看也没看过阎逢春的戏,他活着的时候又不懂得大锣大鼓地宣传,又不是京、海一带的"红"演员,就这么被人"另"眼看待了。

在无可奈何中,我还是把这篇文章照样收在这本集子里。并写了这篇牢骚满腹的《附记》。

错怪了学生。他的呼吁还是有效的。《中国大百科全书》和《辞海·增补本》中,都收录了阎逢春的词条。《李健吾戏剧评论选》好长一段时间没能出版,得到这个消息后,他又为《悼念蒲剧老艺人阎逢春》一文写了《附记二》。除披露《中国大百科全书》即将收入阎逢春的消息外,还提供了两则周信芳佩服阎逢春的轶事,以证明自己当初判断的正确。

这些年,政治清明了,他不时得到各种各样的社会职务和名誉称号,约略说来计有:1979年10月,出席中国文联第四次全国代表大会,当选为全国文联委员;同年11月,出席全国戏剧家协会第三次全国代表大会,当选为中国剧协理事;1980年,受聘为中国大百科全书外国文学卷编委,负责法国文学有关词条的审定;1981年7月,受聘为国务院学位委员会(文学)学科评议组成员;同年,应聘为新加坡《南洋商报》金狮奖小说组决审委员;同年,当选为中国法国文学学会名誉会长。

身体好些了,心情好多了,他又亢奋起来,一面整理旧作,一面还雄心勃勃地要做这做那。1979年,为徐州师范学院中国现代作家传略编辑组写的《自传》中,还不无悲伤地说:"所幸我还活着,勉力做点什么,也感到快慰。"①两年后,1981年,同一份自传,只是做了些修改,更名为《李健吾自传》,末尾的口气就变了,在前一句之后,又加上"一定要在新长征的道路上,跟着全国人民迈步向前。这就是现在的一生。名之曰《自传》,不亦早乎"。②

1982年10月,距去世仅一个多月,他仍著文勉励自己——

> 我垂垂老矣,不能与中青年并驾齐驱了。但我仍决心鼓勇而前,务求在有生之年对四化建设有所贡献。③

---

① 李健吾《自传》,收入《中国现代作家传略》(上),四川人民出版社1981年出版。
② 《李健吾自传》,1981年《山西师院学报》第四期。
③ 李健吾《鼓勇而前》,1982年10月21日《光明日报》。

东 南 之 行

  1981年6月,李健吾完成了久萦心怀的《莫里哀喜剧全集》的翻译。莫氏一生共写了三十三出戏,李健吾译出二十七出,其余几出,有的是早年写的小闹剧,有的是宫廷舞剧,意思都不大。有这二十七出,也就可说是莫氏喜剧的全集了。了却这桩夙愿,心情的愉快是可以想见的。

  此后他所牵挂的,一是整理旧作,使之尽快全部结集出版,再就是总想在有生之年,去看望远方的朋友,游历未曾涉足的名胜之地。这两件事又多少有些联系,为出书的事,免不了去外地走走,顺便也就看望了老朋友。为此,特意买了个日本产的傻瓜相机,走到哪儿,照到哪儿。

  他总觉得朋友们年纪大了,该自己去看望,殊不知,真正衰弱的是他。这一次次的外出,如同一次次的冲刺,甚至中途因病折回,仍要寻找机会再去。或许他心里已经清楚,自己将不久于人世,在向朋友们告别,向大地母亲告别吧。

  《莫里哀喜剧全集》交湖南人民出版社出版,编辑龚绍忍为此曾多次去北京。一次从北京返回,顺便去上海拜访巴金,一见面,巴金说:

  "你从北京来,见到健吾了?他还常写文章,比我强多了!"

  后来龚绍忍又去北京,向李健吾转达了巴金对他的问候,李健吾笑着说:

  "听说老巴手颤抖得厉害,亲手执笔是有些困难,在这点上我还算好。不过他的写作计划十分宏伟,我只是把过去写过译过的整理一下罢了。"

  还有一次,龚绍忍去看望李健吾,他正在聚精会神地写什么,当即搁下笔,朗声说道:"你来得正好,我有点好茶叶,可以请你品尝一下。"说罢起身去取茶叶,走到书架前又站住,沉思一会儿,抽出本书,回身递给龚,说:"这是对莫里哀生平的考证材料,是巴黎新出的,作者很有见地。"说完又到处翻找旁证材料,滔滔不绝地大谈莫里哀,一直到客人起身告辞时,他才想起:"哦,我还没泡茶呢!"

龚绍忍说:"听此一席话,神清气爽,也就胜似龙井、君山了!"

李健吾抚掌大笑。①

《莫里哀喜剧全集》共四册,第一册出版后,湖南人民出版社拟举办一个关于莫里哀的纪念性集会,邀请李健吾参加。早就有心思去东南一带走走,自然不会推辞,当即写信告知上海方面的朋友。后来这个关于莫里哀的集会未能举行,既已决定南下,夫妇俩还是于1981年9月22日离京前往上海。

正巧唐湜来京,要回温州,便陪伴两位老人抵上海。在上海的活动,魏照风曾有记述——

> 当一九八一年九月间,健吾曾同他爱人一起来到上海,我们又一次会晤。由于谈话过久,中午时外出进餐,沿着梅龙镇向政协餐厅前进,从北京西路走到绍兴路,我陪着健吾,他步履蹒跚,一步三停,气喘吁吁,好容易才到达目的地。饭后,我又冒雨陪他到华山医院去看望佐临和柯灵同志。柯灵正在为健吾剧作选写序言,这是一篇比较全面的评述。②

原想约上王辛笛夫妇,再让萧乾夫妇也从北京赶来,一同去游雁荡山,萧乾有病不能来,王辛笛也难以分身,此议只得作罢。

接连数日的会客访友,已很疲倦,临离开的前一天下午,李健吾和尤淑芬一起去看望当年住过的两处住宅。

先去了位于徐汇区的原多福村五号,在院里,竟然还有一位八十多岁的邻居老太太认出了这夫妇俩。经现住户的允许,他们走进曾住过的底层看了看。在这里住了五年,写过多少剧本,译了多少作品。又在那个下着蒙蒙小雨的夜里,被日本宪兵逮去,释放后过了一段提心吊胆的日子,才在

---

① 龚绍忍《回忆李健吾》,1984年10月12日湖南《新书报》试刊第一号。
② 魏照风《怀念李健吾同志》,1983年《上海戏剧》第二期。

第十三章 晚年时期

一天清晨悄然离去。纵然清贫,孤寂,可过得多么充实啊。

又乘公共汽车穿过市中心,来到虹口区的原宝兴东路一七三弄九号住宅前,这时天已黑了,又下起大雨。这儿是他们从华业大厦搬出后居住的地方。楼上住着人家,不便打扰,两人就站在雨地里,凝望着二楼上一个房间的窗口。既已看过,怕淋雨受凉,尤淑芬劝丈夫快点离开,李健吾执意不肯,盯住窗口的灯光不愿匆遽离开。心情激动,怕引发心脏痉挛,忙取出一粒硝酸甘油含在嘴里。

那儿曾是他的书房,过去一点还有一个平台,现在看不清楚,可他知道肯定有的。1947年搬来,1954年离开,在这里整整住了七年。刚搬来时,幼女维永还是襁褓中的婴儿,离开时已是小学一年级的学生了。解放前那几年,他多忙啊,办刊物,办剧院,办剧校,做了多少事,又写了多少文章,出过多少本书。此后似乎再也没有那么忙迫过,可再也没有那样得意过。想到此,眼中的泪水和着雨水一起淌了下来。

这次来上海,原以为可以见上巴金,恰遇巴金率中国笔会中心代表团访法未归,成为一桩憾事。纵然如此,他还是去巴金家看望了巴金的妹妹和外孙。未等巴金的弟弟纪申去旅舍看望他,先去纪申家看望了纪申的孩子们。

下一站是杭州。

早几天已给杭州大学中文系教师任明耀拍过电报,启程的前一天,任明耀打来电话,询问所乘车次与时间。任是抗战胜利后,李健吾第二次在暨南大学任教时的学生,"文革"后曾去北京看望过李先生。

抵杭后,住在华侨饭店。经与任明耀协商,排定了在杭期间的活动日程。此后的几天里,任明耀陪着李健吾夫妇一起游览了建德的灵栖洞,桐庐的富春江,绍兴的东湖、大禹陵、鲁迅纪念馆。李健吾游兴甚浓,江南秀丽的景色,让他着迷,到处拍照留念。任明耀以为他是拍照的行家,后来才知道是新手,许多照片都叫他拍坏了。

在杭期间,还给杭州大学中文系的师生做了一次学术报告,题为《莫里哀其人其事》。按李健吾事先的意见,听讲的规模越小越好,哪知消息传开后,全系学生纷纷要求听讲,以便一睹这位知名学者的风采。地点只好改为学校大礼堂。那天下午,整整两个小时,他精神饱满,信口谈来,娓娓动听,谈锋不减当年。报告中讲了不少新的材料和观点,听讲的师生都很敬佩。

虽说长沙的会不开了,既已出来,不妨去长沙一游。他还有个打算,就是从长沙去贵阳看望老友蹇先艾。行前给蹇写了信,说不日便可在贵阳相见,并约蹇一起去昆明看望程鹤西。这是李健吾的一个夙愿,几年前曾写信给蹇,说想去贵阳看看。

离杭前夕,为"车票事件",还和任明耀闹了个小误会。

这天,任明耀和浙江青年女作家袁敏去华侨饭店看望李健吾夫妇,谈着谈着,李健吾忽然记起火车票的事,一检查,发觉两张车票都不见了。他一口咬定任明耀未把车票交给他,任明耀有口难辩,还是袁敏心细,问这期间是否有服务员来打扫过房间。李健吾默默地到字纸篓里一找,果然在。任明耀的冤情当即"昭雪",几个人都哈哈大笑。①

未直接去长沙,而是先去南昌。到了南昌,不能不上庐山。在当地朋友的安排下,第二天早晨就上了山,正遇上长春电影制片厂在山上召开电影文学会议,前去听了听会,又被强拉去做了二十分钟的发言。在山上待了三天,头一天还好,第二天起就细雨不断,第三天更是大雨淋淋,困在旅店闷坐一天。第四天一早只好下山。"一路逛来,天气逐渐好转,过白鹿书院,在星子旅店吃饭,然后都到鄱阳湖边看了看(出星子旅舍走几步就是鄱阳湖)。又游览了秀峰,巍然奇观。瀑布重叠,极为出胜,归到南昌已将垂暮,次晨八时半,便出发去了长沙"。②

到长沙后,龚绍忍陪他们夫妇俩游览了岳麓山。行走间,说到爱晚亭的来历时,李健吾忽然打断龚的话,说道:

"我倒想起来了,莫里哀所写的《太太学堂》一剧中,阿涅不该读阿涅丝,可是后来演出时偏这么念。遇到这种地方,我们也得仔细斟酌才行。"

---

① 任明耀《良师益友,终生难求》,收入《智慧之泉》,教育科学出版社出版。
② 《李健吾的二十四封信》,任明耀辑,2004年《新文学史料》第三期。

出书要对作品负责,要对读者负责,不容易啊!"

长沙没有什么老朋友,原拟待上三两天便赴贵阳。不料正是秋天,阴雨连绵,天气骤然变冷,李健吾感到病体不支,只得匆匆折返北京。事后给蹇先艾写信表示歉意,并许愿以后当另找机会补此亏欠。空等了一场,蹇先艾很是失望。

故 乡 之 行

抗战胜利后,李健吾曾打算携妻带子回故乡看看,因交通阻隔,未能成行。三十多来年,未必没有再作如是之想,比如1963年,已随学部参观团到侯马,可说是近在咫尺了,能不想一睹父母的坟茔?只能说时势乖异,强捺住心头的渴望罢了。

他要在有生之年,再看看故乡,再看看那儿时生活的地方。

机会来了。

1981年12月下旬,山西省文化局、中国戏剧家协会山西分会、临汾地区行署文化局等单位,为蒲剧名须生张庆奎(艺名十三红)举办从艺五十周年庆祝活动。事先,主办单位邀请李健吾光临。他给山西大学外语系教授常风写信,说他夫妇俩拟提前动身,路过太原时,在常家住两天。常风立即去信,表示欢迎,并和学校接洽让他俩住在专家楼。后来,又接到李健吾来信,说临汾地委派人赴京迎接他们,将乘车直达临汾,只好返回时再到太原叙谈。李健吾特别在信封背后注明:"我们都穿着棉大衣,千万别准备被褥。"

12月25日凌晨一时,李健吾偕夫人抵达临汾。

庆祝会上,李健吾慷慨陈词,为蒲剧这个古老剧种有十三红这样的演员而骄傲,称张庆奎为前辈名老艺人中的硕果仅存者。

他还为张庆奎带来两盒人参,并亲自送到张家。张庆奎感动地说:"事情搞颠倒了,本该我送你点礼物!"李健吾说:

"我带这点人参并非一般的世俗礼物,是为了祝贺你寿比南山,艺术常在。希望你多教出些学生,多灌些好唱片,多留些好形象,把蒲剧的正路子世世代代传下去!"

　　山西大学教授姚青苗也应邀参加了这次庆祝活动。一天下午,两人在临汾街上转悠,李健吾一边走,一边给姚青苗讲临汾古老的历史。姚青苗劝他以其父李岐山的史实为背景,写一部反映辛亥革命的长篇小说,李健吾也颇有同感,只是叹息自己体力不济了。

　　庆祝活动期间,运城地区文化局与蒲剧名旦王秀兰,邀请李健吾夫妇去运城地区游览,李健吾欣然应允,并将此事写信告知家在临猗县(与运城北相镇毗邻)乡下的一位亲戚。庆祝活动一结束,李健吾夫妇与姚青苗同乘一辆吉普车,当天便到了运城,住在地委招待所里。这儿是早先的河东盐务稽核所,辛亥年间,李健吾母子随父亲驻军运城时,该是来过这个地方的。

　　在运城的活动,较之在临汾要紧张多了。几天的时间里,一行人游览了芮城的永乐宫,解州的关帝庙,蒲州的普救寺即著名的莺莺塔。李健吾一心想去新绛县看看"皋落碑",相传唐代大文豪樊宗师所写的《绛守居名园记》就在那里。于是便由地区文化局局长周庚陪同前往。

　　周庚是原稷山县委书记,顺路先去稷山看了著名的全国卫生模范村——太阳村,然后经侯马市到新绛县。将近年关,集市很大,且大都在公路线上,车行甚慢。抵达新绛县,已是薄暮时分,通过汾河上的浮桥,来到原先绛垣中学的旧址,即绛守居园。一看,大失所望,虽说旁边立着国务院的文物保护石碑,园内的池沼和亭榭已破败得不成样子。待了约一刻钟,又乘车折返。到达运城,已是夜里十点多钟了。

　　因为事先给一位亲戚写了信,西曲马村的一些本家兄弟,还有另一些亲戚,都来宾馆看望李健吾夫妇。常是白天在外面游览了一天,晚上回来,还得跟这些亲戚们叙谈,弄得李健吾又兴奋又疲累。

　　一次闲谈中,说到李岐山当年在大云寺办过鸣条学校,如今运城有为纪念革命先烈嘉康杰而办的康杰中学,亲戚们劝李健吾,何不由他牵头,在运城办上一所岐山中学,乃是对他父亲的最好纪念。

　　真还说得李健吾动了心。欣然同意,并答应捐助若干钱。这件事,后来对他的身心造成极大的伤害,甚至成了致死的一个原因。对此事知之甚深的姚青苗是这样看的——

> 他的死因还是由于他的心脏病发作;另一方面和兴办"岐山中学"的事件也有关系,他的亲属来信向他索款数十万元,健吾是个靠教书和笔耕糊口的穷"文人",哪有数十万元的巨款去填他的家族们的欲坑。当然他们的信是冠冕堂皇的,为的是兴办"岐山中学"。但他的另一个亲戚的信形同讹诈,信中对他肆意侮骂,可怜的书呆子健吾同志,他的内心受到了极大的伤害而此事又不便为外人道,"岐山中学"没办起来,而健吾却含恨而终! ①

又是参观,又是叙谈,没几天,便病倒了,住进地区医院抢救治疗。病情稍有好转,应《运城地区报》编辑之请,在病房里写成了歌颂家乡变化的散文《桃花源里出新境》。1982年1月中旬,姚青苗回太原前,曾去医院探视,李健吾嘱姚转告常风,返回途中路过太原,仍要践约去山西大学看望常风夫妇。常的夫人郭吾真教授也是李健吾的清华校友。

不久,山西大学接运城地委电话,说李健吾身体不适,地委派人陪侍,将于1月14日乘车直达北京,不能在太原停留,李先生希望能与常风夫妇及姚青苗在车站一晤。15日凌晨五时,学校派车送三教授赴火车站。六时十分,火车进站,停留十五分。天还没有亮,三位老教授都是近视眼,跟跟跄跄找到那次列车到达的站台时车已进站。跑到软卧车厢赶快登车,李健吾正向车门走来,引他们进车厢见了尤淑芬大姐。他们忘了卧车里的旅客都在酣睡,你一言我一语谈笑起来,经列车服务员提醒才放低声音。李健吾神采奕奕,眉飞色舞不减当年。十五分钟过得太快,三人只得向李健吾夫妇叮嘱保重身体握手告别。李健吾送他们到车厢边。等列车开走后,三位老教授才离开站台。②

---

① 姚青苗《生者与死者》,1993年《黄河》第一期。
② 常风《追怀李健吾学长》,1992年《山西文史资料》第二期。

不完全是因为突然病倒,或许还别有原因,在运城期间,李健吾既未回西曲马村看望,亦未去李岐山墓前凭吊。莫非是因为旧宅只剩遗迹,大云寺已经拆除,旷野上只余父亲与四叔两座孤零零的坟茔,怕睹物伤情?

西南之行

1982年一年内,李健吾携夫人三度出游,最重要的是10月至11月间的西南之行。

4月间,应西北师范学院之邀讲欧洲戏剧,取道银川赴兰州。在银川下车,见到宁夏人民出版社的李采臣,商谈出版文集的事。在兰州,除讲学外,夫妇俩看望了已卧床不起的尤炳圻。孩子都不在身边,尤炳圻独居一室,雇一老汉照料,甚是凄凉。尤炳圻1911年生,仅小尤淑芬两岁,姐弟俩一见面就抱头痛哭,李健吾在一旁不知怎样才好,只是暗暗垂泪。

8月间,夫妇俩去北戴河休养,因房间太热,住了十天便打道回府。返京后写了散文《北戴河十天》,寄《山西日报》。编辑将稿子退回,让他修改,因事延搁,再未寄去。

这两次出游,时间短,身体还没什么不适,而秋冬之交的西南之行,却成了李健吾的一大劫难。外国文学学会在西安召开理事会,行前,尤淑芬力劝丈夫婉辞,李健吾不允,不光要参加这次会议,还拟赴成都商议出版文集事,赴贵阳看望蹇先艾,甚至还想西出三峡,直达上海去看望巴金。

实际上这都是他的一片心意,不去也无妨。西安,早年去过;成都出书,是巴金的侄儿李致擘画,自会尽心尽力。至于蹇先艾,几个月前刚在北京见过面,还在一起聚过餐。

夏天,中国文联举行全委会。两人都是文联委员,会议期间,几乎天天见面。会后,多年未曾晤面的老同学汪燕杰,约了三四个人在国务院第一招待所聚餐。那天,李健吾的情绪特别好,时时发出爽朗的笑声,话也特别多。几个人大喝啤酒,几次碰杯,互祝健康长寿。李健吾还把他的三女婿喊来,摄影留念,不觉间已是酒酣耳热,只差"仰而赋诗"了。

其时,蹇先艾《记朱大枏》一文,在《新文学史料》第二期刊出不久,李健吾读后很满意,对蹇先艾说:

"你写大枏的文章不错,有些正是我心里想说的话,亏你记性那么好,把几十年的事弄得清清楚楚。"

蹇先艾说:"我这笔对死者欠了几十年的账,再不还不行了。大枏后半段的史料,如果没有王余杞的帮忙,是写不出来的。不过也有遗漏,例如他的那首《黄河哀歌》,借黄河自述的口吻,无比愤怒地揭露了北洋军阀黑暗统治的罪行,当时是有影响的,至今还有人谈起这首诗;此外,陈梦家在《新月诗选》中选了大枏几首诗,我也忘记讲,只好以后再补了。"

听了这些情况,李健吾接着说:

"你也应当给我写一篇,赶快收集材料;就从中学写起,我的情况难道你不是一样清楚吗?"①

不管怎样,他是决计去西安了,还要去成都和贵阳了。尤淑芬无奈,只得陪同前往。10月19日起程离京,20日抵西安,住西安宾馆。

这个宾馆坐落在西安八丈沟一带,俗称八丈沟宾馆。占地广阔,林木森然,以致他的学生、上海译文出版社的吴岩,明明知道他来了,当天竟未能找见他。第二天吴岩搬到五号楼,换至一个小餐厅用饭,这才见到了住在四号楼的李健吾夫妇。见了老朋友总要照相,饭后李健吾让尤淑芬在四号楼前的浓荫里,为他和吴岩合影留念。

来到少年时曾居住过的古都,李健吾的情绪又激动起来——

> 今天,为了参加外国文学理事会,我又来到了西安。西安变了,面目一新。1974年,一个打井队发现秦始皇陵的一角,挖出了秦代兵马俑,更使古城西安成为震惊中外的名城胜地。
>
> 开会之余,我随大家再一次参观了五千年前的半坡遗址,著名的碑林、华清池……这次我还补看了乾陵、章怀太子墓、太平公主墓和霍

---

① 蹇先艾《我的老友和畏友》,1983年《新文学史料》第二期。

去病墓,一座座汉石雕、一幅幅唐壁画,可以说是美不胜收,处处显示了皇帝贵戚的豪华奢侈,劳动人民的勤劳智慧。①

重游的地方,还有大雁塔。10月29日是个阴雨天,会议上安排参观大雁塔。午后,他一觉醒来,方知大队人马已出发了,很是懊恼。会务人员得知后,立即派车将他送去。参观完毕,在寺院门口遇见罗念生,李健吾厉声责问为何不在宾馆叫他上汽车。罗念生莫名其妙,自己半聋半瞎,且年龄比对方还大,你又没有事先吩咐让我叫你,怎么就发火呢?看出李健吾有些不正常,罗念生只有苦笑。②

在西安宾馆,还见到了老朋友李尤白。李健吾来西安前几天,西北五省文史工作会议也在西安宾馆召开,在西安地方志编纂委员会任职的李尤白参加了这个会议。快结束时,见这里又召开外国文学理事会,估计李健吾会来,便去会上寻找。不巧李健吾夫妇外出,回来后,即去李尤白的房间看望李尤白。

此前,李健吾看过李尤白关于唐代梨园考证的文章,知道他和已故的老戏剧家墨遗萍先生曾倡议建立中国唐代梨园纪念馆,深表支持,并先后与金山、郭汉城等戏剧界人士交谈过此事。在宾馆房间里,两人又谈起此事。谈话间,李尤白指着案头几本《陕西地方志通讯》和《陕西地方志简介》,问李健吾要不要这些与他的专业较远的刊物。

"要!"李健吾热情果断地说,声应手伸,全装进随身带的一个提包里。

10月27日,外国文学理事会议结束。28日中午,李健吾夫妇在一位侄女的陪同下,应邀去李尤白家用餐。李尤白并请了新华社记者卜昭文作陪。李尤白是山西河津县人,与李健吾是河东同乡。李尤白的老伴特意为客人做了"菇蕾",一种别具风味的家乡饭饷客。

会议结束后,李健吾便搬出西安宾馆,住在清华老同学唐德源的家里。

---

① 李健吾《忆西安》,原名《朝阳普照的古老西安》,收入《李健吾散文集》,宁夏人民出版社1986年出版。
② 罗念生《怀念健吾》,1983年《戏剧报》第一期。

两人都是1925年考入清华学校大学部的,唐德源在教育系,因选修的几门课相同,也就相熟了。毕业后长期中断联系,直到1976年,得知唐在西安话剧院工作,才恢复通信。这年春天去兰州讲学后返京,取道西安,事先打急电给唐,约在火车站相见。火车停留三十分钟,这是两人数十年后的第一次晤面。此番来西安,定要好好地叙谈一番了。

不巧的是,这些天唐德源正因病住院,会议一完,李健吾便去医院看望,并让尤淑芬给他俩合影留念。老友重逢,倾心叙旧,唐德源觉得身上的病顿时轻了许多。

唐家居处狭小,自己又住院不在家,怕老同学受委屈,已为他夫妇俩在人民大厦订了房间。李健吾执意不肯,说:"睡在你的床上,总比睡在大厦房间里要温暖一些。"

在唐家住了数日,才乘火车径赴成都。

在成都,四川人民出版社的李致热情招待了这位世伯,并陪老夫妇俩游览了乐山大佛、都江堰等风景名胜。李健吾与出版社商洽了出版文集的事。

这时,贵阳的蹇先艾正积极筹备欢迎李健吾夫妇的到来。事先,李健吾有信,说这次去贵阳只是探亲(他的八叔在贵阳)访友,身体不好,故决定不讲学。蹇先艾将李健吾即将来临的消息告诉贵州省文联和剧协后,均表示欢迎。这样的大学者来了,怎能不开个座谈会亲聆教诲呢?再三压缩,初步议定只开两三次座谈会。

蹇先艾顺便也通知了贵州省话剧团的几个演员。他们过去都是上海戏剧学院的学生,听说李老师要来,不时来打听到达的消息,好去接站。蹇先艾已做好准备,要陪李氏夫妇游览花溪、黔灵山、阳明洞、黄果树瀑布等名胜之地,并亲自送他们去历史名城遵义观光,再到重庆送他们上船。

然而,众人望眼欲穿,却一直收不到李健吾抵达时日的电报。迟至11月10日,蹇先艾"才接到健吾从成都寄来的信,说是北京来电催返,明后日即将回京,本拟往贵阳一游,现在连重庆都去不了,遗憾之至"!①

---

① 蹇先艾《我的老友和畏友》,1983年《新文学史料》第二期。

实情是到成都后,连日奔波,偶感风寒,酿成重感冒,冠心病亦加重,不得不于8日离蓉返京。还有一个心病是,在西安时为唐德源拍的照片洗的时候全曝光作废,他觉得对不起老同学,返程路过西安要补拍几张。

9日下午,车过西安,夫妇俩下车,直奔唐德源所住的医院,一见李健吾,唐德源惊奇地问:

"你怎么又回来了?"

他故作轻松地说:

"我身体有些不大好,上海不去了。既然路过西安,我还是想下车与你多谈一谈。我们都老了,见面的机会不多了!"

唐德源听了不禁老泪夺眶而出,紧紧握住李健吾的手,好一会儿说不出话。一旁,尤淑芬为李健吾和唐德源,还有唐的夫人李文礼拍了照片。

当晚夫妇俩仍住在唐家,以后的两天里,重游了碑林和小雁塔等名胜。12日方离开西安回北京。

直到李健吾去世后,在《文汇报》上看到一篇怀念李健吾的文章,其中说,"为了一张与老同学的照片曝了光,他执意要重返西安补拍,这是多么珍惜友情,热爱生活!"唐得源这才知道,那次李健吾是专为补拍两人的合影照片来的。①

从1981年9月东南之行开始,一年多来,李健吾五次远游,连停留带途经,可说走过大半个中国。虽说不无游历从未涉足的名山大川的本意,而实际上去的,大多是生前居住过的地方。北戴河是避暑,兰州是讲学兼探亲,其余三处,故乡、西安、上海,都曾或长或短留驻过他生命中一段宝贵的光阴。说是用一年多的时间,再体味一下七十多年饱尝的人生滋味,向生活过的土地做一次郑重的告别,亦不为过。两次向西南贵阳的冲刺,都因病折返。时间不多了,从未去过的地方,也就不必再去。自然,这也成了李健吾此生的一宗憾事。早在1980年1月26日,在致纪申的信中他就说过:

---

① 唐德源《难忘的友谊》,1984年11月2日《西安晚报》。

"一生惟有西南未去过,算是遗憾了。"①

这遗憾终究没有补上。

倒在书桌旁

返回北京仅仅过了十一天,李健吾就去世了。

11月13日抵京后,当天下午,多年的老邻居,月初刚从南方回来的戈宝权看望了他。

18日,李健吾致信《石评梅选集》的编者屈毓秀、尤敏,询问他行前寄出的《〈石评梅选集〉序》可曾收到,并问《序》中某个作家的名字是否有误,文内有无可改动之处等。

19日上午,老同学徐士瑚听说他回来了,来家里访谈。他谈了在西安成都两地的见闻。徐士瑚当时就感到,他谈得没有以前那种眉飞色舞的样子,还是尤淑芬告诉徐,"健吾是从成都病回来的,贵阳没有去成"。谈话之间,李健吾咳嗽得很厉害,喝了几口热茶才又谈下去。徐士瑚力劝他放下工作,不要外出,静心休养。在门口握别时,徐士瑚又再三嘱咐他病不痊愈,绝不出门,并戏言一句:"你我都是七十六的人了,要养好病,争取再活十年。"李健吾连声说:"好!好!"

22日,病情加重。大女儿维音托关系陪父亲去两家医院,请专科医生检查病情,都断定心脏没有问题。明明这样严重,也只能无话可说。

23日上午,外国文学研究所召开所务扩大会议,传达不久前中国社会科学院院务会议的文件和精神。夫人劝他别去,他定然要去,便与罗念生、卞之琳、戈宝权等几位老人一起到所里去。年事已高,又患着感冒,走路时显得步履蹒跚,老态龙钟,但谁也没能料到,他在第二天下午就突然病故。

下午,收到人民日报社寄来的一张汇款单,收款人姓名误写作李健君,很是生气,当即给姜德明打电话:"我说,我只知道有个李健吾,哪里有个李

---

① 纪申《怀念健吾大哥》,1983年2月9日《文汇报》。

健君呀！你们给我的稿费单上写了李健君,邮局不承认,你说怎么办?"姜德明连忙道歉,请他即刻退回来,让财务部门再开一张。①

同日寄萧乾信,全文为——

乾兄:

收到信与像片。巴兄病情弟回京后始知。马绍弥已去上海服侍放心多了。你鼓励我的话,不敢当。老了,不行了,走下坡路了。你去新加坡,如果看不到你翻译的剧作的演出,太可惜了。我回京后,患感冒,医生禁止出屋子。到时如病好,当勉强去看演出。多时不看戏了。谢谢你的照片,附去一张。并祝你夫妻与家人好。

健吾　1982年11月23日②

萧乾以为此信"说不定是他的绝笔之作"。不是。

24日上午,改写《西安行》。此文原是月初在西安写成的,名为《朝阳普照的古老西安》,不甚满意,带到成都又带回家里。李健吾去世后由家属寄《陕西日报》,编辑略作删改发表,易名为《饱经沧桑话西安》。后来宁夏人民出版社出版《李健吾散文集》时,由家属改名为《忆西安》。就文章而言,此文为李健吾的绝笔。

同日,寄南京剧作家白文信,全文为——

白文老弟:

承寄来《新剧作》里的《一个美国朋友眼里的中国》已经拜读完了。

有一个显著的错误,我提醒你,希望出单行本时,加以改正。就是他的骨灰埋在北京大学,因为那是燕京关系。清华和他无关系。有几个"罢"字,应改为"吧"字。

---

① 姜德明《我是好人》,《绿窗集》,百花文艺出版社1983年出版。
② 萧乾《悼健吾》附录,1982年12月4日《光明日报》。

最近我去了一趟西安,后来转到成都,本来想沿三峡而下,可是身体顶不住了,回来就害了气管炎,已经两个星期了,还有些痰。医生说我年纪大了,又有冠心病,所以禁止我出屋子。只是在西安看了一出《三十六任队长》,写农村两姓(即两族)对立而终于和好的事。戏不错。就是服装设计得不合时令。演出者是"西安市话剧团"。

下次你来北京时,为你的成功的剧本当面祝贺。《电影艺术》我已看过。匆匆,问候你全家人好!

健吾　1982年11月24日①

这是他的绝笔吗?也不是。

午饭后未休息,即伏案为《成都日报》写游川观感的文章。

一点多,尤淑芬进里屋午睡时,李健吾说,等一会儿他在沙发上休息休息就行了。三点多钟,尤淑芬出来,见他仍坐在沙发上,半闭着眼,大张着嘴,先给他膝上盖了条毛毯,后问了几句,没有回答。摸摸手心,还有余温,知道情况不妙,赶快搅拌冠心病急救药,往嘴里灌,洒了许多。好不容易才叫来急救车,送到首都医院时,已经无法抢救了。

沙发就在书桌旁边。李健吾离开书桌时,桌上铺着稿纸,圆珠笔放在上面,只写了一页,开头一句是——

从来没有去过四川,这次在西安开会,我和老伴决定到成都一趟……

这才是他的绝笔。

李健吾多次说过,也写过,莫里哀是倒在正在演出的戏台上的。如今,他也像他服膺的大戏剧家一样,倒在自己的书桌旁边。那张书桌,是他结婚时买的,曾随他去了上海,又随他回到北京,油漆剥落,早已现出木质的

---

① 白文《追忆李健吾》附录,1983年7月14日《文学报》。

本色。多年来,他一直以为郑振铎送他的结婚礼物,那对白铜镇尺中的一只已在"文革"中遗失,去世后,尤淑芬老人整理丈夫的书桌时,发现那只镇尺竟好端端地躺在一个抽屉的底部。

他的遗嘱是:不开会,不留骨灰,不上报纸,若无其人。

1982年12月3日,生前友好及部分文艺界人士向李健吾遗体告别。随后火化。

一代戏剧家、翻译家、文艺评论家、杰出的学者,永远从这个世界上消失了。

附录

初版后记

我不配写这样一本书。这么多年了,没人写,怕又是最配的了。

李健吾,什么时候知道这个名字的,已无可寻找。唯一敢肯定的是,我知道他父亲李岐山的名字,比知道他的名字早。我是河东人。景梅九和李岐山,一文一武,是近世以来河东民间传闻甚广的名人。景梅九的名气更大些,这是因为李岐山早亡的缘故。或许是悼惜他的死于非命吧,民间还有个附带的说法,李岐山早亡而有后,即儿子争气。以此之故,我相信不管是什么时候,得知李健吾乃李岐山之子,都会顿生敬意且要一探究竟。

着意收集李健吾的著作,不过是八十年代中期的事。记得那本《李健吾文学评论选》(宁夏人民出版社),还是托其时尚在宁夏文联工作的戈悟觉学长搜求到的。起初折服我的是他那通脱跳踉的文笔,继而感慨不已的是他解放后的遭际。这样一位文学名家,生前得不到应分的礼遇也罢了,死后连文学界和读书界也漠然视之,真可说匪夷所思。遂于1990年写了那篇《纵横谁似李健吾》,意在唤起文学界和读书界的关注。

当时也曾有过写传的想法,总觉得自己难当此重任,还是过些年再说吧。

1993年冬,这个想法更强烈了,当即着手进行。最难的是搜集资料。李健吾的著作近百种,生前死后,别人写他的文章想来也不会少。1994年一年间,两次去北京,一次去上海,还去了他的老家,钻图书馆,查档案,访问他的亲人、朋友和同事。又承尤淑芬老人、李维永女士的相助,搜集到一些不经见的资料。社科院的王平凡先生大暑天领着我去社科院档案局查阅李健吾的档案资料,至今都让我感念不已。

早年读书,即知写传须先编年谱,所幸用电脑做此事甚为方便。这样一边搜集资料一边编年谱,待资料大体齐备时,年谱已四易其稿,颇具规模了。

有了年谱,写起来就省事多了。去年12月中旬动笔,今年6月底完稿。

近年来传记文学大盛,其写法大多近似小说,环境如同实堪,声口务期逼肖,至于实情若何,似乎无暇顾及。我没有这个魄力。只能就事论事,循序而进,在资料允许的前提下,编排调度,使事件尽量完整,人物的行为与性格有所依傍。无意菲薄时贤,在传记文学的写作上,我还是服膺朱东润先生和他的《张居正大传》。

这本书我大一时就读过。是在序里吧,朱先生说过,"对话是传记文学的精神"。这话说得太好了。然而,要搜寻到体现灵魂的对话,真是太难了。好在李健吾的资料也还丰富,有可寻找的地方,细细披阅总能有所发现。纵有安排不尽恰当处,聊可自慰的是,没有一句出自臆造。有时已有上句,按说揆度情理,添上下句亦无妨,想想还是舍弃了。一切存其本真吧。再就是,有些原可以化为作者叙述的地方,也引用了传主著作中的话,多半是为了让读者领略李氏文笔的风采。想来只会增加阅读的兴味,绝不会造成接受上的障碍。

纵然如此,我也不敢说自己写的就是一个真正的李健吾。是实有其人,同时也是我笔下的人物。材料的运用,是写传者的手段也是写传者的目的。或许李先生的家人和朋友看了,不尽满意甚至生气,那就只能道声抱歉了。

直至完稿,有些章名仍不甚妥帖。留法时期、清华时期、孤岛时期、沦陷时期,这些章名都是现成的,也还妥帖。有的就不尽然了,比如1946年到1949年,传统的说法是解放战争时期,李先生不是职业革命家或军人,也这样叫怕就不合适。原想叫剧校时期,又不能概括传主这一时期的活动特点,末后想到他这一时期编《文艺复兴》,也志在复兴文艺,就勉强叫作复兴时期了。其他如北平时期、北京时期,也都是明知不妥帖,也只好那样叫了。

感谢向我提供资料的各方人士,恳请读者批评指正。

韩石山　1995年7月3日于潺湲室

二 版 序

三十年代的中国,有五大文艺批评家,他们是周作人、朱光潜、朱自清、李长之和刘西渭,其中以刘西渭的成就最高。他有周作人的渊博,但更为明通;他有朱自清的温柔敦厚,但更为圆融无碍;他有朱光潜的融会中西,但更为圆熟;他有李长之的洒脱豁朗,但更有深度……再进一步说,没有刘西渭,三十年代的文学批评几乎等于零。

刘西渭即李健吾,是他写文学批评文章的一个专用笔名。

我不知道近年来,大陆学界对李健吾文学批评的关注,是不是受了这几句话的影响。至少也是受了点启发吧。这几句话,是香港学者司马长风在他的《中国新文学史》(昭明出版社)中说的。此书上世纪八十年代,曾在大陆行销。

现在的学界中人,一说起李健吾,就说他是位卓越的文学批评家。

这不公道,李先生地下有知,也会报之以一声宽厚的苦笑。在他从事过的几个艺术门类中,文学批评是用力最少的一个。

如果学界中人这么相信司马长风的话,且让我再引用几句:

中国现代作家留欧和旅欧的人多了,有游记和采风录之类的作品问世的也很多,能慧解欧洲人的情趣、欣赏其风土,蔚成绚烂的文章者以徐志摩和冯至为著;但洞察欧洲文化并熟悉艺文人物,将它们揉在一起,以谈笑风生之笔,畅达幽情和妙趣者则是李健吾……综观李健吾的散文,可用深情和多慧四字来概括。

这是司马长风在同一书中对李健吾散文的评价。还说"他写的文学批评,篇篇都可当创作的散文读"。

纯以对话和动作来上演的现代戏剧,则是百分之百的舶来品……如果拿酒为例,来品评曹禺和李健吾的剧本,则前者有如茅台,酒质纵然不够醇,但是芳香浓烈,一口下肚,便回肠荡气,因此演出的效果之佳,独一无二;而后者则像上品的花雕或桂花陈酒,乍饮平淡无奇,可是回味余香,直透肺腑,且久久不散。李健吾有一点更绝对超越曹禺,那便是前无古人、后无来者的独创性;而曹禺的每一部作品,几乎都可找出袭取的蛛丝马迹。

这是同一书中对李健吾戏剧的评价。

噢,那就加上散文家、戏剧家的头衔。

且慢,也该听听同时代人的评价吧。

1933年李健吾出版了长篇小说《心病》,朱自清曾著文评论,说:"中国的新文学,直到近两年才有不以故事为主而专门描写心理的,像施蛰存的《石秀》诸篇即是,读者的反映似乎还不坏。这是一个进展。施蛰存只写了些短篇,长篇要算李健吾的《心病》为第一部。"更奇的是,李健吾上中学时写的一个短篇小说,十年后鲁迅编《中国新文学大系·小说二集》时收入,且在"序言"中说:"《终条山的传说》是绚烂了,虽在十年以后的今日,还可以看见那藏在用口碑织就的华服里面的身体和灵魂。"

噢,这么说来,该叫他小说家、散文家、戏剧家、文学批评家。

你还是急了点。

让我来告诉你,他的本业是法国文学研究,这方面的专著是《福楼拜评传》。留法两年,学的是法国文学;回国后在大学任教,教的是法国文学;解放后离开上海到了北京直至去世,不管供职的机构名称怎样变幻,究其实都是一个外国文学研究所。

对他的这本《福楼拜评传》，法国文学研究专家柳鸣九1994年曾对我说："别说以前了，往后五十年之内，中国是没有人能写得出来的。"此书1934年出版，到柳鸣九说这话时，已过了六十年，再加上五十年，也就是一百一十年之内，在同类书的写作上，只能让这个山西人拔了头筹。写这本书时，李健吾二十九岁。

此外他还翻译了《莫里哀戏剧全集》、《包法利夫人》等，不下数百万字。

那就再加上翻译家、法国文学研究专家。你不耐烦了。

我还要告诉你，这都是有形的，还有一个无形的，或许是更大的贡献，那就是对中国文学语言的贡献。中国现代文学史上的名家，可说灿若星汉也可说多如牛毛。然而，在语言层面上真正达到现代水准的，却寥若晨星或有数的几根，不管是论个或是论根，李健吾都是其中之一。

这是一个不世出的天才。

这也是我为他写传的惟一的理由。还要再找一个的话，那就是他是山西人，且是晋南人，是我的同乡前贤。

1990年，我在《纵横谁似李健吾》一文中说了句气话："要现在的文学界和读书界，接受李健吾这样的大家，还不到时候，还不配。"1996年出《李健吾传》初版时，将此文移来作了序，期望此后会出现一个"李健吾热"。多少年过去了，我的期望落空了。现在我老了，不会说那样的气话了。人人都有选择的权利，谁也勉强不了谁。

只有一点我仍深信不疑，不管再过多少年，总有喜欢李健吾的人。

他没有对不起我们的，只有我们对不起他的。

感谢李健吾先生的夫人尤淑芬老师、公子李维楠先生、女公子李维永女士，在本书写作与修订期间，给予的大力支持。此版采用的李健吾先生的图片，大都为维楠先生所提供，这是要特别说明的。

感谢山西人民出版社，感谢张继红先生和宁志荣先生，没有他们的策划与操持，这本《李健吾传》不会修订出版，也不会出得这么好。

韩石山　2005年11月8日于潺湲室